Die völkerrechtliche Klassifizierung bewaffneter Konflikte

VÖLKERRECHT EUROPRECHT UND INTERNATIONALES WIRTSCHAFTSRECHT

Herausgegeben von Peter Hilpold und August Reinisch

Band 22

PL ACADEMIC RESEARCH

Karl Edlinger

Die völkerrechtliche Klassifizierung bewaffneter Konflikte

Konflikttypen, Abgrenzungen sowie Rechtsfolgen und deren Auswirkungen auf die Planung und Durchführung militärischer Operationen

PL ACADEMIC RESEARCH

Bibliografische Information der Deutschen Nationalbibliothek
Die Deutsche Nationalbibliothek verzeichnet diese Publikation in der Deutschen Nationalbibliografie; detaillierte bibliografische Daten sind im Internet über http://dnb.d-nb.de abrufbar.

ÖFG ÖSTERREICHISCHE FORSCHUNGSGEMEINSCHAFT

ISSN 1862-457
ISBN 978-3-631-66951-8 (Print)
E-ISBN 978-3-653-06056-0 (E-Book)
DOI 10.3726/978-3-653-06056-0

PL Academic Research ist ein Imprint der Peter Lang GmbH.

Peter Lang – Frankfurt am Main · Bern · Bruxelles · New York · Oxford · Warszawa · Wien

Diese Publikation wurde begutachtet.

www.peterlang.com

Inhaltsverzeichnis

Abkürzungsverzeichnis

AAP	Allied Administrative Publication
AB	Ausschussbericht
AJP	Allied Joint Publication
ANC	African National Congress
AUMF	Authorisation to Use Military Force
AuslEG	Auslandseinsatzgesetz
AVR	Archiv des Völkerrechts
BGBl.	Bundesgesetzblatt
BR	Bundesrat
CDDH	Diplomatic Conference on the Reaffirmation and Development of International Humanitarian Law Applicable in Armed Conflicts (Conférence diplomatique sur la réaffirmation et le développement du droit international humanitaire applicable dans les conflits armés)
CIA	Central Intelligence Agency
COA	Courses of Action
CONOPS	Concept of Operation
DB	Decision Brief
DoD	Department of Defence
EMRK	Europäische Menschenrechtskonvention
EOKA	Ethniki Organosis Kyprion Agoniston (griechisch-zypriotische Widerstandsbewegung)
EuGRZ	Europäische Grundrechtezeitung
FM	Field Manual
FMLN	Frente Farabundo Martí para la Liberación Nacional (Nationale Befreiungsfront in El Salvador)
Fn.	Fußnote
FRAGO	Fragmentary Order
GA	General Assembly
GP	Gesetzgebungsperiode
GTEP	Georgia Train and Equip Program
GWOT	Global War On Terror (Terrorism)
HDv	Heeresdienstvorschrift (der Bundeswehr)
Hrsg.	Herausgeber
HUMINT	Human Intelligence
Ibid.	ebenda

ICC	International Criminal Court
ICCPR	International Covenant on Civil and Political Rights
ICRC	International Committee of the Red Cross
ICTR	International Criminal Tribunal for Rwanda
ICTY	International Criminal Tribunal for the former Yugoslavia
IGH	Internationaler Gerichtshof
IHL	International Humanitarian Law
IHRL	International Human Rights Law
IKRK	Internationales Komitee vom Roten Kreuz
ILA	International Law Association
ILM	International Legal Materials
IMT	International Military Tribunal
IRA	Irish Republican Army
ISAF	International Security Assistance Force
JOPG	Joint Operational Planning Group
JTAC	Joint Terminal Attack Controller
KLA	Kosovo Liberation Army
LTTE	Liberation Tigers of Tamil Eelam
LOAC	Law of Armed Conflict
MDMP	Military Decision Making Process
MINURSO	United Nations Mission in Western Sahara
MONUSCO	United Nations Mission in Democratic Republic of Congo
MoU	Memorandum of Understanding
MSO	Military Strategic Options
NATO	North Atlantic Treaty Organization
NIOD	Nederlands Instituut voor Oorlogsdocumentatie (Niederländisches Institut für Kriegsdokumentation)
NR	Nationalrat
OEF-A	Operation Enduring Freedom – Afghanistan
OEF-CCA	Operation Enduring Freedom – Caribbean and Central America
OEF-HOA	Operation Enduring Freedom – Horn of Africa
OEF-P	Operation Enduring Freedom – Philippines
OEF-TS	Operation Enduring Freedom – Trans Sahara
ONUC	Opération des Nations Unies au Congo (United Nations Force in Congo)
ONUSAL	United Nations Observer Mission in El Salvador
ONUVEH	United Nations Observer Group for Verification of Elections in Haiti

ONUVEN	United Nations Observer for the Verification of Elections in Nicaragua
OpFü	Operative Führung
OPLAN	Operations Plan
OPORD	Operations Order
OPP	Operational Planning Process
OSCE	Organisation for Security and Co-operation in Europe
PMC/PSC	Private Military Company / Private Security Company
PRT	Provincial Reconstruction Team
PSO	Peace Support Operation
Res	Resolution
RGBl	Reichsgesetzblatt
Rn.	Randnummer
RoE	Rules of Engagement
RV	Regierungsvorlage
SCAP	Supreme Commander for the Allied Powers (Oberkommandierender für die Alliierten Mächte)
SDS	Srpska Demokratska Stranka (Serbische Demokratische Partei)
SOFA	Status of Forces Agreement
SOMA	Status of Mission Agreement
SWAPO	South-West Africa People's Organisation
TA	Technical Agreement
TF	Task Force
SVN	Satzung der Vereinten Nationen
UAV	Unmanned Air Vehicles
UDHR	Universal Declaration of Human Rights
UN (U.N.)	United Nations
UÇK	Ushtria Çlirimtare e Kosovës (siehe KLA)
UNDOF	United Nation Disengagement Observer Force
UNEF	United Nations Emergency Force for the Middle East
UNESCO	United Nations Educational, Scientific and Cultural Organization
UNFICYP	United Nations Force in Cyprus
UNIFIL	United Nations Interim Force in Lebanon
UNMIK	United Nations Interim Administration Mission in Kosovo
UNPROFOR	United Nations Protection Force
UNOCI	United Nations Operation in Côte d'Ivoire
UNOSOM	United Nations Operation in Somalia
UNTAET	United Nations Transitional Administration in East Timor

UNTS	United Nations Treaty Series
UNTSO	United Nations Truce Supervision Organization
US (U.S.)	United States
U.S.C.	United States Code (Code of Laws of the United States of America)
VN	Vereinte Nationen
VStGB	Völkerstrafgesetzbuch
WNGO	Warning Order
ZaöRV	Zeitschrift für ausländisches öffentliches Recht und Völkerrecht

1. Einleitung

Vor dem Hintergrund der Anschläge des 11. September 2001 auf das World Trade Center in New York und das US Verteidigungsministerium in Arlington (Virginia) hat eine bis heute anhaltende Diskussion über die Auswirkung dieser Ereignisse auf das Völkerrecht allgemein und das Kriegführungsrecht und die Methoden und Mittel der Kriegführung im Besonderen begonnen.[1] Von *„Epochenwechsel“*, *„Umbruch“* oder von der *„Neuordnung der Welt“* war die Rede. Dabei wurde schon vergessen, dass diese Metaphern bereits die Diskussion nach der Auflösung der Sowjetunion und des ganzen sozialistischen Lagers zehn Jahre vorher beherrscht hatten.[2] Bemerkenswert ist jedoch, dass der Nordatlantikpakt[3] unmittelbar nach den Terroranschlägen am 11. September 2001 erstmals in seiner Geschichte den Bündnisfall[4] nach Artikel 5[5] des Vertrages in Kraft setzte. Der

---

1 Siehe etwa Thomas Bruha, *Neuer Internationaler Terrorismus: Völkerrecht im Wandel*, in Hans-Joachim Koch (Hrsg.), *Terrorismus – Rechtsfragen der äußeren und inneren Sicherheit*, Baden-Baden 2002, Seite 64ff. Christian Tomuschat, *Der 11. September 2001 und seine rechtlichen Konsequenzen*, Europäische Grundrechtezeitung (EuGRZ) 2001, Seite 540. Markus Krajewski, *Selbstverteidigung gegen bewaffnete Angriffe nicht-staatlicher Organisationen – Der 11. September 2001 und seine Folgen*, Archiv des Völkerrechts (AVR) 2002, Seite 189ff. Jochen Abraham Frowein, *Der Terrorismus als Herausforderung für das Völkerrecht*, Zeitschrift für ausländisches öffentliches Recht und Völkerrecht (ZaöRV), Vol 62, 2002, Seite 879ff; http://www.zaoerv.de/62_2002/62_2002_1_a_879_906.pdf [15.02.2014].

2 Norman Peach, *Epochenwechsel im Völkerrecht?* Aus Politik und Zeitgeschichte Nr. B43, 2004, Seite 21.

3 Die NATO (*North Atlantic Treaty Organization*) oder OTAN (*Organisation du Traité de l'Atlantique Nord*) ist eine Internationale Organisation, die den Nordatlantikvertrag umsetzt und besteht aus 28 europäischen und nordamerikanischen Staaten.

4 Bündnisfall bezeichnet eine Situation, in der eine von einem Bündnismitglied aufgrund eines militärischen Beistandsvertrages eingegangene Verpflichtung wirksam wird: Im Nordatlantikvertrag ist dies der *Kollektive Verteidigungsfall*.

5 *„Die Parteien vereinbaren, dass ein bewaffneter Angriff gegen eine oder mehrere von ihnen in Europa oder Nordamerika als ein Angriff gegen sie alle angesehen wird; sie vereinbaren daher, dass im Falle eines solchen bewaffneten Angriffs jede von ihnen in Ausübung des in Artikel 51 der Satzung der Vereinten Nationen anerkannten Rechts der individuellen oder kollektiven Selbstverteidigung der Partei oder den Parteien, die angegriffen werden, Beistand leistet, indem jede von ihnen unverzüglich für sich und im Zusammenwirken mit den anderen Parteien die Maßnahmen, einschließlich der Anwendung von Waffengewalt, trifft, die sie für erforderlich erachtet, um die Sicherheit des*

Nordatlantikpakt wurde im Jahr 1949 als militärisches Bündnis gegründet, um gegen einen bewaffneten Angriff durch den von der Sowjetunion angeführten Ostblock kollektive Selbstverteidigung zu üben. Als Instrument gegen Bedrohungen durch „*Non-State Actors*" war der Nordatlantikpakt nie gedacht, traute man doch nur Staaten das Potential zu, die Sicherheit eines Mitgliedstaates oder des nordatlantischen Gebiets als Ganzes zu gefährden. Insofern stellt die weltpolitisch-völkerrechtliche Situation zu Beginn des 21. Jahrhunderts doch eine neue Herausforderung dar.

Die Einflussmöglichkeiten von nichtstaatlichen Akteuren auf die Weltordnung und das Staatengefüge haben sich in den letzten Jahrzehnten unzweifelhaft verändert. Das Auftauchen von Akteuren, die zwar keine Rechtspersönlichkeit nach dem Völkerrecht haben, de facto jedoch beträchtliche Macht ausüben, stellt eine Herausforderung für das Völkerrecht dar. Die Wechselwirkung zwischen Veränderung der tatsächlichen Machtverhältnisse und Veränderungen in den Strukturen und Prinzipien des Völkerrechts lässt sich in der Entwicklung des Völkerrechts klar nachvollziehen. So ist es auch nicht verwunderlich, dass häufig gewaltsame Ereignisse und Kriege Ausgangspunkt für Veränderungen und Weiterentwicklungen des Völkerrechts waren. Gekennzeichnet waren die Perioden des Völkerrechts häufig durch den Kreis derer, denen Völkerrechtssubjektivität zuerkannt wurde.

So war die klassische Periode des Völkerrechts, die mit dem Dreißigjährigen Krieg beziehungsweise mit dem diesen beendenden Westfälischen Frieden begann, durch neu entstandene souveräne Territorialstaaten geprägt. Auch wenn der Begriff der Souveränität bereits im 15. Jahrhundert im Zusammenhang mit Bemühungen um Unabhängigkeit von Kaiser und Papst[6] verwendet wurde, so bekam er doch erst durch die Verbindung mit einem modernen Staatsbegriff eine neue Bedeutung: Die durch seine territoriale Abgrenzung gekennzeichnete Macht war *souverän*, weil sie keine Gewalt über sich anerkannte. In diesem System war das Recht zur Kriegführung[7] Mittel zur Rechtsverfolgung in

---

nordatlantischen Gebiets wiederherzustellen und zu erhalten. Von jedem bewaffneten Angriff und allen daraufhin getroffenen Gegenmaßnahmen ist unverzüglich dem Sicherheitsrat Mitteilung zu machen. Die Maßnahmen sind einzustellen, sobald der Sicherheitsrat diejenigen Schritte unternommen hat, die notwendig sind, um den internationalen Frieden und die internationale Sicherheit wiederherzustellen und zu erhalten."

6 Siehe Jean Bodin, *Les six livres de la République*, Paris, 1576.

7 Die Diskussion über den gerechten Krieg war damit auch zu Ende, da jeder von einem souveränen Staat begonnene Krieg rechtens war. Dies änderte sich erst nach dem 1. Weltkrieg, als die Siegermächte den Deutschen Kaiser Wilhelm II als Verursacher des

Abwesenheit einer höheren Autorität. Somit war das klassische Völkerrecht eine auf Koexistenz souveräner Staaten[8] aufbauende Rechtsordnung, die aus der absoluten Souveränität der Völkerrechtssubjekte das Recht zum Krieg ableitete. Dieses System, das Krieg und Frieden als die zwei zwischenstaatlichen Rechtszustände kannte, beschrieb der Holländer Hugo Grotius[9] in seinem Werk „*De jure belli ac pacis*" bereits im Jahre 1625, also etwa 20 Jahre bevor es in den Westfälischen Friedensverträgen eine Rechtsgrundlage fand.

Die Periode des klassischen Völkerrechts ging mit dem Ersten Weltkrieg und der Schaffung des Völkerbundes[10] zu Ende. Das Völkerrecht wurde zu einem universal geltenden Kooperationsrecht, das die Beziehungen zwischen Staaten mit eingeschränkter Souveränität untereinander und auch gegenüber internationalen Organisationen regelte. War im klassischen Völkerrecht die Entscheidung über Krieg und Frieden eine rein politische, von keiner höheren Instanz überprüfbare Entscheidung, so wurde sie nun zur Rechtsfrage, die einer Nachprüfung

---

Krieges zur Verantwortung ziehen wollten. Das neutrale Holland, in das Kaiser Wilhelm geflohen war, lehnte ohne Prüfung der Kriegsschuld eine Auslieferung mit der Begründung ab, dass kein Souverän wegen des Schreitens zum Kriege zur Rechenschaft gezogen werden könne.

8 Weil bis ins 19. Jahrhundert die Ansicht vertreten wurde, dass nur zivilisierte Staaten Träger völkerrechtlicher Rechte und Pflichten sein konnten, war der Kreis der Völkerrechtssubjekte sehr klein, elitär und überschaubar. Siehe Friedrich von Martens, *Völkerrecht, das internationale Recht der civilisierten Nationen*, Erster Band, Berlin, 1883, Seite 231 (Martens war Professor an der Universität zu St. Peterburg und billigte nur „*Staaten europäischer Civilisation*" Völkerrechtssubjektivität zu). Siehe auch Art. 7 des Pariser Friedensvertrages von 1856, durch den die Türkei ausdrücklich als Völkerrechtssubjekt „*in das europäische öffentliche Recht*" aufgenommen wurde.

9 Hugo Grotius, *De jure belli ac pacis* (Über das Recht des Kriegs und des Friedens), Paris, 1625 (2. Aufl. Amsterdam 1631). Hugo Grotius (1583–1645) gilt als einer der Gründungsväter des Souveränitätsgedankens, der Naturrechtslehre und des Völkerrechts und legte die Grundlagen für das Völkerrecht in seinem Buch *De jure belli ac pacis*, das 1625 in Paris erschien. Er beschreibt darin das Recht, welches in Kriegs- und in Friedenszeiten zwischen den Völkern zu gelten habe. *De jure belli ac pacis* wird aber auch als Abhandlung zum Naturrecht angesehen, zeigt es doch „*das Recht der ganzen Menschheit, d.h. alle Rechtsverhältnisse – auch zwischen Einzelpersonen – innerhalb der magna generis humani societas*" auf.

10 Das aus der Souveränität abgeleitete Recht eines souveränen Staates zum Krieg (*ius ad bellum*) wurde durch Art. 11, Abs. 1 der Satzung des Völkerbundes erheblich eingeschränkt, demzufolge „*jeder Krieg oder jede Bedrohung mit Krieg [...] eine Angelegenheit des ganzen Bundes ist und dass dieser die zum wirksamen Schutz des Völkerfriedens geeigneten Maßnahmen zu ergreifen hat.*"

durch eine internationale Instanz unterworfen war. Allerdings war der Satzung des Völkerbundes kein allgemeines Kriegs- oder Gewaltverbot zu entnehmen; vielmehr untersagte sie nur die Kriegführung für die Zeit, während der noch Verfahren der friedlichen Streitbeilegung liefen oder wenn solche erfolgreich abgeschlossen worden waren. Eine bedeutende Fortentwicklung brachte der Kellogg-Briand-Pakt[11], der ein Verbot des Krieges als Mittel zur Konfliktlösung, nicht jedoch ein allgemeines Gewaltverbot vorsah. Erst die Satzung der Vereinten Nationen verankerte – wohl vor dem Hintergrund der Mängel des Völkerbundregimes, als auch aufgrund der Erfahrungen des Zweiten Weltkrieges – ein allgemeines Gewaltverbot.[12] Neben kollektiven Zwangsmaßnahmen auf Beschluss des Sicherheitsrates ist die Anwendung von Gewalt nur im Falle eines bewaffneten Angriffs zulässig.[13]

Trotz der Verankerung eines Gewaltverbots (*ius contra bellum*) wurden gleichzeitig die völkerrechtlichen Regeln für die Kriegführung (*ius in bello*) in einem noch nie dagewesenen Ausmaß detailliert. Gegen Ende der klassischen Periode des Völkerrechts, die durch das souveräne Recht zum Krieg gekennzeichnet war, gab es lediglich ein aus wenigen Artikeln bestehendes Genfer Abkommen zum Schutz der Verwundeten im Krieg und die Haager Landkriegsordnung.[14]

---

11 Siehe Eva Buchheit, *Der Kellogg-Briand Pakt von 1928 – Machtpolitik oder Friedensstreben?* Studien zur Friedensforschung, Münster 1998.

12 Art. 4 (2), Satzung der Vereinten Nationen vom 26. Juni 1945 in geänderter Fassung, (hiernach *Satzung der Vereinten Nationen*) UNTS Bd. 557, Seite 143; BGBl. Nr. 120/1956 (NR: GP VI RV 602 AB 614 S. 94. BR: S. 76.): *„Alle Mitglieder enthalten sich in ihren internationalen Beziehungen der Drohung mit Gewalt oder der Gewaltanwendung, die gegen die territoriale Unversehrtheit oder die politische Unabhängigkeit irgendeines Staates gerichtet oder sonst mit den Zielen der Vereinten Nationen unvereinbar ist.“*

13 Ibid., Art 51: *„Keine Bestimmung der vorliegenden Satzung beeinträchtigt das Naturrecht individueller oder kollektiver Selbstverteidigung, wenn ein Angriff mit Waffengewalt gegen ein Mitglied der Vereinten Nationen erfolgt, bis der Sicherheitsrat die zur Aufrechterhaltung des Weltfriedens und der internationalen Sicherheit erforderlichen Maßnahmen ergriffen hat.“*

14 Die Haager Landkriegsordnung wurde im Rahmen der I. Haager Friedenskonferenz 1899 verabschiedet und eine überarbeitete Version im Rahmen der II. Haager Friedenskonferenz 1907 beschlossen:

- *Convention (II) with Respect to the Laws and Customs of War on Land and its annex: Regulations concerning the Laws and Customs of War on Land*, The Hague, 29 July 1899. D. Schindler and J. Toman, *The Laws of Armed Conflicts*, Martinus Nihjoff Publisher, 1988, Seite 69–93. Österreich-Ungarn hat das Übereinkommen vom 29. Juli 1899, betreffend die Gesetze und Gebräuche des Landkrieges (II. Übereinkommen der I. Haager Friedenskonferenz) am 29. Juli 1899 unterzeichnet, am

Nach dem Inkrafttreten des umfassenden Gewaltverbots gemäß der Satzung der Vereinten Nationen wurden vier Abkommen zum Schutz der Opfer bewaffneter Konflikte[15] verabschiedet, die 1977 durch zwei Zusatzprotokolle[16] ergänzt und erweitert wurden. Der Regelungsbereich der völkerrechtlichen Abkommen

---

10. Juni 1900 wurde es von Seiner k. u. k. Apostolischen Majestät ratifiziert, die Ratifikationsurkunde wurde am 4. September 1900 in Den Haag hinterlegt.

- *Convention (IV) respecting the Laws and Customs of War on Land and its annex: Regulations concerning the Laws and Customs of War on Land*, The Hague, 18 October 1907. D. Schindler and J. Toman, *The Laws of Armed Conflicts*, Martinus Nihjoff Publisher, 1988, Seite 69–93 (hiernach *Haager Landkriegsordnung*). Österreich-Ungarn hat das Übereinkommen vom 18. Oktober 1907, betreffend die Gesetze und Gebräuche des Landkrieges (*IV. Übereinkommen der II. Haager Friedenskonferenz*) am 18. Oktober 1907 unterzeichnet, am 17. November 1909 wurde es von Seiner k. u. k. Apostolischen Majestät ratifiziert, die Ratifikationsurkunde wurde am 27. November 1909 in Den Haag hinterlegt und die Konvention trat am 26. Jänner 1910 in Kraft, eine konsolidierte Fassung wurde mit RGBl Nr. 180/1913 am 3. September 1913 kundgemacht.

15 *Genfer Abkommen zur Verbesserung des Loses der Verwundeten und Kranken der bewaffneten Kräfte im Felde* (I. Genfer Abkommen), Genf, 12. August 1949, UNTS Bd. 75, Seite 31. *Genfer Abkommen zur Verbesserung des Loses der Verwundeten, Kranken und Schiffbrüchigen der bewaffneten Kräfte zur See* (II. Genfer Abkommen), Genf, 12. August 1949, UNTS Bd. 75, Seite 85. *Genfer Abkommen über die Behandlung der Kriegsgefangenen* (III. Genfer Abkommen), Genf, 12. August 1949, UNTS Bd. 75, Seite 135. *Genfer Abkommen über den Schutz von Zivilpersonen in Kriegszeiten* (IV. Genfer Abkommen), Genf, 12. August 1949, UNTS Bd. 75, Seite 287 (hiernach *Genfer Abkommen I-IV*). Die Abkommen wurden von Österreich am 12. August 1949 unterzeichnet, am 27. August 1953 ratifiziert und im BGBl. Nr. 155/1953 vom 30. Oktober 1953 kundgemacht.

16 *Zusatzprotokoll vom 8. Juni 1977 zu den Genfer Abkommen vom 12. August 1949 über den Schutz der Opfer internationaler bewaffneter Konflikte* (Protokoll I), UNTS Bd. 1125, Seite 3 (hiernach *Zusatzprotokoll I*). *Zusatzprotokoll vom 8. Juni 1977 zu den Genfer Abkommen vom 12. August 1949 über den Schutz der Opfer nicht-internationaler bewaffneter Konflikte* (Protokoll II), UNTS Bd. 1125, Seite 609 (hiernach *Zusatzprotokoll II*). Die Zusatzprotokolle wurden von Österreich am 12. Dezember 1977 unterzeichnet, am 13. August 1982 ratifiziert und im BGBl. Nr. 527/1982 vom 10. November 1982 kundgemacht.

Österreich machte am 13. August 1982 anlässlich der Ratifizierung folgende Vorbehalte zu den Zusatzprotokollen und gab eine Erklärung zum Art. 90 Zusatzprotokoll I ab:

- Reservation with regard to Article 57, paragraph 2, of Protocol I:

Article 57, paragraph 2, of Protocol I will be applied on the understanding that, with respect to any decision taken by a military commander, the information actually available at the time of the decision is determinative.

- Reservation with regard to Article 58 of Protocol I:

stellte auf zum Zeitpunkt der Entstehung gültige Bedrohungsszenarien ab: Es waren dies in der klassischen Periode des Völkerrechts Kriege zwischen Staaten, zu denen in der Periode des modernen Völkerrechts nicht-internationale bewaffnete Konflikte hinzukamen – somit waren die typischen Aufgaben für die Streitkräfte von Territorialstaaten völkerrechtlich ausreichend normiert.

Die zweite Hälfte des 20. Jahrhunderts bringt jedoch für die Streitkräfte der Territorialstaaten vollkommen neue Aufgaben und stellt sie vor bislang ungewohnte Herausforderungen. Diese Aufgaben sind keine typisch militärischen Aufgaben und oft nur schwer einem der völkerrechtlich beschriebenen Anwendungsfälle zuzuordnen, was Probleme bei der Festlegung von Befugnissen sowie der Rechtsstellung der Angehörigen der Streitkräfte aufwirft.

Zu den neuen Aufgaben gehört das breite Feld der *Peace Support Operations (PSO)*[17], beginnend bei *friedenserhaltenden Maßnahmen (Peacekeeping)*

In view of the fact that Article 58 of Protocol I contains the expression "to the maximum extent feasible", sub-paragraphs (a) and (b) will be applied subject to the requirements of national defence.

- Reservation with regard to Article 75 of Protocol I:

Article 75 of Protocol I will be applied insofar as
a) sub-paragraph (e) of paragraph 4 is not incompatible with legislation providing that any defendant, who causes a disturbance at the trial or whose presence is likely to impede the questioning of another defendant or the hearing of a witness or expert witness, may be removed from the courtroom;
b) sub-paragraph (h) of paragraph 4 is not incompatible with legal provisions authorizing the reopening of proceedings that have resulted in a final declaration of conviction or acquittal.

- Reservation with regard to Articles 85 and 86 of Protocol I:

For the purposes of judging any decision taken by a military commander, Articles 85 and 86 of Protocol I will be applied on the understanding that military imperatives, the reasonable possibility of recognizing them and the information actually available at the time that decision was taken, are determinative.
[Declaration under Article 90 (2) of Protocol I]

- Reservation with regard to Article 6 of Protocol II:

Article 6, paragraph 2, sub-paragraph (e) of Protocol II will be applied insofar as it is not incompatible with legislation providing that any defendant, who causes a disturbance at the trial or whose presence is likely to impede the questioning of another defendant or the hearing of a witness or expert witness, may be removed from the courtroom.

17 *"Peace Support Operations (PSOs) are multi-functional operations, conducted impartially, normally in support of an internationally recognised organisation such as the UN or Organisation for Security and Co-operation in Europe (OSCE), involving military forces and diplomatic and humanitarian agencies. PSO are designed to achieve a long-term*

und *friedensschaffenden Maßnahmen* (Mitwirkung bei *Peace Making* und *Peace Building*) bis zu *friedenserzwingenden Maßnahmen (Peace Enforcement)*. Bei all diesen Einsätzen stellt sich die Frage der Anwendbarkeit des humanitären Völkerrechts auf diese von den Vereinten Nationen oder von anderen internationalen Organisationen autorisierten oder mandatierten Operationen.

Ein durch die Terroranschläge auf das World Trade Center in New York am 11. September 2001 ins breite Bewusstsein getretenes Phänomen ist der grenzüberschreitende Terrorismus. Immer häufiger werden Streitkräfte in die Terrorismusbekämpfung eingebunden und nehmen Aufgaben im Rahmen des „*Global War On Terror*" (*GWOT*) wahr. Auch wenn dieser Begriff von der Obama Administration offiziell nicht mehr verwendet wird[18], stellt sich die Frage, inwieweit der Kampf gegen den Terrorismus ein Krieg im humanitätsrechtlichen Sinn ist und somit das humanitäre Völkerrecht zur Anwendung bringt.

In vielen Staaten der Welt leisten Streitkräfte den Sicherheitsbehörden Assistenz bei Aufgaben der inneren Sicherheit und wenden dabei nationales „Polizeirecht" an. Humanitäres Völkerrecht kommt dabei – weil innere Unruhen und Spannungen wie Tumulte, vereinzelt auftretende Gewalttaten und andere ähnliche Handlungen nicht als bewaffnete Konflikte gelten[19] – regelmäßig nicht zur Anwendung. Wenn jedoch kriminelle Organisationen wie militärische Streitkräfte agieren, ihre Aktivitäten ähnliche Auswirkungen wie bewaffnete Konflikte haben und auch die regulären Streitkräfte militärische Grundsätze anwenden, ist die Anwendbarkeit des humanitären Völkerrechts gleichfalls zu erwägen.

In der Diskussion über die Anwendung des humanitären Völkerrechts auf den Kampf gegen Terrorismus, gegen transnational agierende nichtstaatliche Akteure oder auch auf Operationen im Rahmen von Zwangsmaßnahmen internationaler Organisationen wird häufig der Ruf nach neuen Regeln laut. Die vorliegende Arbeit soll, ausgehend von einer Analyse des derzeit gültigen humanitären Völkerrechts, den Anwendungsbereich und die für die verschiedenen Situationen normierten Rechte und Pflichten für Streitkräfte darstellen. In einem zweiten Schritt soll versucht werden, die neuen Einsatzszenarien aus völkerrechtlicher

---

political settlement or other specified conditions. They include Peacekeeping and Peace Enforcement as well as Conflict Prevention, Peace-making, Peace-building and Humanitarian Relief" (AJP-3.4.1 – PEACE SUPPORT OPERATIONS – NATO unclassified publication, July 2001, Seite 2/1).

18 Andrian Kreye, ‚*Bushs Kriegsrhetorik hat ausgedient*' in Süddeutsche.de vom 17.05.2010; http://www.sueddeutsche.de/politik/usa-bushs-kriegsrhetorik-hat-ausgedient-1.392897 [31.10.2012].

19 Art. 1 (2), *Zusatzprotokoll II* (Fn. 16).

Sicht zu erfassen und die sich aufgrund des geltenden Völkerrechts ergebenden Verpflichtungen abzuleiten. Schließlich sollen Folgerungen für die Planung und Durchführung militärischer Operationen gezogen und der rechtliche Rahmen für den Streitkräfteeinsatz bestimmt werden.

2. Regelungsumfang des humanitären Völkerrechts

Das Kriegsvölkerrecht ist ein wesentlicher Teil des Völkerrechts und umfasst zwei verschiedene Aspekte: Zum einen zählt zu diesem Bereich des Völkerrechts das Recht zum Krieg (*ius ad bellum*), also Fragen der Legalität des Führens eines Krieges, zum anderen gehört zum Kriegsvölkerrecht auch das Recht im Krieg (*ius in bello*), welches auch als humanitäres Völkerrecht[20] bezeichnet wird.

Was das Recht zur Kriegführung betrifft, so ist festzustellen, dass Kriege heute grundsätzlich völkerrechtswidrig sind (*ius contra bellum*). Das ergibt sich aus der Satzung der Vereinten Nationen, der zufolge sich alle Mitglieder „*in ihren internationalen Beziehungen der Drohung mit Gewalt oder der Gewaltanwendung, die gegen die territoriale Unversehrtheit oder die politische Unabhängigkeit irgendeines Staates gerichtet oder sonst mit den Zielen der Vereinten Nationen unvereinbar ist*", zu enthalten haben.[21] Von diesem Gewaltverbot gibt es nur zwei Ausnahmen: erstens die Gewaltanwendung in Ausübung individueller oder kollektiver Selbstverteidigung[22] und zweitens die Gewaltanwendung in Umsetzung eines Beschlusses des Sicherheitsrats zur Aufrechterhaltung oder Wiederherstellung des Weltfriedens und der internationalen Sicherheit.[23]

Trotz des grundsätzlichen Gewaltverbots bleibt der Krieg eine „*Geißel der Menschheit*"[24] und eine Realität. Das humanitäre Völkerrecht legitimiert keineswegs die Gewaltanwendung, akzeptiert jedoch die Realität und zielt darauf ab, Opfer von Kriegen zu schützen und unnötiges Leiden sowie Schäden an zivilen Objekten zu vermeiden. Dies geschieht vor allem durch Schutzbestimmungen zugunsten von Personen, die sich nicht an Kampfhandlungen beteiligen (Zivilpersonen und das Sanitäts- und Seelsorgepersonal in den Streitkräften) oder sich

---

20 Die Begriffe *humanitäres Völkerrecht (International Humanitarian Law)*, *Recht der bewaffneten Konflikte (Law of Armed Conflict)* und *Kriegsrecht (Law of War)* können grundsätzlich synonym verwendet werden. Während Staaten, internationale Organisationen und akademische Einrichtungen eher den Begriff *humanitäres Völkerrecht* verwenden, sind im militärischen Bereich die beiden anderen Begriffe gebräuchlich (International Committee of the Red Cross, *International Humanitarian Law – Answers to your Questions*, Geneva, 2002, Seite 5).

21 Art 2 (4), *Satzung der Vereinten Nationen* (Fn. 12).

22 Ibid., Art. 51.

23 Ibid., Art. 41f.

24 Ibid., Präambel.

nicht mehr an Kampfhandlungen beteiligen (Soldaten, die sich außer Gefecht befinden, weil sie verwundet sind, sich ergeben haben oder gefangen genommen wurden) sowie durch eine Beschränkung der Methoden und Mittel der Kampfführung.[25]

Als sachlichen Anwendungsbereich bestimmen die verschiedenen humanitätsrechtlichen Dokumente entweder alle Fälle eines erklärten Krieges oder jedes anderen bewaffneten Konfliktes, der zwischen zwei oder mehreren Staaten entsteht[26] (internationaler bewaffneter Konflikt) oder die Fälle eines bewaffneten Konflikts, der keinen internationalen Charakter aufweist[27] und auf dem Gebiet eines Staates entsteht (nicht-internationaler bewaffneter Konflikt). Das humanitäre Völkerrecht *„findet nicht auf Fälle innerer Unruhen und Spannungen wie Tumulte, vereinzelt auftretende Gewalttaten und andere ähnliche Handlungen Anwendung, die nicht als bewaffnete Konflikte gelten"*.[28]

Aus diesem sachlichen Anwendungsbereich des humanitären Völkerrechts leitet sich auch die Bezeichnung *„Recht der bewaffneten Konflikte"* ab, die nach dem Zweiten Weltkrieg den Begriff *„Kriegsrecht"* verdrängt hat.[29]

Die Unterscheidung in internationale und nicht-internationale bewaffnete Konflikte ist insbesondere für die Rechtsstellung der involvierten Personen (reguläre Soldaten, Widerstandskämpfer, Milizen und Angehörige von Freiwilligenkorps, etc.) von Bedeutung. So kommt den Angehörigen von Streitkräften (soweit sie nicht Sanitäts- oder Seelsorgepersonal sind) in einem internationalen bewaffneten Konflikt Kombattantenstatus[30] zu, was zur Folge hat, dass sie aufgrund der bloßen Teilnahme an Kampfhandlungen nicht belangt werden dürfen. Fallen sie in die Hände der gegnerischen Partei, haben sie Anspruch auf Kriegsgefangenenstatus[31] und mit dem Ende des internationalen bewaffneten Konfliktes sind sie heimzuschaffen oder freizulassen.[32]

---

25 IKRK, *Das Humanitäre Völkerrecht: Fragen und Antworten*, (Genf) Deutsches Rotes Kreuz, 08/1999.

26 Gemeinsamer Artikel 2, Abs. 1 der *Genfer Abkommen I-IV* (Fn. 15).

27 Gemeinsamer Artikel 3 der *Genfer Abkommen I-IV* (Fn. 15).

28 Art. 1, Abs. 2, *Zusatzprotokoll II* (Fn. 16).

29 Jean Pictet, *Commentary on the Geneva Convention for the Amelioration of the Condition of the Wounded and Sick in the Armed Forces in the Field*, ICRC, Geneva 1952, Seite 32 (hiernach *Commentary on the Geneva Convention I*).

30 Art. 43, Abs. 2, *Zusatzprotokoll I* (Fn. 16).

31 Art. 44, Abs. 1, *Zusatzprotokoll I* (Fn. 16).

32 Art. 118, *Genfer Abkommen III* (Fn. 15).

In einem nicht-internationalen bewaffneten Konflikt haben die Angehörigen der abtrünnigen Streitkräfte, die einen Kampf gegen reguläre Streitkräfte führen, keinen Anspruch auf einen Kombattanten- oder Kriegsgefangenenstatus. Das humanitäre Völkerrecht verbietet jedoch nicht die Teilnahme an Kampfhandlungen und so ist die Bekämpfung der regulären Streitkräfte durch Angehörige der abtrünnigen Streitkräfte und auch die Teilnahme von Zivilpersonen an feindseligen Handlungen grundsätzlich kein Verstoß gegen das humanitäre Völkerrecht. Die Teilnahme an Kampfhandlungen muss jedoch entsprechend den materiellen Normen des Rechts der bewaffneten Konflikte erfolgen. Wenngleich das humanitäre Völkerrecht vorschreibt, dass abtrünnige Streitkräfte im Falle einer Verwundung oder Gefangennahme nicht mehr direkt bekämpft werden dürfen und zu schützen und zu schonen sind[33], haben sie durch die Teilnahme an Kampfhandlungen nationales Recht verletzt und gelten als Rechtsbrecher. Als solche können sie nach dem jeweiligen nationalen Strafrecht wegen Widerstands gegen die Staatsgewalt, Zugehörigkeit zu einer terroristischen Organisation oder Hochverrat verfolgt werden. Das humanitäre Völkerrecht sieht jedoch vor, dass nach Beendigung der Feindseligkeiten die an der Macht befindlichen Stellen sich bemühen werden, dass den abtrünnigen Soldaten eine weitgehende Amnestie gewährt wird.[34]

Das humanitäre Völkerrecht regelt jedoch auch die anzuwendenden Methoden und Mittel der Kampfführung in internationalen und nicht-internationalen bewaffneten Konflikten unterschiedlich und legt somit für verschiedene Konflikttypen unterschiedliche Rechte und Pflichten für die Ausübung von Gewalt fest. Gemeinsam ist den verschiedenen Konflikttypen, dass nur militärische Ziele angreifen werden dürfen.[35] Das humanitäre Völkerrecht berücksichtigt dabei jedoch schon die Notwendigkeiten, die sich bei der Durchführung militärischer Operationen ergeben. So ist bei Kriegshandlungen zwar stets darauf zu achten, dass die Zivilbevölkerung, Zivilpersonen und zivile Objekte verschont bleiben[36], ein Angriff wäre jedoch nur dann einzustellen, wenn sich erweist, dass Verluste unter der Zivilbevölkerung, die Verwundung von Zivilpersonen oder Beschädigungen ziviler Objekte (Kollateralschaden) in keinem Verhältnis zum

33 Gemeinsamer Artikel 3 der *Genfer Abkommen I–IV* (Fn. 15) und Art. 4, *Zusatzprotokoll II* (Fn. 16).

34 Art. 6, Abs. 5, *Zusatzprotokoll II* (Fn. 16). Diese Amnestie habe sich jedoch nicht auf Verletzungen des humanitären Völkerrechts zu erstrecken.

35 Art. 52, Abs. 2, *Zusatzprotokoll I* (Fn. 16).

36 Ibid., Art. 57, Abs. 1.

erwarteten konkreten und unmittelbaren militärischen Vorteil stehen.[37] Somit geht das Schädigungsrecht, das Kombattanten in bewaffneten Konflikten zukommt, weit über das Maß an Gewalt hinaus, das unterhalb der Schwelle zum bewaffneten Konflikt im Rahmen des Notwehrrechts angewendet werden kann.

37 Ibid., Art. 57, Abs. 2 b).

3. Rechtsquellen des humanitären Völkerrechts

Von den in Artikel 38 des Statuts des Internationalen Gerichtshofes (IGH) genannten Quellen des Völkerrechts sind für das humanitäre Völkerrecht insbesondere das Völkervertragsrecht und das Völkergewohnheitsrecht von Bedeutung. Neben diesen Primärquellen sind als Rechtserkenntnisquellen Gerichtsentscheidungen und Völkerrechtsliteratur zu nennen. Die ersten namhaften internationalen Strafverfahren, die Verletzungen des Völkerrechts behandelten, wurden durch den Internationalen Militärgerichtshof in Nürnberg[38] und den Internationalen Militärgerichtshof für den Fernen Osten in Tokyo[39] abgehalten. Deren Erkenntnisse dienen teilweise heute noch als Hilfsmittel zur Rechtsauffindung. Auch zwei weitere ad-hoc Tribunale, eingesetzt vom Sicherheitsrat der Vereinten

---

38 Im August 1945 beschlossen die Regierungen Großbritanniens, Frankreichs, der Sowjetunion und der USA die politischen und militärischen Führer Deutschlands vor ein internationales Militärtribunal zu stellen und in einem Gerichtsverfahren für die nationalsozialistischen Verbrechen zur Rechenschaft zu ziehen. Rechtsgrundlage für das Tribunal (International Military Tribunal – IMT) war das Londoner Viermächte-Abkommen vom 8. August 1945. Am 20. November 1945 begann in Nürnberg der Prozess, der mit der Verkündung von 12 Todesurteilen endete.
Siehe auch Harvard Law School Library. *Nuremberg Trials Project: A Digital Document Collection. http://nuremberg.law.harvard.edu/php/docs_swi.php?DI=1&text=overview* [20.02.2013].

39 Durch den Militärgerichtshof für den Fernen Osten (International Military Tribunal for the Far East – IMTFE) wurden nach dem Pazifikkrieg die Verantwortlichen der Kaiserlichen Japanischen Armee durch die Siegermächte angeklagt und verurteilt. Rechtsgrundlage für diese Verfahren (Tokioter Prozesse) war ein Erlass des Alliierten Oberbefehlshabers (SCAP), General Douglas MacArthur, vom 19. Januar 1946. Die Anklage wurde am 29. April 1946 erhoben, die Verhandlungen begannen am 3. Mai 1946 und die Urteilsverkündung erfolgte am 12. November 1948. Siehe auch *Judgement – International Military Tribunal for the Far East*; komplette Dokumente der Verhandlungen mit allen Anklagepunkten und Urteilen: *http://www.ibiblio.org/hyperwar/PTO/IMTFE/index.html* [20.02.2013].

Nationen nach den Kriegen in Jugoslawien[40] und Ruanda[41], haben sich intensiv mit Verletzungen des humanitären Völkerrechts beschäftigt und ihre Urteile und Entscheidungen sind erkenntnisreich. Zwar nicht im Rechtsquellenkatalog des Artikel 38 IGH-Statut angeführt, aber für das humanitäre Völkerrecht von großer Bedeutung sind auch Beschlüsse Internationaler Organisationen, insbesondere der Vereinten Nationen.

Bemühungen, die Mittel und Methoden der Kampfführung in Kriegen zu regeln, sind so alt wie der Krieg selbst. Beeinflusst waren diese Bemühungen durch religiöse Vorstellungen und philosophisches Gedankengut, durch militärische Grundsätze wie „Ökonomie der Kräfte“ und *„militärische Disziplin und Ordnung“* oder schlicht durch die Vernunft. Kriegsvölkerrechtliche Regeln finden sich somit in vielen historischen Aufzeichnungen und Dokumenten, im größeren Umfang kodifiziert wurden diese humanitären Ideen aber erst im 19. Jahrhundert. So entwarf der Deutsch-Amerikaner Francis Lieber[42] eine völkerrechtliche Dienstvorschrift (*Lieber Code*) für die Unionstruppen der Vereinigten Staaten. Im selben Jahr wurde das Internationale Komitee vom Roten Kreuz gegründet, das maßgeblich für die Weiterentwicklung und die Kodifizierung des humanitären Völkerrechts war. Das Internationale Komitee vom Roten Kreuz hat sich

---

40 Der Internationale Strafgerichtshof für das ehemalige Jugoslawien (*Tribunal pénal international pour l'ex-Yougoslavie*, TPIY; *International Criminal Tribunal for the former Yugoslavia*, ICTY) wurde durch die Resolution 827 des UN-Sicherheitsrats vom 25. Mai 1993 geschaffen und ist für die Verfolgung schwerer Verbrechen zuständig, die seit 1991 in den Jugoslawienkriegen begangen wurden. Siehe offizielle Webpräsenz des ICTY: http://www.icty.org/ [20.02.2013].

41 Der Internationale Strafgerichtshof für Ruanda (*Tribunal pénal international pour le Rwanda, TPIR; International Criminal Tribunal for Rwanda, ICTR;*) wurde durch Resolution 955 des UN-Sicherheitsrats vom 8. November 1994 geschaffen, um die Ereignisse während des Völkermords in Ruanda aufzuklären und ist für die Verfolgung schwerer Verbrechen zuständig, die zwischen dem 1. Januar und dem 31. Dezember 1994 in Ruanda verübt wurden. Siehe offizielle Webpräsenz des ICTR: http://www.unictr.org/ [20.02.2013].

42 Francis Lieber (geb. 18. März 1800) war ein deutsch-amerikanischer Jurist und Rechtsphilosoph an der Columbia University, New York. Er erstellte das erste schriftliche Regelwerk mit Vorgaben für die Kriegführung. Der nach ihm benannte *Lieber Code* (mit dem vollständigen Titel *„Instructions for the Government of Armies of the United States in the Field“*) wurde am 24. April 1863 vom damaligen US-Präsidenten Abraham Lincoln unterzeichnet und galt als *General Order No. 100* für die Truppen der Nordstaaten im Amerikanischen Bürgerkrieg (1861 bis 1865). Lieber gilt als ein herausragender amerikanischer Jurist seiner Zeit und die im *Lieber Code* enthaltenen Regeln haben die spätere Entwicklung und Kodifizierung des Kriegsvölkerrechts wesentlich beeinflusst.

insbesondere um den Schutz von Personen, die nicht an Feindseligkeiten teilnehmen, sowie um den Schutz von Soldaten, die aufgrund von Verwundung oder Gefangennahme nicht mehr am Gefecht beteiligt sind, bemüht. Man nennt diesen Teil des humanitären Völkerrechts auch „*Genfer Recht*", da diese Abkommen am Sitz des Komitees in Genf unterzeichnet wurden. Die vier Genfer Abkommen zum Schutz der Opfer bewaffneter Konflikte von 1949[43] sowie die Zusatzprotokolle aus 1977[44] über den Schutz der Opfer internationaler (Protokoll I) und nicht-internationaler bewaffneter Konflikte (Protokoll II) sowie das Zusatzprotokoll III von 2005[45] stellen den Kern des humanitären Völkerrechts dar.

In der zweiten Hälfte des 19. Jahrhunderts wird auf Initiative von Zar Alexander II der erste völkerrechtliche Vertrag abgeschlossen, der die Wahl der Mittel der Kampfführung beschränkt. Die St. Petersburger Erklärung von 1868[46] begründet den noch heute geltenden gewohnheitsrechtlichen Grundsatz, dass der Einsatz von Waffen und Methoden, die unnötiges Leiden verursachen, verboten ist, und untersagt die Verwendung explosiver Munition unter 400 Gramm. Ebenfalls auf Initiative Alexanders II findet 1974 in Brüssel eine Konferenz mit dem Ziel statt, eine Übereinkunft über die Regeln und Gebräuche des Krieges zu verabschieden. Obwohl die Brüsseler Erklärung[47] mangels der nötigen Zahl an Ratifizierungen nicht in Kraft trat, hatte sie großen Einfluss auf die späteren Entwicklungen im Bereich des humanitären Völkerrechts und stellt heute gemeinsam mit dem Oxford Manual[48] von 1880 die Grundlage für die im Rahmen der Haager Friedenskonferenzen 1899 und 1907 erarbeiteten Haager Abkommen dar.

---

43 Siehe Fn 15.

44 Siehe Fn 16.

45 *Zusatzprotokoll vom 8. Dezember 2005 zu den Genfer Abkommen vom 12. August 1949 über die Annahme eines zusätzlichen Schutzzeichens* (Protokoll III); Das Zusatzprotokoll III wurde von Österreich am 8. Dezember 2005 unterzeichnet, am 3. Juni 2009 ratifiziert und im BGBl. III Nr. 137/2009 am 16. Dezember 2009 kundgemacht.

46 *Declaration Renouncing the Use, in Time of War, of Explosive Projectiles Under 400 Grammes Weight*, Saint Petersburg, 11 December 1868. D. Schindler and J. Toman, *The Laws of Armed Conflicts*, Martinus Nihjoff Publisher, 1988, Seite 102.

47 *Project of an International Declaration concerning the Laws and Customs of War*, Brussels, 27 August 1874. D. Schindler and J. Toman, *The Laws of Armed Conflicts*, Martinus Nihjoff Publisher, 1988, Seite 22–34.

48 Das 1880 unter dem Titel *Manuel des lois de la guerre sur terre* beschlossene Oxford Manual enthielt Regeln zur Landkriegsführung. Es wurde vom Genfer Juristen und Präsidenten des Internationalen Komitee von Roten Kreuz Gustave Moynier verfasst und vom Institut für Völkerrecht am 9. September 1880 in Oxford einstimmig

Die Haager Friedenskonferenzen wurden auf Anregung des russischen Zaren Nikolaus II. und auf Einladung der niederländischen Königin Wilhelmina 1899 und 1907 in Den Haag einberufen und sollten der Abrüstung und der Entwicklung von Grundsätzen für die friedliche Regelung internationaler Konflikte dienen. Bei diesen Friedenskonferenzen wurden mehrere Abkommen beschlossen, die die Rechte und Pflichten der kriegführenden Parteien bei der Durchführung militärischer Operationen festlegen und die Anwendung von Mitteln zur Schädigung des Gegners beschränken. Nach dem Konferenzort wird dieser Teil des Kriegsrechts auch „*Haager Recht*" bezeichnet.[49] Bedeutendstes Dokument der Haager Konferenzen ist die Haager Landkriegsordnung.[50]

In den letzten Jahrzehnten hinzugekommen sind das Haager Übereinkommen zum Schutz von Kulturgütern in bewaffneten Konflikten von 1954[51] sowie zwei Protokolle zu diesem Übereinkommen[52], das Umweltkriegsübereinkommen

---

angenommen. D. Schindler and J. Toman, *The Laws of Armed Conflicts*, Martinus Nihjoff Publisher, 1988, Seite 36–48.

49 Zielt das „*Genfer Recht*" vorwiegend auf den Schutz der Opfer bewaffneter Konflikte ab, so regelt das „*Haager Recht*" die Mittel und Methoden der Kampfführung. Seit der Annahme der Zusatzprotokolle von 1977 zu den Genfer Abkommen, in denen die beiden Rechtszweige verbunden wurden, ist eine Unterscheidung der beiden Teile des humanitären Völkerrechts lediglich von historischem und didaktischem Interesse.

50 Siehe Fn 14.

51 *Convention for the Protection of Cultural Property in the Event of Armed Conflict*, The Hague, 14 May 1954. D. Schindler and J. Toman, *The Laws of Armed Conflicts*, Martinus Nihjoff Publisher, 1988, Seite 747–768. Die *Konvention zum Schutz von Kulturgut bei bewaffneten Konflikten* samt Ausführungsbestimmungen und Protokoll wurde von Österreich am 31. Dezember 1954 unterzeichnet, am 25. März 1964 ratifiziert und im BGBl. Nr. 58/1964 vom 3. April 1964 kundgemacht.

52 *Protocol for the Protection of Cultural Property in the Event of Armed Conflict*, The Hague, 14 May 1954. D. Schindler and J. Toman, *The Laws of Armed Conflicts*, Martinus Nihjoff Publisher, 1988, Seite 777–780. *Second Protocol to the Hague Convention for the Protection of Cultural Property in the Event of Armed Conflict*, The Hague, 26 March 1999. UNESCO Doc. HC/1999/7. Das 2. Protokoll zu der Haager Kulturgüterschutzkonvention wurde von Österreich am 17. Mai 1999 unterzeichnet, am 1. März 2002 ratifiziert und im BGBl. III Nr. 113/2004 vom 16. September 2004 kundgemacht. Die Republik Österreich gab dabei folgende interpretative Erklärung ab:

- Zu Art. 15, Abs. 1 lit. c:

Die Republik Österreich geht davon aus, dass unter der Wendung „sich aneignen" das Delikt des (schweren) Diebstahls nach den §§ 127 und 128 Abs. 1 Z 3 des österreichischen Strafgesetzbuches (StGB) zu verstehen ist.

- Zu Art. 16, Abs. 1 lit. c:

(1976)[53], das VN-Waffenübereinkommen (1980)[54], das Chemiewaffenübereinkommen (1993)[55], das Ottawa-Abkommen über das Verbot von Personenminen (1997)[56] und das Übereinkommen über Streumunition (2008)[57].

Viele Vorschriften der genannten Abkommen, insbesondere die Regeln zum Schutz der Opfer bewaffneter Konflikte, stellen heute unabhängig von der vertraglichen Bindung ein für alle Staaten geltendes Völkergewohnheitsrecht dar. Das humanitäre Völkergewohnheitsrecht ist vor allem für die nicht-internationalen bewaffneten Konflikte bedeutsam, da völkervertragsrechtliche Regelungen für diese Konflikte bislang nur sehr rudimentär vorhanden sind. Somit ist das humanitäre Völkergewohnheitsrecht und insbesondere die 2005 vom Internationalen Komitee vom Roten Kreuz (IKRK) erstellte Studie zum humanitären Völkergewohnheitsrecht[58] zu berücksichtigen.

Die Republik Österreich geht im Hinblick auf die Bestimmung des Art. 17 Abs. 1 davon aus, dass eine Verpflichtung zur Begründung von Gerichtsbarkeit hinsichtlich der in Art. 15 Abs. 1 lit. a bis c genannten schweren Verletzungen nach Art. 16 Abs. 1 lit. c nur für den Fall besteht, dass der Verdächtige nicht ausgeliefert werden kann (aut dedere aut judicare).

53 *Convention on the prohibition of military or any hostile use of environmental modification techniques*, New York, 10 December 1976. D. Schindler and J. Toman, *The Laws of Armed Conflicts*, Martinus Nihjoff Publisher, 1988, Seite 164–169. Österreich trat dem Übereinkommen am 17. Jänner 1990 bei; die Kundmachung erfolgte mit BGBl Nr. 144/1990 am 13. März 1990.

54 *Convention on Prohibitions or Restrictions on the Use of Certain Conventional Weapons Which May be Deemed to be Excessively Injurious or to Have Indiscriminate Effects*, Geneva, 10 October 1980. D. Schindler and J. Toman, *The Laws of Armed Conflicts*, Martinus Nihjoff Publisher, 1988, Seite 179–184. Das Übereinkommen wurde von Österreich am 10. April 1981 unterzeichnet, am 14. März 1983 ratifiziert und im BGBl. Nr. 464/1983 vom 20. September 1983 kundgemacht.

55 *Convention on the prohibition of the development, production, stockpiling and use of chemical weapons and their destruction*, Paris, 13 January 1993. Doc. CD/CW/WP.400/Rev. 1.

56 *Convention on the Prohibition of the Use, Stockpiling, Production and Transfer of Anti-Personnel Mines and on their Destruction*, Oslo, 18 September 1997. Österreich hat das *Abkommen über das Verbot von Anti-Personen-Minen* am 3. Dezember 1997 unterzeichnet, am 29. Juni 1998 ratifiziert und mit BGBl. I Nr. 13/1997 vom 10. Jänner 1997 kundgemacht.

57 *Convention on Cluster Munitions*, Dublin, 30 May 2008. Österreich hat das Übereinkommen über Streumunition am 3. Dezember 2008 unterzeichnet, am 2. April 2009 ratifiziert und mit BGBl. III Nr. 82/2010 vom 23. August 2010 kundgemacht.

58 Jean-Marie Henckaerts und Louise Doswald-Beck, *Customary International Humanitarian Law, Volume I: Rules*, Cambridge University Press, 2005.

Darüber hinaus sind die in bewaffneten Konflikten zu beachtenden Menschenrechte und das Verhältnis der Menschenrechte zum humanitären Völkerrecht zu beachten. Wenngleich die Ansicht, Menschenrechte würden als Teil des Friedensrechts in bewaffneten Konflikten vollständig durch Kriegsrecht abgelöst, kaum mehr vertreten wird, sind viele Fragen nach wie vor umstritten und nicht abschließend geklärt.

3.1 Die Genfer Abkommen und deren Zusatzprotokolle

Die Entwicklung der Genfer Konventionen ist eng mit der Geschichte des Internationalen Komitees vom Roten Kreuz (IKRK) verbunden. Die Genfer Abkommen, wie auch das IKRK selbst, haben ihren Ursprung auf dem Schlachtfeld.[59] In der Schlacht bei Solferino trafen am 24. Juni 1859 ca. 120.000 Soldaten Sardiniens, das von Frankreichs Kaiser Napoleon III unterstützt wurde, völlig unerwartet auf das ca. 110.000 Mann starke österreichische Heer. Im Verlauf der Schlacht wurden ungefähr 30.000 Soldaten getötet oder verwundet und mindestens genauso viele Soldaten erkrankten infolge Nahrungsmangel, Erschöpfung und unzureichender sanitärer Verhältnisse.[60]

Die Schlacht bei Solferino 1859 war nicht nur die Entscheidungsschlacht im Rahmen des 2. Italienischen Unabhängigkeitskrieges, sondern gilt auch als Geburtsstunde des Roten Kreuzes. Der Schweizer Geschäftsmann Henry Dunant, der am 24. Juni 1859 in die Lombardei reiste, um den Französischen Kaiser Napoleon III zu treffen, wurde Zeuge des Leidens der verwundeten Soldaten nach der Schlacht. Er blieb drei Tage und Nächte in der Nähe des norditalienischen Stadt Castiglione und half, Wunden zu verbinden, das Leiden zu lindern, *„zu trösten und zu retten“*. Beeindruckt von den Erlebnissen schrieb Dunant 1862 das Buch *„Un souvenir de Solferino“*[61], das er im Eigenverlag drucken ließ und an die Herrscherhäuser und an ranghohe Militärs in ganz Europa verschickte. Henry Dunant beschränkte sich in seinem Werk nicht nur auf die bloße Wiedergabe des Erlebten, sondern forderte die völkerrechtliche Anerkennung der Hilfeleistungen gegenüber verwundeten Soldaten. Er schlug vor, in Friedenszeiten private

59 *„Born on the battlefield, the Red Cross called into being the First Geneva Convention to protect wounded or sick military personnel“* in *Commentary on the Geneva Convention I* (Fn. 29).

60 Für detaillierte Information siehe Richard Brooks: *Solferino 1859. The battle for Italy's freedom* (Osprey Campaign Series 207), Osprey Publishing Ltd, Oxford 2009.

61 Jean Henry Dunant, *Un souvenir de Solferino*, J. G. Fick, Genève, 1863. *Eine Erinnerung an Solferino*, deutsche, vom Verfasser autorisierte Ausgabe, Verlag H. Georg, Basel 1863.

Hilfsgesellschaften zu gründen und deren Angehörige auszubilden, die dann im Kriegsfall die militärischen Sanitätsdienste aller Kriegsparteien unterstützen sollten. Am 17. Februar 1863 gründeten fünf Genfer Bürger das *Internationale Komitee der Hilfsgesellschaften für die Verwundetenpflege.*[62] Am 22. August 1864 beschlossen 12 Staaten[63] auf einer Diplomatischen Konferenz, zu der der Schweizer Bundesrat eingeladen hatte, das „*1. Genfer Abkommen zur Verbesserung des Loses der Verwundeten Soldaten der Armeen im Felde*".[64] Dieses Abkommen sah vor, dass Krankenwagen und Feldspitäler[65], das Sanitätspersonal[66] sowie Zivilisten, die den verwundeten Soldaten zu Hilfe kommen[67], neutral und zu schützen und zu schonen seien. Verwundete Soldaten, unbeschadet welcher Partei sie angehören, seien zu bergen und zu pflegen[68]. Als Schutzzeichen wird das Rote Kreuz auf weißem Grund eingeführt.[69]

Diese Konvention wurde 1906[70] ergänzt und regelte erstmals auch die Behandlung von feindlichen Soldaten als Kriegsgefangene[71], die Revision von 1929[72] detaillierte die Bestimmungen bezüglich der Verwundeten und Kranken,

---

62 Dieses Komitee ist ein Verein nach Schweizer Recht und trägt seit 1876 den Namen *Internationales Komitee vom Roten Kreuz (IKRK)*. Die Gründungsmitglieder neben *Henry Dunant* waren der Jurist *Gustav Moynier*, die Ärzte *Luis Appia* und *Théodore Maunoir*, sowie der Armeegeneral *Guillaume-Henri Dufour*.

63 Baden, Belgien, Dänemark, Frankreich, Hessen, Italien, die Niederlande, Portugal, Preußen, die Schweiz, Spanien und Württemberg. Norwegen und Schweden traten dem Abkommen im Dezember 1864, das Vereinigte Königreich 1865 bei. Österreich, unter dem Eindruck des Preußisch-Österreichischen Krieges von 1866, trat der Konvention am 21. Juli 1866 bei, Russland 1867 und das 1871 gegründete Deutsche Reich am 12. Juni 1906.

64 *Convention for the Amelioration of the Condition of the Wounded in Armies in the Field.* Geneva, 22 August 1864. Entry into Force 22. 06. 1865. D. Schindler and J. Toman, *The Laws of Armed Conflicts*, Martinus Nihjoff Publisher, 1988, Seite 280–281.

65 Ibid., Art. 1.

66 Ibid., Art. 2.

67 Ibid., Art. 5.

68 Ibid., Art. 6.

69 Ibid., Art. 7.

70 *Convention for the Amelioration of the Condition of the Wounded and Sick in Armies in the Field.* Geneva, 6 July 1906. Entry into Force 09. 08. 1907. D. Schindler and J. Toman, *The Laws of Armed Conflicts*, Martinus Nihjoff Publisher, 1988, Seite 301–310.

71 Ibid., Art. 2.

72 *Convention for the Amelioration of the Condition of the Wounded and Sick in Armies in the Field*. Geneva, 27 July 1929. Entry into Force 19. 06. 1931. D. Schindler and J. Toman, *The Laws of Armed Conflicts*, Martinus Nihjoff Publisher, 1988, Seite 326–334.

der Sanitätseinrichtungen, des Sanitätspersonals und Sanitätsmaterials sowie des Sanitätstransports und führte neben dem Roten Kreuz den Roten Halbmond und den Roten Löwen mit der Sonne als gleichwertiges Schutzzeichen ein.[73]

Unter dem Eindruck des Zweiten Weltkrieges lud im Jahr 1948 der Schweizer Bundesrat zu einer Diplomatischen Konferenz mit dem Ziel ein, das bestehende Regelwerk aufgrund der im Krieg gemachten Erfahrungen anzupassen. Neben Regierungsvertretern nahmen auch internationale Organisationen, darunter die Vereinten Nationen, als Beobachter und das Internationale Komitee vom Roten Kreuz und die Liga der Rotkreuz-Gesellschaften als Experten teil. Wesentlichen Anteil an der Ausarbeitung der vom IKRK vorgelegten Entwürfe hatte der Genfer Jurist und IKRK-Mitarbeiter Jean Pictet, der damit als der geistige Vater der Abkommen von 1949 gilt.[74] Der Abschluss des Genfer Abkommens IV *„über den Schutz von Zivilpersonen in Kriegszeiten"* und ausführliche Menschenrechtsgarantien zu Gunsten von Kriegsgefangenen im Genfer Abkommen III *„über die Behandlung von Kriegsgefangenen"* waren die wichtigsten Erweiterungen hinsichtlich des Regelungsbereiches der Genfer Konventionen. Ein Jahr nach der Konferenz traten die vier Genfer Abkommen am 21. Oktober 1950 in Kraft.

Als Folge der Kriege zu Beginn der zweiten Hälfte des 20. Jahrhunderts verabschiedete die Generalversammlung der Vereinten Nationen am 19. Dezember 1968 die Resolution 2444 (XXIII) *„Respect for Human Rights in Armed Conflicts"*.[75]

---

73 Ibid., Art. 19. Diese Bestimmung betont, dass das Rote Kreuz, das durch die Umkehrung der Schweizer Nationalflagge entstand, als Schutzzeichen für die Sanitätsdienste bleibt, daneben jedoch die bereits verwendeten Zeichen des Roten Halbmonds und des Roten Löwen mit der Sonne anerkannt werden. Die *Roter Löwe mit Roter Sonne Gesellschaft* wurde im Iran 1923 als Hilfsgesellschaft gegründet und noch im selben Jahr Mitglied der Rotkreuz- und Rothalbmondgesellschaft. Seit der islamischen Revolution 1980 benutzt der Iran das Schutzzeichen des Roten Halbmonds, behielt sich jedoch ausdrücklich das Recht zur Verwendung des Roten Löwen mit Roter Sonne als Schutzzeichen vor.

74 Jean Pictet war auch Hauptautor des vierbändigen Kommentars zu den Genfer Konventionen von 1949 und zu den 1977 abgeschlossenen zwei Zusatzprotokollen.

75 *Respect for Human Rights in Armed Conflicts*, Resolution 2444 (XXIII) of the United Nations General Assembly, 19 December 1968. D. Schindler and J. Toman, *The Laws of Armed Conflicts*, Martinus Nihjoff Publisher, 1988, Seite 263–264. Die Resolution bekräftigt die Prinzipien, welche an der XX. Internationalen Konferenz des Roten Kreuz 1965 in Wien angenommen wurden. Interessanterweise übernimmt die Resolution der Generalversammlung nur drei der vier Prinzipien des internationalen Rechts, wie sie in der Rotkreuzresolution niedergelegt sind. Der vierte Grundsatz *„The general*

Diese Resolution bekräftigte die allgemeine Gültigkeit von drei grundlegenden Prinzipien des humanitären Völkerrechts:

> (a) *That the right of the parties to a conflict to adopt means of injuring the enemy is not unlimited;*
> (b) *That it is prohibited to launch attacks against the civilian population as such;*
> (c) *That distinction must be made at all times between persons taking part in the hostilities and members of the civilian population to the effect that the latter be spared as much as possible.*

Die Resolution bestätigt also auch die Beschränkungen bei der Wahl der Mittel zur Kriegführung, das Verbot von Angriffen auf die Zivilbevölkerung sowie die Verpflichtung zur Unterscheidung zwischen Kombattanten und Zivilisten. Darüber hinaus wird der UN-Generalsekretär aufgefordert, gemeinsam mit dem IKRK eine Weiterentwicklung des humanitären Völkerrechts anzustreben. Insbesondere sollte untersucht werden, inwieweit sich die Anwendung der bestehenden Regelungen des humanitären Völkerrechts verbessern ließe und in welchen Bereichen eine Erweiterung des humanitären Völkerrechts durch neue Abkommen notwendig sei. Dies war der Anstoß zur Diplomatischen Konferenz zur Neubestätigung und Weiterentwicklung des in bewaffneten Konflikten anwendbaren Humanitären Völkerrechts von 1974 bis 1977.[76]

Zum Abschluss dieser Konferenz wurden zwei Zusatzprotokolle beschlossen, die im Dezember 1978 in Kraft traten und wesentliche Ergänzungen in mehreren Bereichen brachten. Zum einen integrierten beide Protokolle in den Rechtsrahmen der Genfer Abkommen, die bislang vorwiegend Schutzbestimmungen enthielten, Regeln über Mittel und Methoden der Kriegführung. Es kam dadurch zu einer Zusammenführung von „*Genfer Recht*" und „*Haager Recht*". Damit waren die Zusatzprotokolle zu den Genfer Abkommen ein wichtiger Schritt hin zu einer Vereinheitlichung des humanitären Völkerrechts. Das Zusatzprotokoll I präzisierte darüber hinaus vor allem eine Reihe von Bestimmungen der vier Genfer Abkommen von 1949 und erweiterte den Begriff des bewaffneten Konflikts, indem es auch den „*Kampf von Völkern gegen Kolonialherrschaft und*

---

principles of the laws of war are applicable to nuclear and similar weapons" fand keine Berücksichtigung in der Resolution der Generalversammlung der Vereinten Nationen.

76 Die diplomatische Konferenz zur Neubestätigung und Weiterentwicklung des in bewaffneten Konflikten anwendbaren Humanitären Völkerrechts (CDDH) erarbeitete auf Grundlage der Entwürfe des IKRK in vier Sessionen zwei Zusatzprotokolle zu den Genfer Abkommen vom 12. April 1949. Die Zusatzprotokolle wurden von der CDDH am 8. Juni 1977 angenommen und nach Unterzeichnung der Schlussakte am 10. Juni 1977 ab 12. Dezember 1977 zur Unterzeichnung aufgelegt (Hinz/Rauch, *Kriegsvölkerrecht*).

fremde Besetzung sowie gegen rassistische Regimes“[77] in den Anwendungsbereich miteinbezog. Das Zusatzprotokoll II[78] war eine Reaktion auf den Anstieg der Zahl und Schwere von nicht-internationalen bewaffneten Konflikten in der Zeit nach dem Zweiten Weltkrieg, insbesondere im Rahmen der Befreiungs- und Unabhängigkeitsbewegungen in Afrika zwischen 1950 und 1960. In diesem Protokoll geht es um den Schutz der wichtigsten Menschenrechte. Das Protokoll ergänzt die Mindestgarantien von Grundrechten, die bereits im Artikel 3 der vier Genfer Abkommen enthalten sind.

Ein drittes Zusatzprotokoll zu den vier Genfer Abkommen wurde im Dezember 2005 in Genf verabschiedet und führt ein neues zusätzliches Schutzzeichen in Form eines roten Kristalls ein[79]. Damit wurde die Kontroverse um den Roten Davidstern, der von der israelischen Gesellschaft *Magen David Adom* anstelle des Roten Kreuzes oder des Roten Halbmondes verwendet wurde, beendet. Der rote Kristall kann von den Gesellschaften anstelle des Roten Kreuzes und Roten Halbmonds als Emblem gewählt werden und ist frei von jeder tatsächlichen oder wahrgenommenen nationalen beziehungsweise religiösen Bedeutung.

3.1.1 Anwendungsbereich der Genfer Abkommen und der Zusatzprotokolle

Die Genfer Konvention von 1864[80] und die Revisionen dieses Abkommens von 1906[81] und 1929[82] enthalten keine ausdrücklichen Bestimmungen hinsichtlich ihres Anwendungsbereiches. Es war zur Zeit des klassischen Völkerrechts selbstverständlich, dass völkerrechtliche Abkommen nur die Beziehungen zwischen Staaten regeln und folglich die Genfer Abkommen zur Verbesserung des Loses der Verwundeten und Kranken der bewaffneten Kräfte im Felde nur im klassischen Krieg anwendbar waren. Wenngleich auch für den Begriff „*Krieg*“ eine allgemein anerkannte Definition nicht zu finden ist, so wird doch immer wieder auf die häufig zitierte Definition von Oppenheim verwiesen, der den Krieg folgendermaßen beschreibt:

---

77 Art. 1, Abs. 4, *Zusatzprotokoll I* (Fn. 16).

78 Siehe Fn. 16.

79 Siehe Fn. 45.

80 *Convention for the Amelioration of the Condition of the Wounded in Armies in the Field* (Fn. 64).

81 *Convention for the Amelioration of the Condition of the Wounded and Sick in Armies in the Field.* (Fn. 70).

82 *Convention for the Amelioration of the Condition of the Wounded and Sick in Armies in the Field.* (Fn. 72).

> *"War is a contention between two or more States through their armed forces, for the purpose of overpowering each other and imposing such conditions of peace as the victor pleases."*[83]

Der Krieg ist folglich eine Auseinandersetzung zwischen Staaten, die mit Streitkräften geführt wird. Des Weiteren setzt die Definition voraus, dass die Staaten das Ziel verfolgen, den Gegner zu überwinden, um die gegenseitigen Beziehungen nach dem Krieg gemäß der eigenen Interessenslage neu gestalten zu können. Yoram Dinstein liest aus dieser Definition eine vierte Bedingung heraus: Die Wortfolge „*each other*" lässt darauf schließen, dass in einem Krieg die Parteien *symmetrische, wenngleich diametral entgegengesetzte Ziele*[84] verfolgen. Dinstein folgert aus der Tatsache, dass Kriege zur Verfolgung von Zielen geführt werden, dass zumindest bei einer Kriegspartei ein „*animus belligerendi*"[85] vorliegen müsse.

Die Anwendung der Genfer Abkommen von 1864, 1906 und 1929 sowie die Anwendung aller anderen humanitätsrechtlichen Abkommen[86], die vor dem Zweiten Weltkrieg beschlossen wurden, beschränkte sich auf Kriege zwischen souveränen Staaten, die rechtmäßig gegenüber dem Gegner erklärt wurden und bei dem der Kriegszustand von beiden Seiten anerkannt war.

Die XVI. Internationale Rotkreuz-Konferenz hatte jedoch 1938 beschlossen, bei einer künftigen Revision der Abkommen die Notwendigkeit aufzuzeigen, auch nicht erklärte oder nicht anerkannte Kriege in den Anwendungsbereich der Abkommen einzuschließen. Insbesondere nach den grausamen Erfahrungen des Zweiten Weltkriegs nahm das Internationale Komitee vom Roten Kreuz die Sache auf und die vorläufige Konferenz der Nationalen Rotkreuzgesellschaften empfahl im Jahre 1946, einen neuen Artikel mit folgendem Wortlaut zu Beginn des Übereinkommens einzuführen:

---

83 Lassa Oppenheim, *International Law: A Treatise, Vol. II, War and Neutrality*, Longman, Greens and Co, London 1906, Seite 56.

84 Yoram Dinstein, *War, Aggression and Self-Defence*, Cambridge University Press, 2011, Seite 5.

85 Ibid., Seite 13ff.

86 Siehe *Petersburger Erklärung von 1868 um den Gebrauch von gewissen Wurfgeschossen in Kriegszeiten zu verbieten* (Fn. 46). *Erklärung vom 29.07.1899, betreffend das Verbot von Geschossen, die sich leicht im menschlichen Körper ausdehnen oder platt drücken. Haager Abkommen von 1899 und 1907. Genfer Protokoll vom 17.06.1925 über das Verbot der Verwendung von erstickenden, giftigen oder ähnlichen Gasen sowie von bakteriologischen Mitteln im Krieg.*

"The present Convention is applicable between the High Contracting Parties from the moment hostilities have actually broken out, even if no declaration of war has been made and whatever the form that such armed intervention may take."[87]

Die Konferenz der Regierungsexperten, die ebenfalls durch das Internationale Komitee vom Roten Kreuz einberufen wurde, hat seinerseits empfohlen, dass die Abkommen in *"any armed conflict, whether the latter is or is not recognized as a state of war by the parties concerned"*, und ebenfalls in *"cases of occupation of territories in the absence of any state of war"*[88] anwendbar sein sollten. Unter Berücksichtigung der Empfehlungen der beiden Konferenzen brachte das Internationale Komitee vom Roten Kreuz einen Textentwurf ein, der als Gemeinsamer Artikel 2 in die Genfer Abkommen aufgenommen wurde. Die Genfer Abkommen von 1949 bestimmen somit ausdrücklich ihren Anwendungsbereich durch den allen vier Abkommen gemeinsamen Artikel 2:

„Außer den Bestimmungen, die bereits in Friedenszeiten zu handhaben sind, ist das vorliegende Abkommen in allen Fällen eines erklärten Krieges oder jedes anderen bewaffneten Konflikts anzuwenden, der zwischen zwei oder mehreren der Hohen Vertragsparteien entsteht, und zwar auch dann, wenn der Kriegszustand von einer dieser Parteien nicht anerkannt wird.
Das Abkommen ist auch bei vollständiger oder teilweiser Besetzung des Gebietes einer Hohen Vertragspartei anzuwenden, selbst wenn diese Besetzung auf keinen bewaffneten Widerstand stößt."

Die in Friedenszeiten bereits zu handhabenden Bestimmungen zielen insbesondere auf nationale Umsetzungsmaßnahmen ab, die bei einer Wahrnehmung erst zu Kriegsbeginn nicht mehr greifen würden. Dazu gehört, den *„Wortlaut de[r ...] Abkommen [...] im weitmöglichsten Ausmaß zu verbreiten und insbesondere [... deren] Studium in die militärischen und, wenn möglich, zivilen Ausbildungsprogramme aufzunehmen"*[89] sowie *„alle notwendigen gesetzgeberischen Maßnahmen zur Festsetzung von angemessenen Strafbestimmungen gegen Personen, die*

---

87 *Report on the Work of the Preliminary Conference of National Red Cross Societies for the Study of the Conventions and of various Problems relative to the Red Cross*; (Geneva, 26 July – 3 August 1946), Geneva, 1947, Seite 15.

88 *Report on the Work of the Conference of Government Experts for the Study of the Conventions for the Protection of War Victims*; (Geneva, 14–26 April 1947), Geneva, 1947, Seite 8.

89 *Genfer Abkommen I*, Art. 47; *Genfer Abkommen II*, Art. 48; *Genfer Abkommen III*, Art. 127; *Genfer Abkommen IV*, Art. 144 (Fn. 15).

irgendeine der […] schweren Verletzungen […] begehen oder zu einer solchen Verletzung den Befehl erteilen"[90] zu veranlassen.

Darüber hinaus kommen die Abkommen, wie schon alle früheren humanitätsrechtlichen Abkommen, in erklärten Kriegen zur Anwendung und – diese Formulierung finden wir in den Genfer Abkommen 1949 erstmals – in bewaffneten Konflikten zwischen zwei oder mehreren Hohen Vertragsparteien, also zwischen souveränen Staaten. Auch die Erweiterung des Anwendungsbereichs der Genfer Abkommen auf Situationen einer gänzlichen oder teilweisen Besetzung eines Staates ist neu und eine Folge der Ereignisse im Zweiten Weltkrieg, wo die Zivilbevölkerung insbesondere in besetzten Gebieten furchtbare Unterdrückung und schreckliches Leid erfuhr.

In den folgenden Kapiteln soll ergründet werden, welche Bedeutung den Begriffen „*erklärte Kriege*", „*bewaffnete Konflikte zwischen Hohen Vertragsparteien*" und „*Besetzung des Gebietes einer Hohen Vertragspartei*" zukommt und welche Situationen folglich vom Anwendungsbereich der Genfer Abkommen vom 12. August 1949 umfasst sind. Es soll aber auch dargestellt werden, was unter bewaffneten Konflikten, „*die keinen internationalen Charakter haben*" oder „*die zwischen Streitkräften einer Hohen Vertragspartei und abtrünnigen Streitkräften oder anderen organisierten bewaffneten Gruppen stattfinden*", zu verstehen ist, und wie die Schwelle zwischen internen Unruhen und Spannungen einerseits und bewaffneten Konflikten andererseits auszumachen ist.

3.1.1.1 Erklärte Kriege

Die Genfer Abkommen sind jedenfalls dann anzuwenden, wenn eine „*Hohe Vertragspartei*", also ein souveräner Staat, einem anderen Staat den Krieg erklärt. Dies entspricht dem klassischen Völkerrecht, das die Kriegserklärung als einseitige, formlose Willenserklärung an die gegnerische Partei vorsah, und womit der Beginn des Kriegszustandes ankündigt wurde. Hugo Grotius stellt in seinem Buch *De jure belli ac pacis*[91] fest, dass zur Rechtmäßigkeit eines Krieges die offizielle Ankündigung gegenüber dem Gegner erforderlich ist. Ein Grund, warum das klassische Völkerrecht die Ankündigung eines Krieges verlangte, war nicht, dass Heimlichkeiten oder Hinterlist verhindert werden sollten, „*sondern damit feststehe, dass der Krieg nicht auf Gefahr Einzelner, sondern auf Beschluss beider Völker oder deren Oberhäupter geführt werde. Denn davon sind die besonderen*

90 *Genfer Abkommen I*, Art. 49; *Genfer Abkommen II*, Art. 50; *Genfer Abkommen III*, Art. 129; *Genfer Abkommen IV*, Art. 146 (Fn. 15).

91 Hugo Grotius, *De jure belli ac pacis.* (Fn. 9).

Rechtswirkungen des Krieges abhängig, welche weder bei einem Kriege gegen die Straßenräuber, noch bei einem Krieg gegen die eigenen Unterthanen Platz greifen".[92] Die den Kampfhandlungen vorangegangene Kriegserklärung war somit nicht nur für die Rechtmäßigkeit erforderlich, sondern der Empfang einer Kriegserklärung bestimmte auch klar den Beginn der Anwendung der kriegsvölkerrechtlichen Regeln.

Grotius hält eine Kriegsankündigung jedoch dann nicht für erforderlich, wenn eine angedrohte Gewalt abgewendet oder eine Schuld oder Strafe von einem Schädiger eingetrieben werden sollte.[93] Trotzdem ist eine Kriegserklärung auch in den Fällen, in denen das Naturrecht eine solche nicht vorschreibt, „*löblich und geziemend, wenn sie geschieht, damit allenfalls von der Beleidigung abgestanden, oder das Vergehen durch Reue oder Genugtuung gesühnt werden kann*".[94] In diesen Fällen wurde häufig eine Kriegserklärung bedingt ausgesprochen, wodurch dem Gegner die Möglichkeit eingeräumt wurde, den Krieg durch ein Einlenken noch abzuwenden. Grotius unterstreicht dies durch einen Vers aus Senecas Agamemnon: „*Das Äußerste hat niemand zuerst versucht!*" und folglich sei geboten, vor dem Krieg zum Frieden einzuladen.[95]

Die Kriegserklärung spielte im Altertum und im Mittelalter eine bedeutende Rolle und war häufig mit feierlichen Zeremonien verbunden. Grotius betont jedoch ausdrücklich, dass diese Feierlichkeiten[96] zu den Sitten und Einrichtungen einzelner Völker gehören, was mit den Bestimmungen des Völkerrechts nicht verwechselt werden darf.

In den Haager Friedenskonferenzen 1899 und 1907 wurde erwogen, dass es für die Sicherheit der friedlichen Beziehungen von Wert ist, wenn Feindseligkeiten nicht ohne vorausgehende Benachrichtigung beginnen und wenn der Kriegszustand unverzüglich den neutralen Mächten angezeigt wird[97]:

---

92 Ibid., Seite 234.

93 Ibid., Seite 230.

94 Ibid., Seite 230.

95 Ibid., Seite 231.

96 Ibid., Seite 233; Grotius führt beispielhaft an: „*Unterhändler bei den Griechen, die mit Erde ausgerissenen Grashalme oder die blutige Lanze bei den Aequicolern und nach deren Beispiel später bei den Römern, die Aufkündigung der Freundschaft und Gemeinschaft, wenn solche Statt gehabt; die feierliche Frist von 30 Tagen nach Zurückforderung von Sachen; das abermalige Werfen der Lanze und Anderes*".

97 Präambel zum *Abkommen über den Beginn von Feindseligkeiten* (III. Haager Abkommen) vom 18. Oktober 1907.

„Die Vertragsmächte erkennen an, dass die Feindseligkeiten unter ihnen nicht beginnen dürfen ohne eine vorausgehende unzweideutige Benachrichtigung, die entweder die Form einer mit Gründen versehenen Kriegserklärung oder die eines Ultimatums mit bedingter Kriegserklärung haben muss.

Der Kriegszustand ist den neutralen Mächten unverzüglich anzuzeigen und wird für sie erst nach Eingang einer Anzeige wirksam, die auch auf telegraphischem Wege erfolgen kann. Jedoch können sich die neutralen Mächte auf das Ausbleiben der Anzeige nicht berufen, wenn unzweifelhaft feststeht, dass sie den Kriegszustand tatsächlich gekannt haben".[98]

Der am 27. August 1928 in Paris unterzeichnete Kellogg-Briand Pakt[99] ächtete den Angriffskrieg als Mittel der Politik und es waren nur noch Kriege im Rahmen der Selbstverteidigung oder als Teilnahme an einer Sanktion des Völkerbundes zulässig. Dadurch wurde die Kriegserklärung nahezu obsolet. Dies gilt erst recht mit der Annahme der Satzung der Vereinten Nationen, der zufolge alle Mitglieder sich *„in ihren internationalen Beziehungen der Drohung mit Gewalt oder der Gewaltanwendung, die gegen die territoriale Unversehrtheit oder die politische Unabhängigkeit irgendeines Staates gerichtet oder sonst mit den Zielen der Vereinten Nationen unvereinbar ist"* enthalten werden.[100]

3.1.1.2 Internationale bewaffnete Konflikte

Was durch die Entwicklung nach dem Ersten Weltkrieg und durch die tatsächliche Praxis[101] bereits vorgezeichnet war, wurde 1949 durch die Genfer Abkommen auch völkervertragsrechtlich umgesetzt: Der Anwendungsbereich der humanitären Schutzbestimmungen wurde neben erklärten Kriegen auch auf feindselige Situationen ausgedehnt, die de facto *„bewaffnete Konflikte"* waren. Die Anwendung der kriegsvölkerrechtlichen Normen sollte hinkünftig nicht mehr von einer formalen Erklärung und somit vom Willen der Konfliktparteien abhängig

98 Ibid., Art. 1 und 2.

99 1919 hat die Satzung des Völkerbundes die Stellung des Krieges im Völkerrecht nur insofern geändert, als Kriege der Mitglieder untereinander untersagt wurden, man jedoch sonst am Grundsatz des freien Kriegführungsrechts festhielt. Erst der Kellogg-Briand Pakt untersagte endgültig das souveräne Recht zum Führen eines (Angriffs-)Krieges; siehe Buchheit, *Der Kellogg-Briand Pakt von 1928 – Machpolitik oder Friedensstreber?* (Fn. 11).

100 Art. 4 (2), *Satzung der Vereinten Nationen* (Fn. 12).

101 Laut Greenwood in *Scope of Application of International Humanitarian Law* in D. Fleck (Hrsg.), *Handbook of International Humanitarian Law*, 2008 (Seite 49) gibt es heutzutage keine formalen Kriegserklärungen mehr, wie sie noch im 1. Weltkrieg abgegeben wurden.

sein. Die subjektive Auffassung der Konfliktparteien sollte durch objektive Kriterien ersetzt werden und somit zu höherer Effizienz beitragen. Der Kommentar zum Artikel 2 betont diesen vollkommen neuen Weg:

> *„This paragraph is entirely new. It fills the gap left in the earlier Conventions, and deprives the belligerents of the pretexts they might in theory invoke for evasion of their obligations. There is no longer any need for a formal declaration of war, or for recognition of the state of war, as preliminaries to the application of the Convention. The Convention becomes applicable as from the actual opening of hostilities. The existence of armed conflict between two or more Contracting Parties brings it automatically into operation.*
>
> *It remains to ascertain what is meant by ‚armed conflict'. The substitution of this much more general expression for the word ‚war' was deliberate. One may argue almost endlessly about the legal definition of ‚war'. A State can always pretend, when it commits a hostile act against another State, that it is not making war, but merely engaging in a police action, or acting in legitimate self-defence. The expression ‚armed conflict' makes such arguments less easy.“*[102]

War jedoch die Anwendung der Genfer Abkommen nicht mehr von der Abgabe einer offiziellen Kriegserklärung oder von der Anerkennung des Kriegszustands durch die Konfliktparteien abhängig, so bedurfte es nunmehr Kriterien für die Feststellung des Vorhandenseins eines bewaffneten Konfliktes. Da sich die Kriterien für das Vorliegen eines internationalen bewaffneten Konfliktes von den Kriterien eines nicht-internationalen bewaffneten Konfliktes maßgeblich unterscheiden, müssen diese Konfliktformen getrennt analysiert werden.

Ein internationaler bewaffneter Konflikt ist ein Konflikt zwischen Staaten.[103] Haben ältere völkerrechtliche Verträge noch auf Kriege abgestellt, also auf Situationen, wo das Ende der friedlichen Beziehungen von einem Staat offiziell aufgekündigt wurde, kommt es seit den Genfer Abkommen von 1949 auf das tatsächliche Vorliegen eines bewaffneten Konflikts an. Die Kernfrage dabei ist, wann beginnt oder endet ein bewaffneter Konflikt zwischen Staaten, und nach welchen Kriterien wird dies beurteilt. Geht man davon aus, dass ein internationaler bewaffneter Konflikt dann vorliegt, *„whenever there is a resort to armed force*

---

102 Jean Pictet, *Commentary on the Geneva Convention I* (Fn. 29), Seite 32.

103 Zu den internationalen bewaffneten Konflikten zählen jedoch auch Situationen, auf die sich Art. 1, Abs. 4, *Zusatzprotokoll I* bezieht. Auf diese Sonderform eines bewaffneten Konflikts, den man auch als nationalen Befreiungskrieg bezeichnet, wird in Kapitel 3.1.1.6 eingegangen.

by States"[104], wäre die Schwelle sehr niedrig anzunehmen. Dies kommt bereits im Kommentar zu den Genfer Abkommen zum Ausdruck, wo Pictet feststellt, dass

> „*[a]ny difference arising between two States and leading to the intervention of armed forces is an armed conflict within the meaning of Article 2, even if one of the Parties denies the existence of a state of war. It makes no difference how long the conflict lasts, or how much slaughter takes place*".[105]

Auch Silvain Vité betont, dass weder eine bestimmte Dauer noch bestimmte Opferzahlen für das Vorliegen eines bewaffneten Konflikts entscheidend sind.[106] Für Greenwood gilt nahezu jeder Einsatz von Streitkräften gegen einen anderen Staat als internationaler bewaffneten Konflikt.[107] Für Andrew Carswell beginnt der internationale bewaffnete Konflikt eindeutig und unzweifelhaft mit der ersten Gewaltanwendung zwischen den staatlichen Streitkräften, die unmittelbar die Anwendung der in internationalen bewaffneten Konflikten geltenden Normen auslöst. Er begründet dies damit, dass der erste Waffeneinsatz verwundete Soldaten, Gefangene und die Möglichkeit von Kollateralschäden bewirken kann.[108] Ähnlich argumentiert Gasser:

> *"Any use of armed force by one State against the territory of another, triggers the applicability of the Geneva Conventions between the two States. [...] It is also of no concern whether or not the party attacked resists. [...] As soon as the armed forces of one State find themselves with wounded or surrendering members of the armed forces or civilians of another State on their hands, as soon as they detain prisoners or have actual control over a part of the territory of the enemy State, then they must comply with the relevant convention."*[109]

---

104 ICTY, *Prosecutor v. Tadic, Case No. IT-94-1*, Decision on the Defence Motion for Interlocutory Appeal on Jurisdiction, 2 October 1995, para 70.

105 J. Pictet, *Geneva Convention III Relative to the Treatment of Prisoners of War: Commentary*, ICRC, 1960, Seite 23 (hiernach *Commentary on the Geneva Convention III*).

106 Sylvain Vité, *Typology of Armed Conflicts in International Humanitarian Law: Legal Concepts and Actual Situations* (2009), International Review of the Red Cross, Volume 91, No. 873 (2009), Seite 72; http://www.icrc.org/eng/assets/files/other/irrc-873-vite.pdf [23.02.2013].

107 Greenwood in *Scope of Application of International Humanitarian Law* in D. Fleck (Hrsg.), *Handbook of International Humanitarian Law* (2008), Seite 46.

108 Andrew J. Carswell, *Classifying the conflict: a soldier's dilemma*, in International Review of the Red Cross, Volume 91, No. 873 (2003), Seite 149.

109 Hans-Peter Gasser, *International Humanitarian Law: an Introduction* in: *Humanity for All: the International Red Cross and Red Crescent Movement*, H. Haug (Hrsg.), Paul Haupt Publishers, Bern (1993), Seite 510.

Die Ansicht, dass jeder Einsatz von Streitkräften oder die bloße Verletzung der Souveränität eines Staates durch Soldaten eines anderen Staates die Anwendbarkeit der Genfer Abkommen auslösen sollte, war von dem Wunsch getragen, den Schutz für die Opfer des bewaffneten Konflikts möglichst frühzeitig zu gewährleisten. Die Praxis der Staaten war jedoch abweichend, haben diese doch weiter unterschieden zwischen feindseligen Handlungen von Streitkräften einerseits, die sie als *„Grenzzwischenfälle"*, *„Zusammenstöße"* oder *„Scharmützel"* bezeichneten und bewaffneten Konflikten andererseits. Folgende Situationen wurden von den beteiligten Staaten als Kriege oder bewaffnete Konflikte eingestuft: Indien-Pakistan (1947–1948), Korea (1950–1953), Sinai-Feldzug (1956), Vietnam (1961–1975), Sechstagekrieg (1967), Yom Kippur Krieg (1973) sowie die türkische Invasion in Cypern (1974), Iran-Irak (1980–1988), der Falkland-Konflikt (1982), der Golfkrieg (1990–1991) und Ecuador-Peru (1995).[110] Im 21. Jahrhundert sind der Afghanistan Konflikt (2001), der Irakkrieg (2003), der Libanonkrieg (2006), der Kaukasuskrieg (2008) und der Krieg in Libyen (2011) eindeutig als internationale bewaffnete Konflikte anzusprechen. Diese Konflikte bestanden aus organisierten, intensiven bewaffneten Auseinandersetzungen, kosteten zahlreiche Menschenleben und waren Gegenstand von Beratungen des Sicherheitsrats.

Andererseits wurden folgende bewaffnete Auseinandersetzungen zwischen Streitkräften verschiedener Staaten nicht als bewaffnete Konflikte sondern als Zwischenfälle oder begrenzte Gewaltanwendung eingestuft: Buraimi-Konflikt zwischen Saudi Arabien und Oman (1952 und 1955), Vereinigtes Königreich-Jemen (1957), Ägypten-Sudan (1958), Afghanistan-Pakistan (1961) und Israel-Uganda (1976).[111] Weitere bewaffnete Zwischenfälle, die nicht als bewaffnete Konflikte betrachtet werden, sind der *Red Crusader* Zwischenfall 1961[112] (Eskortierung des Schiffes der dänischen Fischereiaufsicht *Niels Ebbeson* und des britischen Fischeidampfers *Red Crusader* durch das britische Marineschiff *HMS Trowbridge*) und – ähnlich gelagert – die *Kabeljaukriege* zwischen Island, dem Vereinigten Königreich und Deutschland.[113] Als Zwischenfall oder Zusammenstoß unter der Schwelle zum bewaffneten Konflikt ist der Abschuss und die

110 Siehe Arthur Mark Weisburd, *Use of Force: The Practice of States Since World War II*; University Park, PA; Pennsylvania State University Press, 1997.

111 Ibid.

112 *Report of the Commission of Inquiry into the Red Crusader Incident*, (1962), International Law Reports Vol. 35, Seite 485.

113 Katrin Rupprecht, *Der deutsch-isländische Fischereizonenstreit 1972–1976. Krisenfall für die NATO?* Peter Lang, Frankfurt a. M. 2011.

Gefangennahme eines U.S. Piloten durch Syrische Streitkräfte im Libanon 1988 zu bewerten.[114] Weiters wurden das Eindringen sowjetischer U-Boote in schwedische Gewässer 1981 und 1982[115], der Abschuss von zwei libyschen Kampfflugzeugen durch U.S. Abfangjäger 1981 in der Großen Syrte[116] sowie die Versenkung des Greenpeace Schiffes *Rainbow Warrior* durch französische Geheimagenten 1985 in Auckland/Neuseeland[117] nicht als bewaffnete Konflikte eingestuft, obwohl es dabei zu gewaltsamen Aufeinandertreffen oder Verletzung staatlicher Souveränität durch Streitkräfte oder sonstige staatliche Exekutivorgane gekommen ist. In den letzten 10 Jahren gab es mehrere bewaffnete Auseinandersetzungen zwischen Streitkräften aus Nord- und Südkorea. Im Jahre 2002 endete ein ca. 20 Minuten dauerndes Feuergefecht mit der Versenkung eines südkoreanischen Patrouillenboots und dem Tod von vier Seeleuten. Der Vorfall wurde als *„heimtückische Provokation"* und als *„Grenzzwischenfall"* behandelt und nicht dem Sicherheitsrat gemeldet.[118]

Auch den britischen Ausbildungsvorschriften ist zu entnehmen, dass zufällige Grenzzwischenfälle oder die irrtümliche Bombardierung eines anderen Landes keinen bewaffneten Konflikt darstellen:

> *"The law of armed conflict applies in all situations when the armed forces of a state are in conflict with those of another state or are in occupation of territory ... whether any particular intervention crosses the threshold so as to become an armed conflict will depend on all the surrounding circumstances. For example, the replacing of border police with soldiers or accidental border incursion by members of the armed forces would not, in itself, amount*

---

114 Offizielle Stellen der U.S. Administration verlangten zwar unmittelbar nach dem Vorfall, dass der Pilot Anspruch als Behandlung als Kriegsgefangener nach dem 3. Genfer Abkommen habe, Präsident Reagan bezweifelte jedoch diese Ansicht: *„I don't know how you have a prisoner of war when there is no declared war between nations. I don't think that makes you eligible for the Geneva Accords"*.

115 Dabei kam es sogar zum Einsatz von Wasserbomben durch die schwedische Marine gegen eindringende U-Boote.

116 Arthur Mark Weisburd, *Use of Force: The Practice of States Since World War II* (Fn. 110), Seite 289f.

117 *Rainbow Warrior* (New Zealand v France); Reports of International Arbitral Awards, Vol XX (1990); http://untreaty.un.org/cod/riaa/cases/vol_XX/215-284.pdf [20.02.2013].

118 *The Naval Clash on the Yellow Sea on 29 June 2002 between South and North Korea*, http://www.globalsecurity.org/wmd/library/news/dprk/2002/dprk-020701-1.htm [20.02.2013].

> *to an armed conflict, nor would the accidental bombing of another country. At the other extreme, a full-scale invasion would amount to an armed conflict.*“[119]

2007 griffen iranische Streitkräfte ein britisches Marineboot auf, das sich – wie der Iran behauptete – in iranischen Gewässern befand. Die Briten gaben an, in irakischen Gewässern gewesen zu sein. Obwohl wiederum die Streitkräfte verschiedener Staaten involviert waren, wurde der Vorfall von iranischer Seite nicht als internationaler bewaffneter Konflikt, sondern als rechtswidrige Grenzverletzung behandelt und es wurde die strafrechtliche Verfolgung der Mannschaft angekündigt. Als die Mannschaft im iranischen Fernsehen gezeigt wurde, behauptete der Sprecher des britischen Premierministers eine Verletzung des 3. Genfer Abkommens über die Behandlung der Kriegsgefangenen, das Vereinigte Königreich nahm jedoch zur Anwendbarkeit des 3. Genfer Abkommens nicht offiziell Stellung.[120]

Dieser Staatenpraxis Rechnung tragend hat auch das Internationale Komitee vom Roten Kreuz in seinen Positionspapieren reagiert. Stellt der Kommentar zu den Genfer Abkommen noch fest, dass “*any engagement of the armed forces of two or more High Contracting Parties*” einen internationalen bewaffneten Konflikt auslöst, so definiert das IKRK im Jahre 2008, dass “*International armed conflicts exist whenever there is resort to armed force between two or more States*“ und man findet nicht mehr den Zusatz “*regardsless of duration or intensity*“.[121]

Neben Vertrag, Völkergewohnheitsrecht und Allgemeinen Rechtsgrundsätzen nennt das Statut des Internationalen Gerichtshofes (IGH) die Judikatur und die Völkerrechtslehre als Hilfsquellen zur Feststellung der Rechtsnormen.[122] Insbesondere die vom Sicherheitsrat eingesetzten *ad hoc* Tribunale für das frühere Jugoslawien und Ruanda sind sehr ergiebige Rechtserkenntnisquellen. Einige Urteile haben besondere Bedeutung für die Auslegung des humanitären Völkerrechts erlangt.

---

119 Manual of the Law of Armed Conflict des Britischen Verteidigungsministeriums (2004), Seite 29.

120 Matthew B. Stannard, *What law did Teheran break? Capture of British sailors a grey area in application of Geneva Conventions*, San Francisco Chronicle, Sunday, April 1, 2007. http://www.militaryphotos.net/forums/archive/index.php/t-108782.html [20.02.2013].

121 ICRC, *How is the Term 'Armed Conflict' Defined in International Humanitarian Law? Opinion Paper* 5 (2008); http://www.icrc.org/eng/assets/files/other/opinion-paper-armed-conflict.pdf [20.02.2013].

122 Art 38, Statut des Internationalen Gerichtshofes.

Der erste Fall des Internationalen Strafgerichtshofs für das ehemalige Jugoslawien beschäftigte sich mit *Duško Tadić*, einem Mitglied der Serbischen Demokratischen Partei (SDS), und mit Vorfällen in der Teilrepublik Bosnien Herzegowina. Im Laufe des Zerfalls der Sozialistischen Föderativen Republik Jugoslawien kam es in dieser Teilrepublik zu Auseinandersetzungen zwischen den drei Volksgruppen, den Serben, die einen engen Verbund mit Serbien vorzogen, den Kroaten aus der westlichen Herzegowina, die sich nach Kroatien orientierten, und den Bosniaken, die einen eigenen unabhängigen Staat anstrebten. Nach der Abhaltung eines Referendums (29. Februar/1. März 1992) und der Ausrufung der Bosnisch Serbischen Republik brach der Bosnien-Krieg aus, der erst 1995 durch die Annahme des Dayton Abkommens beendet wurde.[123] *Tadić* war Mitglied der paramilitärischen Kräfte, welche die regulären Einheiten des 1. Krajina-Corps beim Angriff auf den Distrikt Prijedor, zu der die mehrheitlich von Bosniaken bewohnte Stadt Kozarac gehörte, unterstützten. *Tadić* soll aktiv an allen Phasen des Angriffs auf die Stadt Kozarac teilgenommen haben.

Das Urteil der Berufungskammer im Fall *Tadić* erlangte in mehrfacher Hinsicht große Bedeutung und war insbesondere auch für die Auslegung des Begriffs *„bewaffneter Konflikt"* richtungsweisend. Gemäß der Berufungskammer des Jugoslawientribunals liegt ein bewaffneter Konflikt dann vor, wenn

> *"... there is a* ***resort to armed force between States*** *or protracted armed violence between governmental authorities and organized armed groups or between such groups within a State ... These hostilities [fighting among groups within the former Yugoslavia] exceed the intensity requirements applicable to both international and internal armed conflicts.* ***There has been protracted, large-scale violence between the armed forces of different States*** *and between governmental forces and organized insurgent groups."*[124]

Die *Tadić* Entscheidung verlangt für das Vorliegen eines internationalen bewaffneten Konflikts, dass die regulären Streitkräfte zweier Staaten eingesetzt sind und die Feindseligkeiten zwischen den Streitkräften zeitlich ausgedehnt (*„protracted"*), aber auch heftig hinsichtlich des Gewaltausmaßes (*„large-scale violence"*) sind. Viele Fälle des Tribunals folgten dieser Argumentation. Im *Musić* Fall hingegen hat die Verfahrenskammer zwar ebenfalls den Prüfungsmaßstab

123 Für detaillierte Information siehe Dunja Melčić (Hrsg.): *Der Jugoslawien-Krieg. Handbuch zu Vorgeschichte, Verlauf und Konsequenzen.* Westdeutscher Verlag, Opladen/Wiesbaden 1999, 2. aktualisierte und erweiterte Auflage, VS Verlag für Sozialwissenschaften, 2007.

124 ICTY, *Prosecutor v Tadić, Case No. IT-94-1-T*, Decision on Defence Motion for Interlocutory Appeal on Jurisdiction, 2 October 1995, para.70 (Hervorhebung durch Verfasser).

der *Tadić-Entscheidung* angewendet und auf die Notwendigkeit von anhaltenden Kampfhandlungen in nicht-internationalen bewaffneten Konflikten verwiesen, jedoch betont, dass bei internationalen bewaffneten Konflikten bereits die bloße Existenz von Waffengewalt zwischen Staaten ausreichend ist, um das humanitäre Völkerrecht zur Anwendung zu bringen.[125]

Im Mai 2005 erteilte das Exekutivkomitee der International Law Association (ILA)[126] dem *„Use of Force Committee"* ein Mandat zur Erstellung eines Berichts darüber, wie das Völkerrecht bewaffnete Konflikte definiert und von Situationen unterscheidet, in denen Friedensrecht gilt[127]. Ein entsprechender Bericht wurde aufgrund der Erklärung der Vereinigten Staaten über den *„Globalen Krieg gegen den Terrorismus"*[128] für notwendig erachtet. Das Komitee untersuchte Primär- und Sekundärquellen des Völkerrechts und fand in keinem multilateralen Vertrag eine allgemein gültige Definition des Begriffs *„bewaffneter Konflikt"*. Somit musste die Bedeutung im völkerrechtlichen Gewohnheitsrecht sowie in Hilfsquellen, wie Judikatur oder Völkerrechtslehre gesucht werden.

Das Komitee diskutierte, wann ein bewaffneter Konflikt beginnt, wobei einige Mitglieder die Ansicht vertraten, dass dieser mit einem einseitigen bedeutenden bewaffneten Angriff beginnt, andere Mitglieder meinten, der bewaffnete Konflikt beginnt, wenn der erste Angriff durch einen bedeutenden Gegenangriff beantwortet wird, braucht es doch für Kampfhandlungen Aktivitäten auf beiden Seiten. Das Komitee kam nach Auswertung von zahlreichen richterlichen Entscheidungen und auch der Völkerrechtsliteratur zu dem Schluss, dass ein bewaffneter Konflikt dann vorliegt, wenn organisierte bewaffnete Gruppen in intensive Kampfhandlungen verwickelt sind.[129]

---

125 ICTY, *Prosecutor v Mucić et al, Case No. IT-96-21-T*, Judgement (Trial Chamber), 16 November 1998, para. 184.

126 Die *International Law Association* (ILA) ist eine nichtstaatliche internationale Organisation, deren Zielsetzung die Verbreitung und Weiterentwicklung des Völkerrechts, die akademische Forschung sowie die Beratung bei Kodifikationen ist. Der gegenwärtige Sitz der Organisation, die 1873 in Brüssel gegründet wurde, ist London, oberstes Organ ist der geschäftsführende Vorstand (*Executive Council*). Die International Law Association ist in rund 50 nationalen Vereinigungen organisiert und hat derzeit 24 verschiedene themenbezogene Komitees gebildet. Offizielle Webseite: http://www.ila-hq.org/index.cfm [21.02.2013].

127 Mary Ellen O'Connell, *Defining Armed Conflict*, Notre Dame Law School, Legal Studies Research Paper No. 09-09; http://ssrn.com/abstract=1392211 [21.02.2013].

128 Siehe *7.2 Humanitäres Völkerrecht und Kampf gegen den Terrorismus.*

129 Ibid., Seite 32.

Zusammenfassend lässt sich feststellen, dass nicht jede Feindseligkeit zwischen Streitkräften souveräner Staaten als bewaffneter Konflikt eingestuft werden kann. Die entscheidenden Kriterien für das Vorliegen eines bewaffneten Konflikts sind der Organisationsgrad der bewaffneten Gruppierungen und die Intensität der Kampfhandlungen. Streitkräfte eines Staates werden regelmäßig das Kriterium eines entsprechenden Organisationsgrades erfüllen. Die Intensität der Feindseligkeiten muss jedoch höher sein, als sie noch von den Verfassern der Genfer Abkommen angenommen wurde.[130] Auch ist der Begriff *„bewaffneter Angriff"* im Sinne der Satzung der Vereinten Nationen[131] und der Begriff *„bewaffneter Konflikt"*, bei dessen Vorliegen das humanitäre Völkerrecht zur Anwendung kommt, auseinanderzuhalten. Nicht jeder bewaffnete Angriff löst einen bewaffneten Konflikt aus, was am Beispiel eines Vorfalls an der umstrittenen Seegrenze zwischen Süd- und Nordkorea im Gelben Meer gezeigt werden kann. Am 26. März 2010 sank in der Nähe dieser Grenze das südkoreanische Kriegsschiff *Cheonan*. Sechsundvierzig Seeleute kamen dabei ums Leben. Sollte das Kriegsschiff durch einen nordkoreanischen Torpedo versenkt worden sein (wie eine südkoreanische Untersuchungskommission behauptete), wäre dies zweifelsfrei ein *„bewaffneter Angriff"* im Sinne der Satzung der Vereinten Nationen. Südkorea war zu Maßnahmen der Selbstverteidigung gemäß Artikel 51 der Satzung berechtigt, reagierte jedoch nicht mit militärischer Gewalt. Nachdem es zu keinen weiteren Kampfhandlungen kam, lag auch kein bewaffneter Konflikt vor.

Die Ansicht, dass ein internationaler bewaffneter Konflikt erst bei einer bestimmten Intensität der Kampfhandlungen vorliegen soll, wird einerseits mit der Staatenpraxis begründet und ist andererseits auf das Bestreben zurückzuführen, eine gewisse Übereinstimmung mit nicht-internationalen bewaffneten Konflikten zu erreichen.[132] Akande hält diese Analogie für unzulässig. Er begründet

---

130 Siehe Fn. 105.

131 Artikel 51, *Satzung der Vereinten Nationen* (Fn. 12): *„Diese Charta beeinträchtigt im Falle eines **bewaffneten Angriffs** gegen ein Mitglied der Vereinten Nationen keineswegs das naturgegebene Recht zur individuellen oder kollektiven Selbstverteidigung, bis der Sicherheitsrat die zur Wahrung des Weltfriedens und der internationalen Sicherheit erforderlichen Maßnahmen getroffen hat. Maßnahmen, die ein Mitglied in Ausübung dieses Selbstverteidigungsrechts trifft, sind dem Sicherheitsrat sofort anzuzeigen; sie berühren in keiner Weise dessen auf dieser Charta beruhende Befugnis und Pflicht, jederzeit die Maßnahmen zu treffen, die er zur Wahrung oder Wiederherstellung des Weltfriedens und der internationalen Sicherheit für erforderlich hält."* (Hervorhebung vom Verfasser).

132 Siehe Definition der nicht-internationalen Konflikte, Kapitel 3.1.1.4.

dies damit, dass die Forderung von intensiven Kampfhandlungen für das Vorliegen eines internationalen bewaffneten Konflikts zur Folge hätte, dass die Opfer von Konflikten unter dieser Schwelle ihres Schutzes beraubt werden. Er stellt die Frage, welchen Schutz verwundete oder gefangengenommene Soldaten von der Eröffnung der Feindseligkeiten bis zum Erreichen der geforderten Intensität genießen, also bis zum Beginn des bewaffneten Konflikts. Die Situation bei nicht-internationalen bewaffneten Konflikten ist unterschiedlich, da unter der Schwelle zum bewaffneten Konflikt das nationale Recht und Menschenrechte zur Anwendung kommen, die für Soldaten eines fremden Staates jedoch keinen ausreichenden Schutz bieten.[133]

3.1.1.3 Militärische Besetzung

Die Genfer Abkommen und deren Zusatzprotokolle finden „*auch in allen Fällen vollständiger oder teilweiser Besetzung des Gebietes einer Hohen Vertragspartei Anwendung, selbst wenn diese Besetzung auf keinen bewaffneten Widerstand stößt*".[134] Um die besondere Bedeutung der militärischen Besetzung für die Planung und Durchführung militärischer Operationen zu erfassen, erscheint es nützlich, die rechtliche Entwicklung dieses Instituts näher zu beleuchten.

Seit jeher haben Streitkräfte im Rahmen ihrer militärischen Operationen fremdes Territorium besetzt und unterworfen. Bis zum 19. Jahrhundert führte die Besetzung des gegnerischen Territoriums, insbesondere bei einer völligen Niederringung des Gegners (*debellatio*), zur Annexion dieses Gebietes und zum Erwerb territorialer Souveränität.[135] Erstmals findet man eine umfassende und systematische Kodifizierung des Rechts in besetzten Gebieten im Lieber Code.[136] Obwohl der Lieber Code die militärische Besetzung grundsätzlich nur als vorübergehenden Zustand sieht[137], räumt er der Besatzungsmacht die Möglichkeit ein, das besetzte

---

133 Dapo Akande, *Classification of Armed Conflicts: Relevant Legal Concepts*, (20 August 2012) in E. Wilmshurst (Hrsg), *International Law and the Classification of Conflicts* (OUP 2012) Chapter 3; Oxford Legal Studies Research Paper No 50/2012, Seite 27. http://dx.doi.org/10.2139/ssrn.2132573 [23.02.2013].

134 Siehe gemeinsamer Artikel 2 der *Genfer Abkommen I-IV* (Fn. 15) und Art. 1, Abs. 3, *Zusatzprotokoll I* (Fn. 16).

135 Doris Appel Grabner, *The Development of the Law of Belligerent Occupation 1863–1914: A Historical Survey*, New York, Columbia University Press, 1949.

136 *Instructions for the Government of Armies of the United States in the Field*", 24 April 1863. D. Schindler and J. Toman, *The Laws of Armed Conflicts*, Martinus Nihjoff Publisher, 1988, Seite 3–23 (Fn. 42).

137 Ibid., Art 3.

Gebiet zu annektieren.[138] Dies steht im klaren Widerspruch zur modernen Auffassung bezüglich der militärischen Besetzung.[139] Gemäß dem Lieber Code liegt eine Besetzung dann vor, wenn sich feindliche Streitkräfte auf fremdem Territorium befinden und dort das Kriegsrecht ausüben.[140] Die Ausrufung des Kriegsrechts bedeutet, dass die Streitkräfte Befugnisse in Übereinstimmung mit den Gesetzen und Gebräuchen des Krieges durchsetzen dürfen.[141] Daraus lässt sich ableiten, dass gemäß dem Lieber Code militärische Besetzung immer die tatsächliche körperliche Anwesenheit von Streitkräften in einem Raum voraussetzt.

Auf Initiative von Zar Alexander II prüften die Delegierten von 15 europäischen Staaten am 27. Juli 1874 – also 11 Jahre nach der Kundmachung des Lieber Codes – in Brüssel den Entwurf eines internationalen Übereinkommens über die Gesetze und Gebräuche des Krieges. War der Lieber Code nur verbindlich für die Truppen der Nordstaaten im Amerikanischen Bürgerkrieg und somit ein nationales Dokument, so stellte das „*Project of an International Declaration concerning the Laws and Customs of War*" (Brüsseler Erklärung von 1874) den ersten Versuch dar, Kriegführungsregeln auf internationaler Ebene zu kodifizieren.[142] In der Brüsseler Erklärung zeichnet sich insofern eine Wende ab, als durch die militärische Besetzung nicht Souveränitätsrechte übertragen werden, sondern Befugnisse der bisherigen Regierung nur vorübergehend ausgesetzt werden sollten.[143] Hinsichtlich der Voraussetzungen für das Vorliegen einer militärischen

---

138 Ibid., Art. 33: „*It is no longer considered lawful – on the contrary, it is held to be a serious breach of the law of war – to force the subjects of the enemy into the service of the victorious government, except the latter should proclaim, after a fair and complete conquest of the hostile country or district, that it is resolved* ***to keep the country, district, or place permanently as its own and make it a portion of its own country.***" (Hervorhebung durch Verfasser).

139 Oppenheim, Lassa & Hersch Lauterpacht; *Oppenheim's International Law, A Treatise, Volume II. Disputes, War and Neutrality.* Green and Co., London 1952, Seite 432.

140 Siehe Art. 1, *Lieber Code* (Fn. 42).

141 Ibid., siehe Art. 4.

142 Wie der Lieber Code versuchte auch die Brüsseler Erklärung nicht, neue Regeln zu schaffen, sondern festzustellen, welche Regeln von den Staaten als internationales Recht in Kriegszeiten anerkannt wurden. Mangels erforderlicher Ratifizierungen trat dieser Vertrag nie in Kraft, trotzdem ist die Bedeutung der Brüsseler Erklärung für die weitere Entwicklung unübersehbar. Auch lehnten sich viele militärische Handbücher der damaligen Zeit an diese Erklärung an.

143 Siehe Art. 2, *Project of an International Declaration concerning the Laws and Customs of War*. Brussels, 27 August 1874. D. Schindler and J. Toman, *The Laws of Armed Conflicts*, Martinus Nihjoff Publisher, 1988, Seite 22–34.

Besetzung waren die Delegierten bei der Konferenz unterschiedlicher Meinung, was die erforderliche Präsenzstärke der Besatzungsstreitkräfte betraf. Man einigte sich schließlich auf die Formulierung, dass ein Gebiet als besetzt gilt, wenn es sich tatsächlich in der Gewalt des feindlichen Heeres befindet[144] und überließ es den Regierungen, was unter „*effective control*" zu verstehen ist.

„*The Laws of War on Land*" (*Oxford Manual*)[145], herausgegeben vom *Institute of International Law*[146] stellt einerseits eine Revision der Brüsseler Erklärung dar und wurde andererseits ergänzt durch Bestimmungen aus nationalen militärischen Handbüchern. Das Oxford Manual von 1880 definiert die militärische Besetzung wie folgt:

> „*Territory is regarded as occupied when, as the consequence of invasion by hostile forces, the State to which it belongs has ceased, in fact, to exercise its ordinary authority therein, and the invading State is alone in a position to maintain order there. The limits within which this state of affairs exists determine the extent and duration of the occupation.*"[147]

Artikel 41 des Oxford Manual klärt erneut nicht, ob die körperliche Anwesenheit von Besatzungstruppen für das Vorliegen einer militärischen Besetzung erforderlich ist, verlangt jedoch zwei neue Voraussetzungen: Zuerst hat der Besetzung ein Einmarsch von feindlichen Truppen voranzugehen und weiters muss der Staat, dem das betreffende Gebiet zugerechnet wird, aufgehört haben, die gewöhnliche Verwaltung in diesem Gebiet auszuüben. Der letzte Satz dieses Artikels deutet an, dass nur jener Teil des Territoriums als besetzt gilt, in dem die Besatzungsmacht alleinige Verwaltung wahrnimmt und effektive Kontrolle ausübt.

Bei der Haager Konferenz 1899, die vom russischen Zaren Nikolaus II initiiert wurde, versuchten die Delegationen die Brüsseler Erklärung von 1874 so zu überarbeiten, dass sie für alle Staaten akzeptabel war. Das überarbeitete

---

144 Ibid., Art. 1.

145 *The Laws of War on Land*, Oxford, 9 September 1880. D. Schindler and J. Toman, *The Laws of Armed Conflicts*, Martinus Nihjoff Publisher, 1988, Seite 36–48 (siehe Fn. 48).

146 Das *Institute of International Law (Institut de Droit International)* ist eine Vereinigung von Juristen, welche die Entwicklung des Völkerrechts wissenschaftlich verfolgen und durch Vorschläge beeinflussen. Die Organisation wurde am 8. September 1873 in Gent in Belgien gegründet und erhielt für ihr Engagement 1904 den Friedensnobelpreis. Das Institut besteht aus Rechtsexperten, die neue Mitglieder aufgrund ihrer wissenschaftlichen Leistungen hinzuwählen, sodass die Aufnahme eine Anerkennung darstellt.

147 Art. 41, *The Laws of War on Land*. Oxford, 9 September 1880.

Dokument trägt die Bezeichnung *„Haager Landkriegsordnung“*[148] und enthält hinsichtlich der militärischen Besetzung – deren Bestimmungen bereits vorher weitgehend anerkannt waren – keine maßgeblichen Veränderungen. Auch die Dokumente, die im Rahmen der Haager Konferenz von 1907 überarbeitet wurden, enthalten keine Neuerungen hinsichtlich der militärischen Besetzung. Die militärische Besetzung wurde folgendermaßen definiert:

> *„Ein Gebiet gilt als besetzt, wenn es sich tatsächlich in der Gewalt des feindlichen Heeres befindet.*
>
> *Die Besetzung erstreckt sich nur auf die Gebiete, wo diese Gewalt hergestellt ist und ausgeübt werden kann.“*[149]

Ansonsten formuliert die Haager Landkriegsordnung bereits nahezu alle heute gültigen Grundsätze hinsichtlich der militärischen Besetzung. Als Teil des Völkergewohnheitsrechts ist dieses Regelwerk für alle Staaten, unbeschadet ob sie Vertragspartei des Abkommens sind oder nicht, verbindlich.[150]

Auch die Haager Landkriegsordnung fordert für das Vorliegen einer militärischen Besetzung die wirksame Kontrolle des Gebiets und Einrichtung einer direkt ausgeübten Verwaltung. Kontrolle ist dann wirksam, wenn die Besatzungsmacht die Fähigkeit hat, ihren Willen im gesamten Gebiet innerhalb einer angemessenen Zeit durchzusetzen.[151] Zu den ausdrücklich in der Haager Landkriegsordnung angeführten Verwaltungsaufgaben, die durch die Besatzungsmacht wahrzunehmen sein werden, gehören die äußere und innere Sicherheit.[152] Diese Aufgabe inkludiert die Kontrolle der internationalen Grenzen, einschließlich des Imports und Exports von Gütern sowie die Kontrolle der Polizei und sonstiger paramilitärischer Organisationen. Dies lässt wiederum auf die Notwendigkeit von Bodentruppen schließen, Luftüberlegenheit allein wird zur Herstellung einer effektiven Kontrolle nicht ausreichen (außer zeitlich befristet in besonders gelagerten Fällen).

---

148 Siehe Fn. 14.

149 Art. 42, *Haager Landkriegsordnung* (Fn. 14).

150 *International Military Tribunal (Nuremberg), Judgment and Sentences*, 1946, 41 American Journal of International Law 172, Seite 248–249 (1947). *International Military Tribunal for the Far East (Tokyo)*, 1948, Annual Digest and Reports of Public International Law Cases, Seite 356–366.

151 Gerhard von Glahn, *The Occupation of Enemy Territory, a Commentary on the Law and Practice of Belligerent Occupation*, University of Minnesota Press, Minneapolis, 1957, Seite 29.

152 Art. 43, *Haager Landkriegsordnung* (Fn. 14).

Die Haager Landkriegsordnung geht nicht darauf ein, wann die militärische Besetzung endet. Aus Artikel 42, demzufolge sich die Besetzung nur auf den Teil des Territoriums erstreckt, wo Kontrolle ausgeübt werden kann, lässt sich ableiten, dass die Besetzung endet, wenn die Kontrolle nicht mehr effektiv ist. Das Ende der Besetzung ist – wie deren Beginn – eine Tatsachenfrage. Regelmäßig endet die Besetzung, wenn die Streitkräfte aus dem besetzten Gebiet abgezogen oder verdrängt werden.[153]

Bereits vor dem Ende des Zweiten Weltkrieges, im Februar 1945, begann das Internationale Komitee vom Roten Kreuz mit den Vorbereitungen für die Überarbeitung der bestehenden humanitätsrechtlichen Normen und der Entwicklung neuer Regeln.[154] Die vier Vertragsentwürfe waren Grundlage für die Diplomatische Konferenz[155], die vom April bis August 1949 in Genf stattfand. Die im Rahmen der Konferenz diskutierten Abkommen zielten auf einen effizienteren Schutz der Opfer des Krieges ab: Es waren dies die Verwundeten und Kranken der Streitkräfte, die Schiffbrüchigen der Seestreitkräfte, die Kriegsgefangenen und die Zivilisten in bewaffneten Konflikten. Das vierte Abkommen[156], das Regeln zum Schutz der Zivilisten enthält, ergänzt die Abschnitte II (Feindseligkeiten) und III (Militärische Gewalt auf besetztem feindlichen Gebiet) der Haager Landkriegsordnung. Im Gegensatz zur Haager Landkriegsordnung standen jedoch beim vierten Genfer Abkommen weniger staatliche und militärische Interessen im Vordergrund, sondern es sollten vorwiegend Zivilisten vor der Willkür des Feindes oder Besetzers geschützt werden.[157]

Das vierte Genfer Abkommen schützt Personen,

> *„die sich im Falle eines Konflikts oder einer Besetzung zu irgendeinem Zeitpunkt und gleichgültig auf welche Weise in der Gewalt einer am Konflikt beteiligten Partei oder einer Besetzungsmacht befinden, deren Staatsangehörige sie nicht sind“.*[158]

---

153 Oppenheim, Lassa & Hersch Lauterpacht; *Oppenheim's International Law, A Treatise, Volume II: Disputes, War and Neutrality* (Fn. 139), Seite 436.

154 Jean Pictet, *The New Geneva Conventions for the Protection of War Victims*, American Journal of International Law (1951), Seite 464.

155 *Diplomatic Conference for the Establishment of International Conventions for the Protection of Victims of War.*

156 Siehe Art. 154, *Genfer Abkommen IV* (Fn. 15).

157 Jean Pictet, *Geneva Convention IV Relative to the Protection of Civilian Persons in Time of War: Commentary*, ICRC, 1958, Seite 10, 21 (hiernach *Commentary on the Geneva Convention IV*).

158 Siehe Art. 4 (1), *Genfer Abkommen IV* (Fn. 15).

Der persönliche Anwendungsbereich des Abkommens ist sehr weitreichend, verlangt er doch nicht einmal, dass Personen in der Gewalt einer Konfliktpartei sich auch auf dem Territorium einer Konfliktpartei befinden müssen, um vom Schutz erfasst zu sein. Es ist bereits ausreichend, wenn eine der Konfliktparteien bloß Gewalt über eine Person hat, was wiederum eine Tatsachenfrage ist. Sander Hupkes vertritt die Meinung, dass die für die Anwendung des Besatzungsrechts erforderliche Gewalt über eine Person dann vorliegt, wenn das körperliche, wirtschaftliche und soziale Wohlbefinden einer Person in den Händen einer Konfliktpartei liegt.[159]

Obwohl das vierte Genfer Abkommen im Abschnitt III ausführliche Bestimmungen für besetzte Gebiete enthält, fehlt wiederum eine klare Definition, wann tatsächlich ein Gebiet als militärisch besetzt gilt. Mangels einer entsprechenden Bestimmung im vierten Genfer Abkommen zieht der Internationale Strafgerichtshof für das frühere Jugoslawien den Artikel 42 der Haager Landkriegsordnung heran, um das Vorliegen eines besetzten Gebietes zu prüfen:

> *„The question arises what is meant by the term ‚occupied territory' … Section III of Geneva Convention IV … deals with the treatment which the inhabitants of occupied territory must receive from the Occupying Power, and represents the first attempt to codify the rules of international law dealing with occupation since the conclusion of the Hague Conventions of 1899 and 1907 concerning the laws and customs of war on land. … In light of the absence of a definition of the term "occupied territory" in the Geneva Conventions, and considering the customary status of the Hague Convention (IV) and the Regulations attached thereto, the Trial Chamber will have recourse to that Convention in defining the term. … The Trial Chamber accepts this definition and finds that the enquiry as to whether a particular territory is occupied must be conducted on a case-by-case basis."*[160]

Dieser Weg wird auch von einigen Vertretern der Völkerrechtslehre unterstützt[161], Sander Hupkes ist jedoch der Ansicht, dass die Definition aus der Haager Landkriegsordnung zu eng sei.[162] Gestützt auf den Artikel 31 des Wiener Abkommens über das Recht der Verträge (*Allgemeine Auslegungsregeln*) verweist

---

159 Sander D. Dikker Hupkes, *What Constitutes Occupation? Israel as the occupying power in the Gaza Strip after the Disengagement*, Leiden, Jongbloed 2008, Seite 30.

160 ICTY, *Prosecutor v Kordić & Čerkez*, Case No. IT-95-14/2 *"Lašva Valley"*, Judgement (Trial Chamber), 26 February 2001, para 338f.

161 Harold Cooke Gutteridge; *The Geneva Convention of 1949*, 26 British Journal of International Law (1949), Seite 299. Adam Roberts; *What is Military Occupation?* in British Year Book of International Law, Vol. 55, No. 1, 1984, Seite 249. Hans-Peter Gasser; *Protection of the Civilian Population*, in D. Fleck, *Handbook of Humanitarian Law in Armed Conflicts*, Oxford University Press, Oxford, 1985, Seite 243.

162 Hupkes, *What Constitutes Occupation?* Seite 31 (Fn. 159).

er auf Artikel 4[163] und 47[164] sowie den Titel des 4. Genfer Abkommens und die Präambel, die den Schluss zulassen, dass der Schutz der Zivilisten über die Interessen der Besatzungsmacht zu stellen sei. Als weitere Bestätigung seiner Ansicht führt Hupkes den Artikel 6, Absatz 3 des vierten Genfer Abkommens an:

> *„Im besetzten Gebiet hört die Anwendung des vorliegenden Abkommens ein Jahr nach der allgemeinen Einstellung der militärischen Operationen auf. Die Besetzungsmacht ist jedoch – soweit sie die Funktionen einer Regierung in dem in Frage stehenden Gebiet ausübt – während der Dauer der Besetzung durch die Bestimmungen der folgenden Artikel des vorliegenden Abkommens gebunden: 1–12, 27, 29–34, 47, 49, 51, 52, 53, 59, 61–77 und 143.“*

Die oa. Bestimmung lässt den Schluss zu, dass ein Gebiet auch dann als besetzt gelten kann, wenn die Besatzungsmacht keine Regierungsfunktionen ausübt. Hupkes spricht sich gegen jede Einengung des Anwendungsbereichs des vierten Genfer Abkommens aus, da dadurch der Schutz der Zivilisten in bewaffneten Konflikten gefährdet würde, was nicht im Sinne der Verfasser des Abkommens sein kann.[165]

Die Kriterien für das Vorliegen einer militärischen Besetzung und somit die Anwendbarkeit der im Rahmen einer militärischen Besetzung geltenden Rechtsnormen sind insbesondere dann von Bedeutung, wenn ein Streitkräfteeinsatz außerhalb eines internationalen bewaffneten Konflikts erfolgt. Wird feindliches Territorium nach einem Einmarsch und nach dem Überwinden der Verteidigung des Gegners gesichert, besteht kaum Zweifel über die Anwendbarkeit des Rechts der militärischen Besetzung. Wesentlich schwieriger ist die Situation zu beurteilen, wenn kein Widerstand erfolgt, der Einsatz der Streitkräfte von den Vereinten Nationen autorisiert oder mandatiert ist oder der Status des

---

163 Art. 4, *Genfer Abkommen IV* (Fn. 15): *„Durch das Abkommen werden die Personen geschützt, die sich im Falle eines Konflikts oder einer Besetzung zu irgendeinem Zeitpunkt und gleichgültig auf welche Weise in der Gewalt einer am Konflikt beteiligten Partei oder einer Besetzungsmacht befinden, deren Staatsangehörige sie nicht sind“.*

164 Ibid., Art. 47: *„Den geschützten Personen, die sich in besetztem Gebiet befinden, sollen in keinem Falle und auf keine Weise die Vorteile des vorliegenden Abkommens entzogen werden, weder irgendeiner Veränderung wegen, die sich als Folge der Besetzung in den Institutionen oder der Regierung des in Frage stehenden Gebietes ergeben könnte, noch auf Grund einer zwischen den Behörden des besetzten Gebietes und der Besetzungsmacht abgeschlossenen Vereinbarung, noch auf Grund der Einverleibung des ganzen oder eines Teils des besetzten Gebietes durch die Besetzungsmacht“.*

165 Hupkes, *What Constitutes Occupation?* Seite 32 (Fn. 159).

Territoriums umstritten ist. Diese Situationen werden in weiterer Folge noch näher zu beleuchten sein.[166]

25 Jahre nach der Unterzeichnung der vier Genfer Abkommen wurde im Rahmen einer Diplomatischen Konferenz[167] in Genf die Bestätigung und Weiterentwicklung des in bewaffneten Konflikten anwendbaren humanitären Völkerrechts diskutiert. An dieser Konferenz nahmen Delegationen von 124 Staaten teil, die schließlich am 8. Juli 1977 zwei Zusatzprotokolle zu den Abkommen von 1949 unterzeichneten.[168] Das Zusatzprotokoll zu den Genfer Abkommen vom 12. August 1949 über den Schutz der Opfer internationaler bewaffneter Konflikte (Protokoll I) regelt im Artikel 3 seinen zeitlichen Anwendungsbereich wie folgt:

„Unbeschadet der Bestimmungen, die jederzeit anwendbar sind,

a) werden die Abkommen und dieses Protokoll angewendet, sobald eine in Artikel 1 dieses Protokolls genannte Situation eintritt;

b) endet die Anwendung der Abkommen und dieses Protokolls im Hoheitsgebiet der am Konflikt beteiligten Parteien mit der allgemeinen Beendigung der Kriegshandlungen und im Fall besetzter Gebiete mit der Beendigung der Besetzung; in beiden Fällen gilt dies jedoch nicht für Personen, deren endgültige Freilassung, deren Heimschaffung oder Niederlassung zu einem späteren Zeitpunkt erfolgt. Diese Personen genießen bis zu ihrer endgültigen Freilassung, ihrer Heimschaffung oder Niederlassung weiterhin den Schutz der einschlägigen Bestimmungen der Abkommen und dieses Protokolls.“

Somit ändert das Zusatzprotokoll I, zumindest für die Unterzeichnerstaaten des Zusatzprotokolls, auch den Anwendungsbereich der vier Genfer Abkommen. Hinsichtlich der besetzten Gebiete bestimmt der Absatz b, dass die Anwendung der Abkommen und des Zusatzprotokolls I mit der Beendigung der Besetzung endet und beseitigt somit die Jahresregel[169] aus dem vierten Genfer Abkommen.

---

166 Im Kapitel 7.1 wird auf die verschiedenen Formen der Friedensunterstützenden Operationen eingegangen und zu ergründen versucht, inwieweit das humanitäre Völkerrecht auf diese Einsätze anzuwenden ist. Insbesondere stellt sich immer wieder die Frage, ob Streitkräfte im Rahmen eines UN-Einsatzes „*Besatzungsmacht*“ sind und somit Rechte und Pflichten von Besatzungsmächten haben.

167 Siehe Fn. 76.

168 Yves Sandoz, Christophe Swinarski & Bruno Zimmermann (eds.); *Commentary on the Additional Protocols of 8 June 1977 to the Geneva Conventions of 12 August 1949*, International Committee of the Red Cross, Martinus Nijhoff Publishers, Geneva, Seite 699.

169 Art. 6, Abs. 3, *Genfer Abkommen IV* (Fn. 15): „*Im besetzten Gebiet hört die Anwendung des vorliegenden Abkommens ein Jahr nach der allgemeinen Einstellung der militärischen Operationen auf*“.

Zusammenfassend wird festgestellt, dass dann von einer *„militärischen Besetzung“* gesprochen wird, wenn die Streitkräfte eines Staates effektive Kontrolle auf fremdem Territorium ausüben. Die militärische Besetzung wird spätestens seit Ende des 19. Jahrhunderts nur als vorübergehender Zustand betrachtet, der zu keinem Souveränitätserwerb führt. Für die Dauer der militärischen Besetzung normiert das humanitäre Völkerrecht sowohl für die Besatzungsmacht als auch für die Bevölkerung des besetzten Gebietes Rechte und Pflichten, die im Kapitel 6.2 näher ausgeführt werden. Inwieweit das Recht der militärischen Besetzung auch auf den Einsatz von Streitkräften in friedensunterstützenden Operationen anwendbar ist und welche Bedeutung das für die Planung und Durchführung dieser Operationen hat, wird im Kapitel 7.1 behandelt.

3.1.1.4 Bewaffnete Konflikte, die keinen internationalen Charakter haben

Bis Ende des 19. Jahrhunderts findet man keine völkerrechtlichen Regelungen über interne, also auf das Gebiet und die Bevölkerung eines Staates beschränkte Kampfhandlungen.[170] Diese Konflikte, mögen sie auch noch so heftig und grausam gewesen sein, wurden als nationale Angelegenheiten betrachtet und das Prinzip der Souveränität untersagte fremden Staaten eine Einmischung in solche Angelegenheiten. Ein Umdenken erfolgte ansatzweise erstmals nach dem Ersten Weltkrieg. Vor allem Großbritannien machte Druck, dass die begangenen Kriegsverbrechen auch geahndet werden. Dabei sollten auch die Gräueltaten des Osmanischen Reichs an der eigenen Bevölkerung, den Armeniern, einer rechtlichen Würdigung unterzogen werden. Der Vertrag von Sevres, der zu den Pariser Vorortverträgen gehörte und den Frieden zwischen der Entente und dem Osmanischen Reich regeln sollte, enthielt entsprechende Bestimmungen. Der Vertrag von Sevres wurde von türkischer Seite nie unterzeichnet und schließlich durch den Vertrag von Lausanne ersetzt. Diesem Vertrag war eine „Erklärung der Amnestie“ für alle zwischen 1914 und 1922 verübten Verbrechen angeschlossen.[171]

Ideen, die nach dem Ersten Weltkrieg noch im Keim erstickten, führten nach dem Zweiten Weltkrieg zu einer rasanten Entwicklung des Völkerrechts. Internationale Tribunale ahndeten Kriegsverbrechen, die Allgemeine Erklärung der

---

170 Es gab jedoch sehr wohl bereits in frühesten Zeiten Normen, die Rechtsstatus und Befugnisse in internen Auseinandersetzungen regelten; diese Normen waren jedoch Teil der nationalen Rechtsordnung und diese unbeeinflusst von außen zu erlassen, war wesentlicher Ausdruck der staatlichen Souveränität.

171 M. Cherif Bassiouni, *Crimes Against Humanity – Historical Evolution and Contemporary Application*, Cambridge University Press 2011, Seite 89.

Menschenrechte wurde 1948 verkündet und zur selben Zeit wurde über die Regelung interner bewaffneter Konflikte nachgedacht. Bereits während des Spanischen Bürgerkriegs (1936–1939) zeichnete sich ab, dass einzelne Staaten aber auch der Völkerbund die Meinung vertraten, die in Kriegen zwischen Staaten anzuwendenden Regeln sollten auch in internen Konflikten Geltung erlangen.[172] Schließlich kam es doch nicht zu einem Regelwerk, das für internationale und nicht-internationale bewaffnete Konflikte anwendbar war. Zu groß war der Widerstand der Staaten gegen diesen Vorschlag des Internationalen Komitees vom Roten Kreuz. Man einigte sich jedoch darauf, eine eigene Bestimmung für nicht-internationale bewaffnete Konflikte in die Genfer Abkommen aufzunehmen. Dieser allen 4 Genfer Abkommen gemeinsame Artikel 3 wurde als „*convention in miniature*“[173] beschrieben und als „*Meilenstein in der Entwicklung des Kriegsvölkerrechts*“ gepriesen[174], war es doch der erste Versuch, interne bewaffnete Konflikte in einem völkerrechtlichen Vertrag zu regeln. Diese Bestimmung wurde aber auch kritisiert, da sie doch den Status der Widerstandskämpfer nicht änderte und auch nicht verhinderte, dass Regierungen sie nach nationalem Recht belangten.[175] Sie sollen zwar „*mit Menschlichkeit behandelt werden, ohne jede Benachteiligung aus Gründen der Rasse, der Farbe, der Religion oder des Glaubens, des Geschlechts, der Geburt oder des Vermögens oder aus irgendeinem ähnlichen Grund*“, können jedoch nach einem nationalen Strafverfahren verurteilt und sogar hingerichtet werden. Ein weiterer Schwachpunkt ist, dass Artikel 3 weder Mittel noch Methoden der Kampfführung in internen bewaffneten Konflikten regelt, sondern sich darauf beschränkt, „*Personen, die nicht direkt an den Feindseligkeiten teilnehmen, einschließlich der Mitglieder der bewaffneten Streitkräfte, welche die Waffen gestreckt haben, und … Personen, die infolge Krankheit, Verwundung, Gefangennahme oder irgendeiner anderen Ursache außer Kampf gesetzt wurden*“[176] zu schützen. Äußerst unbefriedigend ist auch die Unbestimmtheit hinsichtlich des Anwendungsbereichs des gemeinsamen Artikels 3. Zur Anwendung kommt diese Bestimmung im „*Falle eines bewaffneten Konflikts, der keinen*

---

172 Antonio Cassese, *The Spanish Civil War and the Development of Customary Law Concerning Internal Armed Conflicts*, in A. Cassese, *The Human Dimension of International Law, Selected Papers of A. Cassese* (2008), Seite 128.

173 Heather A. Wilson, *International Law and the Use of Force by National Liberation Movements*, Clarendon Press, Oxford, 1988, Seite 44.

174 Ibid., Seite 43.

175 Ibid., Seite 28.

176 Gemeinsamer Artikel 3 der *Genfer Abkommen I-IV* (Fn. 15).

internationalen Charakter aufweist".[177] Weder das Abkommen selbst, noch der Kommentar geben eine klare Auskunft über die Bedeutung der Wortfolge „*der keinen internationalen Charakter aufweist*". Pictet erwähnt, dass die Verfasser es absichtlich unterlassen haben, den im Artikel 3 angesprochenen nicht-internationalen bewaffneten Konflikt zu definieren[178], er selbst bietet jedoch in seinem Kommentar einen Maßstab für die Prüfung des Vorliegens eines nicht-internationalen bewaffneten Konflikts:

> *"[The] conditions on which the application of the Convention would depend [...] are as follows:*
>
> *(1) That the Party in revolt against the de jure Government possesses an organized military force, an authority responsible for its acts, acting within a determinate territory and having the means of respecting and ensuring respect for the Convention;*
>
> *(2) That the legal Government is obliged to have recourse to the regular military forces against insurgents organized as military and in possession of a part of the national territory;*
>
> *(3) (a) That the de jure Government has recognized the insurgents as belligerents; or*
> *(b) That it has claimed for itself the rights of a belligerent; or*
> *(c) That it has accorded the insurgents' recognition as belligerents for the purposes only of the present Convention; or*
> *(d) That the dispute has been admitted to the agenda of the Security Council or the General Assembly of the United Nations as being a threat to international peace, a breach of the peace, or an act of aggression;*
>
> *(4) (a) That the insurgents have an organization purporting to have the characteristics of a State;*
> *(b) That the insurgent civil authority exercises de facto authority over the population within a determinate portion of the national territory;*
> *(c) That the armed forces act under the direction of an organized authority and are prepared to observe the ordinary laws of war;*
> *(d) That the insurgent civil authority agrees to be bound by the provisions of the Convention.*[179]

Hinsichtlich der abtrünnigen Streitkräfte oder sonstiger die rechtmäßige Regierung bekämpfender Gruppierungen wird also verlangt, dass sie eine verantwortliche Führung haben, die in dem örtlichen Bereich, in dem sie agieren, das humanitäre Völkerrecht beachten und es durchsetzen. Widerstandsbewegungen müssen also für ihre Mitglieder Handlungsanweisungen geben, die die

---

177 Ibid.

178 Jean Pictet, *Development and Principles of International Law*, Martinus Nijhoff Publishers, Dortrecht, and Henry Dunant Institute Geneva (1985), Seite 47.

179 Jean Pictet, *Commentary on the Geneva Convention III* (Fn. 105), Seite 36.

Grundsätze[180] des humanitären Völkerrechts berücksichtigen und bei Nichtbeachtung auch entsprechende Maßnahmen setzen. Ein weiteres Indiz für einen nicht-internationalen bewaffneten Konflikt ist, wenn die rechtmäßige Regierung gezwungen ist, auf ihre Streitkräfte zurückzugreifen, weil die militärisch organisierten Aufständischen Teile des Territoriums besetzt haben. Die Anerkennung der Aufständischen als Kriegführende oder die Anrufung des Sicherheitsrates oder der Generalversammlung der Vereinten Nationen weisen ebenfalls auf einen bewaffneten Konflikt hin. Die einer staatlichen Organisation ähnliche Struktur der Aufständischen oder eine tatsächliche Ausübung von staatlichen Funktionen unterscheidet Aufständische von Banditen und Terroristen und lässt das Vorliegen eines bewaffneten Konflikts vermuten.

Trotz des Vorliegens von eindeutigen Hinweisen haben Staaten es immer wieder abgelehnt, einen bewaffneten Konflikt innerhalb ihrer Grenzen anzuerkennen. Dabei kann es kaum die Ablehnung von zu umfassenden Auflagen gewesen sein, verlangt doch der gemeinsame Artikel 3 nur Minimalgarantien für die Opfer von nicht-internationalen bewaffneten Konflikten:

> *"[Common Article 3] merely demands respect for certain rules, which were already recognised as essential in all civilised countries, and embodied in the municipal law of the states in question, long before the Convention was signed. [...] no government can object to observing, in its dealings with internal enemies, whatever the nature of the conflict between it and them, a few essential rules which it in fact observes daily, under its own laws, even when dealing with common criminals."*[181]

Zu groß war die Befürchtung, dass durch die Anerkennung eines nicht-internationalen bewaffneten Konflikts einerseits den Verursachern ein besonderer Rechtsstatus zukommen könnte, andererseits aber auch die internationale

180 Dazu gehören der *Grundsatz der Unterscheidung* (nur militärische Ziele dürfen angegriffen werden, Zivilisten und zivile Objekte sind zu schützen und zu schonen), der *Grundsatz der Verhältnismäßigkeit* (der beim Angriff auf militärische Ziele vorhersehbare Kollateralschaden darf nicht unverhältnismäßig zum militärischen Vorteil sein), der *Grundsatz der Menschlichkeit* (auch in Kriegszeiten sollte jeder Mensch immer mit Menschlichkeit behandelt werden und zwar, ohne jede Benachteiligung aus Gründen des Geschlechtes, der Geburt, der Rasse, der Hautfarbe, der Staatsangehörigkeit, der Religion bzw. des Glaubens, der politischen Meinung, des Vermögens oder aus irgendeinem ähnlichen Grund), der *Grundsatz der militärischen Notwendigkeit* (Angriffe, die keinen militärischen Vorteil bringen, sind verboten) und der *Grundsatz der Begrenzung* (das Recht, Mittel und Methoden der Kampfführung zu wählen, ist nicht unbegrenzt; Mittel und Methoden, die unnötiges oder übermäßiges Leiden verursachen, sind verboten).

181 Jean Pictet, *Commentary on the Geneva Convention IV* (Fn. 157), Seite 50.

Völkergemeinschaft ein Mitsprache- oder Mitwirkungsrecht bei der Konfliktbewältigung beanspruchen könnte. *„The first line of defence against international humanitarian law was to deny that it applies at all.“*[182] So wurden häufig interne bewaffnete Konflikte als vereinzelte, nicht organisierte Gewalttaten, unkoordinierte Aufstände oder terroristische Aktivitäten angesprochen, die mit den Mitteln, die die nationale Rechtsordnung zur Verfügung stellte, bekämpft wurden. So antwortete das Griechische Außenministerium im Jahre 1947 auf eine Anfrage des Internationalen Komitees vom Roten Kreuz zu den bewaffneten Auseinandersetzungen:

> *"The application of the Conventions in question and the intervention of the ICRC assume the existence of an international war, or at least a civil war. However, these conditions do not occur now in Greece where, quite simply, a number of people rose against the laws of the state, [and] formed gangs that engage in common crimes in the midst of subversive activities [...]."*[183]

Großbritannien anerkannte ebenfalls weder in Malaya (Aufstand 1946), Kenia (Mau-Mau-Krieg in den 50-Jahren), Zypern (Angriffe der Guerillagruppe EOKA gegen britische Einrichtungen 1955–1959) oder in Nordirland (Gewalteskalation 1969) einen bewaffneten Konflikt. Tatsächlich antwortete Großbritannien dem IKRK auf das Ansinnen, die Internierungslager und Gefängnisse in Kenia besuchen zu wollen, dass *„unzureichende Gründe für eine Einmischung vorliegen“*.[184] Staaten tendierten häufig dazu, Kritik von anderen Staaten oder internationalen Organisationen als Einmischung in innere Angelegenheiten zurückgewiesen.

Im *Tadić* Fall hatte die Berufungskammer des Internationalen Strafgerichtshof für das ehemalige Jugoslawien das Vorliegen eines nicht-internationalen bewaffneten Konflikts zu prüfen und beschrieb diesen als *„protracted armed violance between governmental authorities and organized armed groups or between such groups within a State“*.[185] Dieser Prüfungsmaßstab wurde auch vom Statut des Internationalen Strafgerichtshof übernommen. Aus Artikel 8 Abs. 2 (f) geht hervor, dass bewaffnete Konflikte, die keinen internationalen Charakter haben, zu unterscheiden sind von Fällen innerer Unruhen und Spannungen wie Tumulte, vereinzelt auftretende Gewalttaten oder andere ähnliche Handlungen. Unter

---

182 Richard R. Baxter, *Some Existing Problems of Humanitarian Law*, Military Law and the Law of War Review (1975), Seite 287f.

183 Brief des Außenministers und stellvertretenden Ministerpräsidenten an den IKRK Delegierten in Griechenland vom 8. März 1947, ICRC Archives G44/53c-236.

184 Siehe Briefe im ICRC Archiv, B AG 2001 08.

185 ICTY, *Prosecutor v Tadić, Case No. IT-94-1-T*, Decision on Defence Motion for Interlocutory Appeal on Jurisdiction, 2 October 1995, para.70.

bewaffneten Konflikten, die keinen internationalen Charakter haben, sind Situationen im Hoheitsgebiet eines Staates zu verstehen, wenn zwischen den staatlichen Behörden und organisierten bewaffneten Gruppen oder zwischen solchen Gruppen ein lang anhaltender bewaffneter Konflikt besteht.[186]

Voraussetzung für einen nicht-internationalen bewaffneten Konflikt ist somit das Vorhandensein von Parteien, von denen mindestens eine Partei eine nicht-staatliche Gruppe sein muss. Um als Partei eines nicht-internationalen bewaffneten Konflikts gelten zu können, muss diese Gruppe ein Mindestmaß an Organisation und eine Kommando- oder Führungsstruktur haben.[187] Im Fall *Haradinaj* hatte die Verfahrenskammer I des Internationalen Strafgerichtshofs für das ehemalige Jugoslawien zu prüfen, ob die KLA[188] eine *„organized armed group"* war und somit Partei eines bewaffneten Konflikts sein konnte. Dabei stellte das Gericht fest, dass es verschiedene Kriterien gibt, von denen jedoch keines für sich allein bereits entscheidend ist:

> *„Such indicative factors include the existence of a command structure and disciplinary rules and mechanisms within the group; the existence of a headquarters; the fact that the group controls a certain territory; the ability of the group to gain access to weapons, other military equipment, recruits and military training; its ability to plan, coordinate and carry out military operations, including troop movements and logistics; its ability to define a unified military strategy and use military tactics; and its ability to speak with one voice and negotiate and conclude agreements such as cease-fire or peace accords."*[189]

Die Prüfung der Verfahrenskammer II im Fall *Fatmir Limaj* ergab hinsichtlich der KLA, dass diese im Mai 1998 eine organisierte bewaffnete Gruppe war und diesbezüglich den im *Tadić* Urteil festgelegten Maßstab erfüllt hat. Konkret wurde festgestellt:

> *„[T]he KLA had a General Staff, which appointed zone commanders, gave directions to the various units formed or in the process of being formed, and issued public statements on behalf of the organisation. Unit commanders gave combat orders and subordinate units and*

186 *Römer Statut des Internationalen Strafgerichtshofs*, Rom am 17. Juli 1998.

187 Jelena Pejić, *Status of Armed Conflicts* in Elizabeth Wilmshurst and Susan Breau (Hrsg), *Perspectives on the ICRC Study on Customary International Humanitarian Law* (2007), Seite 85f.

188 Die KLA (Kosovo Liberation Army) oder UÇK (albanisch Ushtria Çlirimtare e Kosovës) war eine paramilitärische Organisation, die einen bewaffneten Kampf für die Unabhängigkeit des Kosovo führte. Ramush Haradinaj war UÇK-Bezirkskommandeur und später Premierminister. Mangels an Beweisen wurde er freigesprochen.

189 ICTY, *Prosecutor v Ramush Haradinaj, Case No. IT-04-84-T*, Judgement (Trial Chamber I), 3 April 1998, para. 60.

soldiers generally acted in accordance with these orders. Steps [were taken] to introduce disciplinary rules and military police, as well as to recruit, train and equip new members. Although generally inferior to the VJ and MUP's equipment, the KLA soldiers had weapons, which included artillery mortars and rocket launchers. By July 1998 the KLA had gained acceptance as a necessary and valid participant in negotiations with international governments and bodies to determine a solution for the Kosovo [...] crisis, and to lay down conditions in these negotiations for refraining from military action".[190]

Das im *Tadić* Urteil angeführte zweite Kriterium bei der Prüfung, ob ein bewaffneter Konflikt vorliegt, ist die Intensität der Kampfhandlungen. Welche Bedeutung hat der Ausdruck „*protracted armed violence*", wann ist Gewalt anhaltend und bezieht sich der Begriff „*protracted*" nur auf die zeitliche Dauer? Vielfach wird behauptet, dass die Heftigkeit bedeutender als die Dauer sei und insbesondere für das Vorliegen eines nicht-internationalen bewaffneten Konflikts eine größere Intensität zu fordern ist als für einen internationalen bewaffneten Konflikt.[191] Professor Andreas Paulus teilt jedoch die Bedenken unter anderen mit Mary Ellen O'Connell, den Focus zu sehr auf die Heftigkeit anstatt die Dauer der Auseinandersetzung zu legen, da dies zu frühzeitiger Anwendung des humanitären Völkerrechts zu Lasten der Menschenrechte führen könnte[192] und verweist auf die Konsequenzen nach dem 11. September 2001. Die Verfahrenskammer im Fall *Haradinaj* betont die Heftigkeit der Gewalt mehr als ihre Dauer und stellt – ähnlich wie bei der Prüfung des Organisationsgrades fest, dass es verschiedene Kriterien für die Heftigkeit gibt, von denen jedoch keines für sich allein bereits entscheidend ist:

„*These indicative factors include the number, duration and intensity of individual confrontations; the type of weapons and other military equipment used; the number and calibre of munitions fired; the number of persons and type of forces partaking in the fighting; the number of casualties; the extent of material destruction; and the number of civilians fleeing*

190 ICTY, *Prosecutor v Fatmir Limaj, Case No. IT-03-66-T*, Judgement (Trial Chamber II), 30 November 2005, para. 171.

191 Für einen Überblick siehe Dietrich Schindler, *The Different Types of Armed Conflicts According to the Geneva Conventions and Protocols* in Recueil des Cours, Volume 163, 1979, Seite 147.

192 Prof. Andreas Paulus in einem Vortrag über „*Non International Armed Conflict under Common Article 3*" am 10th Bruges Colloquium ‚Armed Conflicts and Parties to Armed Conflict under IHL', 22–23 October 2009, Seite 31; http://www.coleurope.eu/content/publications/pdf/Collegium40.pdf [23.02.2013].

combat zones. The involvement of the UN Security Council may also be a reflection of the intensity of a conflict.“[193]

Zusammenfassend lässt sich feststellen, dass unter den im gemeinsamen Artikel 3 der Genfer Abkommen erfassten „*bewaffneten Konflikten, die keinen internationalen Charakter haben*“, qualifizierte Kampfhandlungen gemeint sind, die zwischen den Streitkräften oder sonstigen Exekutivorganen eines Staates und organisierten bewaffneten Gruppen bestehen. Auch entsprechende Kampfhandlungen zwischen organisierten bewaffneten Gruppierungen untereinander ohne Mitwirkung der regulären Streitkräfte sind vom gemeinsamen Artikel 3 erfasst. Sowohl die Organisation der bewaffneten Gruppen als auch die Intensität der Kampfhandlungen ist nach militärischen Grundsätzen zu prüfen. So wird es einerseits auf Kommando- und Stabsstruktur, Befehlskette und Disziplinargewalt, andererseits auf Koordination der Gefechte, Kampf der verbundenen Waffen[194] sowie Zahl der Ausfälle und Ausmaß der Zerstörung ankommen.

3.1.1.5 Klassische Bürgerkriege

1977 wurden zwei Zusatzprotokolle zu den Genfer Abkommen von 1949 unterzeichnet, die jeweils einen unterschiedlichen Anwendungsbereich hatten.[195] Das Zusatzprotokoll über den Schutz der Opfer nicht-internationaler bewaffneter Konflikte (Protokoll II) ergänzt und entwickelt den gemeinsamen Artikel 3 der Genfer Abkommen, ohne die bestehenden Voraussetzungen für seine Anwendung zu ändern[196], indem es vor allem Bestimmungen bezüglich der erlaubten Mittel und Methoden derartiger Konflikte festgelegt. Das Protokoll II selbst hat aber eine wesentlich höhere Schwelle hinsichtlich seiner Anwendung als der Artikel 3 der Genfer Abkommen, findet das Zusatzprotokoll doch nur

„*auf alle bewaffneten Konflikte Anwendung, […] die im Hoheitsgebiet einer Hohen Vertragspartei zwischen deren Streitkräften und abtrünnigen Streitkräften oder anderen*

---

193 ICTY, *Prosecutor v Ramush Haradinaj, Case No. IT-04-84-T*, Judgement (Trial Chamber), 3 April 1998, para 49.

194 Der Kampf der verbundenen Waffen ist ein taktisches Konzept der Gefechtsführung, das auf das Zusammenwirken von Truppengattungen (Infanterie, Artillerie, Pioniere etc.) ausgelegt ist, um einen möglichst hohen gemeinsamen Gefechtswert zu erreichen. Das Führungs- und Informationssystem soll gewährleisten, dass dasjenige Waffensystem mit der Bekämpfung des Feindzieles beauftragt wird, das hierfür am besten geeignet ist.

195 Siehe Fn. 16.

196 Art. 1, Abs. 1, *Zusatzprotokoll II* (Fn. 16).

organisierten bewaffneten Gruppen stattfinden, die unter einer verantwortlichen Führung eine solche Kontrolle über einen Teil des Hoheitsgebiets der Hohen Vertragspartei ausüben, dass sie anhaltende, koordinierte Kampfhandlungen durchführen und dieses Protokoll anzuwenden vermögen."[197]

Durch diese höhere Schwelle ist das Zusatzprotokoll II nur auf wenige nicht-internationale bewaffnete Konflikte anwendbar. Praktische Beispiele für nicht-internationale bewaffnete Konflikte, die in den Anwendungsbereich des Zusatzprotokoll II fallen, sind der Bürgerkrieg in Sri Lanka bis zur Niederwerfung der tamilischen Separatisten (Liberation Tigers of Tamil Eelam - LTTE) im Jahre 2009[198] und der Bürgerkrieg in Tschetschenien vom Dezember 1994 bis August 1996.[199]

Diese hohe Schwelle wurde deshalb gewählt, um die in dem Protokoll festgelegten Verpflichtungen, die doch über jene des gemeinsamen Artikels 3 hinausgehen, für möglichst viele Staaten annehmbar zu machen.[200] Neben der Kontrolle über einen Teil des Territoriums müssen die Kampfhandlungen der Aufständischen anhaltend und koordiniert sein, und die Aufständischen müssen in der Lage sein, das Zusatzprotokoll II anzuwenden. Dieser Prüfungsmaßstab ähnelt dem Verfahren im klassischen Völkerrecht, das von Staaten angewendet wurde, bevor sie einer aufständischen Gruppe den Status als Kriegführende zuerkannt haben.

Vor den Genfer Abkommen 1949 waren nicht-internationale bewaffnete Konflikte völkerrechtsvertraglich nicht geregelt, jedoch haben Staaten unter besonderen Voraussetzungen den Gruppierungen, die mit Waffengewalt gegen die Regierung vorgingen, den Status als Kriegführende („*belligerents*") zuerkannt. Neben diesem Status kannte die Völkerrechtspraxis noch zwei weitere Stufen des Widerstands: den Aufruhr („*rebellion*") und den Aufstand („*insurgency*").[201]

---

197 Ibid.

198 Tatsächlich kam das Zusatzprotokoll II in diesem Konflikt nicht zur Anwendung, weil Sri Lanka zwar Vertragspartei der Genfer Abkommen ist, jedoch deren Zusatzprotokolle nicht ratifiziert hat.

199 Entscheidung des Verfassungsgerichtshofes der Russischen Föderation über die Verfassungsmäßigkeit verschiedener Präsidentendekrete; *Sobraniye Zakonadateselstva Rossiyskoy Federatsii*, 1995, No. 33, Art 3424; teilweise wiedergegeben auf der Webseite der IKRK; http://www.icrc.org/ihl-nat.nsf/46707c419d6bdfa24125673e00508145/ac8db8b32b8a2a5d432564dc0048bda4!OpenDocument [06.01.2013].

200 Gerald Irving Anthony Dare Draper, *Humanitarian Law and Internal Armed Conflicts*, Georgia Journal of International and Comparative Law (1983), Seite 275.

201 Anthony Cullen, *Key Developments Affecting the Scope of Internal Armed Conflict in International Humanitarian Law*, Military Law Review, Vol. 183, 2005 Seite 69–79.

Unter Aufruhr („*rebellion*") war innerstaatliche Gewalt zu verstehen, die die rechtmäßige Staatsgewalt nur vereinzelt herausforderte. Er war kurzlebig und konnte von Polizeikräften bewältigt werden. Wenn Organe der inneren Sicherheit die Aufrührer nur rasch genug durch reguläre Maßnahmen der Zwangsgewalt unter Kontrolle bekamen, fielen die Ereignisse nie in den Anwendungsbereich des Völkerrechts.[202] Die Aufrührer konnten sich auch auf keine Schutzbestimmungen des Völkerrechts berufen. Fremde Staaten durften zwar den Staat bei der Niederwerfung des Aufruhrs unterstützen, eine Unterstützung der Aufrührer stellte jedoch eine rechtswidrige Einmischung in innere Angelegenheiten dar.

> *„Furthermore, the incumbent government can demand that foreign states accept the inconvenience of domestic regulations designed to suppress rebellion, such as the closing of ports or interference with normal commerce […]. There is also the duty to prevent domestic territory from being used as an organising base for hostile activities overseas […] thus if an internal war is a ‚rebellion' foreign states are forbidden to help the rebels and are permitted to help the incumbent, whereas the incumbent is entitled to impose domestic restrictions upon commerce and normal alien activity in order to suppress the rebellion."*[203]

Ein Aufruhr kann vielerlei Gestalt annehmen. Als Beispiele führt Falk die „*Indian Language Riots*" (1965 im indischen Bundesstaat Tamil Nadu) und die „*Soviet Food Riots*" (Juni 1962 in Novocherkassk), sowie die „*Proteste gegen die Sowjetische Vorherrschaft in Osteuropa*" (Juni 1953 in der Deutschen Demokratischen Republik und Oktober 1956 in Ungarn) an.[204] Durch das Fehlen von internationalen Schutzbestimmungen für Aufrührer und das Interventionsverbot für fremde Staaten unterstützt das Völkerrecht ganz klar etablierte Regierungen ohne Rücksicht auf die Ursachen und Beweggründe des Aufruhrs. Wenn die Bemühungen einer Regierung, den Aufruhr zu beherrschen, jedoch erfolglos sind, wechselt die Situation in das Stadium eines Aufstandes („*insurgency*"), in dem unter Umständen Regeln des humanitären Völkerrechts zur Anwendung kommen.

Die Schwelle vom Aufruhr („*rebellion*") zum Aufstand („*insurgency*") ist ähnlich problematisch wie im modernen Humanitätsrecht die Schwelle von „*internen Unruhen und Spannungen*" zum „*nicht-internationalen bewaffneten*

Siehe auch Lothar Kotzsch, *The Concept of War in Contemporary History and International Law*, Thesis No. 105, University of Geneva, E. Droz, 1956, Seite 230.

202 Richard Falk, *Janus tormented: The International Law of Internal War*, in James N. Rosenau (Hrsg), *International Aspects of Civil Strife*, Princeton University Press, Princeton, 1964, Seite 199.

203 Ibid., Seite 198.

204 Ibid., Seite 198f.

Konflikt". Falk hat den Begriff „*insurgency*" als Allerweltbestimmung bzw. Auffangbegriff *(catch-all designation)* bezeichnet und gemeint, dass lediglich anzunehmen ist, dass die innerstaatliche Gewalt „*more sustained and substantial*" als bei einem Aufruhr ist.[205] Über die Rechtsfolgen der Anerkennung von Aufständischen gibt es zwei Denkschulen: Higgins und Greenspan sind der Auffassung, dass die Anerkennung der Aufständischen diese dem Zuständigkeitsbereich des nationalen Rechts entzieht, während andere Experten wie Carsten meinen, dass Aufständische weiterhin dem nationalen Strafrecht unterliegen.[206] Wie auch immer die Rechtsfolgen der Anerkennung für die Aufständischen sind, so bedeutet die Anerkennung jedenfalls, dass der anerkennende Staat die Aufständischen als rechtmäßige Verhandlungspartner und nicht mehr als bloße Rechtsbrecher betrachtet.[207] Falk ergänzt, dass die Anerkennung des Aufstandes

> *„serves as a partial internationalisation of the conflict, without bringing the state of belligerency into being. This permits third states to participate in an internal war without finding themselves ‚at war', which would be the consequence of intervention on either side once the internal war had been identified as a state of belligerency. Interventionary participation in an insurgency may arouse protest and hostile response, but it does not involve the hazards and inconveniences that arise if a state of war is established with one or the other factions."*[208]

Das Konzept der Anerkennung der Aufständischen gewährt einem Drittstaat größtmögliche Flexibilität, ermöglicht es doch einerseits, nicht direkt in den Konflikt als Partei involviert zu werden, andererseits aber mit den Aufständischen in Kontakt zu treten, um wirtschaftliche Interessen in dem Gebiet, das diese besetzt haben, zu wahren. Tatsächlich ist es nur sehr selten zur Anerkennung von Aufständischen gekommen: Algerien (1955–1962), Kongo (1962–1964), Jemen (1962–1967) und Nigeria (1967–1970).[209] Das Institut der Anerkennung von Aufständischen wurde durch den gemeinsamen Artikel 3 der Genfer Abkommen und in einigen Fällen durch einseitige Erklärungen der Konfliktparteien ersetzt, bestimmte Prinzipien des humanitären Völkerrechts anzuwenden.

---

205 Ibid., Seite 199.

206 Siehe Heather A. Wilson, *International Law and the Use of Force by National Liberation Movements* (Fn. 173); Diskussion dieser kontroversiellen Meinungen auf Seite 25–27.

207 Hersch Lauterpacht, *Recognition in International Law*, Cambridge University Press, 1948, Seite 270.

208 Richard Falk, *Janus tormented: The International Law of Internal War* (Fn. 202), Seite 200.

209 Dietrich Schindler, *The Different Types of Armed Conflicts According to the Geneva Conventions and Protocols* (Fn. 191), Seite 146.

Führt die Anerkennung als Aufständische durch einen Drittstaat zur *teilweisen Internationalisierung*, so bewirkt die Anerkennung als Kriegführende die volle Internationalisierung des Konflikts. Die Anerkennung als Kriegführende ist

> „*the acknowledgement of a juridical fact that there exists a state of hostilities between two groups contending for power or authority; it is [...] the recognition of the existence of war.*“[210]

Nach Oppenheim sind Aufständische grundsätzlich nicht in der Lage, einen Krieg zu führen. Wenn sie dies trotzdem bewerkstelligen, sollten sie auch als Kriegführende behandelt werden.[211] Sie können als Kriegführende behandelt werden, wenn sie (1) Teile des Territoriums der rechtmäßigen Regierung besetzt haben, (2) in diesem Gebiet Regierungsgewalt ausüben und (3) entsprechend den Regeln des Krieges kämpfen. Diese Kriterien wurden durch das *Institut de Droit International* bereits im Jahre 1900 entwickelt: Für die Anerkennung des Status als Kriegführender war es erforderlich, dass

> „*(1) the insurgents had occupied a certain part of the State territory; (2) established a government which exercised the rights inherent in sovereignty on that part of territory; and (3) [...] conducted the hostilities by organized troops kept under military discipline and complying with the laws and customs of war.*“[212]

Somit behandelte das klassische Völkerrecht einen internen bewaffneten Konflikt, in dem den Parteien der Status von Kriegführenden zuerkannt wurde, wie einen internationalen bewaffneten Konflikt. Die kriegführende Gruppe wurde durch die Anerkennung zum Völkerrechtssubjekt und bekam Rechte und Pflichten, insbesondere nach humanitärem Völkerrecht. Die Anerkennung als Kriegführende erfolgte durch die Vereinigten Staaten und das Vereinigte Königreich hinsichtlich der Konflikte in den früheren spanischen Kolonien in Zentral- und Südamerika. Das bekannteste Beispiel für die Anerkennung von Aufständischen als Kriegführende ist jedoch der Amerikanische Bürgerkrieg (1861–1865).

---

210 P. K. Menon, *The Law of Recognition in International Law: Basic Principles*, The Edwin Mellen Press, Lewiston/Queenston/Lampeter, 1994, Seite 110.

211 Lassa Oppenheim, *International Law: A Treatise, Vol. II, War and Neutrality*, Longman, Greens and Co, London 1906, Seite 86.

212 Art. 8, *Droits et devoirs des Puissances étrangères, au cas de mouvement insurrectionnel, envers les gouvernements établis et reconnus qui sont aux prises avec l'insurrection* (Resolution on Insurrection), *Institut de Droit International, Annuaire de l'Institut de droit international*, 1900, http://www.idi-iil.org/idiF/resolutionsF/1900_neu_02_fr.pdf [23.02.2013].

Letztmalig hat eine Regierung im Zweiten Burenkrieg[213] einer Gruppe von Aufständischen offiziell den Status eines Kriegführenden zuerkannt.[214] Eine Anerkennung von Aufständischen als Kriegführende durch Drittstaaten erfolgte zugunsten der Sandinisten in Nicaragua durch die Anden Gruppe im Jahre 1979, Frankreich und Mexiko anerkannten die Rebellen von El Salvador (Nationale Befreiungsfront Farabundo Marti – FMLN) im Jahre 1981 und die FARC Rebellen in Kolumbien wurden 2008 von Venezuela anerkannt.[215] Von der Anerkennung durch Drittstaaten abgesehen gibt es im 20. Jahrhundert keine Beispiele für eine *„recognition of belligerency"*.[216] Obwohl die Doktrin der *„Anerkennung als Kriegführender"* an Bedeutung verloren hat und schließlich obsolet wurde, so hatte sie große Bedeutung bei den Verhandlungen zum Zusatzprotokoll II zum Schutz der Opfer nicht-internationaler bewaffneter Konflikte.

Das Zusatzprotokoll II kommt zu Anwendung, wenn (1) organisierte bewaffnete Gruppen (unter einer verantwortlichen Führung) einen Teil des Territoriums kontrollieren, (2) gegen reguläre bewaffnete Streitkräfte anhaltende und koordinierte Kampfhandlungen durchführen können und (3) das Protokoll einzuhalten vermögen.[217] Diese organisierten bewaffneten Streitkräfte können abtrünnige Streitkräfte, also gegen die eigene militärische Führung rebellierende Teile der Armee oder sonstige aufständische Gruppierungen sein. Ein Konflikt zwischen bewaffneten Gruppierungen untereinander ohne Beteiligung der regulären Regierung fällt nicht unter den Anwendungsbereich des Zusatzprotokolls II. Die Erfordernisse der Kontrolle über ein Gebiet und der Fähigkeit zu

---

213 Der Zweite Burenkrieg von 1899 bis 1902 war ein Konflikt zwischen Großbritannien und den Burenrepubliken Oranje-Freistaat, die 1806 von den Niederlanden an Großbritannien abgetreten wurden. Um ihre Identität zu wahren und sich nicht den britischen Gesetzen beugen zu müssen, wichen 6.000 bis 10.000 Buren im sogenannten Großen Treck von 1836–1844 ins Hinterland aus. Das auslösende Moment für den Burenkrieg war die Entdeckung von Gold- und Diamantenvorkommen auf dem Gebiet der Burenrepubliken. Der Krieg brach im Oktober 1899 aus und wurde im Mai 1902 mit dem *Frieden von Vereeniging* beendet. Der Vertrag sah die Eingliederung der beiden Burenrepubliken in das britische Empire vor, gewährte den Buren aber ansonsten großzügige Friedensbedingungen.

214 Hans-Peter Gasser, *International Humanitarian Law* (Fn. 109), Seite 559.

215 Dapo Akande, *Classification of Armed Conflicts: Relevant Legal Concepts* (Fn. 133).

216 Die Aufständischen im Spanischen Bürgerkrieg (1936–1939) wurden nicht als Kriegführende anerkannt und obwohl im Nigeria-Biafra Konflikt (1967) und im Algerienkrieg (1954–1962) völkerrechtliche Regeln tatsächlich angewendet wurden, gab es keine formale Erklärung hinsichtlich eines Status als Kriegführende.

217 Art. 1, Abs. 1, *Zusatzprotokoll II* (Fn. 16).

anhaltenden und koordinierten Kampfhandlungen sind insofern zusammenhängend, als eine Gebietskontrolle ohne entsprechende militärische Operationsfähigkeit kaum denkbar ist.

Eine weitere Differenzierung zum gemeinsamen Artikel 3 ergibt sich durch die Bestimmung, dass der bewaffnete Konflikt (1) *„im Hoheitsgebiet einer Hohen Vertragspartei“* und (2) *„zwischen deren Streitkräften“* und abtrünnigen Streitkräften oder anderen organisierten bewaffneten Gruppen stattzufinden hat. Somit sind Konflikte, die im Hoheitsgebiet eines Staates zwischen bewaffneten Gruppen und den Streitkräften eines dritten Staates ausgetragen werden, ebenfalls nicht vom Zusatzprotokoll II erfasst. Wenn die Streitkräfte des Drittstaates mit Einverständnis der rechtmäßigen Regierung in dessen Hoheitsgebiet kämpfen, bleibt der Konflikt weiter ein nicht-internationaler Konflikt[218] und ist jedenfalls vom gemeinsamen Artikel 3 (*bewaffneter Konflikt, der keinen internationalen Charakter hat*) erfasst. Auch wenn der Territorialstaat und der Interventionsstaat auf derselben Seite kämpfen, gilt das Zusatzprotokoll II nur für den Territorialstaat (*„in the territory of one party between* ***its*** *armed forces and …“*). Für den Interventionsstaat gilt das Zusatzprotokoll II nicht, weil der bewaffnete Konflikt nicht in seinem Territorium, sondern im Territorium eines anderen Staates stattfindet. Für Afghanistan bedeutet dies, dass das Zusatzprotokoll II seit 2002[219] nicht für die an der Seite der afghanischen Streitkräfte kämpfenden Internationale Sicherheitsunterstützungstruppe (International Security Assistance Force – ISAF) gilt.[220] Unklar ist, ob dies von den Verfassern des Zusatzprotokolls beabsichtigt war. Vitè interpretiert die Wortfolge *„its armed forces“* im Geiste des humanitären Völkerrechts und subsumiert darunter nicht nur die Truppen des Territorialstaates, sondern auch die Streitkräfte eines Staates, der seitens des Territorialstaates interveniert.[221] Akande kann einer derartig weiten Auslegung nur

---

218 Dieser Typus wird manchmal als *internationalisierter nicht-internationaler bewaffneter Konflikt* bezeichnet.

219 Im Dezember 2001 wurde die Gewalt an die Afghan Interims Administration (AIA) übertragen und somit herrschte ab 2002 in Afghanistan ein nicht-internationaler bewaffneter Konflikt.

220 Dapo Akande, *Afghanistan accedes to Additional Protocols to Geneva Conventions: Will AP II govern the conflict in Afghanistan?* European Journal of International Law: Talk (30 June 2009), Akande, *AP II and the Afghan Conflict*. http://www.ejiltalk.org/afghanistan-accedes-to-additional-protocols/ [23.02.2013].

221 Silvain Vitè, *Typology of Armed Conflicts in International Humanitarian Law* (Fn. 106), Seite 80.

zustimmen, wenn die Streitkräfte des Interventionsstaates der ausschließlichen Leitung und Kontrolle des Territorialstaates unterstehen.[222]

Zusammenfassend wird festgestellt, dass es zwei Typen von nicht-internationalen bewaffneten Konflikten gibt. Der gemeinsame Artikel 3 regelt alle Konflikte, an denen organisierte bewaffnete Gruppierungen beteiligt sind und die keinen internationalen Charakter haben. Das Zusatzprotokoll II regelt die *„klassischen Bürgerkriege“*, das sind qualifizierte nicht-internationale bewaffnete Konflikte, die dadurch gekennzeichnet sind, dass die bewaffneten Gruppierungen einen Teil des Territoriums kontrollieren, anhaltende und koordinierte Kampfhandlungen durchführen können und das Protokoll einzuhalten vermögen. Vom gemeinsamen Artikel 3 ist jeder bewaffnete Konflikt erfasst, der kein internationaler Konflikt ist. Das Zusatzprotokoll II kommt nur zur Anwendung, wenn die für nichtstaatliche Gewaltakteure sehr schwer zu erfüllenden zusätzlichen Voraussetzungen gemäß Artikel 1, Absatz 1, Zusatzprotokoll II gegeben sind.

Nicht-internationale bewaffnete Konflikte können eine sehr ausgeprägte Asymmetrie zwischen den Konfliktparteien aufweisen, was häufig dazu führt, dass die Art und Weise der Gewaltanwendung nicht mehr der traditionellen Vorstellung von Kriegführung entspricht, die den Genfer Abkommen von 1949 zugrunde lag.[223] Welche Auswirkungen diese Entwicklung auf die Bedeutung und insbesondere auf die Wirksamkeit des humanitären Völkerrechts hat, wird im Kapitel 7 näher untersucht.

3.1.1.6 Nationale Befreiungskriege

Das Zusatzprotokoll I zu den Genfer Abkommen vom 12. August 1949[224] schützt die Opfer internationaler bewaffneter Konflikte und kommt somit in allen Fällen eines erklärten Krieges oder jedes anderen bewaffneten Konflikts zur Anwendung, der zwischen zwei oder mehreren der Hohen Vertragsparteien entsteht. Darüber hinaus bestimmt jedoch das Zusatzprotokoll I, dass es auch in bewaffneten Konflikten anzuwenden ist,

> *„in denen Völker gegen Kolonialherrschaft und fremde Besetzung sowie gegen rassistische Regimes in Ausübung ihres Rechts auf Selbstbestimmung kämpfen, wie es in der Charta*

---

222 Dapo Akande, *Classification of Armed Conflicts: Relevant Legal Concepts* (Fn. 133).

223 Christian Schaller, *Humanitäres Völkerrecht und nichtstaatliche Gewaltakteure*, Stiftung Wissenschaft und Politik, Deutsches Institut für Internationale Politik und Sicherheit, Dezember 2007, Seite 5; http://www.swp-berlin.org/fileadmin/contents/products/studien/2007_S34_slr_ks.pdf [15.02.2014].

224 Siehe Fn 16.

der Vereinten Nationen und in der Erklärung über Grundsätze des Völkerrechts betreffend freundschaftliche Beziehungen und Zusammenarbeit zwischen den Staaten im Einklang mit der Charta der Vereinten Nationen niedergelegt ist.“[225]

Obwohl diese Konflikte tatsächlich nicht-internationale bewaffnete Konflikte sind, da sie zwischen organisierten bewaffneten Gruppierungen und den rechtmäßigen Streitkräften eines Staates auf dessen Hoheitsgebiet stattfinden, sind sie (sollten die Voraussetzungen des Art. 1, Abs. 4 des Zusatzprotokolls I erfüllt sein) wie internationale bewaffnete Konflikte zu behandeln. Durch die rechtliche Fiktion[226], dass „*bewaffnete Konflikte, in denen Völker gegen Kolonialherrschaft und fremde Besetzung sowie gegen rassistische Regimes in Ausübung ihres Rechts auf Selbstbestimmung kämpfen*“ zu den internationalen bewaffneten Konflikten gehören, wird den „*Freiheitskämpfern*“, „*Widerstandskämpfern*“ und „*Aufständischen*“ im Kampf gegen ein rassistisches Regime Kombattantenstatus und im Falle der Gefangenahme Kriegsgefangenenstatus zuerkannt. Eine Konsequenz des Kombattantenstatus ist, dass die Angehörigen der bewaffneten Gruppierungen sich rechtmäßig an Kampfhandlungen beteiligen dürfen und für die bloße Teilnahme an Feindseligkeiten weder national noch völkerrechtlich belangt werden dürfen.

Um diese Bestimmung und deren Entstehung nachvollziehen zu können, sollen die Behandlung von nationalen Aufständen im klassischen Völkerrecht sowie die Ereignisse unmittelbar vor dem Entwurf des Zusatzprotokolls näher beleuchtet werden. Das klassische Völkerrecht kannte hinsichtlich der Bekämpfung einer rechtmäßigen Regierung drei verschiedene Intensitätsstufen, die unterschiedliche rechtliche Konsequenzen hatten: den Aufruhr („*rebellion*“), den Aufstand („*insurgency*“) und die Anerkennung als Kriegführender („*belligerency*“). Während dem Aufruhr mit polizeilichen Mittel entgegengetreten wurde und dies nationale Angelegenheit darstellte, war zur Niederschlagung eines Aufstandes häufig bereits der Einsatz von Streitkräften erforderlich. Die Anerkennung eines Aufstandes durch einen Drittstaat führte zwar zu einer teilweisen Internationalisierung, die vollkommene Gleichstellung mit regulären Streitkräften und die Anwendbarkeit des Kriegsrechts wurden jedoch erst mit der Anerkennung als Kriegführender („*belligerent*“) erreicht.[227] Das traditionelle Völkerrecht hatte jedenfalls keine klaren Regeln hinsichtlich des Umgangs mit gewaltsamen

225 Art. 1, Abs. 4, *Zusatzprotokoll I* (Fn 16).

226 Als Fiktion bezeichnet die Rechtwissenschaft die Anordnung, tatsächliche oder rechtliche Umstände als gegeben zu behandeln, obwohl sie in Wirklichkeit nicht vorliegen.

227 Siehe Kapitel 3.1.1.5.

internen Herausforderungen für etablierte Regierungen und Staaten. Dies trifft insbesondere auf die rechtliche Situation und den Umgang mit nationalen Befreiungsbewegungen zu. Wenn Angehörige von nationalen Befreiungsbewegungen im Falle der Gefangennahme ähnlich Kriegsgefangenen behandelt wurden, so aus „Großzügigkeit", nicht jedoch, weil sich die Gewahrsamsstaaten dazu verpflichtet fühlten.

Nach dem Zweiten Weltkrieg kam es insofern zu einem Paradigmenwechsel im humanitären Völkerrecht, als nicht mehr vorwiegend die Betonung der staatlichen Souveränität im Vordergrund stand, sondern versucht wurde, die Souveränität im Interesse des Individuums zu begrenzen.[228] Wenn auch weitgehende Einigkeit über die Masse der Kriegführungsbestimmungen und die Schutzbestimmungen für die Opfer der bewaffneten Konflikte bestand, so wurde doch die Ansicht, das humanitäre Völkerrecht sollte sich auch der internen bewaffneten Konflikte annehmen, sehr kontroversiell diskutiert. In Vorbereitung der Diplomatischen Konferenz[229], die vom April bis August 1949 in Genf stattfinden sollte, entwarf das IKRK einen Vertrag, der vorsah, dass in besonderen nichtinternationalen bewaffneten Konflikten die Regeln der internationalen bewaffneten Konflikte gelten sollten:

> *„... especially cases of civil war, colonial conflicts, or wars of religion, which may occur in the territory of one or more of the High Contracting Parties, the implementing of the principles of the present Convention shall be obligatory on each of the adversaries. The application of the Convention in these circumstances shall in no way depend on the legal status of the Parties to the conflict and shall have no effect on that status".*[230]

Trotz der ausdrücklichen Betonung, dass durch diese Bestimmung der Rechtsstatus der Konfliktparteien nicht tangiert wird, war der Widerstand bei der IKRK Konferenz als auch bei der Diplomatischen Konferenz selbst sehr heftig, zu groß war die Befürchtung, dass es über Umwege zu einer Internationalisierung des Konflikts kommen könnte:

> *„One of the main concerns of its opponents was that in spite of the express formal denial of any effect of such an integral application on the legal status of the parties to the conflict,*

---

228 Keith Suter, *An International Law of Guerrilla Warfare: The Global Politics of Law-Making*, Francis Pinter (Publishers), London, 1984, Seite 15.

229 Siehe Fn.155.

230 Jean Pictet, *Commentary on the Geneva Convention III* (Fn. 105), Seite 31.

the possibility such a solution opens to 'rebels' to appoint another State as 'protecting Power' would inexorably internationalize the conflict."[231]

Die Bestimmung, die schließlich Aufnahme in die Abkommen fand, erwähnt nationale Befreiungsbewegungen nicht und beschränkt sich auf Schutzbestimmungen für jene Personen, „*die nicht direkt an den Feindseligkeiten teilnehmen, einschließlich der Mitglieder der bewaffneten Streitkräfte, welche die Waffen gestreckt haben, und […] Personen, die infolge Krankheit, Verwundung, Gefangennahme oder irgendeiner anderen Ursache außer Kampf gesetzt wurden*".[232] Nationale Befreiungskriege, vorausgesetzt sie erfüllten die Voraussetzungen eines bewaffneten Konflikts[233], fielen in den Anwendungsbereich des gemeinsamen Artikels 3. Trotzdem waren Regierungen sehr zurückhaltend und verneinten in vielen Fällen die Existenz eines bewaffneten Konflikts. Somit verbesserte sich die Situation für die Angehörigen von nationalen Befreiungsbewegungen nach 1949 kaum, eine internationale Debatte darüber flammte aber erst im Zeitalter der Dekolonisation um 1960 bis 1970 auf. Ausgangspunkt der Diskussion war das Prinzip des Selbstbestimmungsrechts der Völker[234], wie es sowohl im Artikel 1[235] als auch im Artikel 51[236] der Satzung der Vereinten Nationen verankert ist. Das Recht auf

231 Georges Abi-Saab, *Non-international Armed Conflicts* in Henry Dunant Institute, *International Dimensions of Humanitarian Law*, Martinus Nijhoff Publishers, Dordrecht/Boston/London, 1988, Seite 220.

232 Gemeinsamer Artikel 3 der *Genfer Abkommen I-IV* (Fn. 15).

233 Organisationsgrad der bewaffneten Gruppierung und Intensität der Kampfhandlungen; siehe Kapitel 3.1.1.4.

234 Zum Prinzips des Selbstbestimmungsrechts der Völker siehe: Joshua Castellino, *International Law and Self-Determination*, Martinus Nijhoff Publishers, The Hague/Boston/London, 2000. Siehe auch Cherif M. Bassiouni, *Self-determination and the Palestinians* in *Annual Survey of International and Comparative Law*, Volume 65, 1971, Seite 31–40.

235 Art. 1, *Satzung der Vereinten Nationen*: „*Die Vereinten Nationen setzen sich folgende Ziele: […] freundschaftliche, auf der Achtung vor dem* ***Grundsatz der Gleichberechtigung und Selbstbestimmung der Völker*** *beruhende Beziehungen zwischen den Nationen zu entwickeln und andere geeignete Maßnahmen zur Festigung des Weltfriedens zu treffen*" (Hervorhebung durch Verfasser).

236 Ibid., Art 51: „*Diese Charta beeinträchtigt im Falle eines bewaffneten Angriffs gegen ein Mitglied der Vereinten Nationen keineswegs das* ***naturgegebene Recht zur individuellen oder kollektiven Selbstverteidigung****, bis der Sicherheitsrat die zur Wahrung des Weltfriedens und der internationalen Sicherheit erforderlichen Maßnahmen getroffen hat. Maßnahmen, die ein Mitglied in* ***Ausübung dieses Selbstverteidigungsrechts*** *trifft, sind dem Sicherheitsrat sofort anzuzeigen; sie berühren in keiner Weise dessen auf dieser Charta beruhende Befugnis und Pflicht, jederzeit die Maßnahmen zu treffen,*

Selbstbestimmung wurde auch im Internationalen Pakt über bürgerliche und politische Rechte sowie im Internationalen Pakt über wirtschaftliche, soziale und kulturelle Rechte vom 19. Dezember 1966[237] formuliert. Im Jahre 1970 nahm die Generalversammlung der Vereinten Nationen die *Declaration on Principles of International Law concerning Friendly Relations and Co-operation among States in Accordance with the Charter of the United Nations* an, die ebenfalls das Selbstbestimmungsrecht der Völker betonte.[238] Somit haben, wie Abi-Saad feststellt, *„for the first time the western Powers as a whole recognized self-determination as a legal right and its denial as a violation of the Charter"*.[239] Schließlich nahmen an der diplomatischen Konferenz zur Neubestätigung und Weiterentwicklung des in bewaffneten Konflikten anwendbaren Humanitären Völkerrechts (CDDH)[240], bei der von 1974 bis 1977 die zwei Zusatzprotokolle zu den Genfer Abkommen erarbeitet wurden, Vertreter von Nationalen Befreiungsbewegungen teil.[241] Für die nationalen Befreiungsbewegungen war es ein großer politischer Erfolg, dass ihr Kampf um Selbstbestimmung in den Anwendungsbereich des Zusatzprotokolls I fiel[242] und somit als internationaler bewaffneter Konflikt anerkannt wurde.

---

die er zur Wahrung oder Wiederherstellung des Weltfriedens und der internationalen Sicherheit für erforderlich hält" (Hervorhebung durch Verfasser).

237 GA Res. 2200A (XXI), U.N. Doc. A/6316; GA Res. 2200A (XXI), U.N. Doc. A/6316; Art. 1: *„Alle Völker haben das Recht auf Selbstbestimmung. Kraft dieses Rechts entscheiden sie frei über ihren politischen Status und gestalten in Freiheit ihre wirtschaftliche, soziale und kulturelle Entwicklung."*

238 GA Res. 2625(XXV), Principle 5: *The principle of equal rights and self-determination of peoples.*

239 Georges Abi-Saad, *Wars of National Liberation and the Development of Humanitarian Law* in Akkerman, Van Krieken & Pannenborg (Hrsg), *Declarations on Principles. A Quest for Universal Peace*, A.W. Sijthoff, Leiden, 1977, Seite 370.

240 Siehe Fn. 76.

241 Folgende Befreiungsbewegungen waren eingeladen, hatten aber in der Konferenz kein Stimmrecht: African National Congress, South Africa (ANC), African National Council of Zimbabwe (ANCZ), Angola National Liberation Front (FNLA), Mozambique Liberation Front (FRELIMO), Palestine Liberation Organisation (PLO), Panafricanist Congress (South Africa) (PAC), People's Movement for the Liberation of Angola (MPLA), Seychelles People's United Party (SPUP), South West Africa People's Organisation (SWAPO), Zimbabwe African National Union (ZANU), Zimbabwe African People's Union (ZAPU) (Noelle Higgins, *The Application of International Humanitarian Law to Wars of National Liberation*, http://sites.tufts.edu/jha/files/2011/04/a132.pdf [11.01.2014], Seite 37).

242 Art. 1, Abs. 4, *Zusatzprotokoll I* (Fn. 16).

Welche Folgen hatte aber diese rechtliche Anerkennung für Befreiungsbewegungen und haben sich deren Erwartungen in der Praxis erfüllt?

Es hat mehrere Gründe, warum sich das Zusatzprotokoll I für Befreiungsbewegungen kaum ausgewirkt hat. Dies ist einerseits darauf zurückzuführen, dass zwar zur Zeit der Beratungen zu dem Abkommen den portugiesischen Kolonien und deren Befreiungskampf große Aufmerksamkeit geschenkt wurde, mit dem Inkrafttreten des Protokolls diese Kolonien jedoch bereits in die Unabhängigkeit entlassen waren.[243] Ein weiterer Grund für die geringe praktische Auswirkung war die Tatsache, dass internationale Verträge regelmäßig Rechtswirkungen nur zwischen Parteien des jeweiligen Vertragswerks entfalten und die nationalen Befreiungsbewegungen keine Vertragsparteien sind. Das Zusatzprotokoll I sah daher vor, dass Vertragsstaaten gegenüber Befreiungsbewegungen an das Protokoll gebunden sein sollten, wenn diese eine Bindungserklärung abgeben:

> *„Das Organ, das ein Volk vertritt, […] kann sich verpflichten, die Abkommen und dieses Protokoll in Bezug auf diesen Konflikt anzuwenden, indem es eine einseitige Erklärung an den Depositar richtet. Nach Eingang beim Depositar hat diese Erklärung im Zusammenhang mit dem Konflikt folgende Wirkungen:*
> *a) Die Abkommen und dieses Protokoll werden für das genannte Organ in seiner Eigenschaft als am Konflikt beteiligte Partei unmittelbar wirksam,*
> *b) das genannte Organ übernimmt die gleichen Rechte und Pflichten wie eine Hohe Vertragspartei der Abkommen und dieses Protokolls und*
> *c) die Abkommen und dieses Protokoll binden alle am Konflikt beteiligten Parteien in gleicher Weise.“*[244]

Staaten mit einem Regime, das Gefahr laufen könnte, unter den Artikel 2, Absatz 4 des Zusatzprotokolls I zu fallen, haben, um dieser Bindungswirkung zu entgehen, das Protokoll schlicht nicht ratifiziert.[245] Die Angehörigen einer nationalen Befreiungsbewegung in einem Staat, der das Zusatzprotokoll I nicht ratifiziert hat, können auch durch eine Erklärung gemäß Art 96 keine privilegierte Behandlung beanspruchen. So konnte auch ein vom Ständigen Beobachter Palästinas bei der UNO am 21. Juni 1989 dem Schweizer Außenministerium übergebenes Schreiben, demzufolge das Exekutivkomitee der Palästinensischen Befreiungsarmee

---

243 Portugiesische Kolonialkriege (1961–1974): Portugiesisch-Guinea (unabhängig ab 10. Oktober 1974), Mozambik (unabhängig ab 25. Juni 1975) und Angola (unabhängig ab 11. November 1975).

244 Art. 96, Abs. 3, *Zusatzprotokoll I* (Fn. 16).

245 So haben Indien, Israel, der Iran, Malaysia, Pakistan, Sri Lanka, Thailand, die Türkei und die USA das Zusatzprotokoll I nicht ratifiziert, Südafrika wurde erst 1995 Vertragsstaat.

beschlossen hat, sich an die Genfer Abkommen und die Zusatzprotokolle zu halten, die Rechtsstellung der Palästinenser nicht verändern.[246] Obwohl auch die Irische Republikanische Armee (IRA) beabsichtigte, eine entsprechende Erklärung abzugeben und der African National Congress (ANC) und die South West Africa People's Organisation (SWAPO) erklärten, die Genfer Abkommen und deren Zusatzprotokolle anzunehmen und anzuwenden, gab es bislang keine dezidierte Erklärung gemäß Artikel 96, Absatz 3 des Zusatzprotokolls I.[247] Ist jedoch der Staat, in dem ein nationaler Befreiungskrieg entbrannt ist, kein Vertragsstaat des Zusatzprotokolls I oder gibt die Vertretung der Befreiungsbewegung keine Erklärung nach Artikel 96 des Zusatzprotokolls I ab, so können die Angehörigen der Befreiungsbewegung weder einen Kriegsgefangenenstatus noch andere Vorteile des Zusatzprotokolls I beanspruchen.[248]

Bereits bei der Formulierung des Anwendungsbereichs gingen die Meinungen der Teilnehmer der Diplomatischen Konferenz auseinander. Während einige Entwicklungsländer sowie Australien und Norwegen eine flexible Handhabung hinsichtlich der Definition einer Befreiungsbewegung vorschlugen, befürwortete die Mehrheit der Konferenzteilnehmer einen klar definierten und besonders engen Anwendungsbereich.[249] Auch wurde die Ansicht mehrheitlich zurückgewiesen, die Aufzählung der drei Kategorien von Befreiungskriegen[250] sei nicht abschließend, was man aus der Verwendung des Wortes „*include*"[251] hätte schließen können.

---

246 Siehe ICRC, '*State Parties to the Following International Humanitarian Law and Other Related Treaties*'; http://www.icrc.org/ihl.nsf/WebSign?ReadForm&id=470&ps=P [11.01.2013].

247 Udo Wolf, *Prisoner-of-war status and the national liberation struggles* im *International Review of Contemporary Law*, Volume 1, 1984, Seite 40.

248 Georg H. Aldrich, *Prospects for United States Ratification of Additional Protocol I to the Geneva Conventions* im *American Journal of International Law*, Volume 65, 1991, Seite 6.

249 Antonio Cassese, *Wars of national liberation and humanitarian law* in Swinarski (Hrsg.), *Etudes et essais sur le droit international humanitaire et sur les principes de la Croix-Rouge – en honneur de Jean Pictet*, Martinus Nijhoff Publishers, The Netherlands, 1984, Seite 317f.

250 Kampf gegen a) Kolonialherrschaft, b) fremde Besetzung, c) rassistische Regimes jeweils in Ausübung des Rechts auf Selbstbestimmung.

251 "*The situations referred to in the preceding paragraph* ***include*** *armed conflicts in which peoples are fighting against colonial domination and alien occupation and against racist regimes in the exercise of their right of self-determination, as enshrined in the Charter of the United Nations and the Declaration on Principles of International Law concerning*

Über das Zusatzprotokoll I gab es viele Diskussionen und insbesondere der Art. 1, Abs. 4 wurde heftig kritisiert. Das Protokoll wurde sogar *„law in the service of terror"* genannt.[252] Aufgrund der sehr restriktiven Auslegung seines Anwendungsbereiches und insbesondere weil auch die internationale Diplomatie hinsichtlich des Art. 1, Abs. 4 bislang den Weg des geringeren Widerstandes bevorzugte, müssen Regime diese Bestimmung nicht fürchten. Unter Umständen kommt es jedoch in der Zukunft zu einer weniger restriktiven Auslegung, wenn das Prinzip der Selbstbestimmung der Völker eine Belebung erfährt.[253]

3.2 Sonstige humanitätsrechtliche Abkommen und ihre Anwendungsbereiche

Verhaltensregeln für den Krieg sind in vielen politischen, religiösen, philosophischen und sonstigen wissenschaftlichen Werken enthalten. Die ersten Verträge, die vorwiegend oder ausschließlich humanitätsrechtlichen Inhalt hatten, entstanden in der zweiten Hälfte des 19. Jahrhunderts. Dabei zeichnete sich eine Zweiteilung der Kodifikationen ab. Die Gruppe von Abkommen, die vorwiegend auf den Schutz der Opfer des Krieges abzielte, wurde nach ihrem Konferenzort *„Genfer Recht"* benannt. Parallel dazu wurden mehrere spezifische Abkommen abgeschlossen, die spezielle Mittel und Methoden der Kriegführung beschränkten. Die ersten umfassenden Regelwerke nach der St. Petersburger Erklärung von 1868[254] für die Kriegführung in Europa waren die Brüsseler Erklärung von 1874[255], die mangels Ratifizierungen nicht in Kraft trat, und das Oxford Manual von 1880[256], das eine Sammlung von gewohnheitsrechtlich etablierten Regeln war, selbst aber keinen völkerrechtlich verbindlichen Charakter hatte. Wenngleich in den 70er und 80er Jahren des 19. Jahrhunderts ein umfassendes Abkommen über Kriegführungsregeln noch nicht genug Unterstützung fand, so gelang dies in den Haager Friedenskonferenzen 1899 und 1907. Nach diesem Konferenzort nennt man das

---

Friendly Relations and Co-operation among States in accordance with the Charter of the United Nations." (Hervorhebung durch Verfasser).

252 Christopher Greenwood, *A Critique of the Additional Protocols to the Geneva Conventions of 1949* in Durham & McCormack (Hrsg) *The Changing Face of Conflict and the Efficacy of International Humanitarian Law*, Martinus Nijhoff Publishers, The Hague/Boston, 1999, Seite 16.

253 Christopher Greenwood, *Terrorism and Humanitarian Law – The Debate Over Additional Protocol I* im *Israel Yearbook of Human Rights*, Volume 19, 1989, Seite 194.

254 Siehe Fn. 46.

255 Siehe Fn. 47.

256 Siehe Fn. 48.

Kriegführungsrecht „*Haager Recht*". Das insbesondere aus heutiger Sicht wichtigste Dokument war die Haager Landkriegsordnung.[257] Zu der ursprünglich für 1914 vorgesehenen, dann auf 1915 verschobenen, dritten Haager Friedenskonferenz, bei der eine obligate Gerichtsbarkeit nach dem Mehrheitsprinzip verabschiedet werden sollte, kam es aufgrund des Ersten Weltkriegs nicht mehr.

In der Zwischenkriegszeit wurden einige Seekriegsabkommen und ein Abkommen über das Verbot des Gaskriegs abgeschlossen. Im Jahre 1929 wurden ein Abkommen zum Schutz von Verwundeten und Kranken der Landstreitkräfte sowie ein Abkommen über die Behandlung von Kriegsgefangenen unterzeichnet, die dem *Genfer Recht* zugeordnet werden. Von den humanitätsrechtlichen Abkommen, die nach dem Zweiten Weltkrieg abgeschlossen wurden, werden detaillierter das Abkommen zum Schutz von Kulturgut und überblicksweise einige Abkommen, die Mittel und Methoden der Kampfführung beschränken, behandelt.

3.2.1 Die Haager Abkommen von 1899 und 1907

Am 24. August 1898 überreichte der russische Außenminister Murawjew an die Vertreter der Botschaften in Petersburg ein Memorandum, das als „*Zarenmanifest*" in die Geschichte einging[258] und in dem Zar Nikolaus II. zu einer „*Abrüstungskonferenz*" einlud. Im darauffolgenden Jahr tagten vom 18. Mai bis zum 29. Juli 1899 Juristen und Politiker aus insgesamt 26 Staaten. Wenngleich man sich bei der Abrüstungsfrage weder auf Beschränkungen noch auf die Vernichtung einzelner Waffensysteme einigen konnte[259], wurde doch die „*Haager Landkriegsordnung*" sowie die Aussetzung der Verwendung von „*Explosivstoffen aus Luftballons*"[260], von

---

257 Siehe Fn. 14.

258 Markus Bredendiek, *Die Haager Friedenskonferenzen von 1899 und 1907*, http://www.hans-otto-bredendiek.org/Markus/Haager_Friedenskonferenzen.html [02.03.2013].

259 Ibid., Formulierung im Abschlussprotokoll: „*Die Konferenz spricht den Wunsch aus, dass die Regierungen, in Berücksichtigung der auf der Konferenz gemachten Vorschläge, die Frage der Möglichkeit einer Vereinbarung, betreffend die Beschränkung der bewaffneten Macht zu Lande und zur See und der Militärbudgets, ihrem Studium unterwerfen.*" Die Abrüstungsfrage wurde jedoch auf der zweiten Haager Konferenz 1907 nicht mehr auf die Tagesordnung genommen.

260 *Declaration (IV,1) to Prohibit, for the Term of Five Years, the Launching of Projectiles and Explosives from Balloons, and Other Methods of Similar Nature*, The Hague, 29 July 1899. D. Schindler and J. Toman, *The Laws of Armed Conflicts*, Martinus Nihjoff Publisher, 1988, Seite 202–204.

„*Giftgas*"[261] und von „*Dum-Dum-Geschossen*"[262] für fünf Jahre beschlossen. Außerdem beschloss man den Aufbau eines Schiedsgerichts zur friedlichen Beilegung internationaler Konflikte.[263]

Die zweite Haager Friedenskonferenz fand vom 15. Juni bis 18. Oktober 1907 in Den Haag statt. Zielsetzung war die Weiterentwicklung der Abkommen von 1899, wobei ein besonderes Augenmerk auf die Seekriegführung gelegt wurde. Wiederum waren Bemühungen um Waffenbeschränkungen und Abrüstung nicht erfolgreich und scheiterten am gegenseitigen Misstrauen.[264] Das Abschlussdokument wurde am 18. Oktober 1907 unterzeichnet und trat am 26. Jänner 1910 in Kraft. Es besteht aus 13 Abkommen[265], von denen 12 ratifiziert wurden und in Kraft traten (das Abkommen über die Errichtung eines Prisengerichtshofes wurde nicht ratifiziert).

---

261 *Declaration (IV,2) concerning Asphyxiating Gases,* The Hague, 29 July 1899. D. Schindler and J. Toman, *The Laws of Armed Conflicts,* Martinus Nihjoff Publisher, 1988, Seite 105–106.

262 *Declaration (IV,3) concerning Expanding Bullets,* The Hague, 29 July 1899. D. Schindler and J. Toman, *The Laws of Armed Conflicts,* Martinus Nihjoff Publisher, 1988, Seite 109–110. Dum-Dum-Geschoss ist die umgangssprachliche Bezeichnung für Teilmantelgeschoss (das nicht vollständig umhüllte Geschoss deformiert sich nach dem Eindringen in ein Ziel) und leitet sich von der Munitionsfabrik in Dum Dum im Norden von Kalkutta (Indien) ab, wo für die britischen Kolonialtruppen Gewehrpatronen mit Teilmantelgeschoss produziert wurden.

263 Ständiger Schiedshof in Den Haag (*Permanent Court of Arbitration – PCA*; *Cour permanente d'arbitrage – CPA*); Offizielle Website: http://pca-cpa.org/ [02.03.2013].

264 Siehe Markus Bredendiek, *Die Haager Friedenskonferenzen von 1899 und 1907* (Fn. 258).

265 Die Abkommen der Haager Friedenskonferenz von 1907:

I. The Pacific Settlement of International Disputes
II. The Limitation of Employment of Force for Recovery of Contract Debts
III. The Opening of Hostilities
IV. The Laws and Customs of War on Land
V. The Rights and Duties of Neutral Powers and Persons in Case of War on Land
VI. The Status of Enemy Merchant Ships at the Outbreak of Hostilities
VII. The Conversion of Merchant Ships into War-Ships
VIII. The Laying of Automatic Submarine Contact Mines
IX. Bombardment by Naval Forces in Time of War
X. Adaptation to Maritime War of the Principles of the Geneva Convention
XI. Certain Restrictions with Regard to the Exercise of the Right of Capture in Naval War
XII. The Creation of an International Prize Court (not ratified)
XIII. The Rights and Duties of Neutral Powers in Naval War

Für die gegenständliche Arbeit ist insbesondere das 4. Abkommen betreffend die Gesetze und Gebräuche des Landkrieges[266] samt Anlage zum Abkommen (Ordnung der Gesetze und Gebräuche des Landkrieges – Haager Landkriegsordnung) von Bedeutung. Die Präambel zum Abkommen enthält die sogenannte Martens'sche Klausel[267], die sich auch im I. Zusatzprotokoll[268] von 1977 zu den Genfer Abkommen sowie im Rahmenvertrag des VN-Waffenübereinkommens[269] findet:

> *„In der Hoffnung, dass es später gelingen wird, ein vollständigeres Kriegsgesetzbuch zu erlassen, halten es die hohen vertragschließenden Teile für zweckmäßig, festzusetzen, dass in den Fällen, die in den von ihnen angenommenen Bestimmungen nicht vorgesehen sind, die Bevölkerungen und Kriegführenden unter dem Schutze und den herrschenden Grundsätzen des Völkerrechts bleiben, wie sie sich aus den unter gesitteten Staaten geltenden Gebräuchen, aus den Gesetzen der Menschlichkeit und aus den Forderungen des öffentlichen Gewissens herausgebildet haben."*[270]

Von Bedeutung ist auch die sogenannte *Allbeteiligungsklausel*[271]:

> *„Die Bestimmungen der im Artikel 1 angeführten Ordnung sowie des vorliegenden Abkommens finden nur zwischen den Vertragsmächten Anwendung und nur dann, wenn die Kriegführenden sämtlich Vertragsparteien sind."*[272]

Die Haager Landkriegsordnung selbst definiert den Begriff des Kriegführenden und enthält erstmals detaillierte Regelungen über den Status und die Behandlung von Kriegsgefangenen. Hinsichtlich Kranker und Verwundeter wird lediglich

---

266 Siehe Fn. 14.

267 Die Martens'sche Klausel wurde vom russisch-estnischen Diplomaten und Juristen Friedrich Fromberg Martens (Rechtsberater des russischen Zaren und von 1873 bis 1905 Professor für Völkerrecht an der Universität von St. Petersburg) bereits im Rahmen der 1. Haager Friedenskonferenz 1899 formuliert und bestimmt, dass Situationen in bewaffneten Konflikten, die nicht ausdrücklich durch kodifiziertes Völkerrecht geregelt sind, nach Brauch, Gewissen und Menschlichkeit zu entscheiden sind. Die Klausel ist als Völkergewohnheitsrecht für alle Staaten verbindlich.

268 Art. 1, Abs. 2, *Zusatzprotokoll I* (Fn. 16).

269 *VN-Waffenübereinkommen von 1980* (Fn. 54).

270 Ibid., Präambel, Abs. 5.

271 Die Allbeteiligungsklausel (*clausula si omnes*) besagt, dass ein Abkommen im Falle eines bewaffneten Konfliktes nur gelten soll, wenn alle an diesem Konflikt beteiligten Staaten Vertragsparteien des jeweiligen Abkommens sind. Sollte ein am Konflikt beteiligtes Land dem betreffenden Abkommen nicht vor Beginn des Konflikts beigetreten sein, ist das Abkommen für keinen der Konfliktparteien anwendbar.

272 Art. 2, *Abkommen betreffend die Gesetze und Gebräuche des Landkrieges*, Den Haag, 18. Oktober 1907.

auf die Genfer Abkommen verwiesen. Breiter Raum wird den Feindseligkeiten gewidmet und es werden die Mittel zur Schädigung des Feindes, Belagerungen und Beschießungen sowie die Bereiche Parlamentäre, Kapitulation und Waffenstillstand behandelt. Der letzte Abschnitt des Abkommens regelt die militärische Gewalt auf besetztem feindlichen Gebiet.

Die Bestimmungen über die Behandlung von Kriegsgefangenen in der Haager Landkriegsordnung haben sich im Laufe des Ersten Weltkrieges als nicht ausreichend und zu wenig präzise erwiesen. Diese Mängel konnten nur teilweise durch besondere Vereinbarungen zwischen Konfliktparteien ausgeglichen werden.[273] Das Internationale Komitee vom Roten Kreuz ortete bei seiner Konferenz im Jahr 1921 in Genf den Bedarf nach einer eigenen Konvention über die Behandlung von Kriegsgefangenen. Im Rahmen einer Diplomatischen Konferenz in Genf im Jahr 1929 wurde ein Abkommen beschlossen, das die Haager Landkriegsordnung ergänzte und in 97 Artikeln die Behandlung von Kriegsgefangenen wesentlich detaillierter regelte (die Haager Landkriegsordnung enthielt 17 Artikel über Kriegsgefangene). Dieses Abkommen wurde nach dem zweiten Weltkrieg durch das 3. Genfer Abkommen über die Behandlung von Kriegsgefangenen ersetzt. Das 4. Genfer Abkommen über den Schutz von Zivilpersonen in bewaffneten Konflikten ergänzt weite Teile der Haager Landkriegsordnung hinsichtlich der Rechte und Pflichten im besetzten Gebiet. Der 2. Abschnitt der Haager Landkriegsordnung, der Bestimmungen über Feinseligkeiten enthielt, wurde durch das I. Zusatzprotokoll von 1977 zu den vier Genfer Abkommen von 1949 weitgehend ersetzt.

Nach dem Zweiten Weltkrieg hatte sich der Internationale Militärgerichtshof in Nürnberg im Hauptkriegsverbrecherprozess mit der Frage auseinanderzusetzen, ob die Haager Landkriegsordnung im Zweiten Weltkrieg für die Kriegsparteien verbindlich gewesen ist. Eingewendet wurde, dass die Haager Landkriegsordnung wegen der „*Allbeteiligungsklausel*“[274] nicht anwendbar war, da mehrere Kriegführende der Haager Landkriegsordnung nicht beigetreten waren. Der Gerichtshof befand

> *„es nicht notwendig, diese Frage zu entscheiden. Die in der Konvention niedergelegten Landkriegsregeln stellten zweifellos einen Fortschritt gegenüber dem zur Zeit ihrer Annahme bestehenden Völkerrecht dar. Doch enthielt die Konvention den ausdrücklichen Vermerk, dass es sich um einen Versuch handle, »die allgemeinen Gesetze und Bräuche des Krieges einer Neuordnung zu unterziehen«, die die Konvention auf diese Weise als damals bestehend anerkannte. Im Jahre 1939 waren jedoch die in der Konvention niedergelegten*

273 Jean Pictet, *Commentary on the Geneva Convention III* (Fn. 105), Seite 23.
274 Siehe Fn. 271.

Regeln von allen zivilisierten Nationen anerkannt und als Zusammenstellung der Kriegsgesetze und -bräuche betrachtet, auf die Artikel 6 (b) des Statuts Bezug nimmt.“[275]

Der Gerichtshof stellte also fest, dass die Haager Landkriegsordnung zur Zeit des Zweiten Weltkrieges Völkergewohnheitsrecht und somit für alle Staaten verbindlich war.

Zwei weitere Abkommen aus der zweiten Haager Friedenskonferenz 1907 haben auch heute noch Bedeutung: Es sind dies das „*Übereinkommen über die Rechte und Pflichten der neutralen Mächte und Personen im Falle des Landkrieges*“ (V. Übereinkommen der II. Haager Friedenskonferenz)[276] und das „*Übereinkommen betreffend die Rechte und Pflichten der Neutralen im Falle eines Seekrieges*“ (XIII. Übereinkommen der II. Haager Friedenskonferenz).[277] Für die gegenständliche Arbeit sind diese Übereinkommen deshalb von Bedeutung, weil die gewöhnliche Neutralität im Frieden keine Rechte und Pflichten schafft.[278] Die Neutralität ist ein Rechtsverhältnis, das bestimmte Rechte und Pflichten der kriegführenden und neutralen Staaten in ihrem gegenseitigen Verhältnis zum Inhalt hat. Dies setzt also voraus, dass ein „*Krieg*“ im völkerrechtlichen Sinne – zwischen zwei Staaten – bestehen muss, um die Rechte und Pflichten aus dem Abkommen über die Neutralität für einen dritten Staat entfalten zu können,

---

275 *Der Prozess gegen die Hauptkriegsverbrecher vor dem Internationalen Gerichtshof Nürnberg*, Nürnberg 1947, Bd. 1, Seite 283–286. http://www.zeno.org/nid/2000275634X [02.03.2013].

276 *Convention (V) respecting the Rights and Duties of Neutral Powers and Persons in Case of War on Land*, The Hague, 18 October 1907. D. Schindler and J. Toman, *The Laws of Armed Conflicts*, Martinus Nihjoff Publisher, 1988, Seite 942–947. Österreich-Ungarn hat das Übereinkommen in Den Haag am 18. Oktober 1907 unterzeichnet, es wurde am 17. November 1909 von Seiner k. u. k. Apostolischen Majestät ratifiziert, die Ratifikationsurkunde wurde am 27. November 1909 in Den Haag hinterlegt und das Übereinkommen wurde mit RGBl. Nr. 181/1913 am 3. September 1913 kundgemacht.

277 *Convention (XIII) concerning the Rights and Duties of Neutral Powers in Naval War*, The Hague, 18 October 1907. D. Schindler and J. Toman, *The Laws of Armed Conflicts*, Martinus Nihjoff Publisher, 1988, Seite 951–957. Österreich-Ungarn hat das Übereinkommen in Den Haag am 18. Oktober 1907 unterzeichnet, es wurde am 17. November 1909 von Seiner k. u. k. Apostolischen Majestät ratifiziert, die Ratifikationsurkunde wurde am 27. November 1909 in Den Haag hinterlegt und das Übereinkommen wurde mit RGBl. Nr. 188/1913 am 3. September 1913 kundgemacht.

278 Rudolf L. Bindschedler, *Die Neutralität im modernen Völkerrecht*, Zeitschrift für ausländisches öffentliches Recht und Völkerrecht, Heidelberg Journal of International Law (HJIL), Band 17/1, Seite 1.

wogegen bei Vorliegen eines nicht-internationalen bewaffneten Konflikts oder bei internen Unruhen und Spannungen in einem anderen Staat die Rechte und Pflichten eines Neutralen nicht schlagend werden.[279]

3.2.2 Abkommen zum Schutz von Kulturgut

Seit jeher wurden in bewaffneten Konflikten Kulturgüter zerstört, häufig ohne dass dadurch ein direkter militärischer Vorteil erkennbar gewesen wäre. Nicht selten wurde Kulturgut, das der Gegner bewahrt hat oder ihm zugerechnet wurde, gezielt angegriffen und zerstört. Die Zerstörung von Kirchen, Denkmälern und Kunstwerken ist häufig ein Ausdruck für den „*totalen Krieg*“: “*Indeed, the deliberate destruction of monuments, places of worship and works of art is a sign of degeneration into total war. It is sometimes the other face of genocide.*”[280]

Die Geschichte zeigt aber auch, dass es schon vereinzelte Bemühungen gab, Stätten der Anbetung, Heiligtümer und Kunstwerke zu verschonen.[281] Häufig wurden jedoch solche Regeln nur eingehalten, wenn die Kampfführenden derselben Werte- oder Religionsgemeinschaft angehörten.[282]

Mitte des 18. Jahrhunderts verlangte Emer de Vattel[283], dass alle Heiligtümer, Gräber und andere Gebäude von kultureller Bedeutung bewahrt werden sollten. In seiner Abhandlung, „*The Law of Nations or the Principles of Natural Law*”, schreibt er:

> *„Aus welchem Grund immer ein Kriegführender ein Land plündert, er sollte Gebäude, die der Stolz der Menschheit sind, verschonen. Tempel, Grabmäler, öffentliche Gebäude und alle anderen Kunstwerke von herausragender Schönheit; welchen Vorteil bringt ihre*

---

279 Siehe auch Mary Ellen O'Connell, *Defining Armed Conflict* (Fn. 127), Seite 1, 33.

280 François Bugnion in einem Artikel zum 50. Jahrestag der Haager Konvention zum Schutz von Kulturgut bei bewaffneten Konflikten, ICRC, http://www.icrc.org/eng/resources/documents/article/other/65shtj.htm [16.02.2013].

281 So galten die panhellenischen Heiligtümer, wie Olympus, Delos, Delphi und Dodones als heilig und unantastbar („*ieroi kai asuloi*“). Feindseligkeiten waren in ihren Mauern verboten, ein wehrloser Feind konnte Zuflucht in ihnen suchen.

282 Jedoch sind auch zahlreiche Ausnahmen überliefert: So gab der erste Kalif, Abu Bakr Siddiq (632–634 n. Chr.), der Schwiegervater und erste Gefährte des Propheten Mohammed, vor der Eroberung von Syrien und dem Irak die Anweisung an seine Soldaten, die Klöster der Andersgläubigen zu verschonen.

283 Emer de Vattel (1714–1767) war ein Schweizer Natur- und Völkerrechtler, dessen zahlreiche rechtsphilosophischen Schriften bis heute das Verständnis des Völkerrechts prägen.

Zerstörung? Nur ein Feind der Menschheit kann bedenkenlos der Menschheit diese Denkmäler der Kunst und Beispiele der Kultur rauben.“[284]

Die Wegnahme von Kunstwerken wurde vermehrt als *„im Widerspruch zu allen Grundsätzen der Gerechtigkeit und den Gebräuchen der modernen Kriegsführung“*[285] angesehen. Weitere systematische Bestrebungen, Kulturgüter in bewaffneten Konflikten zu verschonen, gehen einher mit der Betonung des Prinzips der Unterscheidung. Dieses Prinzip besagt, dass immer zwischen zivilen Objekten und militärischen Zielen zu unterscheiden ist und nur militärische Ziele angegriffen werden dürfen.[286] Zivile Objekte sind zu schützen und zu schonen. So finden sich bereits im *Lieber Code* folgende Bestimmungen:

> *"Classical works of art, libraries, scientific collections, or precious instruments, [...] must be secured against all avoidable injury, even when they are contained in fortified places whilst besieged or bombarded.*[287]
>
> *If such works of art, libraries, collections, or instruments [...] can be removed without injury, the ruler of the conquering state or nation may order them to be seized and removed for the benefit of the said nation. The ultimate ownership is to be settled by the ensuing treaty of peace.*
>
> *In no case shall they be sold or given away, if captured by the armies of the United States, nor shall they ever be privately appropriated, or wantonly destroyed or injured."*[288]

Die Brüsseler Erklärung vom 27. August 1874[289] legt fest, dass, wenn eine verteidigte Stadt oder Festung bombardiert werden sollte, alle erforderlichen Maßnahmen zu treffen sind, um Gebäude, die dem Gottesdienst, der Kunst oder der Wissenschaft gewidmet sind, verschont werden.[290] Die Haager Landkriegsordnung vom 18. Oktober 1907 untersagt die Zerstörung oder Wegnahme feindlichen Eigentums, sofern dies nicht die Kriegsnotwendigkeit dringend verlangt[291], und verbietet die Beschießung unverteidigter Städte, Dörfer, Wohnungen oder

---

284 Emer de Vattel, *Le Droit des gens ou principes de la loi naturelle appliqués à la conduite et aux affaires des nations et des souverains* (Leiden, 1758), Seite 139 (Übersetzung des Verfassers).

285 Stanislaw-Edward Nahlik, *Protection of cultural property*, in *International Dimensions of Humanitarian Law*, Henry Dunant Institute, Geneva, UNESCO, Paris, Martinus Nijhoff Publishers, Dordrecht, 1988; Seite 203–215.

286 Siehe Art. 52, *Zusatzprotokoll I* (Fn. 16).

287 Art. 35, *Lieber Code* (Fn. 42).

288 Ibid., Art. 36.

289 Siehe Fn 47.

290 Ibid., Art. 17.

291 Art 23 g, *Haager Landkriegsordnung* (Fn. 14).

Gebäude.[292] Es ist darüber hinaus verboten, Städte oder Ansiedelungen, selbst wenn sie im Sturme genommen werden, der Plünderung preiszugeben.[293] Hinsichtlich des Schutzes von Kulturgut wird ausdrücklich bestimmt:

> *„Das Eigentum der Gemeinden und der dem Gottesdienste, der Wohltätigkeit, dem Unterrichte, der Kunst und Wissenschaft gewidmeten Anstalten, auch wenn diese dem Staate gehören, ist als Privateigentum zu behandeln.*
> *Jede absichtliche Entfernung, Zerstörung oder Beschädigung von derartigen Gebäuden, von geschichtlichen Denkmälern oder von Werken der Kunst und Wissenschaft ist verboten und muss geahndet werden."*[294]

Diese Bestimmungen konnten jedoch weitreichende Beschädigungen von Kulturgut während des Ersten Weltkriegs nicht verhindern. Beunruhigt durch die Entwicklung der Luftangriffe während des Ersten Weltkriegs fand im Jahr 1922 eine Konferenz zur Rüstungsbegrenzung statt. Eine Kommission von Juristen erarbeitete bis Februar 1923 eine Reihe von Regeln zur Beschränkung der Luftangriffe aus.[295] Diese Regeln wurden nie ratifiziert. 1939 legte die Regierung der Niederlande einen Entwurf für ein Abkommen zum Schutz von Kulturgut vor, jedoch verhinderte der Ausbruch des Zweiten Weltkriegs jede Weiterentwicklung und eine Umsetzung. Nach dem Krieg, bei dem es zu massiven Zerstörungen aus der Luft, insbesondere auch von Kulturgut, gekommen war, legte die Niederlande erneut einen Entwurf an die 1945 gegründete UNESCO vor. 1954 wurde dann in Den Haag die *„Haager Konvention zum Schutz von Kulturgut bei bewaffneten Konflikten"*[296] angenommen und zwei Jahre später trat das Abkommen am 7. August 1956 in Kraft. Das Abkommen definiert Kulturgut als

> *a) bewegliches oder unbewegliches Gut, das für das kulturelle Erbe der Völker von großer Bedeutung ist, wie z.B. Bau-, Kunst- oder geschichtliche Denkmäler kirchlicher oder weltlicher Art, archäologische Stätten, Gruppen von Bauten, die als Ganzes von historischem oder künstlerischem Interesse sind, Kunstwerke, Manuskripte, Bücher und andere Gegenstände von künstlerischem, historischem oder archäologischem Interesse*

---

292 Ibid., Art. 25.

293 Ibid., Art. 28 und 47.

294 Ibid., Art. 56.

295 *Rules concerning the Control of Wireless Telegraphy in Time of War and Air Warfare*, drafted by a Commission of Jurists at The Hague, December 1922 – February 1923. Der authentische englische Text ist veröffentlicht im *American Journal of International Law* 1923, Vol 17, Seite 245–260 und 1938, Vol. 32, Seite 1–56. Unter der letztgenannten Fundstelle ist auch der offizielle Kommentar zu den Luftkriegsregeln abgedruckt.

296 *Convention for the Protection of Cultural Property in the Event of Armed Conflict* (Fn. 51).

sowie wissenschaftliche Sammlungen und bedeutende Sammlungen von Büchern, von Archivalien oder von Reproduktionen des oben umschriebenen Kulturguts;

b) Gebäude, die in der Hauptsache und tatsächlich der Erhaltung oder Ausstellung des unter a umschriebenen beweglichen Guts dienen, wie z.B. Museen, große Bibliotheken, Archive sowie Bergungsorte, in denen im Falle bewaffneter Konflikte das unter a umschriebene bewegliche Kulturgut in Sicherheit gebracht werden soll;

c) Denkmalzentren, das heißt Orte, die in beträchtlichem Umfange Kulturgut im Sinne der Unterabsätze a und b aufweisen.[297]

Kulturgüter unterliegen einem allgemeinen Schutz und dürfen weder angegriffen noch beschädigt werden. Darüber hinaus ist es verboten, Kulturgut, seine unmittelbare Umgebung und seine Schutzeinrichtungen durch Zweckentfremdung der Gefahr der Zerstörung oder Beschädigung auszusetzen. Eine Ausnahme von dieser Regel ist nur in Fällen zwingender militärischer Notwendigkeit zulässig.[298] Diebstahl, Plünderung, andere widerrechtliche Inbesitznahme sowie Beschlagnahme und sinnlose Zerstörung von Kulturgut sind verboten.[299] Zur besseren Feststellung und Erkennbarkeit von Kulturgut kann es gekennzeichnet werden.[300] Kulturgüter von sehr hoher Bedeutung können unter Sonderschutz gestellt werden und sind mit dem Kulturgüterschutzzeichen in dreifacher Ausführung zu kennzeichnen. Die Unverletzlichkeit eines Kulturguts unter Sonderschutz darf nur in Ausnahmefällen unausweichlicher militärischer Notwendigkeit von einem Kommandeur einer militärischen Einheit, die der Größe nach einer Division oder höher entspricht, aufgehoben werden.[301]

Das Haager Abkommen zum Schutz von Kulturgut findet Anwendung:

„[...] im Falle eines erklärten Krieges oder eines anderen bewaffneten Konflikts, der zwischen zwei oder mehreren Hohen Vertragsparteien entsteht, selbst wenn der Kriegszustand von einer oder mehreren von ihnen nicht anerkannt wird.

2. Das Abkommen findet auch in allen Fällen teilweiser oder vollständiger Besetzung des Gebietes einer der Hohen Vertragsparteien Anwendung, selbst wenn diese Besetzung auf keinen bewaffneten Widerstand stößt.

---

297 Ibid., Art. 1.

298 Ibid., Art. 4, Abs. 1.

299 Ibid., Art. 4, Abs. 3.

300 Ibid., Art. 6. Gemäß Artikel 16 besteht das Kennzeichen *„aus einem nach unten hin spitzen Schild in Ultramarinblau und Weiß; (der Schild wird aus einem ultramarinblauen Quadrat, dessen Ecke die Spitze des Schildes darstellt, und aus einem oberhalb des Quadrats befindlichen ultramarinblauen Dreieck gebildet, wobei der verbleibende Raum auf beiden Seiten von je einem weißen Dreieck ausgefüllt wird“.*

301 Ibid., Art. 8–11.

3. *Ist eine an dem Konflikt beteiligte Macht nicht Vertragspartei dieses Abkommens, so bleiben die Mächte, die Vertragsparteien sind, trotzdem in ihren gegenseitigen Beziehungen durch das Abkommen gebunden. Sie sind ferner durch das Abkommen auch gegenüber der erwähnten Macht gebunden, wenn diese die Annahme der Bestimmungen des Abkommens erklärt hat und solange sie sie anwendet.*[302]

Somit ist der Anwendungsbereich des Haager Abkommens zum Schutz von Kulturgut wie der der Genfer Abkommen von 1949 geregelt. Hinsichtlich nicht-internationaler bewaffneter Konflikte regelt das Abkommen seinen Anwendungsbereich – ohne die Rechtsstellung der in den Konflikt verwickelten Parteien zu ändern – folgendermaßen:

1. *„Im Falle eines bewaffneten Konflikts, der nicht internationalen Charakter hat und innerhalb des Gebietes einer der Hohen Vertragsparteien ausbricht, ist jede in den Konflikt verwickelte Partei verpflichtet, mindestens diejenigen Bestimmungen dieses Abkommens anzuwenden, die die Respektierung von Kulturgut betreffen.*
2. *Die an diesem Konflikt beteiligten Parteien sollen bestrebt sein, durch Sondervereinbarungen auch die anderen Bestimmungen dieses Abkommens ganz oder teilweise in Kraft zu setzen.*“[303]

Das Abkommen zum Schutz von Kulturgut von 1954 entstand aufgrund der Erfahrungen von großflächigen Angriffen und Bombardierungen ganzer Städte im Zweiten Weltkrieg. Darüber hinaus ging man von der Annahme aus, dass alle an einem Konflikt beteiligten Parteien ein vergleichbares Interesse am Schutz von Kulturgütern haben. Die zweite Hälfte des 20. Jahrhunderts war jedoch von innerstaatlichen, häufig ethnisch motivierten Konflikten, gekennzeichnet, bei denen die Beschädigung und Zerstörung von Kulturgut nicht ein Kollateralschaden war, sondern Kulturgut vielmehr gezielt angegriffen wurde, um das kulturelle Erbe der gegnerischen Seite auszulöschen.[304].

Aus diesen Erfahrungen ergab sich die Notwendigkeit, die Regelungen des Kulturgüterschutzes einer Revision zu unterziehen. Das 1977 abgeschlossene erste Zusatzprotokoll zu den Genfer Abkommen enthielt eine Bestätigung von den drei wichtigen Prinzipien der Haager Kulturgüterschutzkonvention:

„Unbeschadet der Bestimmungen des Haager Abkommens vom 14. Mai 1954 für den Schutz von Kulturgut bei bewaffneten Konflikten und anderer einschlägiger internationaler Übereinkünfte ist es verboten,

302 Ibid., Art. 18
303 Ibid., Art. 19.
304 *Protect cultural property in the event of armed conflict.* UNESCO-Informationskit, Mai 2004, Seite 5; http://unesdoc.unesco.org/images/0013/001386/138645E.pdf [01.03.2013].

> *a) feindselige Handlungen gegen geschichtliche Denkmäler, Kunstwerke oder Kultstätten zu begehen, die zum kulturellen oder geistigen Erbe der Völker gehören,*
> *b) solche Objekte zur Unterstützung des militärischen Einsatzes zu verwenden oder*
> *c) solche Objekte zum Gegenstand von Repressalien zu machen."*[305]

Ähnlich regelt das zweite Zusatzprotokoll zu den Genfer Abkommen, das in nicht-internationalen bewaffneten Konflikten zur Anwendung kommt, den Schutz von Kulturgut:

> *„Unbeschadet der Bestimmungen des Haager Abkommens vom 14. Mai 1954 für den Schutz von Kulturgut bei bewaffneten Konflikten ist es verboten, feindselige Handlungen gegen geschichtliche Denkmäler, Kunstwerke oder Kultstätten zu begehen, die zum kulturellen oder geistigen Erbe der Völker gehören, und sie zur Unterstützung des militärischen Einsatzes zu verwenden."*[306]

Im Rahmen einer diplomatischen Konferenz wurden die Regeln des Kulturgüterschutzes überarbeitet und ein Protokoll verabschiedet, das 2004 in Kraft trat.[307] Es war umfangreicher als die Konvention von 1954 und konkretisierte den allgemein formulierten Begriff der *„zwingenden militärischen Notwendigkeit"*. Hinkünftig ist ein Angriff gegen ein Kulturgut nur zulässig, sofern und solange (1) *„dieses Kulturgut durch seine Nutzung zu einem militärischen Ziel gemacht ist"* und (2) *„keine andere durchführbare Möglichkeit besteht, einen ähnlichen militärischen Vorteil zu erlangen, wie er sich bietet, wenn eine feindselige Handlung gegen dieses Ziel gerichtet wird"*.[308] Das 1954 eingeführte System des Sonderschutzes hatte sich nicht bewährt[309] und das Protokoll von 1999 führte deshalb den Status eines *„verstärkten Schutzes"*[310] ein, dessen Schutzwirkung mit dem Sonderschutz der Konvention von 1954 vergleichbar ist. Eine weitere Neuerung des Protokolls war die individuelle strafrechtliche Verantwortlichkeit für schwere Verstöße.[311]

---

305 Art. 53, *Zusatzprotokoll I* (Fn. 16).

306 Art. 16, *Zusatzprotokoll II* (Fn. 16).

307 *Second Protocol to the Hague Convention of 1954* (Fn. 52).

308 Ibid., Art. 6a.

309 Der Sonderschutz war aufgrund von zu strikten Voraussetzungen in der Praxis nicht umsetzbar. Folglich wurden bis 1997 nur acht Bergungsorte und ein einziges Denkmalzentrum (Vatikanstadt) in das *„Internationale Register für Kulturgut unter Sonderschutz"* aufgenommen.

310 Art. 10 bis 14, *Zweites Protokoll zur Haager Konvention von 1954* (Fn. 52).

311 Als schwere Verstöße gegen das Abkommen gelten der gezielte Angriff auf ein Kulturgut, die Zerstörung oder Aneignung eines Kulturguts in großem Ausmaß, der Diebstahl, die Plünderung oder böswillige Beschädigung eines Kulturguts oder die Verwendung eines Kulturguts unter verstärktem Schutz für militärische Handlungen.

Die Vertragsstaaten sind verpflichtet, diese Handlungen durch eine entsprechende nationale Gesetzgebung unter Strafe zu stellen.[312] Das Protokoll weitete außerdem den Anwendungsbereich des Haager Abkommens zum Schutz von Kulturgut von 1954 im gesamten Umfang auf nicht-internationale bewaffnete Konflikte aus.[313]

3.2.3 Abkommen über Beschränkungen von Kriegsmitteln

Bestrebungen, die Nutzung bestimmter Kriegsmittel und Methoden zu beschränken, gab es zu allen Zeiten, so waren etwa die Verwendung brennender Pfeile oder der Einsatz von Gift in bewaffneten Konflikten Regeln unterworfen.[314] Aufgrund des in symmetrischen Konflikten zwischen Staaten wesentlich wirksameren Reziprozitätsprinzips wurden diese Regelungen auch häufig eingehalten. Die ersten völkerrechtlichen Abkommen in diesem Bereich stammen aus der zweiten Hälfte des 19. Jahrhunderts und beispielhaft für mehrere Abkommen, die folgten, sei die St. Petersburger Erklärung von 1868[315] genannt, zu der Greenwood betont:

> *„The importance of the 1868 Declaration lies not so much in the specific ban which it produced as in its statement of the principles on which that ban was based. The Preamble to the Declaration reflects the theories developed by Rousseau nearly a century earlier and is the classic statement of the principle that it is prohibited to employ weapons or methods of warfare which are likely to cause unnecessary suffering. Humanitarian law accepts that one of the legitimate objects of warfare is to disable enemy combatants (and in many cases this involves killing) but it rejects the use of weapons which cause additional suffering for no military gain. That principle remains important today. It is one of the general principles of humanitarian law, by which the legality of all weapons and means of warfare fall to be*

---

312 Siehe interpretative Erklärung Österreichs (Fn. 52).

313 Bislang waren nur die Bestimmungen, die die Respektierung von Kulturgut betreffen, in nicht-internationalen bewaffneten Konflikten anzuwenden; hinsichtlich der Anwendbarkeit weiterer Bestimmungen legt das Abkommen aus 1954 lediglich fest, dass diese durch Sondervereinbarung *„angestrebt"* werden sollte.

314 So enthielt das indische Epos *„Mahabharata"*(zwischen 400 v. Chr. und 400 n. Chr. niedergeschrieben) bereits zahlreiche humanitäre Verhaltensweisen und Prinzipien: Verbot von giftigen oder brennenden Pfeilen, Verbot, einen wehrlosen Gegner zu töten, Behandlung von Kriegsgefangenen und Schutz von Privateigentum. Die Griechen und Römer hatten ähnliche Waffenbeschränkungsregeln.

315 Siehe Fn. 46.

measured. It also inspired a number of other international agreements banning specific weapons, such as poison gas and soft-headed or dum-dum bullets."[316]

Bei der ersten Haager Friedenskonferenz 1899 wurde eine Erklärung[317] vereinbart, der zufolge der Einsatz von Geschossen, die erstickende oder giftige Gase verbreiten, verboten ist. Eine ähnliche Bestimmung findet sich in der Haager Landkriegsordnung von 1907, die die Verwendung von Gift oder giftigen Waffen[318] sowie den Gebrauch von Waffen, Geschossen oder Stoffen, die geeignet sind, unnötig Leiden zu verursachen[319], untersagt. Diese Regelungen konnten jedoch nicht verhindern, dass es am 22. April 1915 an der deutsch-französischen Grenze zum Ersteinsatz von Kampfgas auf deutscher Seite gekommen ist, was von den Briten und Franzosen als Repressalie mit eigenen Gasangriffen beantwortetet wurde[320]. Grund für die Ineffizienz des Verbots von Kampfgas war einerseits die Argumentation, das dieses Kampfmittel keine unnötigen Leiden verursache[321], andererseits wurde militärische Notwendigkeit eingewendet. Auch bei dem 1925 abgeschlossenen „*Genfer Protokoll über das Verbot der Verwendung von erstickenden, giftigen oder ähnlichen Gasen sowie von bakteriologischen Mitteln im Kriege*"[322] wurden zahlreiche Vorbehalte, die ähnliche Wirkung hatten,

316 Christopher Greenwood, *Historical Development and Legal Basis* in D. Fleck (Hrsg.), *Handbook of International Humanitarian Law* (2008), Seite 19–20.

317 *Hague Declaration (IV,2) Concerning Asphyxiating Gases,* The Hague, 29 July 1899. D. Schindler and J. Toman, *The Laws of Armed Conflicts*, Martinus Nihjoff Publisher, 1988, Seite 105–106.

318 Art. 23 a), *Haager Landkriegsordnung* (Fn. 14).

319 Ibid., Art. 23, e).

320 Für detaillierte Information siehe Dieter Martinetz, *Der Gaskrieg 1914–1918 – Entwicklung, Herstellung und Einsatz chemischer Kampfstoffe*, Bernard & Graefe, Bonn 1996.

321 Man sah die Verletzungen durch Giftgase als weitaus weniger grausam an als jene von Granaten, wodurch schließlich „*ganze Körperteile abgerissen*" würden. „*Die Einatmung der Blausäure belästigt in keiner Weise. Man kann nicht angenehmer sterben.*" (Fritz Haber, *Zur Geschichte des Gaskrieges*, Vortrag, gehalten vor dem parlamentarischen Untersuchungsausschuss des Deutschen Reichstages am 1. Oktober 1923, in: Fritz Haber, *Fünf Vorträge aus den Jahren 1920–1923*, Berlin 1924, S. 81). Fritz Haber war Institutsleiter an der Kaiser-Wilhelm-Gesellschaft (späteres Max-Planck-Institut) und er entwickelte ein Verfahren zur Ammoniaksynthese, wofür er 1918 den Nobelpreis erhielt. Die Verwendung von Chlorgas als Kampfmittel war seine Idee und er überwachte auch den Einsatz von ca. 150 t Chlor im belgischen Ypern, wo ca. 5000 französische und britische Soldaten ums Leben kamen.

322 *Protocol for the Prohibition of the Use of Asphyxiating, Poisonous or Other Gases, and of Bacteriological Methods of Warfare*, Geneva, 17 June 1925. D. Schindler and

eingebracht: So bindet das Protokoll nur gegenüber den Vertragsstaaten und ist nicht mehr verbindlich gegenüber einem Staat, dessen Streitkräfte oder Verbündete die im Protokoll ausgesprochenen Verbote nicht beachten[323]. Außerdem waren Produktion, Lagerung und Weitergabe von Chemiewaffen nicht untersagt.

Der erste umfassende multilaterale Vertrag, durch den ein gesamtes Waffensystem verboten wurde, war das „Übereinkommen über das Verbot der Entwicklung, Herstellung und Lagerung bakteriologischer (biologischer) Waffen und Toxinwaffen sowie über die Vernichtung solcher Waffen“[324]. Unter biologischen Kampfmitteln sind Kleinstlebewesen (Mikroorganismen) zu verstehen, die Krankheiten oder den Tod bei Menschen, Tieren oder Pflanzen verursachen oder Material zerstören und deren Wirkung darauf beruht, dass sie sich im Körper von Lebewesen oder im Gewebe von Pflanzen vermehren. Die bekanntesten Beispiele sind Bakterien, Viren und Pilze. Gemeinsam mit den biologischen Waffen regelt das Übereinkommen auch die von lebenden Organismen produzierten Toxine (giftige Stoffwechselprodukte), die sich selbst nicht weitervermehren und somit per definitionem chemische Kampfmittel wären. Der Vertrag enthält kein ausdrückliches Einsatzverbot, jedoch verweist die Präambel auf das bereits im Genfer Protokoll von 1925 enthaltene Verbot der Verwendung von bakteriologischen Mitteln im Krieg.

Wenige Jahre später versuchte man vorbeugend die Einführung einer neuen Dimension der Kriegführung zu verhindern[325]. Beim Einsatz geophysikalischer Maßnahmen zur Schädigung oder Vernichtung des Gegners handelt es sich um absichtlich ausgelöste Naturereignisse größeren Ausmaßes als Mittel

---

J. Toman, *The Laws of Armed Conflicts*, Martinus Nihjoff Publisher, 1988, Seite 116. Österreich unterzeichnete das Protokoll am 17. Juni 1925 und ratifiziertes es am 9. Mai 1928; Kundmachung erfolgte mit BGBl Nr. 202/1928 am 28. Juni 1928.

323 Joachim Hinz & Elmar Rauch, *Kriegsvölkerrecht, Textsammlung mit Erläuterungen*, Carl Heymanns Verlag KG, Köln/Berlin/Bonn/München, 1984, Seite 1519/1.

324 *Convention on the Prohibition of the Development, Production and Stockpiling of Bacteriological (Biological) and Toxin Weapons and on their Destruction*, opened for Signature at London, Moscow and Washington, 10 April 1972. D. Schindler and J. Toman, *The Laws of Armed Conflicts*, Martinus Nihjoff Publisher, 1988, Seite 137–142. Das Übereinkommen wurde von Österreich am 10. April 1972 unterzeichnet, am 10. August 1973 ratifiziert und im BGBl. Nr. 432/1975 vom 5. August 1975 kundgemacht.

325 Siehe auch Art 36, *Zusatzprotokoll I* (Fn. 16): *„Jede Hohe Vertragspartei ist verpflichtet, bei der Prüfung, Entwicklung, Beschaffung oder Einführung neuer Waffen oder neuer Mittel oder Methoden der Kriegführung festzustellen, ob ihre Verwendung stets oder unter bestimmten Umständen durch dieses Protokoll oder durch eine andere auf die Hohe Vertragspartei anwendbare Regel des Völkerrechts verboten wäre.“*

militärischen Zwangs gegen andere Staaten. Auslöser für die Diskussionen, die diesem Abkommen vorangingen, waren der weiträumige Einsatz von Entlaubungsgiften (*Agent Orange*) durch die USA im Vietnamkrieg und eine Untersuchung des amerikanischen Senatsausschusses, die den Nachweis erbrachte, dass die USA versucht hätten, das Wetter in Indochina zu manipulieren, um dadurch Überflutungen herbeizuführen[326]. Das im „*Übereinkommen über das Verbot der militärischen oder einer sonstigen feindseligen Nutzung umweltverändernder Techniken*“[327] verankerte Einsatzverbot ist schließlich auf signifikante Fälle feindseliger Umweltbeeinflussung beschränkt worden. Untersagt sind weiträumige, langandauernde und schwerwiegende umweltverändernde Techniken[328], wie etwa Techniken, die Erdbeben, Flutwellen, Störungen des ökologischen Gleichgewichts einer Region, Änderungen von Wetterstrukturen (Wolken, Niederschläge, Wirbelstürme verschiedener Art und Tornados), Änderung der Klimastrukturen, Änderung von Meeresströmungen oder Änderungen des Zustands der Ozonschicht verursachen[329]. Hinsichtlich des Einsatzes von Nuklearwaffen betont der Delegierte der USA bei den Beratungen,

> *„dass der Übereinkommensentwurf sich mit der Manipulation von Naturkräften in solcher Weise befasst, dass diese Manipulation beabsichtigte Auswirkungen auf die Umwelt erzeugt. Daraus folgt, dass das Übereinkommen sich nicht auf Auswirkungen auf die Umwelt*

---

326 *Weather Modification: Hearings before the Subcommittee on Oceans and International Environment of the Committee on Foreign Relations*, United States Senate, 1974, Folder 01, Box 06, Douglas Pike Collection: Unit 11 – Monographs, The Vietnam Center and Archive, Texas Tech University. http://www.vietnam.ttu.edu/virtualarchive/items.php?item=2390601002 [03.03.2013].

327 *Convention on the prohibition of military or any hostile use of environmental modification techniques*, 10 December 1976 (Fn. 56).

328 Die vom Genfer Abrüstungsausschuss der VN-Generalversammlung übermittelte Interpretationsabsprache lautet wie folgt: „*weiträumig*“ bedeutet ein Gebiet von mehreren hundert Quadratkilometern umfassend; „*lange andauernd*“ bedeutet Monate oder ungefähr eine Jahreszeit anhaltend; „*schwerwiegend*“ bedeutet eine ernste oder bedeutende Störung oder Schädigung des menschlichen Lebens, der natürlichen und wirtschaftlichen Hilfsquellen oder sonstiger Güter mit sich bringend.

329 Siehe Art. II, Umweltkriegs-Übereinkommen (Fn. 53). Der Abrüstungsausschuss betont darüber hinaus, dass die Liste der Beispiele nicht erschöpfend ist. Nicht erwähnt ist in der Liste, die Maßnahmen enthält, die teils theoretisch oder auch heute noch wenig realistisch sind, die Beeinflussung oder Veränderung von Wasserläufen. Diese Maßnahme könnte das ökologische Gleichgewicht und Klima zum Nachteil der Bevölkerung und Umwelt ganzer Regionen ändern (siehe Joachim Hinz & Elmar Rauch in *Kriegsvölkerrecht, Textsammlung mit Erläuterungen*, Fn. 323).

bezieht, die sich aus dem Gebrauch anderer Waffen oder Kriegstechniken als Nebenwirkung ergeben.“[330]

Die Diplomatische Konferenz zur Neubestätigung und Weiterentwicklung des in bewaffneten Konflikten anwendbaren Humanitären Völkerrechts[331] beabsichtigte im I. Zusatzprotokoll von 1977 auch eine Beschränkung des Einsatzes bestimmter konventioneller Waffen aufzunehmen. Nachdem dieser Versuch erfolglos blieb, wurde ein Ad-hoc Ausschuss eingerichtet, der Vorarbeiten für ein derartiges Abkommen leisten sollte[332]. Am 10. Oktober 1980 wurde in Genf unter der Schirmherrschaft der Vereinten Nationen das *„Übereinkommen über das Verbot oder die Beschränkung des Einsatzes bestimmter konventioneller Waffen, die übermäßige Leiden verursachen oder unterschiedslos wirken können“*[333], abgeschlossen. Das Abkommen ist ein Rahmenabkommen, dem insgesamt 5 Protokolle zugeordnet sind, die von den Staaten einzeln zu ratifizieren sind. Protokoll I[334] verbietet Waffen, die durch Splitter wirken, die durch Röntgengeräte nicht auffindbar sind, Protokoll II[335] regelt den Einsatz von Landminen und Sprengfallen, Protokoll III[336] untersagt die Verwendung von Brandwaffen in der Nähe

330 Joachim Hinz & Elmar Rauch, *Kriegsvölkerrecht, Textsammlung mit Erläuterungen* (Fn. 323), Seite 1520/4. Der Delegierte der UdSSR stimmte dieser Auslegung zu und kein Verhandlungs- und Vertragspartner hat dem bislang widersprochen.

331 Siehe Fn. 76.

332 Joachim Hinz & Elmar Rauch, *Kriegsvölkerrecht, Textsammlung mit Erläuterungen* (Fn. 323), Seite 1521/1.

333 *Convention on Prohibitions or Restrictions on the Use of Certain Conventional Weapons Which May be Deemed to be Excessively Injurious or to Have Indiscriminate Effects*, Seite 179–184 (Fn. 54).

334 *Protocol on Non-Detectable Fragments* (Protocol I), Geneva, 10 October 1980. D. Schindler and J. Toman, *The Laws of Armed Conflicts*, Martinus Nihjoff Publisher, 1988, Seite 185.

335 *Protocol on Prohibitions or Restrictions on the Use of Mines, Booby-Traps and Other Devices* (Protocol II), Geneva, 10 October 1980. D. Schindler and J. Toman, *The Laws of Armed Conflicts*, Martinus Nihjoff Publisher, 1988, Seite 185–189. Zu diesem Protokoll wurde 1996 ein ergänztes Protokoll verabschiedet: *Protocol on Prohibitions or Restrictions on the Use of Mines, Booby-Traps and Other Devices as amended on 3 May 1996* (Protocol II to the 1980 Convention as amended on 3 May 1996). United Nations CCW/CONF.I/ 16.

336 *Protocol on Prohibitions or Restrictions on the Use of Incendiary Weapons* (Protocol III), Geneva, 10 October 1980. D. Schindler and J. Toman, *The Laws of Armed Conflicts*, Martinus Nihjoff Publisher, 1988, Seite 190–191.

einer Konzentration von Zivilpersonen, Protokoll IV[337] verbietet Laserwaffen, deren Primärziel es ist, Blindheit herbeizuführen, und Protokoll V[338] trifft Regelungen hinsichtlich der Beseitigung von Kampfmittelrückständen.

Es gelang im Rahmen der Konvention über die Beschränkung bestimmter konventioneller Waffen weder ein Verbot von Anti-Personenminen, noch ein Verbot von Streumunition zu erreichen. So wurde versucht, außerhalb dieses Rahmenabkommens einen eigenen Vertrag zu schaffen, der im September 1997 in der norwegischen Hauptstadt Oslo verfasst und im Dezember desselben Jahres im kanadischen Ottawa unterzeichnet wurde[339]. Der Vertrag, der am 1. März 1999 in Kraft trat, verbietet Einsatz, Produktion, Lagerung und Weitergabe dieser Waffen[340]. Das Abkommen schreibt die Vernichtung von Lagerbeständen innerhalb von vier Jahren[341], die Räumung minenverseuchter Gebiete innerhalb von zehn Jahren[342] sowie die Bereitstellung finanzieller Mittel für die Minenopferhilfe vor. Die von Minen nicht betroffenen Staaten sind verpflichtet, den minenverseuchten Staaten bei der Minenräumung zu helfen[343].

Nach dem Vorbild der Kampagne gegen Landminen, die 1997 mit dem Friedensnobelpreis ausgezeichnet wurde, versuchten mehrere NGOs ein völkerrechtliches Verbot der Streumunition[344] zu erwirken. Die Bedrohung durch Streumunition ist der von Landminen ähnlich: Jahre und Jahrzehnte nach dem bewaffneten Konflikt werden immer noch vorwiegend Zivilisten durch Blindgänger[345] getötet oder verstümmelt. Auf Initiative der norwegischen Regierung

---

337 *Protocol on Blinding Laser Weapons* (Protocol IV), 13 October 1995. United Nations CCW/CONF.I /7.

338 *Protocol on Explosive Remnants of War* (Protocol V), 28 November 2003. CCW/MSP/2003/2.

339 *Convention on the Prohibition of the Use, Stockpiling, Production and Transfer of Anti-Personnel Mines and on their Destruction* (Fn. 56).

340 Ibid., Art. 1.

341 Ibid., Art. 4.

342 Ibid., Art. 5.

343 Ibid., Art. 6.

344 Streumunition (Cluster munition) besteht aus einem Behälter, der mehrere kleinere *Bomblets* oder *Submunitionen* enthält und diese bei der Aktivierung freisetzt. Diese Waffensysteme werden in Form von Fliegerbomben (Streubomben), als Artilleriegeschosse oder als Gefechtsköpfe für Marschflugkörper eingesetzt. Gegenwärtig ist die Streumunition eine der am meisten eingesetzten Luftabwurfwaffen und hat damit die Splitterbombe verdrängt.

345 Als Blindgänger bezeichnet man Munition, wie Patronen, Granaten, Bomben oder Bomblets, die nach ihrer Benutzung (Abschuss oder Abwurf) nicht oder nicht voll-

fand im Februar 2007 in Oslo die *Oslo Conference on Cluster Munitions* statt. Österreich war eines der ersten Länder, das Streumunition verbot und die Zerstörung der eigenen Bestände beschloss[346]. Am 3. Dezember 2008 wurde das Übereinkommen über Streumunition in Oslo unterzeichnet[347], am 1. August 2010 trat es in Kraft[348].

Das Übereinkommen verbietet den Einsatz, die Entwicklung, die Herstellung oder anderweitige Anschaffung, die Lagerung sowie die Weitergabe von konventioneller Streumunition und die Verpflichtung zur Zerstörung vorhandener Bestände innerhalb von acht Jahren nach dem Beitritt zum Abkommen.

Da viele militärische Operationen multinational durchgeführt werden, kommt es immer vor, dass innerhalb einer Koalition Vertragsparteien eines Abkommens mit Staaten zusammenwirken, die keine Vertragsparteien sind. Artikel 21 regelt hinsichtlich des Verhältnisses mit Nichtvertragsparteien:

> 3. *Unbeschadet des Artikels 1 und in Übereinstimmung mit dem Völkerrecht können Vertragsstaaten, ihr Militärpersonal oder ihre Staatsangehörigen militärische Zusammenarbeit und militärische Einsätze mit Staaten durchführen, die nicht Vertragsparteien dieses Übereinkommens sind und die möglicherweise Tätigkeiten vornehmen, die einem Vertragsstaat verboten sind.*
> 4. *Durch Absatz 3 wird ein Vertragsstaat nicht ermächtigt,*
>   a) *Streumunition zu entwickeln, herzustellen oder auf andere Weise zu erwerben,*
>   b) *selbst Streumunition zu lagern oder weiterzugeben,*
>   c) *selbst Streumunition einzusetzen oder*
>   d) *ausdrücklich um den Einsatz von Streumunition in Fällen zu ersuchen, in denen die Wahl der eingesetzten Munition seiner ausschließlichen Kontrolle unterliegt.*[349]

Somit wird es für Streitkräfte eines Vertragsstaates darauf ankommen, die Koalitionspartner, insbesondere die Nicht-Vertragsstaaten, auf die sich aus dem Vertrag ergebenden Verpflichtungen hinzuweisen. Einem Vertragsstaat ist die Übernahme von Aufgaben im Zusammenhang mit dem Transport oder der Lagerung von Streumunition sowie die Mitwirkung beim Einsatz von Streumunition – etwa durch Übermittlung von Zielkoordination – untersagt.

---

ständig explodiert sind.

346 Die Entwicklung, die Herstellung, die Beschaffung, der Verkauf, die Vermittlung, die Ein-, Aus- und Durchfuhr, der Gebrauch und der Besitz von Streumunition wurden mit BGBl. I Nr. 12/2008 vom 12. Jänner 2008 verboten.

347 *Convention on Cluster Munitions* (Fn. 57).

348 Das Übereinkommen wurde allerdings von den USA, Russland, China, Israel, Indien, Pakistan, Brasilien und von vielen Ländern Nordafrikas und des Nahen Ostens nicht unterzeichnet.

349 Art. 21, Abs. 3 und 4, Übereinkommen über Streumunition (Fn. 57).

3.3 Humanitäres Völkergewohnheitsrecht

Neben dem „*Völkervertragsrecht*“ bestimmt das Statut des Internationalen Gerichtshofes[350] noch das „*Gewohnheitsrecht*“ und die „*Allgemeinen Rechtsgrundsätze*“ als Primärquellen, die vom Gerichtshof, wenn dieser Streitigkeiten nach dem Völkerrecht entscheidet, anzuwenden sind:

> „*Der Gerichtshof, dessen Aufgabe es ist, die ihm unterbreiteten Streitigkeiten nach dem Völkerrecht zu entscheiden, wendet an*
> *(a) internationale Übereinkünfte allgemeiner oder besonderer Natur, in denen von den streitenden Staaten ausdrücklich anerkannte Regeln festgelegt sind;*
> *(b) das internationale Gewohnheitsrecht als Ausdruck einer allgemeinen, als Recht anerkannten* Übung;
> *(c) die von den Kulturvölkern anerkannten allgemeinen Rechtsgrundsätze;*
> *(d) vorbehaltlich des Artikels 59 richterliche Entscheidungen und die Lehrmeinung der fähigsten Völkerrechtler der verschiedenen Nationen als Hilfsmittel zur Feststellung von Rechtsnormen.*“[351]

Eine etwas ausführlichere Definition des Völkergewohnheitsrechts bietet das American Law Institute: „*Customary international law results from a general and consistent practice of states followed by them from a sense of legal obligation*“.[352] Folglich bedarf es für die Existenz von Völkergewohnheitsrecht zweier Elemente: einerseits einer allgemeinen und beständigen Übung der Staaten und andererseits der Überzeugung der Staaten, dass sie dieser Übung aus einer rechtlichen Verpflichtung heraus nachkommen.

Die allgemeine und beständige Übung erweist sich durch Erklärungen von Staatenvertretern auf internationalen Konferenzen und anlässlich diplomatischer Auseinandersetzungen, durch formelle Anweisungen an Diplomaten, nationale Gerichtsentscheidungen, Maßnahmen des nationalen Gesetzgebers oder durch andere, von den Staaten im Hinblick auf internationale Angelegenheiten

---

350 Der Internationale Gerichtshof (IGH; *Cour internationale de Justice, CIJ*; *International Court of Justice, ICJ*) ist das Hauptrechtsprechungsorgan der Vereinten Nationen und hat seinen Sitz in Den Haag. Österreich hat die *Satzung der Vereinten Nationen und das Statut des Internationalen Gerichtshofes* am 17. Februar 1956 ratifiziert und mit BGBl. Nr. 120/1956 vom 29. Juni 1956 kundgemacht. Im Jahre 1971 hat Österreich die Unterwerfungserklärung gemäß Art 36 Abs. 2 abgegeben (BGBl. 249/1971 vom 8. Juli 1971). Website des Internationalen Gerichtshofes: http://www.icj-cij.org/ [11.03.2013].

351 Art. 38, Abs. 1, IGH-Statut.

352 § 102, Restatement of the Law, Third, Foreign Relations Law of the United States, 1987.

als Einzelstaat oder gemeinsam mit anderen Staaten gesetzte Rechtsakte.[353] Die Staatenpraxis kann sich aber auch durch faktische Verhaltensweisen ergeben. Die Dauer und Intensität der Übung wird, nachdem das IGH-Statut darüber keine Aussage trifft, auch abhängig von der jeweiligen Materie im Einzelfall zu beurteilen sein. In neuen dynamischen Bereichen wird Völkergewohnheitsrecht rascher entstehen können, in Bereichen, wo bereits Gewohnheitsrecht existiert oder die durch Vertragsrecht geregelt sind, wird es für die Entstehung abweichenden Gewohnheitsrechts (*desuetudo*) einer intensiveren Übung bedürfen. Ein plötzlich – ohne Übung – entstehendes Gewohnheitsrecht (*instant custom*) wird jedoch weitgehend abgelehnt.

Eine Staatenpraxis wird nicht schon deshalb zu einer Norm des Völkergewohnheitsrechts, weil ihr in weitem Ausmaß gefolgt wird, sei es aus Höflichkeit, oder weil die Staaten es für vorteilhaft erachten. Staaten dürfen nicht meinen, dass es ihnen frei stehe, auch jederzeit von diesem Verhalten abweichen zu können, sondern sie müssen das geübte Verhalten für rechtlich geboten halten (*opinio iuris sive necessitatis*).[354]

Die Übung oder Staatenpraxis muss nicht universell sein, jedoch muss sie von den wichtigsten Staaten und von den direkt betroffenen und daher besonders interessierten Staaten anerkannt sein. Ein Staat, der sich beständig gegen eine bestimmte Übung wehrt, kann dadurch verhindern, dass er durch sie gebunden wird.[355] Besteht jedoch bereits Völkergewohnheitsrecht, ist sie für alle Staaten bindend, die ihr nicht widersprochen haben. Dies gilt auch für neu entstandene Völkerrechtssubjekte, wie etwa Staaten, die die Unabhängigkeit erlangt haben.

Von besonderer Bedeutung für die Beurteilung der Existenz von Völkergewohnheitsrecht sind insbesondere der Asyl-Fall, der Nicaragua-Fall und der Nordsee-Festlandsockel-Fall des Internationalen Gerichtshofs.

---

353 Ibid., Comment & Illustrations, Seite 3.

354 Ibid., Comment & Illustrations, Seite 4.

355 Alfred Verdross, *Völkerrecht*, 5. Auflage, Wien (1964), Seite 140. Der „*persistant objector*“ kann jedoch nicht die Entstehung von Völkergewohnheitsrecht verhindern. Für andere Staaten, die nicht widersprochen haben, gilt diese Bestimmung als gemeines oder partikuläres Völkergewohnheitsrecht.

Im Asyl-Fall[356] stellte der IGH fest, dass Staatenpraxis *„constant and uniform“*[357] sein müsse. Im Nicaragua-Fall[358] ergänzte der IGH, dass die *opinio iuris* – bei aller erforderlichen Vorsicht – auch aus dem Abstimmungsverhalten von Staaten bei der Annahme von Resolutionen der Generalversammlung der Vereinten Nationen oder von Konferenzbeschlüssen erschlossen werden kann.[359] Im Nordsee-Festlandsockel-Fall[360] stellt der IGH fest, dass regelmäßiges, ja *gewohnheitsmäßiges* Handeln nicht ausreicht[361], sondern es muss die Überzeugung hinzukommen, dass eine bereits existierende Norm befolgt wird. Je kürzer die Staatenpraxis dauert, umso mehr muss sie jedoch *„extensive and virtually uniform“*[362] sein.

Im Bereich des humanitären Völkerrechts ist das Vertragsrecht sehr umfassend und deckt viele Aspekte der bewaffneten Konflikte ab. Insbesondere beinhaltet es Bestimmungen zum Schutz der Opfer bewaffneter Konflikte und beschränkt die Mittel und Methoden der Kriegführung, um unnötige und übermäßige Leiden

---

356 Nach einer misslungenen Revolte 1948 in Peru flüchtete der Anführer Haya de la Torre in die kolumbianische Botschaft in Lima. Der IGH hatte zu entscheiden, ob Kolumbien das auf Gewohnheit beruhende Recht habe, diplomatisches Asyl zu gewähren, was mangels einheitlicher Praxis verneint wurde.

357 ICJ Reports 1950, Seite 266ff; http://www.icj-cij.org/docket/files/7/1849.pdf [17.08.2013].

358 Im Nicaragua-Fall wurde 1984 die USA beschuldigt, durch finanzielle und logistische Unterstützung der Contra-Rebellen das Gewalt- und Interventionsverbot verletzt zu haben. Die USA entgegneten, dass ihrerseits Nicaragua Aufständische in El Salvador, Honduras und Costa Rica unterstütze und die USA nur kollektive Selbstverteidigung übe. Der IGH stellte eine Verletzung des völkergewohnheitsrechtlichen Gebots der Nichteinmischung durch die USA fest. Die Entscheidung erging übrigens in Abwesenheit der USA, die aufgrund der Feststellung der Zulässigkeit der Klage Nicaraguas ihre Fakultativklausel gemäß Art. 36 Abs. 2 IGH Statut kündigte.

359 ICJ Reports 1986, Seite 100, Ziffer 189; http://www.icj-cij.org/docket/files/70/6503.pdf [17.08. 2013]. Als Beispiel für Konferenzbeschlüsse wird ausdrücklich die Helsinki KSZE Schlussakte genannt.

360 Die Nordsee ist ein relativ abgeschlossener Meeresteil, der von Großbritannien, Norwegen, Dänemark, Deutschland, den Niederlanden, Belgien und Frankreich umgeben ist. Die Grenzen innerhalb des Hauptbeckens der Nordsee wurden in mehreren Verträgen festgelegt; hinsichtlich der Abschnitte, wo keine Einigung zustande kam, beschlossen die Staaten, den IGH anzurufen. In dem Urteil des IGH wurden jedoch keine Grenzen festgelegt, sondern die Rechtssätze bestimmt, nach denen die Grenzziehung zu erfolgen hätte.

361 ICJ Reports 1969, Seite 44, Ziffer 77; http://www.icj-cij.org/docket/files/51/5535.pdf [17.08.2013].

362 Ibid., Seite 43, Ziffer 74.

und Zerstörungen zu vermeiden. Das humanitäre Völkervertragsrecht ist jedoch insofern unzureichend, als es nur für Staaten gilt, die die jeweiligen Verträge ratifiziert haben. Wenngleich die Genfer Abkommen von 1949 zwar universelle Geltung erlangt haben, so wurden deren Zusatzprotokolle von 1977 nur von ungefähr 160 Staaten ratifiziert. Ein weiteres Problem stellt die unterschiedliche Regelungsdichte bei internationalen und nicht-internationalen bewaffneten Konflikten dar. Hier stehen ca. 600 Bestimmungen, die internationale bewaffnete Konflikte regeln lediglich 28 Artikel des 2. Zusatzprotokolls gegenüber, die in nicht-internationalen bewaffneten Konflikten zu befolgen sind.

Im Dezember 1995 beauftragte die 26. Internationale Konferenz vom Roten Kreuz und Roten Halbmond das IKRK, einen Bericht über das humanitäre Völkergewohnheitsrecht, das in internationalen und nicht-internationalen bewaffneten Konflikten anzuwenden ist, zu erstellen.[363] Das Ergebnis der Studie[364] wurde 2005 veröffentlicht.

3.3.1 Ziel, Methode und Organisation der IKRK-Studie

Die von der 26. Internationalen Konferenz vom Roten Kreuz und Roten Halbmond[365] in Auftrag gegebene Studie wurde nach fast zehnjähriger intensiver Forschung unter Einbindung von ca. 150 Experten im Jahre 2005 veröffentlicht.[366] Die Studie verfolgte insgesamt zwei Ziele. Erstens sollte herausgefunden werden, welche Regeln des humanitären Völkerrechts Gewohnheitsrecht geworden sind und somit unbeschadet einer Ratifikation für alle Staaten verbindlich sind. Zweitens wollte man aber auch ergründen, ob über die vertraglich festgelegten

363 *26th International Conference of the Red Cross and Red Crescent*, Geneva, 3–7 December 1995, Resolution 1, *International humanitarian law: From law to action*; Report on the follow-up to the International Conference for the Protection of War Victims, *International Review of the Red Cross*, No. 310, 1996, Seite 58; siehe http://www.icrc.org/eng/resources/documents/article/other/57jmvm.htm [17.08.2013].

364 Jean-Marie Henckaerts und Louise Doswald-Beck, *Customary International Humanitarian Law*, (Fn. 58).

365 Die 26. Internationale Konferenz des Roten Kreuzes und des Roten Halbmondes in Genf vom 3. bis 7. Dezember 1995 wurde erstmals gemeinsam mit der Internationalen Föderation der Rotkreuz- und Rothalbmond-Gesellschaften organisiert und brachte rund 1200 Delegierte aus 143 Vertragsstaaten der Genfer Konventionen, aus 166 nationalen Rotkreuz-und Rothalbmond-Gesellschaften, vom IKRK und von der Föderation, sowie von 68 Regierungs-und Nicht-Regierungsorganisationen zusammen.

366 Jean-Marie Henckaerts und Louise Doswald-Beck, *Customary International Humanitarian Law*, (Fn. 58).

Regeln für den nicht-internationalen bewaffneten Konflikt nicht weitere Regeln völkergewohnheitsrechtlich für die Konfliktparteien verbindlich geworden sind.

Die Studie geht bei der Untersuchung vom klassischen Ansatz aus, der vom IGH bereits im Nordsee-Festlandsockel-Fall zur Anwendung kam und hat zuerst die Staatenpraxis ausgewählt und bewertet. Bei der Auswahl der konkreten Akte wurden Kampfhandlungen, die Verwendung bestimmter Waffen und die Anwendung bestimmter Methoden beurteilt. Darüber hinaus wurden die Behandlung verschiedener Kategorien von Personen und der dieser Behandlung zugrundeliegende Rechtsstatus analysiert. Neben faktischen Handlungen wurden Erklärungen gesammelt, die in Dienstanweisungen und Handbüchern für die Streitkräfte, Gutachten von Rechtsberatern, nationalen Gesetzgebungsakten sowie Stellungnahmen zu Resolutionen internationaler Organisationen niedergelegt waren. Die Studie wählte nur Akte von Staaten aus, Entscheidungen internationaler Tribunale dienten lediglich zur Bestätigung einer Staatenpraxis und Handlungen bewaffneter Oppositionsgruppen oder nichtstaatlicher Gewaltakteure, da sie keine Staatsakte sind, flossen nicht in die Studie ein.

Hinsichtlich der Bewertung wurden die Verbreitung sowie die Einheitlichkeit der Staatenpraxis geprüft. Wo es gegenläufige Staatenpraxis gegeben hat, wurde analysiert, inwiefern diese Handlungen von anderen Staaten kritisiert oder von der agierenden Regierung bestritten, entschuldigt oder gerechtfertigt wurden. Wenngleich bei der Bewertung auf die Praxis von besonders betroffenen Staaten[367] Rücksicht genommen wurde, so floss auch die Position weniger berührter Staaten ein, da jeder Staat ein Interesse an der Einhaltung des humanitären Völkerrechts hat.

Bei der Prüfung der *opinio iuris* erwies es sich als besonders schwierig, Staatenpraxis und Rechtsüberzeugung zu trennen, hat doch häufig dieselbe Handlung sowohl die Staatenpraxis als auch die Rechtsüberzeugung zum Ausdruck gebracht. So hat eine einheitliche Staatenpraxis gleichzeitig auch die *opinio iuris* verdeutlicht, bei uneinheitlicher Staatenpraxis gewann die *opinio iuris* vermehrt an Bedeutung, ebenso wie bei der Entstehung von Gewohnheitsrecht durch Unterlassung.[368] Das Völkervertragsrecht fand insofern Eingang in die Studie, als der Stand der Ratifizierung, die Auslegung sowie die Umsetzung geprüft wurden.

---

367 Siehe Ausführung des IGH im *Nordsee-Festlandsockel-Fall* über Praxis *„speziell berührter Staaten"* (Fn. 360).

368 Das humanitäre Völkerrecht verbietet oft bestimmte Handlungen und daher ist es bei der Prüfung der Existenz von Völkergewohnheitsrecht von besonderer Bedeutung, ob Staaten eine Handlung durch Zufall oder aufgrund einer Rechtsüberzeugung unterlassen haben.

Ein hoher Stand an Ratifizierungen mag zwar die Existenz von Gewohnheitsrecht andeuten, jedoch ist insbesondere auf die Staatenpraxis von Nicht-Signatarstaaten zu achten, insbesondere wenn diese gegenläufig ist und es sich um *„speziell berührte Staaten“* handelt.[369]

Die Studie prüfte nicht jede einzelne Bestimmung des Humanitären Völkerrechts, sondern konzentrierte sich auf Bereiche, wie *„Prinzip der Unterscheidung“*, *„geschützte Personen und Objekte“* oder *„Waffen“*. Nationale Quellen, wie Militärhandbücher, Erfahrungen in verschiedenen Konflikten und nationale Gesetzgebung wurden durch Experten in fast 50 Staaten erhoben. Expertenteams, die für jeweils einen Bereich[370] zuständig waren, untersuchten die Praxis der Vereinten Nationen und anderer internationaler Organisationen.[371]

3.3.2 Ergebnisse der IKRK-Studie

Dass die Masse der Bestimmungen der Genfer Abkommen von 1949 humanitäres Völkergewohnheitsrecht sind, stellte der Internationale Gerichtshof bereits 1996 fest:

> *"[T]he […] Geneva Conventions have enjoyed a broad accession. Further these fundamental rules are to be observed by all States whether or not they have ratified the conventions that contain them, because they constitute intransgressible principles of international customary law.*
> *[…] The extensive codification of humanitarian law and the extent of the accession to the resultant treaties, as well as the fact that the denunciation clauses that existed in the codification instruments have never been used, have provided the international community with a corpus of treaty rules the great majority of which had already become customary and which reflected the most universally recognized humanitarian principles. These rules indicate the normal conduct and behaviour expected of States."*[372]

Der gewohnheitsrechtliche Charakter des den vier Genfer Abkommen gemeinsamen Artikel 3 ergibt sich bereits aus einem Erkenntnis des internationalen Gerichtshofes aus dem Jahre 1986:

---

369 Siehe Ausführung des IGH im *Nordsee-Festlandsockel-Fall* (Fn. 360).

370 Die Bereiche waren (1) Prinzip der Unterscheidung, (2) speziell geschützte Personen und Objekte, (3) spezifische Methoden der Kriegführung, (4) Waffen), (5) Behandlung von Zivilpersonen und Personen *hors de combat*, (6) Umsetzung.

371 Unter anderem Afrikanische Union, Europarat und Europäische Union, Liga der Arabischen Staaten, Organisation Amerikanischer Staaten, Organisation der Islamischen Konferenz und Organisation für Sicherheit und Zusammenarbeit in Europa.

372 International Court of Justice, *Legality of the Threat or Use of Nuclear Weapons*, Advisory Opinion, 8 July 1996, *ICJ Reports 1996*, Seite 257f.

"Article 3 which is common to all four Geneva Conventions of 12 August 1949 defines certain rules to be applied in the armed conflicts of a non-international character. There is no doubt that, in the event of international armed conflicts, these rules also constitute a minimum yardstick, […]; and they are rules which, in the Court's opinion, reflect what the Court in 1949 called 'elementary considerations of humanity' (Corfu Channel, Merits, ICJ Reports 1949, p. 22).

The Court may therefore find them applicable to the present dispute, and is thus not required to decide what role the United States multilateral treaty reservation might otherwise play in regard to the treaties in question.

The conflict between the contras' forces and those of the Government of Nicaragua is an armed conflict which is "not of an international character" […] whereas the actions of the United States in and against Nicaragua fall under the legal rules relating to international conflicts. Because the minimum rules applicable to international and to non-international conflicts are identical, there is no need to address the question whether those actions must be looked at in the context of the rules which operate for the one or for the other category of conflict."[373]

Auch aufgrund des hohen Ratifizierungsstandes[374] der Genfer Abkommen von 1949 stand der gewohnheitsrechtliche Charakter der Genfer Abkommen nicht im Mittelpunkt der Studie, sondern diese konzentrierte sich auf die Bestimmungen, die nicht universell ratifiziert wurden, wie das Kulturgüterschutzabkommen von 1954[375], die Zusatzprotokolle zu den Genfer Abkommen von 1977[376] und einzelne Waffenbeschränkungsabkommen.[377]

Die Studie ging von der Annahme aus, dass das Zusatzprotokoll I sowohl existierendes Völkergewohnheitsrecht kodifizierte, als auch die Grundlage für die Entstehung von neuem Völkergewohnheitsrecht bildete. Die von den Experten gesammelten Beispiele zeigen den großen Einfluss des Zusatzprotokolls I sowohl

373 International Court of Justice, *Case concerning Military and Paramilitary Activities against Nicaragua (Nicaragua v. United States)*, Merits, Judgement, 27 June 1986, *ICJ Reports 1986*, Seite 114.

374 Zur Zeit der Studie im Jahre 2005 hatten 192 Staaten die Genfer Abkommen ratifiziert, heute haben alle Mitgliedsstaaten der Vereinten Nationen (mit der Aufnahme des Südsudan im Jahre 2011: 193) sowie die Cook Inseln und der Heilige Stuhl die Genfer Abkommen ratifiziert. „*The Republic of South Sudan has acceded to the 1949 Geneva Conventions and their Additional Protocols, after a bill was passed by the National Legislative Assembly on Monday 16 July 2012. All the countries in the world have now signed the 1949 Geneva Conventions, making the treaties truly universal.*" (ICRC News Release 12/154; 19. Juli 2012).

375 Siehe Fn. 51.

376 Siehe Fn. 16.

377 Siehe Kapitel *3.2.3 Abkommen über Beschränkung von Kriegsmitteln.*

für internationale wie nicht-internationale bewaffnete Konflikte auf. Die Experten kamen zu dem Schluss, dass die Akzeptanz der Grundprinzipien des Zusatzprotokolls I wesentlich größer ist, als der Ratifizierungsstand annehmen ließe. Wesentliche Prinzipien, welche gemäß der Studie für internationale bewaffnete Konflikte als völkergewohnheitsrechtlich verbindlich erkannt wurden, sind der Grundsatz der Unterscheidung zwischen Kombattanten und militärischen Zielen einerseits und Zivilisten und zivilen Objekten anderseits[378], sowie das Verbot unterschiedsloser Angriffe[379] und der Grundsatz der Verhältnismäßigkeit bei jeder Anwendung von Gewalt.[380] Bei jedem Angriff sind alle praktisch möglichen Vorsichtsmaßnahmen zu treffen, um Verluste unter Zivilpersonen und Schäden an zivilen Objekten[381] zu vermeiden, Sanitätspersonal und Seelsorgepersonal und deren Einrichtungen[382] zu schützen und zu schonen sowie unverteidigte Orte und Schutzzonen[383] zu respektieren.

So wie das Zusatzprotokoll I die Entstehung von in internationalen bewaffneten Konflikten anwendbarem Völkergewohnheitsrecht beeinflusst hat, so bedeutend war das Zusatzprotokoll II für nicht-internationale bewaffnete Konflikte. Nahezu alle der Bestimmungen des Zusatzprotokolls II gelten heute als Völkergewohnheitsrecht. Wesentlich bedeutender ist jedoch, dass das in nicht-internationalen bewaffneten Konflikten anwendbare Völkergewohnheitsrecht weit über die Bestimmungen des Zusatzprotokolls II hinausgeht. Tatsächlich hat sich Gewohnheitsrecht entwickelt, das viel detaillierter als die oft rudimentären Bestimmungen des Zusatzprotokolls II ist. Die Studie führt beispielhaft den sehr kurz gefassten Artikel 13 des Zusatzprotokolls II[384] an, der keine detaillierten

---

378 Siehe Henckaerts, *Customary International Humanitarian Law* (Fn. 58), Rules 1 and 7.

379 Ibid., Rules 11–13.

380 Ibid., Rule 14.

381 Ibid., Rules 15–24.

382 Ibid., Rules 25–30.

383 Ibid., Rules 36–37.

384 *Zusatzprotokoll II* (Fn. 16), *Art. 13 – Schutz der Zivilbevölkerung:*

1. *Die Zivilbevölkerung und einzelne Zivilpersonen genießen allgemeinen Schutz vor den von Kampfhandlungen ausgehenden Gefahren. Um diesem Schutz Wirksamkeit zu verleihen, sind folgende Vorschriften unter allen Umständen zu beachten.*
2. *Weder die Zivilbevölkerung als solche noch einzelne Zivilpersonen dürfen das Ziel von Angriffen sein. Die Anwendung oder Androhung von Gewalt mit dem hauptsächlichen Ziel, Schrecken unter der Zivilbevölkerung zu verbreiten, ist verboten.*
3. *Zivilpersonen genießen den durch diesen Teil gewährten Schutz, sofern und solange sie nicht unmittelbar an Feindseligkeiten teilnehmen.*

Bestimmungen zum Grundsatz der Unterscheidung und der Verhältnismäßigkeit enthält, wie wir sie etwa im Zusatzprotokoll I finden. Diese Lücke wird durch Völkergewohnheitsrecht gefüllt und so sind auch in nicht-internationalen bewaffneten Konflikten unterschiedslose Angriffe verboten[385], die Verhältnismäßigkeit bei der Gewaltausübung zu beachten[386], Vorsichtsmaßnahmen bei Angriffen zu treffen[387] und sonstige spezielle Mittel und Methoden der Kampfführung eingeschränkt.

Die Studie machte jedoch auch einige Bereiche aus, wo die Staatenpraxis nicht klar ist, insbesondere wenn es um den Status von Angehörigen bewaffneter Widerstandsbewegungen in nicht-internationalen bewaffneten Konflikten geht. Sowohl aus dem Vertragsrecht als auch aus der Staatenpraxis kann nicht geschlossen werden, ob Widerstandskämpfer aufgrund der Zugehörigkeit zu einer bewaffneten Gruppierung berechtigtes Angriffsziel sind oder ob sie Zivilisten sind, die ihren Schutz aufgrund der direkten Teilnahme an Kampfhandlungen verloren haben. Diese Unklarheit ist auch darauf zurückzuführen, dass das Zusatzprotokoll II den Begriff Zivilist nicht definiert, obwohl er im Dokument mehrmals verwendet wird. Die Studie hat weiters Bereiche des Kriegführungsrechts in nicht-internationalen bewaffneten Konflikten ausgemacht, wo Gewohnheitsrecht noch nicht ausreichend festgestellt werden konnte.[388]

3.3.3 Bewertung und Kritik der IKRK Studie

Zwei Jahre nach der Veröffentlichung der Studie nahmen im Juni 2007 zwei der prominentesten US Rechtsexperten[389] ausführlich zu der Studie Stellung[390], was

---

385 Henckaerts, *Customary International Humanitarian Law* (Fn. 58), Rule 14.

386 Ibid., Rules 15–21.

387 Ibid., Rules 31–32.

388 Wo eine Übung in nicht-internationalen bewaffneten Konflikten nicht ausreichend intensiv war, wurde die entsprechende Regel als *„arguably applicable in non-international armed conflicts"* ausgeworfen: Es sind dies Regeln im Zusammenhang mit *Vorsichtsmaßnahmen beim Angriff* (Regel 21, 23, 24), *Schutz der natürlichen Umwelt* (Regel 44, 45), *Verwendung fremder/feindlicher/neutraler Flaggen, Zeichen oder Uniformen* (Regel 62, 63) und mit der *Aufzeichnungspflicht bei Landminen* (Regel 82).

389 *John B. Bellinger* war Rechtsberater des Außenministeriums der Vereinten Nationen und *William J. Haynes II* war Leiter der Rechtsabteilung im US Verteidigungsministerium.

390 Die Stellungnahme wurde unter dem Titel *„Joint letter from John Bellinger and William Haynes to Jakob Kellenberger on Customary International Law Study"*, in *International Legal Materials*, 46 ILM 514 (2007) veröffentlicht.

die erste offizielle Reaktion auf Regierungsebene darstellte. Jean Marie Henckaerts hatte als einer der Autoren der Studie die Möglichkeit, der US Stellungnahme zu antworten.[391]

Die Anmerkungen Bellingers und Haynes‘ richteten sich vorwiegend gegen die Methode der Studie und so sollen in weiterer Folge die unterschiedlichen Ansichten hinsichtlich der Feststellung der Staatenpraxis und der Prüfung der *opinio juris* dargestellt werden. Einigkeit zwischen den Autoren der Studie und den Kommentatoren besteht darüber, dass „*customary international law develops from a general and consistent practice of States followed by them out of a sense of legal obligation, or opinio juris*".[392] Die Meinungen gehen jedoch auseinander, wenn es um die Feststellung der Staatenpraxis und der *opinio juris* geht und insbesondere auch, ob diese zwei Kriterien getrennt festgestellt werden müssen.

Die US-Kommentatoren bemängeln, dass vielfach die Staatenpraxis „*insufficiently dense to meet the extensive and virtually uniform standard*" sei. Dem entgegnet Henckaerts, dass die Dichte der Präzedenzfälle von der jeweiligen Angelegenheit abhänge (manche Ereignisse treten häufig auf, andere nur gelegentlich[393]) und außerdem seien Verbotsnormen, Gebotsnormen und Normen, die ein Recht einräumen, hinsichtlich der Staatenpraxis unterschiedlich zu betrachten. Bei Verbotsnormen, von denen es viele im humanitären Völkerrecht gibt, sind nicht nur ausdrücklich zustimmende Erklärungen zu werten, sondern auch das Ausmaß der Enthaltung.[394] „*Permissive rules*" räumen ein Recht ein, schreiben jedoch kein bestimmtes Verhalten vor. Zur Feststellung einer Staatenpraxis wird einerseits das konkrete aktive Verhalten von Staaten geprüft werden müssen, andererseits wird dem Verhalten die Reaktion (bzw. das Ausbleiben eines Protests) anderer Staaten gegenüber zu stellen sein. In diesem Zusammenhang verweist Henckaerts auf das Recht von Staaten, universelle Gerichtsbarkeit

391 Jean-Marie Henckaerts, *Customary International Humanitarian Law: a response to US comments, International Review of the Red Cross*, Volume 89, No. 866 (2007), Seite 473–488.

392 John B. Bellinger III and William J. Haynes II, *A US government response to the International Committee of the Red Cross study Customary International Humanitarian Law, International Review of the Red Cross*, Volume 89, No. 866 (2007), Seite 443–471.

393 Jean-Marie Henckaerts (Fn. 58), Seite 475: Fragen des Targeting (Unterscheidung zwischen Zivilisten und Kombattanten, zivilen Objekten und militärischen Zielen) werden in bewaffneten Konflikten jeden Tag diskutiert, Fragen hinsichtlich der Parlamentärsflagge nur gelegentlich.

394 Ibid., Seite 475: das Verbot der Verwendung bestimmter Waffen (z.B. blindmachende Laserwaffen) wird laufend respektiert, jedoch ist es nicht leicht, die Einhaltung des Verbots als Staatenpraxis zu quantifizieren.

bezüglich Kriegsverbrechen einzurichten.[395] Die Studie führt eine Reihe von Fällen auf, wo Kriegsverbrecher durch nationale Gerichte unter Berufung auf universelle Gerichtsbarkeit[396] verfolgt werden. Henckaert verwehrt sich gegen das Argument, dass die Staatenpraxis nicht ausreichend sei, weil die Zahl der Fälle von Ausübung universeller Gerichtsbarkeit im Verhältnis zu tatsächlich begangenen Kriegsverbrechen verhältnismäßig gering ist. Nachdem es sich um eine *„permissive rule"* und nicht um eine Verpflichtung zur Verfolgung von Kriegsverbrechern handelt, muss die Staatenpraxis nicht so dicht wie bei einer Gebotsnorm sein.

Die US-Kommentatoren kritisieren weiters, dass die Studie bei der Feststellung von Staatenpraxis zu viel Gewicht auf schriftliche Materialien (*military manuals, guidelines*) legt und der *"operational practice by States"* zu wenig Gewicht beimisst.[397] Auch werden Stellungnahmen von Nichtregierungsorganisationen oder dem IKRK selbst unangemessen berücksichtigt, insbesondere im Vergleich mit *„negative practice [...] among those States that remain non-parties to relevant treaties"*.[398] Henckaerts antwortet, dass tatsächliche Einsatzereignisse immer gemeinsam mit einer rechtlichen Bewertung der Ereignisse und mit offiziellen Stellungnahmen der involvierten Parteien zu betrachten sind. Ob die Ereignisse als Verletzung bestehender Regelungen anzusehen sind, ergibt sich aus dem Vergleich mit Dokumenten wie Handbüchern, Gerichtsurteilen und Resolutionen internationaler Organisationen: *„These verbal acts provide the lens through which to look at operational practice."*[399]

Henckearts nimmt auch Stellung zu dem Vorwurf, dass die Praxis von Staaten, die *„specially affected by armed conflicts"* sind, zu wenig berücksichtigt wurde. Der Internationale Gerichtshof verlangt bei der Feststellung von Völkergewohnheitsrecht, insbesondere wenn ein Vertrag nur von wenigen Staaten ratifiziert wurde, dass die Praxis von besonders betroffenen Staaten berücksichtigt werde.[400] Bei Regeln des humanitären Völkerrechts sei die Situation jedoch eine

395 Ibid., Rule 157.

396 Die Berufung auf universelle Gerichtsbarkeit ist erforderlich, wenn weder der Täter noch das Opfer dem Nationalstaat des verfolgenden Gerichts angehören und auch das Kriegsverbrechen selbst nicht auf dem Territorium des Nationalstaates des verfolgenden Gerichts begangen wurde.

397 John B. Bellinger III and William J. Haynes II, (Fn. 392), Seite 445.

398 Ibid.

399 Henckaerts, *Customary International Humanitarian Law* (Fn. 58), Seite 477.

400 Siehe Ausführung des IGH im *Nordsee-Festlandsockel-Fall* über Praxis *„speziell berührter Staaten"* (Fn. 360).

andere als bei Seerechtsregeln, wo ein Staat entweder ein Küstenstaat sei oder eben ein Binnenland. Beim humanitären Völkerrecht könne jeder Staat betroffen und somit *„specially affected"* sein, und somit sei die Praxis aller Staaten zu berücksichtigen, nicht nur derer, die häufig in bewaffnete Konflikte verwickelt sind.

Henckaerts unterstreicht auch die Bedeutung des Völkergewohnheitsrechts insbesondere für nicht-internationale bewaffnete Konflikte. Wurde diese Art von Konflikten erstmals nach dem Zweiten Weltkrieg einer – wenn auch nur rudimentären – völkerrechtlichen Regelung unterzogen[401] und die deutliche Trennung der internationalen und nicht-internationalen bewaffneten Konflikte auch durch die Zusatzprotokolle von 1977 beibehalten, so ist doch bemerkenswert, dass alle nach 1996[402] angenommenen humanitätsrechtlichen Verträge für alle bewaffneten Konflikte gleichermaßen anwendbar sind. Darüber hinaus wurde 2001 der Artikel 1 des VN-Übereinkommens betreffend konventionelle Waffen[403] insofern geändert, als alle Protokolle nunmehr auch für nicht-internationale bewaffnete Konflikte anwendbar sind.[404] Es ist also große Bereitschaft der Staatengemeinschaft erkennbar, nicht-internationale bewaffnete Konflikte ähnlich den internationalen bewaffneten Konflikten zu regeln.

Dem Vorwurf, es gäbe nicht genug offizielle positive Praxis für die Entstehung von humanitärem Völkergewohnheitsrecht in nicht-internationalen bewaffneten

---

401 Gemeinsamer Artikel 3 der Genfer Abkommen I-IV vom 12. August 1949 (Fn. 15).

402 Siehe *Protokoll II der Konvention über das Verbot oder die Beschränkung des Einsatzes bestimmter konventioneller Waffen in der am 3. Mai 1996 geänderten Fassung über Landminen, Sprengfallen und andere Vorrichtungen*; das *Römische Statut des Internationalen Strafgerichtshofs* von 1998; das *Zweite Protokoll zur Haager Konvention von 1954 zum Schutz von Kulturgut bei bewaffneten Konflikten* aus dem Jahre 1999; das *VN*-Übereinkommen über die Rechte des Kindes von 2000; das *Protokoll V der Konvention über das Verbot oder die Beschränkung des Einsatzes bestimmter konventioneller Waffen über Kampfmittelrückstände* aus 2003.

403 Siehe Fn. 54.

404 Der Wortlaut der neu eingefügten Bestimmungen entspricht weitgehend den in den Absätzen 2 bis 6 des Artikels 1 von Protokoll II in seiner am 3. Mai 1996 geänderten Fassung enthaltenen Bestimmungen. Durch diese Änderung wird der Anwendungsbereich für die bereits bestehenden Protokolle I bis IV auf nicht-internationale bewaffnete Konflikte im Sinne des gemeinsamen Artikels 3 der Genfer Abkommen von 1949, in denen jede – auch eine nichtstaatliche – Konfliktpartei gleichermaßen verpflichtet ist, die in diesem Protokoll festgelegten Beschränkungen und Verbote einzuhalten, ausgedehnt. Nicht erfasst ist der Waffeneinsatz in Situationen von inneren Unruhen und Spannungen, die nicht als bewaffnete Konflikte gelten.

Konflikten[405], tritt Henckaerts deutlich entgegen. Sein Argument klingt überzeugend: Misst man der „positiven“ Praxis im Vergleich zu den vielen Verletzungen des Rechts der nicht-internationalen bewaffneten Konflikten zu wenig Bedeutung bei, hätte das zur Folge, dass die Rechtsbrecher das Recht gestalten. Das Ergebnis wäre, dass die unzähligen schrecklichen Vorkommnisse in nicht-internationalen bewaffneten Konflikten nicht mehr als rechtswidrig angesehen und Kommandanten, die diese anordneten, nicht mehr zur Verantwortung gezogen werden. Das entspräche nicht dem Wunsch der Staaten, die vielmehr die in internationalen bewaffneten Konflikten geltenden Standards auch für nicht-internationale bewaffnete Konflikte zur Anwendung bringen wollen.[406] Diese Entwicklung, die die großen Lücken des Vertragsrechts hinsichtlich nicht-internationaler bewaffneter Konflikte füllt, wird als bedeutende Verbesserung des Schutzes der Opfer bewaffneter Konflikte begrüßt.

Zusammenfassend darf festgestellt werden, dass das IKRK – ausgestattet mit einem Mandat der internationalen Staatengemeinschaft[407] – mit großem Aufwand die Studie durchgeführt hat. Das Ergebnis ist sicherlich einmalig, stellt eine Bestandsaufnahme des humanitären Völkergewohnheitsrechts dar, dient vorwiegend den Anwendern des humanitären Völkerrechts in den Streitkräften und hat aber auch Eingang in die Rechtsprechung verschiedener Staaten und internationaler Gerichtshöfe[408] gefunden.

Das IKRK betrachtet die Studie nicht als Ende, sondern als Beginn einer Diskussion zum humanitären Völkergewohnheitsrecht, das ja per definitionem ein laufender Prozess ist. Gemeinsam mit der Britischen Rot-Kreuzgesellschaft wurde am *Lauterpacht Centre for International Law – University of Cambridge* ein Projekt aufgesetzt, das die im Teil II der Studie aufgelistete Staatenpraxis auf aktuellem Stand halten soll.

---

405 John B. Bellinger III and William J. Haynes II, (Fn. 392) Seite 454, 460, 465.

406 Henckaerts, *Customary International Humanitarian Law* (Fn. 391), Seite 486f.

407 Siehe Fn. 365.

408 Siehe ICTY, *Prosecutor v. Hadzihasanovic and Kubura, Case No.* IT-01-47, Decision on Joint Defence Interlocutory Appeal of Trial Chamber Decision on Rule 98bis Motions for Acquittal, 11 March 2005, para. 29: „*The Appeals Chamber is satisfied that the conventional prohibition on attacks on civilian objects in non-international armed conflicts has attained the status of customary international law […] The ICRC notes that this prohibition is contained in numerous military manuals that are applicable in or have been applied in international and non-international armed conflict (ICRC Customary International Humanitarian Law, vol. 1. pages 26 nn. 6–8, 28 nn. 21–22, 176 nn. 25–26, 177 nn. 30–31), and numerous states have adopted legislation making it an offence to attack civilian objects during any armed conflict.*“ Siehe auch Seite 30, 38 und 45–46.

4. Die Dichotomie bewaffneter Konflikte

Die Dichotomie[409] der bewaffneten Konflikte in internationale und nicht-internationale bewaffnete Konflikte ist immer wieder heftig kritisiert worden.[410] Diese Unterscheidung sei willkürlich, abzulehnen, schwer zu rechtfertigen und *“it frustrates the humanitarian purpose of the law of war in most of the instances in which war now occurs”*.[411] Insbesondere das Komitee vom Roten Kreuz bemühte sich um einen einheitlichen Rechtsrahmen für alle bewaffneten Konflikte. Im Jahr 1971 legte das Komitee einen Entwurf zur Konferenz der Regierungsexperten[412] vor und empfahl, die gesamten Regeln des humanitären Völkerrechts dann auf einen Bürgerkrieg anzuwenden, wenn ausländische Streitkräfte – auf wessen Seite auch immer – am Konflikt beteiligt sind:

> *“When, in case of non-international armed conflict, one or the other party, or both, benefits from the assistance of operational armed forces afforded by a third State, the parties to the conflict shall apply the whole of the international humanitarian law applicable in international armed conflicts.”*[413]

Schließlich regte die norwegische Delegation bei der Diplomatischen Konferenz der Regierungsexperten[414] an, die beiden Kategorien von bewaffneten Konflikten zugunsten einer einzigen fallen zu lassen und einheitliche Regeln für alle Arten von bewaffneten Konflikten anzuwenden.[415] Auch diesem Vorschlag war kein Erfolg beschieden und überraschenderweise verstummte nach dem Inkrafttreten

---

409 Dichotomie ist eine Zusammensetzung der beiden griechischen Worte *dicha* (‚getrennt‘) und *tome* (‚Schnitt‘) und bedeutet somit die Aufteilung in zwei Strukturen oder Begriffe.

410 Siehe James Stewart, *Towards a single definition of armed conflict in international law: a critique of internationalized armed conflict*, International Review of the Red Cross, Vol 85, 2003, No. 850, Seite 313.

411 William Michael Reisman and James Silk, *Which law applies to the Afghan conflict?* American Journal of International Law, Vol. 82, 1988, Seite 465; http://digitalcommons.law.yale.edu/fss_papers/752/ [17.08.2013].

412 International Committee of the Red Cross, *Report on the Work of the Conference of Government Experts*, Geneva, 1971; http://www.loc.gov/rr/frd/Military_Law/pdf/RC-Report-conf-of-gov-experts-1971.pdf [17.08.2013].

413 Ibid., Seite 49, para. 290.

414 Siehe Fn. 76.

415 Siehe *Diplomatic Conference on the Reaffirmation and Development of International Humanitarian Law Applicable in Armed Conflicts*, Official Records, Summary Record,

der beiden Zusatzprotokolle von 1977 zu den Genfer Abkommen die Diskussion über eine Vereinheitlichung des humanitären Völkerrechts.

Der Grund für eine rechtlich unterschiedliche Behandlung von internationalen und nicht-internationalen bewaffneten Konflikten war insbesondere die politische Befürchtung der Staaten, Rebellen, Terroristen oder andere bewaffnete Gruppen könnten allzu leicht als Kriegführende anerkannt und somit für die Teilnahme an Kampfhandlungen nicht mehr belangt werden. Dieses Argument ist nicht ganz von der Hand zu weisen, war das Verhältnis zwischen Staaten einerseits und das Verhältnis zwischen einem Staat und nichtstaatlichen gewaltsamen Akteuren andererseits doch immer als grundsätzlich unterschiedlich betrachtet worden. Lindsay Moir schreibt, dass sich die zwei Rechtsbereiche unterschiedlich entwickelt haben, weil die Ausgangssituation für die Konfliktparteien so anders sei:

> *„The situation is markedly different in that the position within a State is not analogous to its international relations. It is clearly unusual for a state to employ force in its relations with other states. In contrast, force is frequently used within the State's own territory and against its own citizens, ranging from everyday enforcement action against common criminals to large-scale operations aimed at quelling riots or other civil disturbances."*[416]

Die Unterteilung in unterschiedliche Konfliktformen ist jedoch nicht allein ein Ausfluss der Souveränität der Staaten, der zufolge nur Konflikte mit anderen Völkerrechtssubjekten privilegiert waren. Bartels[417] argumentiert, dass es bereits vor dem Entstehen von Nationalstaaten, also vor dem Westfälischen Frieden, unterschiedliche Kategorien von Konflikten gab. Die unterschiedliche Behandlung von Feinden wurde mit der Religion begründet. So waren Kriege unter Christen anders geregelt als Kriege gegen Heiden.[418] Auch der Islam unterschied 3 Kategorien von Kriegen: erstens, den Krieg gegen diejenigen, die vom Glauben abgefallen waren (*ahl al ridda*), zweitens den Krieg gegen Rebellen (*ahl al baghi*) und drittens, den Krieg gegen diejenigen, die die Autorität der geistlichen Führer

---

Vol. 5, 1978 (CDDH/SR.10), Seite 91; http://www.loc.gov/rr/frd/Military_Law/RC-dipl-conference-records.html [17.08.2013].

416 Lindsay Moir, *The Law of Internal Armed Conflict*, Cambridge University Press, 2004, Seite 34.

417 Rogier Bartels, *Timelines, borderlines and conflicts – The historical evolution of the legal divide between international and non-international armed conflicts*, International Review of the Red Cross, No. 873, 2009, Seite 64f; http://www.icrc.org/eng/assets/files/other/irrc-873-bartels.pdf [17.03.2013].

418 *Hostiensis: A typology of internal and external war*, in Gregory M. Reichberg, Henrik Syse and Endre Begby (Hrsg.), *The Ethics of War: Classic and Contemporary Readings*, Blackwell Publishing Oxford, 2006, Seite 160f.

ablehnten (*al muharabin*).[419] In jeder dieser Kategorien des Krieges wurden verschiedene Methoden der Kriegführung angewendet, auch Gefangene wurden in den jeweiligen Konflikten unterschiedlich behandelt.

Das moderne humanitäre Völkerrecht kennt nur mehr die zwei Konfliktformen des internationalen und des nicht-internationalen bewaffneten Konflikts. Die beiden Kategorien von bewaffneten Konflikten unterscheiden sich einerseits durch den Rechtsstatus der an den Feindseligkeiten teilnehmenden Personen[420], andererseits aber auch schlicht durch den Umfang der Bestimmungen. So ist der internationale bewaffnete Konflikt durch ca. 600 Bestimmungen sehr detailliert geregelt, wogegen für den nicht-internationalen bewaffneten Konflikt nur der gemeinsame Artikel 3 der Genfer Abkommen und die 28 Artikel des Zusatzprotokolls II zu den Genfer Abkommen zur Anwendung kommen.

Die Auseinandersetzung mit der Dichotomie bewaffneter Konflikte und mit der Idee eines einheitlichen Rechtsrahmens für alle bewaffneten Konflikte wurde im letzten Jahrzehnt wiederbelebt. Dies geschah insbesondere anlässlich der Konflikte, die Elemente beider Konfliktarten beinhalteten. Es waren dies einerseits nicht-internationale bewaffnete Konflikte, in die ein dritter Staat auf der Seite der Rebellen eintrat: Der Territorialstaat führte seinen internen bewaffneten Konflikt gegen die Rebellen fort und war gleichzeitig in einen internationalen bewaffneten Konflikt mit dem intervenierenden Staat verwickelt.[421] Andererseits waren dies aber auch Konflikte, die ein Staat auf fremdem Territorium führte, jedoch nicht gegen die dortigen regulären Streitkräfte, sondern gegen

---

419 Martin van Creveld, *The Transformation of War*, Free Press, New York, 1991, Seite 140.

420 So kommt den Angehörigen der Streitkräfte in einem internationalen bewaffneten Konflikt Kombattantenstatus zu, was bedeutet, dass sie zur Teilnahme an Kampfhandlungen berechtigt sind und dafür nicht belangt werden können. Im Falle der Gefangennahme haben sie Anspruch auf Kriegsgefangenenstatus. Den Angehörigen der abtrünnigen Streitkräfte (*nichtstaatliche Gewaltakteure*) kommt kein Kombattantenstatus zu; wenn, und solange sie an Feindseligkeiten teilnehmen, sind sie durch das humanitäre Völkerrecht nicht geschützt, im Falle der Gefangennahme können sie nach nationalem Recht strafrechtlich belangt werden.

421 Siehe Libyenkrieg: Der Bürgerkrieg in Libyen brach im Februar 2011 zwischen regulären Streitkräften Muammar al-Gaddafis und oppositionellen Kräften aus, die im Osten des Landes die Kontrolle übernommen hatten. Nachdem der Sicherheitsrat der Vereinten Nationen in der Resolution 1973 die internationale Gemeinschaft zu militärischen Maßnahmen zum Schutz von Zivilisten in Libyen ermächtigte, begannen die USA, Großbritannien und Frankreich am 19. März 2011 mit Luftangriffen auf Regierungstruppen und Militäreinrichtungen in Libyen. Die Luftangriffe unterstützten die Bodenstreitkräfte der Opposition bei der Einnahme der Städte im Westen des Landes.

nichtstaatliche Gewaltakteure.[422] Der manchmal dafür verwendete Begriff „*internationalisierter (interner) bewaffneter Konflikt*"[423] zeigt die Komplexität dieser Situationen auf, hilft jedoch bei den Fragen nach dem anzuwendenden Recht wenig. Moir vermeint jedoch, dass die Unterscheidung zwischen internationalen und nicht-internationalen bewaffneten Konflikt an Bedeutung verliert:

> *„...we would appear to be moving tentatively towards the position whereby the legal distinction between international and non-international armed conflict is becoming outmoded. What will matter as regards legal regulation will not be whether an armed conflict is international or internal, but simply whether an armed conflict exists per se."*[424]

Obwohl diese Entwicklung von vielen Völkerrechtsexperten begrüßt wird, ist noch nicht viel Bewegung in diese starre Trennung gekommen und Staaten beharren weiter auf der rechtlichen Unterscheidung. Wenn auch wenig Bereitschaft zu einem Umdenken hinsichtlich der Rechtsstellung der an Feindseligkeiten beteiligten Personen festzustellen ist, so zeigt sich doch eine Veränderung hinsichtlich des Kampfführungsrechts. Immer häufiger wenden Streitkräfte die in internationalen bewaffneten Konflikten vorgeschriebenen Gebote und Verbote auch in nicht-internationalen bewaffneten Konflikten an. In vielen militärischen Handbüchern wird nicht mehr zwischen den Konflikttypen unterschieden, wenn es um Methoden und Mittel der Kampfführung geht. Immer mehr Staaten verbieten auch in nicht internationalen bewaffneten Konflikten die Heimtücke, treffen Vorsichtsmaßnahmen beim Angriff zur Vermeidung von Kollateralschäden und ermöglichen Hilfsorganisationen, ihren humanitären Aufgaben nachzukommen. Zum Teil geschieht dies nicht nur aus humanitären Erwägungen, sondern ist von dem Bewusstsein getragen, dazu verpflichtet zu sein. Auch wenn die Bereitschaft, sich völkervertraglich zu binden, nicht vorhanden ist, so entsteht doch ein immer umfassenderes humanitäres Völkergewohnheitsrecht.

---

422 Siehe Libanonkrieg: Dem Krieg voraus gingen anhaltende Konflikte der Hisbollah mit der israelischen Armee. Am 12. Juli 2006 begannen Kämpfe zwischen der Hisbollah und israelischen Streitkräften auf libanesischem Hoheitsgebiet und Israel verhängte eine Seeblockade und begann mit Luftangriffen auf Ziele im gesamten Libanon, während die Hisbollah Orte im Norden Israels mit Raketen beschoss. Im späteren Verlauf setzte Israel zudem seine Landstreitkräfte im Südlibanon ein. Die libanesische Armee verhielt sich im Verlauf der Kämpfe weitgehend passiv.

423 Dietrich Schindler, *International humanitarian law and internationalized internal armed conflicts*, International Review of the Red Cross, No. 230, 1982, Seite 255ff; http://www.loc.gov/rr/frd/Military_Law/pdf/RC_Sep-Oct-1982.pdf [17.03.2013].

424 Lindsay Moir, *The Law of Internal Armed Conflict* (Fn. 416), Seite 51.

5. Menschenrechte und humanitäres Völkerrecht

Dem humanitären Völkerrecht und den Menschenrechten liegt zwar eine gemeinsame humanitäre Idee zugrunde, es sind jedoch zwei Rechtsbereiche, die insbesondere durch eine unterschiedliche Entwicklung und einen unterschiedlichen Anwendungsbereich gekennzeichnet sind. So regelt das humanitäre Völkerrecht in Zeiten eines bewaffneten Konflikts[425] das Verhalten der Kriegsparteien untereinander, bestimmt, wie Kampfhandlungen zu führen sind, und beschränkt Mittel und Methoden, um unnötiges Leiden zu verhindern. Militärische Notwendigkeiten waren neben Grundsätzen der „*Ritterlichkeit*" bei der Entwicklung dieses Rechtsbereiches bestimmende Faktoren.

Menschenrechte sind subjektive Rechte, durch die vor allem Personen vor Machtmissbrauch geschützt werden sollen. Ihren Ursprung haben sie im Zeitalter der Aufklärung und anders als das Kriegsrecht, das immer Teil des Völkerrechts war, wurden die Menschenrechte zuerst im nationalen Verfassungsrecht als Abwehrrechte der Bürger gegenüber dem Staat verankert. Erst nach dem Zweiten Weltkrieg verpflichteten sich Staaten durch die Ratifizierung von Völkerrechtsabkommen[426], internationale Menschenrechtsstandards einzuhalten,

---

425 Zu den Kriterien eines bewaffneten Konflikts siehe Kapitel 3.1 bis 3.3.

426 Österreich ist folgenden VN-Menschenrechtsabkommen beigetreten:

- VN Pakt über Bürgerliche und Politische Rechte (Zivilpakt, ICCPR) vom 16.12.1966;
  - o Zusatzprotokoll zum Zivilpakt betr. die Individualbeschwerde vom 16.12.1966;
  - o Zusatzprotokoll zum Zivilpakt betr. die Abschaffung der Todesstrafe vom 15.12.1989;
- VN Pakt über Wirtschaftliche, Soziale und Kulturelle Rechte (Sozialpakt, ICESCR) vom 16.12.1966;
- VN Übereinkommen gegen Folter und andere grausame, unmenschliche oder erniedrigende Behandlung oder Strafe (CAT) vom 10.12.1984;
  - o Zusatzprotokoll zum Abkommen gegen Folter vom 18.12.2002;
- VN Konvention zur Beseitigung jeder Form von Diskriminierung der Frauen (CEDAW) vom 18.12.1979;
  - o Zusatzprotokoll zum Abkommen gegen Diskriminierung der Frau betr. die Individualbeschwerde vom 06.10.1999;
- VN Übereinkommen über die Beseitigung aller Formen rassischer Diskriminierung (ICERD) vom 21.12.1965;

wodurch dieser Rechtsbereich ein Teil des Völkerrechts wurde. Ausgangspunkt hierfür war die „*Allgemeine Erklärung der Menschenrechte*" von 1948.[427]

5.1 Alternativer oder kumulativer Ansatz

Das Verhältnis der Menschenrechte zum humanitären Völkerrecht wurde in den letzten zwei Jahrzehnten umfangreich und heftig diskutiert. Bestand hinsichtlich des grundsätzlichen Anwendungsbereichs des humanitären Völkerrechts doch weitgehend Einigkeit und war klar, dass es außerhalb von bewaffneten Konflikten keinesfalls anwendbar sei, so gab es hinsichtlich der Anwendbarkeit der Menschenrechte in bewaffneten Konflikten verschiedene Ansätze.

Die unterschiedlichen Ansätze sind auf die historische Entwicklung der jeweiligen Rechtsbereiche zurückzuführen. Bis Mitte des 20. Jahrhunderts war das Völkerrecht durch die klassische Aufteilung in Friedensvölkerrecht und Kriegsvölkerrecht geprägt.[428] Mit Beginn eines Krieges, meist festgesetzt durch die Abgabe einer Kriegserklärung oder den Ablauf eines Ultimatums, wurde das Verhältnis der kriegführenden Staaten untereinander durch das Kriegsvölkerrecht unter gleichzeitiger Verdrängung des Friedensvölkerrechts[429] bestimmt. Die nach dem Zweiten Weltkrieg abgeschlossenen internationalen

---

- VN Übereinkommen über die Rechte von Menschen mit Behinderungen (CRPD) vom 13.12.2006 mit Fakultativprotokoll;
- VN Konvention über die Rechte des Kindes (CRC) vom 20.11.1989;
  - o Fakultativprotokoll zur Kinderrechtskonvention betr. Kinder in bewaffneten Konflikten (CRC-OP-AC) vom 25.05.2000;
  - o Fakultativprotokoll zur Kinderrechtskonvention betreffend Verkauf von Kindern, Kinderprostitution und Kinderpornographie (CRC-OP-SC) vom 25.05.2000.

427 Die *Universal Declaration of Human Rights (UDHR)* wurde am 10. Dezember 1948 als Resolution 217A (III) von der Vollversammlung der Vereinten Nationen angenommen.

428 Siehe auch Hugo Grotius, *De jure belli ac pacis* (Über das Recht des Kriegs und des Friedens), Paris, 1625 (Fn. 9).

429 Eine völlige Verdrängung des Friedensvölkerrechts war auch in der klassischen Periode des Völkerrechts bereits umstritten. So stellt Johan Caspar Bluntschli in *Das moderne Völkerrecht der civilisierten Staaten* (1. Auflage 1868, § 538) fest: „*Auch die Vertragsverhältnisse zwischen den Staten, welche Krieg führen, werden nicht nothwendig durch die Kriegseröffnung aufgelöst oder suspendiert. Die Wirksamkeit der Verträge wird während des Krieges nur insoweit gehemmt, als die Kriegsführung mit derselben unvereinbar ist. Die eigens für den Kriegszustand geschlossenen Statenverträge gelangen erst im Kriege zu ihrer Wirksamkeit.*" Und weiter: „*Vielmehr ist im einzelnen Fall zu*

Menschenrechtsverträge wurden vielfach dem Friedensvölkerrecht zugerechnet und kamen folglich in Kriegen nicht zur Anwendung. Auch heute vertreten noch manche Staaten die Ansicht, dass Menschenrechtsverträge und Verträge zum humanitären Völkerrecht nur alternativ anwendbar seien.[430]

Dieser alternative Ansatz ist jedoch nicht mehr haltbar und es gibt eine Reihe von Gründen für die kumulative Anwendung von Menschenrechten und humanitärem Völkerrecht. So wird argumentiert, dass viele der Menschenrechtsverträge Derogationsregeln für bewaffnete Konflikte enthalten, woraus abzuleiten ist, dass sie, soweit keine Derogationsregel existiert, in bewaffneten Konflikten anwendbar sind:

> *„Im Falle eines öffentlichen Notstandes, der das Leben der Nation bedroht und der amtlich verkündet ist, können die Vertragsstaaten Maßnahmen ergreifen, die ihre Verpflichtungen aus diesem Pakt in dem Umfang, den die Lage unbedingt erfordert, außer Kraft setzen, vorausgesetzt, dass diese Maßnahmen ihren sonstigen völkerrechtlichen Verpflichtungen nicht zuwiderlaufen und keine Diskriminierung allein wegen der Rasse, der Hautfarbe, des Geschlechts, der Sprache, der Religion oder der sozialen Herkunft enthalten.“*[431]

Die Derogationsregel im Zivilpakt nennt den Krieg oder einen bewaffneten Konflikt nicht ausdrücklich, obwohl bei der Erstellung des Entwurfs sehr wohl klar war, dass der Kriegsausbruch einer der wichtigsten Fälle eines Staatsnotstandes darstellt. Nachdem jedoch erst die Satzung der Vereinten Nationen[432] mit einem umfassenden Gewaltverbot angenommen wurde, sollte der Zivilpakt *„not envisage, even by implication, the possibility of war“.*[433]

Die Europäische Menschenrechtskonvention[434] sieht ebenfalls die Möglichkeit vor, in Ausnahmefällen von den durch die Konvention begründeten Verpflichtungen abzuweichen und nennt den Krieg ausdrücklich als einen Anlassfall:

---

prüfen, ob die Natur des Kriegs zu einem Hinderniß für die Vertragserfüllung werde oder nicht.“

430 Siehe Kapitel *5.3 Die US-Position vor und nach dem 11. September 2001.*

431 Art. 4, Abs. 1, *Internationaler Pakt über bürgerliche und politische Rechte* (Fn. 426).

432 Siehe Fn. 12.

433 *Official Records on the International Covenants on Human Rights, Tenth Session, Doc. A/2929,* Seite 23; http://www2.ohchr.org/english/issues/opinion/articles1920_iccpr/docs/A-2929.pdf [12.08.2013].

434 Die *Konvention zum Schutze der Menschenrechte und Grundfreiheiten,* Konvention Nr. 005 des Europarats (hiernach *Europäische Menschenrechtskonvention*) wurde im Rahmen des Europarates ausgearbeitet, am 4. November 1950 in Rom unterzeichnet und trat am 3. September 1953 allgemein in Kraft. Ihre Durchsetzung überwacht der Europäische Gerichtshof für Menschenrechte in Straßburg. Die EMRK wurde von Österreich am 5. August 1958 ratifiziert und mit BGBl. Nr. 210/1958 (NR: GP VIII

1. *„Wird das Leben der Nation durch Krieg oder einen anderen öffentlichen Notstand bedroht, so kann jede Hohe Vertragspartei Maßnahmen treffen, die von den in dieser Konvention vorgesehenen Verpflichtungen abweichen, jedoch nur, soweit es die Lage unbedingt erfordert und wenn die Maßnahmen nicht im Widerspruch zu den sonstigen völkerrechtlichen Verpflichtungen der Vertragspartei stehen.*

2. *Aufgrund des Absatzes 1 darf von Artikel 2 nur bei Todesfällen infolge rechtmäßiger Kriegshandlungen und von Artikel 3, Artikel 4 (Absatz 1) und Artikel 7 in keinem Fall abgewichen werden."*[435]

Somit ergibt sich aus den verschiedenen Menschenrechtsabkommen, dass Menschenrechte, jedenfalls soweit es sich um notstandsfeste Menschenrechte handelt, in bewaffneten Konflikten[436] anwendbar sind.

Aber auch die humanitätsrechtlichen Abkommen selbst sehen die Geltung von Menschenrechten in bewaffneten Konflikten vor. So bestimmt das Zusatzprotokoll I, dass die Bestimmungen über die Behandlung von Personen, die sich in der Gewalt einer am Konflikt beteiligten Partei befinden,

> *„die im IV. Abkommen, insbesondere in dessen Teilen I und III, enthaltenen Vorschriften über den humanitären Schutz von Zivilpersonen und zivilen Objekten, die sich in der Gewalt einer am Konflikt beteiligten Partei befinden, sowie* ***die sonstigen anwendbaren Regeln des Völkerrechts über den Schutz grundlegender Menschenrechte*** *in einem internationalen bewaffneten Konflikt [ergänzen]."*[437]

Die Anerkennung der Geltung von Menschenrechten in bewaffneten Konflikten wird weiters durch umfangreiche internationale, regionale und nationale

---

RV 459 AB 509 S. 63, BR: S. 137) in Kraft gesetzt. Die *Europäische Menschenrechtskonvention* ist gemäß BVG BGBl. Nr. 59/1964 mit Verfassungsrang ausgestattet.

435 Art. 15, *Europäische Menschenrechtskonvention.*

436 Dies gilt sowohl für nicht-internationale bewaffnete Konflikte, die durch den Gemeinsamen Artikel 3 der *Genfer Abkommen I-IV* (Fn. 15) und durch das *Zusatzprotokoll II* (Fn. 16) geregelt sind, als auch für internationale bewaffnete Konflikte, geregelt durch die *Genfer Abkommen I-IV* (Fn. 15), sowie durch das *Zusatzprotokoll I* (Fn. 16). Bleibt ein Konflikt unter der Schwelle zum bewaffneten Konflikt (interne Unruhen und Spannungen nach Art. 1, Abs. 2 *Zusatzprotokoll II*), kommen die Menschenrechte jedenfalls zur Anwendung, das humanitäre Völkerrecht ist jedoch diesfalls nicht anwendbar.

437 Art. 72, *Zusatzprotokoll I* (Hervorhebung durch Verfasser). Aber auch *Zusatzprotokoll II* (Fn. 16) erwähnt in seiner Präambel, dass in nicht-internationalen bewaffneten Konflikten die *„internationalen Übereinkünfte über die Menschenrechte der menschlichen Person einen grundlegenden Schutz bieten"*.

Rechtsprechung bestärkt. Der Internationale Gerichtshof stellt erstmals die Anwendbarkeit der Menschenrechte in bewaffneten Konflikten 1996 fest:

> *"The Court observes that the protection of the International Covenant on Civil and Political Rights* ***does not cease in times of war****, except by operation of Article 4 of the Covenant whereby certain provisions may be derogated from in a time of national emergency."*[438]

In seinem Gutachten zum Bau einer Mauer in den von Israel besetzten palästinensischen Gebieten bestärkt und erweitert der Internationale Gerichtshof seine Ansicht, wenn er feststellt:

> *"More generally, the Court considers that the protection offered by human rights conventions does not cease in case of armed conflict, save through the effect of provisions for derogation of the kind to be found in Article 4 of the International Covenant on Civil and Political Rights. As regards the relationship between international humanitarian law and human rights law, there are thus three possible situations:* ***some rights may be exclusively matters of international humanitarian law; others may be exclusively matters of human rights law; yet others may be matters of both these branches of international law****. In order to answer the question put to it, the Court will have to take into consideration both these branches of international law, namely human rights law and, as lex specialis, international humanitarian law."*[439]

Auch der Europäische Menschenrechtsgerichtshof hat die Europäische Menschenrechtskonvention in nicht-internationalen bewaffneten Konflikten[440] sowie in Situationen einer Besetzung im Rahmen eines internationalen bewaffneten Konflikts[441] angewendet.

Finden die Menschenrechte und das humanitäre Völkerrecht in bewaffneten Konflikten kumulativ Anwendung, kann dies einerseits dazu führen, dass

---

438 *Advisory Opinion on the Legality of the Threat of Use of Nuclear Weapons*, I.C.J. Reports 1996, Seite 226, Absatz 25 (Hervorhebung durch Verfasser); http://www.icj-cij.org/docket/files/95/7495.pdf [13.08.2013].

439 *Advisory Opinion Concerning Legal Consequences of the Construction of a Wall in the Occupied Palestinian Territory*, International Court of Justice (ICJ), 9 July 2004, Absatz 106 (Hervorhebung durch Verfasser); http://www.icj-cij.org/docket/files/131/1671.pdf [27.04.2014].

440 Siehe *Isayeva, Yusupova and Bazayeva v. Russia*, 57947/00; 57948/00; 57949/00, Council of Europe; European Court of Human Rights, 19 December 2002; http://www.refworld.org/docid/3e4bcdb14.html [13.08.2013]; *Ergi v. Turkey*, 40/1993/435/514, Council of Europe; European Court of Human Rights, 28 July 1998: http://www.refworld.org/docid/3ae6b6291c.html [13 .08.2013].

441 Siehe *Cyprus v. Turkey*, 25781/94, Council of Europe; European Court of Human Rights, 10 May 2001; http://www.refworld.org/docid/43de0e7a4.html [13.08. 2013].

potentiellen Opfern bewaffneter Konflikte ein umfassenderer Schutz zukommt. Es kann aber andererseits auch zusätzliche Probleme aufwerfen. Dies trifft nicht auf Bereiche zu, die „*exclusively matters of human rights law*“[442] oder „*exclusively matters of humanitarians law*“[443] sind, sondern Probleme ergeben sich, wenn Angelegenheiten beiden Rechtsbereichen zuzuordnen sind. Beide Rechtsbereiche sind betroffen, wenn es um Recht auf Leben, unmenschliche Behandlung, Freiheitsentziehung oder Beschlagnahme von Privateigentum geht. Werden Angelegenheiten von beiden Rechtsbereichen geregelt, können diese Regelungen entweder einander ergänzen oder im Widerspruch stehen.

Stehen in einem bewaffneten Konflikt menschenrechtliche Regelungen im Widerspruch zu Normen des humanitären Völkerrechts, so gilt das humanitäre Völkerrecht als das speziellere Recht (*lex specialis*)[444], wie das der Internationale Gerichtshof in dem Gutachten zum Bau einer Mauer in den von Israel besetzten palästinensischen Gebieten feststellt[445].

Im Einzelfall wird die Feststellung, welches Recht das speziellere Recht ist, nicht immer leicht zu ergründen sein. Für jene Fälle, wo eine gleichzeitige Anwendung von Menschenrechten und humanitärem Völkerrecht nicht möglich ist, stellt Droege fest, dass

> *"[…] humanitarian law was especially conceived for the conduct of hostilities and for the protection of persons in the power of the enemy. Human rights law was conceived to protect persons in the power of the state from abuse and does not rest, in principle, on the idea of conduct of hostilities, but on law enforcement."*[446]

---

442 Angelegenheiten der Menschenrechte sind u.a. Meinungsfreiheit, Versammlungsfreiheit, Schutz der Privatsphäre etc.

443 Angelegenheiten des humanitären Völkerrechts sind u.a. die Behandlung von Kriegsgefangenen, Waffenbeschränkungen, Kulturgüterschutz etc.

444 Siehe jedoch auch die Studie von Nancie Prud'homme, *Lex Specialis: Oversimplifying a More Complex and Multifaceted Relationship*, Vol. 40, No. 2, Israel Law Review 356 (2007), derzufolge die Auslegungsregel *lex specialis derogat legi generali* ursprünglich aus der nationalen Rechtsprechung stammt und nicht so einfach auf das Völkerrecht zu übertragen ist. Zwischen menschenrechtlichen Normen und Normen des humanitären Völkerrechts sei es oft auch nicht einfach festzulegen, was die speziellere und was die allgemeinere Regel ist.

445 Siehe Fn. 439.

446 Cordula Droege, *The Interplay between International Humanitarian Law and International Human Rights Law in Situations of Armed Conflict*; Vol. 40, No. 2, Israel Law Review, Seite 344 (2007); http://www.icrc.org/eng/assets/files/other/interplay-article-droege.pdf [09.12.2012].

Droege meint, dass zu ergründen ist, welche Rechtsnormen für die jeweilige Situation geschaffen wurden und

> „*[t]hus, it is fair to say that for the conduct of hostilities, humanitarian is the more refined body of law whereas for law enforcement human rights law is the more refined version. [...] Thus, the closer a situation is to the battlefield, the more humanitarian law will prevail over human rights law, whereas for law enforcement, human rights law prevails*".[447]

So wird die Anwendung von Waffengewalt gegen organisierte bewaffnete Gruppen aber auch gegen Zivilisten, die sich unmittelbar an Feindseligkeiten beteiligen, durch das humanitäre Völkerrecht bestimmt werden. Dabei erlaubt das humanitäre Völkerrecht auch kollaterale Schäden an Zivilisten, die sich nicht direkt an Kampfhandlungen beteiligen, soweit diese Auswirkungen – verglichen mit dem direkten militärischen Vorteil – nicht unverhältnismäßig sind. Werden Streitkräfte im Rahmen der Strafverfolgung gegen Kriminelle oder gegen aufständische Zivilisten eingesetzt, sind menschenrechtliche Normen geeignetere Richtlinien für das Handeln der Streitkräfte. Die Grenzen für einen Waffengebrauch sind wesentlich enger gezogen und lebensgefährdender Waffengebrauch ist nur zulässig, wenn dies zum Schutz von Menschenleben unumgänglich ist. Die jeweils anzuwendenden Rechtsnormen haben erheblichen Einfluss auf die Planung und Durchführung von Operationen.

5.2 Die exterritoriale Geltung von Menschenrechten

Geht man davon aus, dass Menschenrechte auch während bewaffneter Konflikte gelten, so ist in weiterer Folge hinsichtlich einer Überschneidung mit dem humanitären Völkerrecht der territoriale Anwendungsbereich[448] der Menschenrechte zu prüfen. Der territoriale Anwendungsbereich der humanitätsrechtlichen Verträge erstreckt sich regelmäßig auf das Territorium der Konfliktparteien.[449] Komplexer ist der territoriale Anwendungsbereich menschenrechtlicher Bestimmungen. Im nicht-internationalen bewaffneten Konflikt, der auf dem

447 Ibid.

448 Der persönliche Anwendungsbereich ist in diesem Zusammenhang weniger bedeutend. Hier ist nur erwähnenswert, dass gemäß Art. 4, Abs. 1 des IV. Genfer Abkommens eigene Staatsangehörige vom Schutz ausgenommen sind; ihnen kommen jedoch die menschenrechtlichen Schutzbestimmungen zugute.

449 Das Territorium der Konfliktparteien umfasst das Festland der Konfliktparteien, einschließlich des Küstenmeers (Hoheitsgewässer, das sich bis 12 Seemeilen von der Basislinie gemessen erstreckt) und den Luftraum über dem Festland und dem Küstenmeer (Art. 2 des UN-Seerechtsübereinkommens vom 10. Dezember 1982).

Territorium eines Vertragsstaates eines humanitätsrechtlichen Abkommens stattfindet, kommt es jedenfalls zu einer gleichzeitigen Geltung menschenrechtlicher und humanitätsrechtlicher Bestimmungen. In internationalen bewaffneten Konflikten und im Falle einer Besetzung fremden Territoriums stellt sich die Frage der Anwendbarkeit menschenrechtlicher Bestimmungen.

Die Europäische Menschenrechtskonvention verpflichtet die Vertragsparteien *„allen* ***ihrer Hoheitsgewalt unterstehenden Personen*** *die im Abschnitt I bestimmten Rechte und Freiheiten“* zu sichern[450], und der Zivilpakt verpflichtet Vertragsstaaten, *„die in diesem Pakt anerkannten Rechte zu achten und sie* ***allen in seinem Gebiet befindlichen und seiner Herrschaftsgewalt unterstehenden Personen*** *ohne Unterschied wie insbesondere der Rasse, der Hautfarbe, des Geschlechts, der Sprache, der Religion, der politischen oder sonstigen Anschauung, der nationalen oder sozialen Herkunft, des Vermögens, der Geburt oder des sonstigen Status zu gewährleisten“.*[451] Gemäß der Amerikanischen Menschenrechtskonvention[452] verpflichten sich die Vertragspartner *“to respect the rights and freedoms recognized herein and to ensure* ***to all persons subject to their jurisdiction*** *the free and full exercise of those rights and freedoms, without any discrimination for reasons of race, colour, sex, language, religion, political or other opinion, national or social origin, economic status, birth, or any other social condition”.*[453]

Menschenrechtliche Bestimmungen sind also in dem der Hoheitsgewalt einer Vertragspartei unterstehenden Gebiet hinsichtlich seiner Gewalt unterstehenden Personen verbindlich. Staatliche Hoheitsgewalt oder Jurisdiktion ist als Ausdruck der Souveränität zu verstehen[454] und beinhaltet die Macht oder Zuständigkeit eines Staates, Rechtsregeln zu erlassen und durchzusetzen, sowie die Gerichtsbarkeit auszuüben.[455] Dies wird auch durch eine Reihe von Entscheidungen bestärkt, in denen auf *„effective control over the territory“* abgestellt wird.

---

450 Art. 1, *Europäische Menschenrechtskonvention* (Fn. 434); Hervorhebung durch Verfasser.

451 Art. 2, Abs. 1, *VN Pakt über Bürgerliche und Politische Rechte* (Fn. 426); Hervorhebung durch Verfasser.

452 Die *American Convention on Human Rights* wurde am 22. November 1969 in San Jose (Costa Rica) angenommen und trat am 18. Juli 1978 in Kraft.

453 Ibid., Art. 1, Abs. 1 (Hervorhebung durch Verfasser).

454 Cedric Ryngaert, *Jurisdiction in International Law*, Oxford University Press, 2008, Seite 5.

455 Bernhard Schäfer, *Zum Verhältnis Menschenrechte und humanitäres Völkerrecht*, Menschenrechts-zentrum der Universität Potsdam, 2006, Studien zu Grund- und Menschenrechten 13, Seite 21; http://opus.kobv.de/ubp/volltexte/2009/2973/pdf/sgm13.pdf [25.08.2013].

So hat der VN-Menschenrechtssauschuss[456] den Zivilpakt wiederholt in Situationen einer militärischen Besetzung[457] und auch im Rahmen von friedenserhaltenden Einsätzen[458] angewendet. Während die meisten Staaten die Entscheidungen des Menschenrechtsausschusses akzeptierten, gab es von einzelnen Staaten Widerspruch. So zeigte sich der Menschenrechtsausschuss gegenüber den Niederlanden besorgt, dass

> *"[...] six years after the alleged involvement of members of the State party's peacekeeping forces in the events surrounding the fall of Srebrenica, Bosnia and Herzegovina, in July 1995, the responsibility of the persons concerned has yet to be publicly and finally determined. The Committee considers that in respect of an event of such gravity it is of particular importance that issues relating to the State party's obligation to ensure the right to life be resolved in an expeditious and comprehensive manner (articles 2 and 6 of the Covenant)".*[459]

Die niederländische Regierung entgegnete, dass im Jahre 1996 das *Netherlands Institute for War Documentation (NIOD)* beauftragt wurde, die ursächlichen Faktoren und Ereignisse zu untersuchen, die zum Fall von Srebrenica geführt haben. Ein Bericht wurde im Jänner 2003 erwartet. Unbeschadet dessen lehnt die niederländische Regierung[460] die Ansicht des Menschenrechtsausschusses ab, dass

> *"[...] the provisions of the International Covenant on Civil and Political Rights are applicable to the conduct of Dutch blue helmets in Srebrenica (para. 8). Article 2 of the Covenant clearly states that each State Party undertakes to respect and to ensure to all individuals 'within its territory and subject to its jurisdiction' the rights recognized in the Covenant,*

---

456 Der Menschenrechtsausschuss der Vereinten Nationen (*UN-Human Rights Committee*) ist ein VN-Vertragsorgan, dem 18 Experten angehören und das dreimal jährlich Sitzungen abhält und periodische Berichte der Mitgliedsstaaten des Zivilpaktes bewertet.

457 Siehe UN Human Rights Committee (HRC), *UN Human Rights Committee: Concluding Observations: Cyprus*, 6 April 1998, CCPR/C/79/add.88; http://www.refworld.org/docid/3df379864.html [25.08.2013].

458 Siehe UN Human Rights Committee (HRC), *Concluding Observations of the Human Rights Committee: Belgium*; 19.11.1998, CCPR/C/79/add.99, bezüglich belgischer Soldaten im Rahmen der UN-Friedensmission in Somalia (UNOSOM II); http://www.unhchr.ch/tbs/doc.nsf/0/aefe89f17ef67f93802566cd00544de7?Opendocument [25.08.2013].

459 UN Human Rights Committee (HRC), *Concluding Observations of the Human Rights Committee: Netherlands*; 27.08.2001, CCPR/CO/72/NET; http://www.unhchr.ch/tbs/doc.nsf/0/dbab71d01e02db11c1256a950041d732 [25.08.2013].

460 Der Bericht des *Netherlands Institute for War Documentation* zur Rolle der niederländischen Blauhelme in Srebrenica führte aber am 16. April 2002 zum Rücktritt der niederländischen Regierung unter Wim Kok.

> *including the right to life enshrined in article 6. It goes without saying that the citizens of Srebrenica, vis-à-vis the Netherlands, do not come within the scope of that provision. The strong commitment of the Netherlands to investigate and assess the deplorable events of 1995 is therefore not based on any obligation under the Covenant".*[461]

2011 hat ein Berufungsgericht in Den Haag den Niederlanden die Verantwortung für den Tod dreier Muslime beim Massaker von Srebrenica im Jahr 1995 zugewiesen. Die Kommandanten der Blauhelm-Truppe müssen nach Ansicht der Berufungsrichter gewusst haben, welch tödlicher Gefahr sie die drei Muslime, die für das niederländische Kontingent arbeiteten, aussetzten. *„Dutchbat war Zeuge mehrerer Vorfälle, bei denen bosnische Serben außerhalb des Lagers Flüchtlinge misshandelten oder töteten"*[462], befand das Berufungsgericht. Das Gericht befand sich zuständig, eine Verletzung der in Artikel 2 und 3 der EMRK und der Artikel 6 und 7 des Zivilpaktes (Recht auf Leben und Verbot der unmenschlichen Behandlung) zu prüfen.

Der Europäische Menschenrechtsgerichtshof erachtet die *„effective control over a territory"* und somit die Anwendbarkeit der Menschenrechtskonvention insbesondere im Falle einer militärischen Besetzung als gegeben und betont, dass:

> *"[...] the responsibility of a Contracting Party may also arise when as a consequence of military action [...] it* ***exercises effective control of an area outside its national territory****. The obligation to secure, in such an area, the rights and freedoms set out in the Convention derives from the fact of such control whether it be exercised directly, through its armed forces, or through a subordinate local administration".*[463]

In weiteren Erkenntnissen[464] präzisierte der Europäische Menschenrechtsgerichtshof, dass *„effective control"* dann gegeben ist, wenn ein einer innerstaatlichen Hoheitsgewalt vergleichbarer Zustand vorliegt:

---

461 Replies of the Government of the Netherlands to the Concerns Expressed by the Human Rights Committee, 19, UN Doc. CCPR/CO/72/NET/Add.1 (Apr. 29, 2003); http://www1.umn.edu/humanrts/hrcommittee/netherlands2003.html [25.08.2013].

462 *Ruling of the Court of Appeal in The Hague, Civil Law Section*, Case number: 200.020.174/01, 5 July 2011, in the case of Hasan Nuhanovic; http://uitspraken.rechtspraak.nl/inziendocument?id=ECLI:NL:GHSGR:2011:BR5388 [25.08.2013].

463 Loizidou v. Turkey, European Court of Human Rights, Preliminary Objections, 23. March 1995, para. 62; (Hervorhebung durch Verfasser) http://hudoc.echr.coe.int/sites/eng/pages/search.aspx?i=001-57920 [25.08.2013].

464 Siehe *Cyprus v. Turkey*, 25781/94, Council of Europe: European Court of Human Rights, 10 May 2001; http://www.refworld.org/docid/43de0e7a4.html [25.08.2013]. *Ilascu and Others v. Moldova and Russia*, 48787/99, Council of Europe: European Court of Human Rights, 8 July 2004; http://www.refworld.org/docid/414d9df64.html [25.08.2013].

„Ausreichend ist es, wenn der Vertragsstaat aufgrund der Einladung oder der Zustimmung der Regierung des Territoriums auch nur einige der hoheitlichen Befugnisse ausübt, die normalerweise von dieser Regierung wahrgenommen werden. Die Jurisdiktion der Vertragsstaaten reicht dann soweit, wie die Streitkräfte Hoheitsbefugnisse gegenüber Personen oder Eigentum wahrnehmen.“[465]

Der Europäische Gerichtshof für Menschenrechte scheint zwar im *Bankovic*-Fall die extraterritoriale Anwendung der Menschenrechtskonvention teilweise wieder zurückzunehmen, wenn er feststellt, dass

“[…] the Convention is a multi-lateral treaty operating, subject to Article 56 of the Convention, in an essentially regional context and notably ***in the legal space*** *(espace juridique) of the Contracting States. The FRY clearly does not fall within this legal space. The Convention* ***was not designed to be applied throughout the world, even in respect of the conduct of Contracting States****. Accordingly, the desirability of avoiding a gap or vacuum in human rights' protection has so far been relied on by the Court in favour of establishing jurisdiction only when the territory in question was one that, but for the specific circumstances, would normally be covered by the Convention”.*[466]

Diese Feststellung entbehrt nicht einer gewissen Ironie, bedenkt man, dass der NATO Einsatz gegen die Bundesrepublik Jugoslawien geführt wurde, um Menschenrechtsverletzungen im Kosovo zu beenden. Jedoch sollte dieser Aspekt der Entscheidung nicht überbewertet werden. Vielmehr betont das Gericht, dass bei Kampfhandlungen und sonstigen militärischen Operationen keine mit einer Besetzung vergleichbare „*effective control over the territory*“ durch die Konfliktparteien vorliegt.[467] Dies wird insbesondere für Luftoperationen – trotz Verfügbarkeit von Präzisionswaffen – gelten. Vertragsstaaten haben die Einhaltung der Menschenrechte in dem Ausmaß zu gewährleisten, wie es dem Maß der Kontrolle entspricht, die sie gegenüber Personen oder einem Gebiet ausüben.[468] Bei Fehlen einer effektiven Gebietskontrolle wird ein Vertragsstaat nur für die vom

---

465 Heike Krieger, *Die Verantwortlichkeit Deutschlands nach der EMRK für seine Streitkräfte im Auslandseinsatz*, Max-Planck-Institut für ausländisches öffentliches Recht und Völkerrecht, 2002, Seite 675; http://www.zaoerv.de/62_2002/62_2002_1_a_669_702.pdf [25.08.2013].

466 *Decision as to the admissibility of Application no. 52207/99 of 12 December 2001 (Grand Chamber) in the case Bankovic and Others v. Belgium and 16 Other Contracting States, para. 80;* http://hudoc.echr.coe.int/sites/eng/pages/search.aspx?i=001-22099 *[25.08.2013].*

467 Ibid., Absatz 62.

468 Rick Lawson, *Life After Bankovic: On the Extraterritorial Application of the European Convention on Human Rights*, Coomans/Kamminga (Intersentia 2004), Seite 105; https://openaccess.leidenuniv.nl/handle/1887/12281 [27.04.2024].

eigenen Militär begangenen Menschenrechtsverletzungen[469] verantwortlich sein können, mit Zunahme der Gebietskontrolle werden auch die positiven Verpflichtungen zunehmen.[470]

Diesem differenzierenden Ansatz folgend hat der High Court of Justice in London im *Al-Skeini*-Fall entschieden, dass die EMRK zwar nicht auf die im Rahmen von Kampfhandlungen von britischen Soldaten erschossenen fünf irakischen Personen anwendbar ist. Dies gilt jedoch nicht für den bei diesem Zwischenfall festgenommenen Iraker Baha Mousa, der am Tag nach der Gefangennahme in einem britischen Militärgefängnis infolge von Misshandlungen verstarb. Der *"effective control"* Test ergab,

> *"that the detention of Baha Mousa in a UK facility was within the UK's jurisdiction, but that the other death were not since the UK did not have effective control over Basra despite the fact that it was the occupying power in Southern Iraq".*[471]

Im Urteil der Großen Kammer des EGMR im Verfahren *Al-Skeini and Others v the United Kingdom*[472] wird festgestellt, dass die Europäische Menschenrechtskonvention auch auf Operationen der britischen Armee im Irak anzuwenden sei, da diese seinerzeit als Besatzermacht agierte. Großbritannien sei deshalb verpflichtet gewesen, eine unabhängige und effektive Untersuchung der Tötungen vorzunehmen. Nach Ansicht des Gerichts hatte Großbritannien dies in fünf der sechs Fälle versäumt.

---

469 Diesen sogenannten negativen Verpflichtungen wird ein Vertragsstaat immer nachkommen können, sei es durch Schulung seiner Organe, Beaufsichtigung sowie Untersuchung und disziplinäre oder strafrechtliche Verfolgung bei Missständen.

470 Bernhard Schäfer, *Zum Verhältnis Menschenrechte und humanitäres Völkerrecht*, (Fn. 455), Seite 34.

471 *Queen's Bench Division (Divisional Court)*, Lord Justice Rix, Justice Forbes, First Instance application for judicial review, 14 December 2004, Judgement, para. 288; http://www.asser.nl/upload/documents/DomCLIC/Docs/NLP/UK/Al-Skeini_QueensBench_Judgment_14-12-2004.pdf [25.08.2013].

472 *Al-Skeini and Others v. The United Kingdom*, 55721/07, Council of Europe: European Court of Human Rights, 7. Juli 2011; http://hudoc.echr.coe.int/sites/eng/pages/search.aspx?i=001-105606 [25.08.2013].

5.3 Die US-Position vor und nach dem 11. September 2001

Vor den Anschlägen des 11. September 2001 gab es keine auffällig divergierenden Aussagen der US Administration zum Verhältnis der Menschenrechte zum humanitären Völkerrecht und insbesondere zur Anwendbarkeit menschenrechtlicher Normen in bewaffneten Konflikten. Als im Jahre 1970 die VN Generalversammlung einige Resolutionen annahm[473], die unter anderem die Einhaltung von Menschenrechtsnormen in bewaffneten Konflikten behandelten, geschah dies mit Unterstützung der USA. Die Resolution betreffend Prinzipien zum Schutz der Zivilbevölkerung in bewaffneten Konflikten stellt ausdrücklich fest, dass *„fundamental human rights, as accepted in international law and laid down in international instruments, continue to apply fully in situations of armed conflict“.*[474] Während beim Entwurf der VN-Antifolterkonvention[475] die USA ausdrücklich betonte, die Konvention in bewaffneten Konflikten nicht anzuwenden[476], machte sie bei der Annahme des Zivilpaktes[477] keine derartigen Vorbehalte. Denkbar wäre, dass dies geschah, weil die USA nicht von einer extraterritorialen Anwendbarkeit ausgegangen sind, es könnte aber auch als Akzeptanz der Geltung menschenrechtlicher Normen in bewaffneten Konflikten gedeutet werden.[478]

Die Haltung der USA änderte sich nach dem 11. September 2001 gravierend und die USA vertraten fortan die strikte Ansicht, dass in bewaffneten Konflikten Menschenrechte gänzlich durch humanitäres Völkerrecht ersetzt würden. Die US Regierung rechtfertigte mit diesem alternativen Ansatz die Anhaltungen

---

473 Siehe G.A. Res. 2675 (XXV), U.N. GAOR, 25th Sess., U.N. Doc. A/RES/2675, at 76 (Dec. 9, 1970) *Basic Principles for the Protection of Civilian Populations in Armed Conflicts*. G.A. Res. 2676 (XXV), U.N. GAOR, 25th Sess., U.N. Doc. A/RES/2676, at 77 (Dec. 9, 1970) *Respect for Human Rights in Armed Conflicts.*

474 Art. 1, der U.N.GA Res. 2675.

475 *United Nations Convention against Torture and Other Cruel, Inhuman or Degrading Treatment or Punishment*, New York, 10 December 1984, Entry into Force: 26 June 1987. Das Abkommen wurde von Österreich am 14. März 1985 unterzeichnet, am 29. Juli 1987 ratifiziert und im BGBl. Nr. 492/1987 vom 16. Oktober 1987 kundgemacht.

476 *Report of the Working Group on a Draft Convention Against Torture and Other Cruel, Inhuman or Degrading Treatment of Punishment*, U.N. Doc. E/CN.4/1984/72.

477 *Internantional Covenant on Civil and Political Rights (ICCPR)*, siehe Fn. 426.

478 Michael J. Dennis, *Application of Human Rights Treaties Extraterritorially in Times of Armed Conflict and Military Occupation*, American Journal of International Law, Vol. 99 (2005), Seite 119.

in Guantanamo Bay[479] und die *„enhanced interogation techniques"*.[480] Im Februar 2006 stellten fünf von den Vereinten Nationen nominierte Experten[481] in einem Bericht[482] zahlreiche Verletzungen des Zivilpaktes[483] aber auch der Anti-Folterkonvention[484] in Guantanamo fest. In ihrer Antwort[485] widersprach die US Regierung vehement dem Bericht, *„both in terms of process and substance"* und stellte *„numerous glaring errors"* fest: *"The Report's improper conflation of the law of war (also known as international humanitarian law) and international human rights law is a fundamental flaw that undercuts virtually all of the Report's conclusions"*.[486] Insbesondere verwahrte sich die US Regierung gegen die Anwendung des Zivilpaktes für die Gefangenen des Lagers in Guantanamo, da deren Behandlung durch das humanitäre Völkerrecht geregelt sei.[487]

Umso gravierender war diese Argumentation, als die Bush Administration die Häftlinge in Guantanamo terroristischer Aktivitäten beschuldigte, sie deshalb in die Kategorie der *„unlawful combatants"*[488] fielen und dadurch auch durch das

---

479 Die Gefangenenlager auf der Guantanamo Bay auf Kuba ist ein Marinestützpunkt der US-Navy auf Kuba. Im Januar 2002 wurde im Gefolge der Invasion der USA in Afghanistan begonnen, den Stützpunkt in ein Internierungslager für Gefangene zu erweitern, die als *„unlawful combatants"* eingestuft wurden.

480 Siehe Memorandum from Jay S. Bybee, Assistant Attorney General, to Alberto R. Gonzales, White House counsel, regarding standards of conduct for interrogation under 18 U.S.C. §§ 2340-2340A, August 1, 2002; http://news.findlaw.com/hdocs/docs/doj/bybee80102ltr6.html [29.03.2014] Die Bush Administration widerrief das Memorandum im Dezember 2004.

481 Unter ihnen Universitätsprofessor Dr. Manfred Nowak, LL.M, Special Rapporteur on torture and other cruel, inhuman or degrading treatment or punishment.

482 UN Commission on Human Rights, *Situation of Detainees at Guantánamo Bay*, 27 February 2006, E/CN.4/2006/120, http://www.refworld.org/docid/45377b0b0.html [29.03.2014].

483 *Internantional Covenant on Civil and Political Rights (ICCPR)*, siehe Fn. 426.

484 *United Nations Convention against Torture and Other Cruel, Inhuman or Degrading Treatment or Punishment* (Fn. 426).

485 Reply of the Government of the United States of America to the Report of the Five UNCHR Special Rapporteurs on Detainees in Guantánamo Bay, Cuba, March 10, 2006, Seite 10; http://www.state.gov/documents/organization/87347.pdf [18.08.2013].

486 Ibid., Seite 11.

487 Ibid., Seite 16: *"the law of armed conflict provides the rules governing detention and treatment of enemy combatants in armed conflict, and the ICCPR by its terms applies only within the territory of the State Party"*.

488 Siehe Fn. 485.

humanitäre Völkerrecht nur mangelhaft geschützt waren.[489] Diese Ansicht wurde jedoch 2006 durch eine Entscheidung des Obersten Gerichtshof der Vereinigten Staaten[490] insofern zurückgewiesen, als es die Praxis der US- Regierung, die prozessualen und materiellen Rechte der Gefangenen derart massiv einzuschränken, als rechtswidrig erklärte.

Wenngleich die Obama Administration einen moderateren Weg verfolgt, sieht sie sich weiterhin in einem bewaffneten Konflikt mit Al Kaida und anderen terroristischen Organisationen[491] und distanziert sich nicht vom Prinzip der alternativen Anwendung von Menschenrechten und humanitärem Völkerrecht. Koh verweist aber auch nicht auf das humanitäre Völkerrecht als *lex specialis*, sondern betont die Bemühungen der Obama Administration:

> *"Let there be no doubt: the Obama Administration is firmly committed to complying with* ***all applicable law, including the laws of war****, in all aspects of these ongoing armed conflicts. [...] We in the Obama Administration have worked hard since we entered office to ensure that we conduct all aspects of these armed conflicts – in particular, detention operations, targeting, and prosecution of terrorist suspects – in a manner consistent not*

489 Marko Milanovic, *Norm Conflicts, International Humanitarian Law and Human Rights Law* (January 5, 2010). Human Rights and International Humanitarian Law, Collected Courses of the Academy of European Law, Vol. XIX/1, Orna Ben-Naftali ed., Oxford University Press, 2010. http://papers.ssrn.com/sol3/papers.cfm?abstract_id=1531596 [18.08.2013].

490 *Hamdan v. Rumsfeld*, 548 U.S. 557 (2006); http://www.supremecourt.gov/opinions/05pdf/05-184.pdf [26.04.2014] *Salin A. Hamdan* ist jemenitischer Staatsbürger und Osama Bin Ladens früherer Chauffeur. Er wurde von US-Truppen bei der Invasion von Afghanistan aufgegriffen und darauf im Gefangenenlager in Guantanamo inhaftiert. Ihm wurde Terrorismusbeteiligung und Verschwörung vorgeworfen und er wurde von einem Militärtribunal als *„unlawful combatant"* eingestuft. Hamdan beantragte eine Haftprüfung und begehrte ein ordnungsgemäßes Verfahren. Nachdem der Oberste Gerichtshof festgestellt hatte, dass es für die Militärkommissionen keine ausreichende Rechtsgrundlage gab, verabschiedete der Kongress 2006 das *Gesetz über Militärkommissionen*. Im Mai 2007 wird Hamdan nach dem neuen System angeklagt und im August 2008 zu fünfeinhalb Jahren verurteilt. Hamdan wurde im November 2008 zur Verbüßung seiner Reststrafe in den Jemen gebracht und im Jänner 2009 durch die jemenitischen Behörden entlassen.

491 Harold Hongju Koh (Rechtsberater des Verteidigungsministeriums und Nachfolger von John B. Bellinger) meint in einer Rede vor der American Society of International Law am 25. März 2010: *„[W]e continue to fight a war of self-defense against an enemy that attacked us on September 11, 2001, and before, and that continues to undertake armed attacks against the United States"* (siehe *Kapitel 5.2.2*); http://www.state.gov/s/l/releases/remarks/139119.htm [18.08.2013].

> *just with the applicable laws of war, but also with the Constitution and laws of the United States."*[492]

Die Formulierung "*all applicable law, including the laws of war" könnte als Hinweis gedeutet w*erden, dass die US Regierung nicht mehr apodiktisch den alternativen Ansatz verfolgt, sondern Raum für eine kumulative Anwendung sieht. Bemerkenswert in diesem Zusammenhang ist auch eine Rede Obamas, in der er am 23. Mai 2013 über die US Anti-Terror-Politik sprach. Neben Überlegungen über die Verlegung von Gefangenen aus Guantanamo in andere Staaten kündigte Obama an, unbeschadet des fortgesetzten Kampfes gegen terroristische Organisationen den „*Krieg gegen den Terror*" zu beenden:

> *"Our systematic effort to dismantle terrorist organizations must continue. But this war, like all wars, must end. That's what history advises. That's what our democracy demands."*[493]

Obama plädiert dafür, die vom Kongress 2001 erteilte „*Authorization to Use Military Force (AUMF)*" neu zu definieren oder aufzuheben, insbesondere im Hinblick darauf, dass diese Ermächtigung fast 12 Jahre alt ist und der Einsatz in Afghanistan 2014 beendet werden sollte.[494]

---

492 Ibid., III. Current Legal Challenges, The Law of 9/11 (Hervorhebung durch Verfasser).

493 John Sifton, *Obama Rejects Perpetual War, But Questions Remain About Targeted Killings*, The Nation, May 23, 2013; http://www.thenation.com/article/174522/obama-rejects-perpetual-war-questions-remain-about-targeted-killings#axzz2cKWtAaMb [18.08.2013].

494 Ibid.

6. Gesetze und Gebräuche in bewaffneten Konflikten

Staaten oder Völker haben von jeher für die Austragung ihrer kriegerischen Auseinandersetzungen Regeln und Gebräuche festgelegt, diese angewendet und gemäß den Erfahrungen auch immer weiterentwickelt.[495] Diese Regeln trugen erheblich dazu bei, den bewaffneten Konflikt, der jedenfalls eine Ausnahmesituation darstellte, beherrschbar zu halten. Auch sollte durch den bewaffneten Konflikt häufig nur ein bestehendes Problem, das friedlich nicht mehr lösbar schien, militärisch einer Lösung zugeführt werden. Nach der zeitlich begrenzten militärischen Auseinandersetzung sollte der Übergang zu friedlichen Beziehungen wieder möglich sein. Dies war jedoch nur möglich, wenn man im Krieg respektvoll miteinander umging und sich bei den Kampfhandlungen fair verhielt.

So enthielt das in Kriegen anwendbare Recht vorwiegend auch Regeln über das Verbot von Kampfmitteln und das ritterliche Verhalten bei der Austragung von Kämpfen. Darüber hinaus wurden die Regeln in den verschiedenen Epochen durch religiöse Vorstellungen und philosophisches Gedankengut beeinflusst: So waren Kampfhandlungen an heiligen Stätten verboten und Personen, die dort Zuflucht suchten, waren zu schützen und zu schonen.

War das Hauptinteresse bei den Haager Friedensverhandlungen 1899 und 1907 noch die Einigung auf Kampfführungsregeln, die im Interesse der beteiligten Streitkräfte waren, so rückte in weiterer Folge und insbesondere durch die Genfer Abkommen der Schutz der Opfer des Krieges in den Mittelpunkt. Dies soll jedoch nicht darüber hinwegtäuschen, dass die Regeln und Gebräuche immer noch vorwiegend die Erreichung politischer Ziele mit militärischen Mitteln ermöglichen sollten. Daraus resultiert auch die Tatsache, dass internationale bewaffnete Konflikte, also Konflikte mit einem anerkannten und als Träger von Rechten akzeptierten Gegner, wesentlich detaillierter geregelt waren. Die Bereitschaft, internen Gegnern, Widerstandsbewegungen oder bewaffneten Gruppen, die sich im Widerspruch zur nationalen Rechtsordnung verhielten, Rechte einzuräumen, war dagegen äußerst gering. Diese Unterscheidung spiegelt sich in der unterschiedlichen Rechtsstellung und in dem unterschiedlichen Kampfführungsrecht der verschiedenen Konfliktarten wider.

---

495 Siehe Überblick von Christopher Greenwood, *Historical Development* (Seite 15ff) in D. Fleck (Hrsg.), *The Handbook of Humanitarian Law*, Oxford University Press, 2008.

6.1 Gesetze und Gebräuche in internationalen bewaffneten Konflikten

Kennzeichnend für das Recht der internationalen bewaffneten Konflikte ist, dass Völkerrechtssubjekte eine Vereinbarung darüber treffen, welche Regeln gelten sollen, wenn sie die friedlichen Beziehungen zueinander abbrechen oder – treffender ausgedrückt – unterbrechen. Aufgrund der – trotz aller bestehenden Machtunterschiede – rechtlichen Symmetrie war es Staaten möglich, sehr detaillierte Regelungen zu treffen. Diese Symmetrie ermöglichte auch sehr weitreichende Zugeständnisse zum Schutz der Opfer kriegerischer Auseinandersetzungen. Auch das Prinzip der Reziprozität, das nur in einem symmetrischen System ausreichend funktionieren kann, leistete einen großen Beitrag zur Entstehung eines umfassenden Regelwerks.

Nur im Lichte dieser Rahmenbedingungen ist es vorstellbar, dass Regelungen wie die Freilassung eines Kriegsgefangenen gegen Ehrenwort[496], die Achtung seiner Person und Ehre[497], Grußpflicht im Kriegsgefangenenlager und das Tragen von Dienstgradabzeichen und Auszeichnungen[498], das Verbot, die Rechtsstellung von Beamten im besetzten Gebiet zu verändern[499], das Verbot der Heimtücke[500] sowie insbesondere der Kombattantenstatus[501] sich entwickeln konnten.

Wenngleich vereinzelt Regeln und Gebräuche der internationalen bewaffneten Konflikte auch gewohnheitsmäßig in nicht-internationalen bewaffneten Konflikten zur Anwendung kommen, ist vor allem die Rechtsstellung der an Kampfhandlungen beteiligter Personen noch immer der augenscheinlichste Unterschied.

Je asymmetrischer ein Konflikt ist, umso mehr verlieren die Regeln und Gebräuche der internationalen bewaffneten Konflikte an Bedeutung. Das humanitäre Völkerrecht sieht zwar vor, dass die Bestimmungen des internationalen bewaffneten Konflikts durch Sondervereinbarungen auch auf andere Konflikte ganz oder teilweise in Kraft gesetzt werden können[502], ohne die Rechtsstellung

---

496 Art. 10, *Haager Landkriegsordnung* (Fn. 14), Art. 21, 2. Absatz, *Genfer Abkommen III* (Fn. 15).

497 Art. 14, *Genfer Abkommen III* (Fn. 15).

498 Ibid., Art. 39, 2. und 3. Absatz.

499 Art. 54, *Genfer Abkommen IV* (Fn. 15).

500 Art. 37, *Zusatzprotokoll I* (Fn. 16).

501 Siehe 6.1.1.1 Kombattantenstatus.

502 Art. 3, *Genfer Abkommen I-IV* (Fn. 15).

der am Konflikt beteiligten Personen zu verändern, dafür findet sich jedoch kaum Bereitschaft unter den Völkerrechtssubjekten.

6.1.1 Rechtsstatus von Personen in internationalen bewaffneten Konflikten

6.1.1.1 Kombattantenstatus

Der internationale bewaffnete Konflikt ist gekennzeichnet durch die Unterscheidung von Kombattanten und Zivilpersonen.[503] Kombattanten sind alle Personen, die den Streitkräften angehören, ausgenommen das Sanitäts- und Seelsorgepersonal.[504] Zu den Streitkräften zählt man zunächst jedenfalls die Gesamtheit der regulären bewaffneten Verbände, Gruppen und Einheiten eines Staates. In diese regulären Streitkräfte können auch paramilitärische und bewaffnete Vollzugsorgane aufgenommen werden (um ihnen somit die unmittelbare Teilnahme an Kampfhandlungen zu ermöglichen), wenn dies den anderen am Konflikt beteiligten Parteien mitgeteilt wird.[505]

Das humanitäre Völkerrecht geht jedoch von dem sehr weiten Streitkräftebegriff des III. Genfer Abkommens über die Behandlung der Kriegsgefangenen aus.[506] Zu den Angehörigen der Streitkräfte gehören demnach:

1. *Angehörige von bewaffneten Kräften einer am Konflikt beteiligten Partei, ebenso Angehörige von Milizen und Freiwilligenkorps, die zu diesen bewaffneten Kräften gehören;*
2. *Angehörige anderer Milizen und Freiwilligenkorps, einschließlich solcher von organisierten Widerstandsbewegungen, die zu einer am Konflikt beteiligten Partei gehören und außerhalb oder innerhalb ihres eigenen Gebietes, auch wenn dasselbe besetzt ist,*

---

503 Art. 48, *Zusatzprotokoll I* (Fn. 16); diese Bestimmung ist das wichtigste Grundprinzip des humanitären Völkerrechts. Im allgemeinen Sprachgebrauch, aber auch in der militärischen Ausbildung wird häufig die Unterscheidung zwischen Kombattanten und Zivilisten zitiert. Tatsächlich ist jedoch zwischen Kombattanten und Nichtkombattanten (zu denen auch die Angehörigen des Sanitäts- und Seelsorgepersonals gehören, die keine Zivilisten sind) zu unterscheiden, weil die einen direkt angegriffen werden dürfen, während die anderen zu schützen und zu schonen sind.

504 Ibid., Art. 43, Abs. 2; siehe auch Art. 3, *Haager Landkriegsordnung* (Fn. 14).

505 Art. 43, Abs. 3, *Zusatzprotokoll I* (Fn. 16). Für diese Bestimmung hat sich die deutsche Delegation der Diplomatischen Konferenz (1974–1977) eingesetzt: sie ermöglicht es, paramilitärische oder bewaffnete Polizeieinheiten, wie etwa den Bundesgrenzschutz, in internationalen bewaffneten Konflikten nach Notifizierung in die Streitkräfte zu integrieren.

506 Bereits die Haager Landkriegsordnung (Fn. 14) sah im Art. 1 diesen weiten Streitkräftebegriff vor.

tätig sind, sofern diese Milizen oder Freiwilligenkorps, einschließlich der organisierten Widerstandsbewegungen:

a. an ihrer Spitze eine für ihre Untergebenen verantwortliche Person haben;

b. ein bleibendes und von weitem erkennbares Zeichen tragen;

c. die Waffen offen tragen;

d. bei ihren Operationen die Gesetze und Gebräuche des Krieges einhalten;

3. Angehörige regulärer bewaffneter Kräfte, die sich zu einer von der Gewahrsamsmacht nicht anerkannten Regierung oder Behörde bekennen.[507]

Die großen Veränderungen im politischen System Europas zu Beginn des Zweiten Weltkrieges brachten es mit sich, dass viele Länder besetzt waren, Waffenstillstandsübereinkommen getroffen, Allianzen begründet und wieder aufgelöst wurden und in dieser chaotischen Situation viele militärische Gruppierungen kämpften, deren Regierungen nicht mehr existierten oder von ihren Gegnern nicht anerkannt wurden. Die Angehörigen dieser bewaffneten Gruppen wurden als „*francs-tireurs*"[508] betrachtet, denen kein Kombattantenstatus zukam. Im Rahmen der vom IKRK nach dem Zweiten Weltkrieg einberufenen Konferenz der Regierungsexperten gab es intensive Bemühungen, den Rechtsstatus dieser Personengruppe zu klären.[509] Auch sogenannte „*Partisanen*"[510] sollten unter bestimmten Voraussetzungen als Kombattanten gelten und somit im Falle der Gefangennahme als Kriegsgefangene anerkannt werden. Nach Diskussionen über Detaillierungen der Kriterien[511] für die Anerkennung als Streitkraft einigten sich die Regierungsvertreter schließlich darauf, vom ursprünglichen Text der Haager Landkriegsordnung nicht abzugehen.

---

507 Art. 4. A., *Genfer Abkommen III* (Fn. 15).

508 Während des Ersten und Zweiten Weltkriegs wurden französische und belgische Partisanen als Francs-tireurs (von frz. *franc* = frei; *tireur* = Schütze) bzw. Franktireur bezeichnet. Bereits seit 1848 ist der Ausdruck „*Freischar*" gebräuchlich und bezeichnet einen militärischen Freiwilligenverband (Freikorps), der – ohne den regulären Streitkräften zu unterstehen – sich an einem Krieg vorwiegend gegen einen ausländischen Eindringling beteiligt. Die Mitglieder einer Freischar werden als *Freischärler* bezeichnet und wurden im 18. Jahrhundert häufig ohne ordentliches Gerichtsverfahren hingerichtet.

509 *Report on the Work of the Conference of Government Experts for the Study of the Conventions for the Protection of War Victims*, Seite 109f (Fn. 88).

510 Partisanen führen Kampfhandlungen in einem von einer anderen Gewalt kontrolliertem Gebiet durch. Sie sind meist nur mit leichten Waffen ausgerüstet, führen Sabotageakte und militärische Angriffe auf kleinere militärische Verbände des Feindes durch und operieren dabei meistens aus der Deckung einer Zivilbevölkerung.

511 Erwogen wurde u.a. die Art, Form und Größe der Unterscheidungskennzeichen festzulegen.

Schließlich wird auch den Angehörigen von regulären Streitkräften, die sich zu einer nicht anerkannten Regierung oder Autorität bekennen, Kombattantenstatus zuerkannt.[512] Anlass für diese Regelung war, dass im Zweiten Weltkrieg einigen militärischen Gruppierungen der humanitätsrechtliche Schutz verwehrt wurde, weil ihre Regierungen nicht anerkannt waren.[513] Durch diese Regelung erhalten die Angehörigen von Streitkräften einer Exilregierung, aber auch einer Regierung, die durch eine Besatzungsmacht ersetzt wurde, und den Kampf fortsetzen, Kombattantenstatus.

Neben regulären Streitkräften und anderen Streitkräften (sofern sie einen verantwortlichen Kommandanten haben, ein deutliches Kennzeichen tragen, die Waffen offen führen und die Gesetze und Gebräuche des Krieges einhalten) wird auch der *Levée en masse*[514] Kombattantenstatus zuerkannt. Diese Variante der Verteidigung eines Territoriums kam schon im 2. Weltkrieg nicht mehr vor und die Relevanz dieser Bestimmung ist heute umso geringer, als sie nicht für einzelne Bürger, die Widerstand leisten, anwendbar ist. Der Kombattantenstatus kommt nur den Angehörigen einer Massenerhebung gegen den einmarschierenden Feind zu und auch dann nur für begrenzte Zeit. Wenn der Widerstand andauert, muss die verantwortliche Regierung die *Levèe en masse* durch reguläre Truppen ersetzen oder sie in die regulären Streitkräfte aufnehmen.[515] Somit ist die *Levèe en masse* eine Form einer sonstigen Streitkraft, die lediglich mangels verfügbarer Zeit vom Kriterium der Organisation unter einem verantwortlichen Kommandanten und vom Kriterium, eine Uniform oder ein sonstiges deutliches

---

512 Art. 4 A., Abs. 3, *Genfer Abkommen III* (Fn. 15).

513 So sah das Deutsch-Französische Waffenstillstandsabkommen (Waffenstillstand von Compiègne) vom 22. Juni 1940 vor, dass jene französischen Soldaten, die weiter die Waffen gegen Deutschland erheben, nicht unter den Schutz des Kriegsrechts fallen. Wenige Tage vor Abschluss des Waffenstillstands ging General Charles de Gaulle nach London ins Exil und fasste die in England verbliebenen 110.000 französischen Soldaten zu den *Freien Französischen Streitkräften* (*Forces francaises libres*) zusammen und proklamierte die Fortsetzung des Krieges. Ähnlich war die Situation von italienischen Truppen, die nach 1943 in Süditalien gegen deutsche Truppen kämpften.

514 Als *Levée en masse*, ursprünglich eine Form der allgemeinen Wehrpflicht, wie sie in Frankreich Ende des 17. Jahrhunderts eingeführt wurde, versteht die Haager Landkriegsordnung *„die Bevölkerung eines nicht besetzten Gebiets, die beim Herannahen des Feindes aus eigenem Antriebe zu den Waffen greift, um die eindringenden Truppen zu bekämpfen, ohne Zeit gehabt zu haben, reguläre Streitkräfte zu bilden"*. Siehe auch Art. 4 A., Abs. 6, *Genfer Abkommen III* (Fn. 15).

515 Jean Pictet, *Commentary on the Geneva Convention III* (Fn. 105), Seite 68.

Zeichen zu tragen, zeitlich befristet befreit ist. Das offene Tragen der Waffen und die Einhaltung der Gesetze und Gebräuche des Krieges bleiben für die Zuerkennung des Kombattantenstatus uneingeschränkt erforderlich.[516]

Die Beurteilung, wem Kombattantenstatus zukommt, ist deshalb bedeutend, weil nur Kombattanten unmittelbar an Feindseligkeiten teilnehmen dürfen[517], das heißt, die bloße Teilnahme an Kampfhandlungen darf ihnen weder völkerrechtlich noch innerstaatlich (nach nationalem Recht) vorgeworfen werden. Unbeschadet dessen sind Kombattanten jedoch für Verletzungen des humanitären Völkerrechts individuell verantwortlich[518], gleich wie militärische Kommandanten für Völkerrechtsverletzungen durch die ihrem Befehl unterstehenden Soldaten verantwortlich sind.[519]

> *„Obwohl alle Kombattanten verpflichtet sind, die Regeln des in bewaffneten Konflikten anwendbaren Völkerrechts einzuhalten, verwirkt ein Kombattant bei Verletzung dieser Regeln nicht das Recht, als Kombattant oder, wenn er in die Gewalt einer gegnerischen Partei gerät, als Kriegsgefangener zu gelten, ausgenommen in den in den Absätzen 3 und 4 bezeichneten Fällen.“*[520]

Somit legt das Zusatzprotokoll I fest, dass Kombattanten ihren Status verwirken, wenn sie während eines militärischen Einsatzes und auch während eines Aufmarsches zu einem Angriff und solange sie vom Gegner gesehen werden, nicht zumindest die Waffen offen tragen.[521] Alle anderen Verletzungen des Rechts der bewaffneten Konflikte sind zwar strafrechtlich oder disziplinär relevant, haben aber keinen Einfluss auf den Kombattantenstatus. Dies ist im Einklang mit dem Grundprinzip der Unterscheidung und der daraus folgenden Unterscheidungspflicht:

> *„Um den Schutz der Zivilbevölkerung vor den Auswirkungen von Feindseligkeiten zu verstärken, sind die Kombattanten verpflichtet, sich von der Zivilbevölkerung zu*

516 Ibid., Seite 67.

517 Art. 43, Abs. 2, *Zusatzprotokoll I* (Fn. 16): *„Die Angehörigen der Streitkräfte einer am Konflikt beteiligten Partei (mit Ausnahme des … Sanitäts- und Seelsorgepersonals) sind Kombattanten, das heißt, sie sind berechtigt, unmittelbar an Feindseligkeiten teilzunehmen“.*

518 Ibid., Art. 85 (Ahndung von Verletzungen dieses Protokolls). Siehe auch die Regelung über Strafbestimmungen im *I. Genfer Abkommen*, Art. 49; *II. Genfer Abkommen*, Art. 50; *III. Genfer Abkommen*, Art. 129; *IV. Genfer Abkommen*, Art. 146 (Fn. 15).

519 Ibid., Art. 87 (Pflichten militärischer Führer).

520 Ibid., Art. 44, Abs. 2.

521 Ibid., Art. 44, Abs. 3.

> *unterscheiden, solange sie an einem Angriff oder an einer Kriegshandlung zur Vorbereitung eines Angriffs beteiligt sind.*“[522]

Das Zusatzprotokoll I trägt aber auch der Realität Rechnung, indem es anerkennt, dass „*es jedoch in bewaffneten Konflikten Situationen gibt, in denen sich ein bewaffneter Kombattant wegen der Art der Feindseligkeiten nicht von der Zivilbevölkerung unterscheiden kann*“.[523] Solche Situationen sind als Ausnahmesituationen anzusehen und bezwecken nicht eine Änderung der allgemeinen Staatenpraxis, der zufolge Angehörige von regulären Streitkräften Uniformen tragen.[524] Über die nähere Detaillierung und Begrenzung dieser Ausnahmebestimmung gab es heftige Diskussionen auf der Diplomatischen Konferenz und “*it is a fact that no delegation at the Conference finally got precisely the terms it wished, whether this was because of the lack of explicit mention of national liberation movements or occupied territory, which some would have wanted, or of guerrilla combatants, which others would have wanted*”.[525] Dass mit dieser Bestimmung das offene Tragen der Waffen während eines Einsatzes für Kombattanten zur Bewahrung ihres Status ausreicht und kein weiteres Unterscheidungs- oder Erkennungsmerkmal gefordert wird, war schließlich für viele Staaten nicht akzeptabel. Artikel 44, Abs. 2–4 war mit ein Grund, warum bedeutende Staaten das Abkommen nicht ratifiziert haben[526], was bei einem Waffengang auch innerhalb einer Koalition, bestehend aus Vertragsstaaten und Nichtvertragsstaaten des Zusatzprotokolls I, erhebliche praktische Auswirkungen hat. Wird ein Soldat, der bei der Annäherung und während des Einsatzes zwar keine Uniform, jedoch die Waffen offen getragen hat, von einem Vertragsstaat des Zusatzprotokolls I gefangengenommen, gilt er als Kriegsgefangener. Gerät derselbe Soldat in den Gewahrsam eines Nichtvertragsstaates, erkennt dieser ihm den Kombattantenstatus ab, womit auch der Anspruch auf Anerkennung als Kriegsgefangener wegfällt. Solche Personen werden

---

522 Ibid., Art. 44, Abs. 3 erster Satz.

523 Ibid., Art. 44, Abs. 3, zweiter Satz.

524 Ibid., Art. 44, Abs. 7.

525 Yves Sandoz, Christophe Swinarski, Bruno Zimmermann, *Commentary on the Additional Protocols of 8 June 1977 to the Geneva Conventions of 12 August 1949* (Fn. 168), Seite 536.

526 Mit Stand Juni 2013 haben 173 Staaten das Zusatzprotokoll I ratifiziert. Die Vereinigten Staaten, Israel, Iran, Pakistan, Indien und die Türkei gehören zu den bedeutenden Staaten, die das Protokoll bislang nicht ratifiziert haben.

von verschiedenen Nationen in ihren Manuals auch als „*unlawful combatants*“[527], „*illegal combatants*“ oder „*unprivileged combatants*“ bezeichnet.

Aufgrund ausdrücklicher vertragsrechtlicher Bestimmungen haben Spione und Söldner keinen Anspruch auf einen Kombattantenstatus. Als Spion gilt, „*wer heimlich oder unter falschem Vorwande in dem Operationsgebiet einer Kriegspartei Nachrichten einzieht oder einzuziehen sucht in der Absicht, sie der Gegenpartei mitzuteilen*“.[528] Gerät ein Angehöriger der Streitkräfte bei Ausübung von Spionage in die Gewalt der gegnerischen Partei, hat er keinen Anspruch auf die Behandlung als Kriegsgefangener und kann als Spion bestraft werden.[529] Für einen Angehörigen der Streitkräfte, der in dem Gebiet, in dem er Spionage betreibt, ansässig ist, gilt dies nur, wenn er während der Spionagetätigkeit gefangengenommen wird.[530] Ist er nicht in dem Gebiet ansässig, verliert er den Kombattantenstatus und somit den Anspruch auf Behandlung als Kriegsgefangener nur, wenn er gefangengenommen wird, bevor er seine eigenen Streitkräfte wieder erreicht.[531] Aufklärungs- und Spähtrupptätigkeit von Angehörigen der Streitkräfte in Uniform (also weder heimlich noch unter falschem Vorwand) gilt nicht als Spionage.[532]

---

527 Der Begriff wurde erstmals 1942 durch den *United States Supreme Court* im *Quirin-Fall* verwendet: "*[...] the law of war draws a distinction between the armed forces and the peaceful populations of belligerent nations and also between those who are lawful and unlawful combatants. Lawful combatants are subject to capture and detention as prisoners of war by opposing military forces. Unlawful combatants are likewise subject to capture and detention, but in addition they are subject to trial and punishment by military tribunals for acts which render their belligerency unlawful. The spy who secretly and without uniform passes the military lines of a belligerent in time of war, seeking to gather military information and communicate it to the enemy, or an enemy combatant who without uniform comes secretly through the lines for the purpose of waging war by destruction of life or property, are familiar examples of belligerents who are generally deemed not to be entitled to the status of prisoners of war, but to be offenders against the law of war subject to trial and punishment by military tribunals.*" Neben den Vereinigten Staaten verwenden auch das Vereinigte Königreich, Australien, Israel und Kanada diesen Begriff.

528 Art. 29, *Haager Landkriegsordnung* (Fn. 14).

529 Siehe Art. 46, Abs. 1, *Zusatzprotokoll I* (Fn. 16) aber auch Art. 30, *Haager Landkriegsordnung* (Fn. 14). Eine Bestrafung ist jedoch nicht ohne vorangegangenes Urteil zulässig.

530 Art. 46, Abs. 3, *Zusatzprotokoll I* (Fn. 16).

531 Ibid., Art 46, Abs. 4; siehe auch Art. 31, *Haager Landkriegsordnung*.

532 Ibid., Art 46, Abs. 2; siehe auch Art. 29, zweiter Satz, *Haager Landkriegsordnung*.

Das humanitäre Völkerrecht verbietet das Söldnerwesen nicht[533], gewährt den Söldnern jedoch keinen Kombattantenstatus. Dies wird von Experten nicht nur positiv gesehen, sondern als bewusste Diskriminierung einer Gruppe von Kämpfern aus ideologischen Gründen: *„Wird beim Guerilla der Kombattantenstatus unverantwortlich ausgedehnt, so wird er beim Söldner ungerechtfertigt eingeschränkt“.*[534] Hinz/Rauch sehen es als gewissen Erfolg an, dass die Söldnerdefinition sehr viel enger ist, als ursprünglich von vielen Delegationen gefordert[535]:

Als Söldner gilt,

a) wer im Inland oder Ausland zu dem besonderen Zweck angeworben ist, in einem bewaffneten Konflikt zu kämpfen,

b) wer tatsächlich unmittelbar an Feindseligkeiten teilnimmt,

c) wer an Feindseligkeiten vor allem aus Streben nach persönlichem Gewinn teilnimmt und wer von oder im Namen einer am Konflikt beteiligten Partei tatsächlich die Zusage einer materiellen Vergütung erhalten hat, die wesentlich höher ist als die den Kombattanten der Streitkräfte dieser Partei in vergleichbarem Rang und mit ähnlichen Aufgaben zugesagte oder gezahlte Vergütung,

d) wer weder Staatsangehöriger einer am Konflikt beteiligten Partei ist noch in einem von einer am Konflikt beteiligten Partei kontrollierten Gebiet ansässig ist,

e) wer nicht Angehöriger der Streitkräfte einer am Konflikt beteiligten Partei ist und

f) wer nicht von einem nicht am Konflikt beteiligten Staat in amtlichem Auftrag als Angehöriger seiner Streitkräfte entsandt worden ist.[536]

Häufig werden die Angehörigen von privaten Militär- und Sicherheitsunternehmen (Private Military Companies - PMC und Private Security Companies - PSC) als *„moderne Söldner“* bezeichnet. Dies wäre nur dann zutreffend, wenn private Militär- und Sicherheitsunternehmen in einem internationalen bewaffneten Konflikt eingesetzt werden und alle Voraussetzungen des Artikels 47, Zusatzprotokoll I kumulativ vorliegen. Insbesondere wäre zu prüfen, ob die Angehörigen dieser Unternehmen tatsächlich unmittelbar an Feindseligkeiten teilnehmen oder nur sonstige Dienstleistungen erbringen, die keine direkte

533 Die von der Plenarsitzung der Vereinten Nationen am 4. Dezember 1989 verabschiedete *Internationale Konvention gegen die Rekrutierung, den Einsatz, die Finanzierung und die Ausbildung von Söldnern* wurde bislang nur durch wenige Länder ratifiziert.

534 Joachim Hinz & Elmar Rauch, *Kriegsvölkerrecht, Textsammlung mit Erläuterungen* (Fn. 323).

535 Andere Abkommen zur Bekämpfung des Söldnerwesens verwenden ähnlich enge Definitionen.

536 Art. 47, Zusatzprotokoll I (Fn. 16).

Teilnahme an Kampfhandlungen darstellen.[537] Personenschutz für Diplomaten oder Geschäftsleute sowie Bewachung ziviler Objekte und nichtmilitärischer Infrastruktur stellen keine direkte Teilnahme an Feindseligkeiten dar. Sogar Dienstleistungen für die Streitkräfte, soweit sie nicht zu einem unmittelbaren Schaden beim Gegner führen, sind nicht vorwerfbar. Das humanitäre Völkerrecht sieht für Personen, die derartige Dienstleistungen erbringen, sogar einen privilegierten Status vor. Anspruch auf die Behandlung als Kriegsgefangener haben:

> *„Personen, die den bewaffneten Kräften folgen, ohne ihnen direkt anzugehören, wie […], Heereslieferanten, Angehörige von Arbeitseinheiten oder von Diensten, die mit der Fürsorge für die bewaffneten Kräfte betraut sind, sofern dieselben von den bewaffneten Kräften, die sie begleiten, zu ihrer Tätigkeit ermächtigt wurden.“*[538]

Diesen Schutz als „*Heeresgefolge*“, der den meisten privaten Militär- und Sicherheitsunternehmen zukommen wird, verlieren sie jedoch, wenn und solange sie direkt an Feindseligkeiten teilnehmen. Waffengewalt gegen feindliche Kombattanten oder absichtliche Behinderung feindlicher Kampfmaßnahmen, die Bewachung militärischer Ziele sowie die Bekämpfung geschützter Personen und Objekte stellen eine direkte Teilnahme an Kampfhandlungen dar.

Fallen private Militär- und Sicherheitsunternehmen mangels Autorisierung durch die Streitkräfte nicht unter das Heeresgefolge, wären sie als Zivilisten zu betrachten, die im Falle der direkten Teilnahme an Kampfhandlungen keinen Schutz vor unmittelbaren Angriffen genießen. Sollten private Militär- und Sicherheitsunternehmen in Streitkräfte eingegliedert sein, was tatsächlich sehr selten zutrifft[539], kommt die Qualifizierung als Söldner ebenfalls nicht in Frage.

Kombattanten sind nicht nur berechtigt, an Feindseligkeiten unmittelbar teilzunehmen, sondern dürfen auch direkt bekämpft werden[540], d. h. sie sind legitime

---

537 Dies könnte gemäß der *Interpretive Guidance on the Notion of Direct Participation in Hostilities under International Humanitarian Law* (Fn. 580) geprüft werden.

538 Art. 4, A. Abs. 4, *Genfer Abkommen III* (Fn. 15).

539 Dies deshalb, weil die Auslagerung von Dienstleistungen häufig auch in den engen rechtlichen Schranken von nationalen Rechtsordnungen ihren Grund hat. Außerdem würde durch eine Eingliederung der PMC und PSC die gewonnene Flexibilität wieder verlorengehen.

540 Art. 48, *Zusatzprotokoll I* (Fn. 16): „*Um Schonung und Schutz der Zivilbevölkerung und ziviler Objekte zu gewährleisten, unterscheiden die am Konflikt beteiligten Parteien jederzeit zwischen der Zivilbevölkerung und Kombattanten sowie zwischen zivilen Objekten und militärischen Zielen; sie dürfen daher ihre Kriegshandlungen* ***nur gegen militärische Ziele richten***“. Art 52, Abs. 2 des *Zusatzprotokolls I*: „*Angriffe sind streng auf militärische Ziele zu beschränken.* ***Soweit es sich um Objekte handelt, gelten als***

Ziele, solange sie nicht *hors de combat*[541] sind. Da dieser Rechtsstatus, der allen Angehörigen der Streitkräfte mit Ausnahme des Sanitäts- und Seelsorgepersonal zukommt, sich aus dem Völkerrecht ergibt, können innerstaatliche Rechtsnormen den Kreis der Anspruchsberechtigten nicht verändern. Wenngleich durch nationale Rechtsnormen bestimmte Angehörige der Streitkräfte (z.B. Militärrichter, Beamte, Angestellte) keinen Kampfauftrag erhalten, bleiben sie dennoch Kombattanten mit der völkerrechtlichen Befugnis, sich unmittelbar an Feindseligkeiten zu beteiligen, aber auch mit dem Risiko, Ziel direkter Angriffe sein zu können. Die teils geäußerte Ansicht[542], aufgrund der durch nationale Anordnung auf Notwehr und Nothilfe eingeschränkten Befugnis seien sie „*Nichtkombattanten*", ist abzulehnen, könnte dadurch doch der falsche Eindruck entstehen, diese Personengruppe darf nicht bekämpft werden und genießt denselben Schutz wie das Sanitäts- und Seelsorgepersonal.

6.1.1.2 Kriegsgefangenenstatus

Wenn man den Status eines Kombattanten als primären Rechtsstatus in den Feindseligkeiten ansieht, so folgt als sekundärer Status nach der Gefangennahme der Status eines Kriegsgefangenen.[543] „*Ein Kombattant [...], der in die Gewalt einer gegnerischen Partei gerät, ist Kriegsgefangener*".[544] Die Haager Landkriegsordnung bestimmt, dass Kriegsgefangene mit Menschlichkeit zu behandeln sind und nicht der Gewalt der Personen oder der Abteilungen unterstehen, die

---

***militärische Ziele** nur solche Objekte, die ...*" Die Wortfolge „*soweit es sich um Objekte handelt*" soll zum Ausdruck bringen, dass auch Kombattanten legitime Ziele sind (Hervorhebungen durch Verfasser).

541 Art. 41, *Zusatzprotokoll I* (Fn 16):
Außer Gefecht befindlich ist,
a) wer sich in der Gewalt einer gegnerischen Partei befindet,
b) wer unmissverständlich seine Absicht bekundet, sich zu ergeben, oder
c) wer bewusstlos oder anderweitig durch Verwundung oder Krankheit kampfunfähig und daher nicht in der Lage ist, sich zu verteidigen, sofern er in allen diesen Fällen jede feindselige Handlung unterlässt und nicht zu entkommen versucht.

542 Andreas von Arnauld, *Recht des bewaffneten Konflikts – Humanitäres Völkerrecht*, Skript zur Vorlesung, Universität der Bundeswehr Hamburg, Wintertrimester 2010, Seite 35.

543 Ibid., Seite 31.

544 Art. 44, Abs. 1, *Zusatzprotokoll I* (Fn. 16), siehe jedoch Abs. 3 und 4, über die Verwirkung des Anspruchs. Siehe auch Art. 3 der *Haager Landkriegsordnung* (Fn. 14).

sie gefangen haben, sondern der Gewalt der feindlichen Regierung.[545] Aus dem Kombattantenstatus und somit dem Recht, sich unmittelbar an Feindseligkeiten beteiligen zu dürfen, folgt, dass der Kriegsgefangenenstatus nicht eine Bestrafung oder Vergeltung für Schadenszufügung sein kann. Die Kriegsgefangenen sind vielmehr zu schützen und zu schonen[546], durch den Gewahrsamsstaat so zu behandeln wie die Angehörigen der eigenen Streitkräfte[547] und mit dem Friedensschluss oder mit der Beendigung der aktiven Feindseligkeiten unverzüglich heimzuschaffen.[548]

Durch die Internierung in einem Kriegsgefangenenlager schafft das Völkerrecht in einem internationalen bewaffneten Konflikt die Möglichkeit, eine von Kombattanten ausgehende Bedrohung bis zum Ende des Konflikts hintanzuhalten.[549] Diese Möglichkeit der Internierung wird durch das III. Genfer Abkommen über die Behandlung der Kriegsgefangenen auch auf jene Personengruppen ausgedehnt, die keine Befugnis haben, unmittelbar an Feindseligkeiten teilzunehmen, jedoch in sonstiger Weise an Kriegsbemühungen beteiligt sind. Außer den Kombattanten haben auch folgende Personengruppen Anspruch auf den Kriegsgefangenenstatus:

> *„Personen, die den bewaffneten Kräften folgen, ohne ihnen direkt anzugehören, wie zivile Besatzungsmitglieder von Militärflugzeugen, Kriegsberichterstatter, Heereslieferanten, Angehörige von Arbeitseinheiten oder von Diensten, die mit der Fürsorge für die bewaffneten Kräfte betraut sind, sofern dieselben von den bewaffneten Kräften, die sie begleiten, zu ihrer Tätigkeit ermächtigt wurden. Diese sind gehalten, ihnen zu diesem Zweck eine dem beigefügten Muster entsprechende Identitätskarte auszuhändigen;*
> *Besatzungsmitglieder der Handelsmarine, einschließlich der Kapitäne, Steuermänner und Schiffsjungen sowie Besatzungen der Zivilluftfahrt der am Konflikt beteiligten Parteien, welche auf Grund anderer Bestimmungen des internationalen Rechts keine günstigere Behandlung genießen.“*[550]

---

545 Art. 4, *Haager Landkriegsordnung* (Fn. 14). Siehe auch Art. 12, *Genfer Abkommen III* (Fn. 15).

546 Art. 13, *Genfer Abkommen III* (Fn. 15).

547 Art. 8, *Haager Landkriegsordnung* (Fn. 14).

548 Ibid., Art. 20. Siehe auch Art. 118, *Genfer Abkommen III* (Fn. 15).

549 Da mit dem Ende des internationalen bewaffneten Konflikts das Schädigungsrecht des Kombattanten wegfällt, gibt es auch keinen Grund, Kriegsgefangene weiter anzuhalten.

550 Art. 4, A., Abs. 4 und 5, *Genfer Abkommen III* (Fn. 15).

6.1.1.3 *Sanitäts- und Seelsorgepersonal*

Das militärische und zivile Sanitätspersonals[551] einer an einem internationalen bewaffneten Konflikt beteiligten Partei, das Sanitätspersonal der nationalen Gesellschaften des Roten Kreuzes (Roten Halbmonds, Roten Kristalls) und anderer freiwilliger nationaler Hilfsgesellschaften[552] sowie das Sanitätspersonal von Hilfsgesellschaften neutraler Staaten[553] werden unter allen Umständen geschützt und geschont. Der Schutz der Angehörigen des Sanitätspersonals sowie der Sanitätseinrichtungen und Sanitätstransporte endet, wenn sie außerhalb ihrer humanitären Bestimmung verwendet werden, jedoch erst dann, wenn eine Warnung unbeachtet geblieben ist.[554] Sanitätspersonal darf zur eigenen Verteidigung und zur Verteidigung der ihnen anvertrauten Verwundeten und Kranken mit leichten Handfeuerwaffen ausgestattet sein.[555] Das Sanitätspersonal darf folglich nur in Notwehr und Nothilfe Gewalt anwenden, also in Fällen eines rechtswidrigen Angriffs auf das Sanitätspersonal oder auf geschützte Personen.[556] Die Einnahme einer Sanitätseinrichtung[557] durch gegnerische Kombattanten stellt an sich noch keine rechtswidrige Handlung dar und rechtfertigt zu keinen gewaltsamen Gegenmaßnahmen durch Angehörige des Sanitätspersonals.

Kein Angehöriger des Sanitätspersonals darf für eine mit dem ärztlichen Ehrenkodex im Einklang stehende Tätigkeit bestraft werden[558], der Schutz der

551 Unter dem Sanitätspersonal ist das „*ausschließlich zum Aufsuchen, zur Bergung, zum Transport oder zur Pflege der Verwundeten und Kranken oder zur Verhütung von Krankheiten verwendete Sanitätspersonal, das ausschließlich für die Verwaltung der Sanitätsformationen und -anstalten verwendete Personal* …" zu verstehen (Art. 24, I. Genfer Abkommen).

552 Art 26, *Genfer Abkommen I* (Fn. 15).

553 Ibid., Art 27.

554 Art. 13, *Zusatzprotokoll I* (Fn. 16).

555 Ibid., Art. 13, Abs. 2 a).

556 Das Nothilferecht ist durch die Genfer Abkommen bzw. Zusatzprotokolle auf den Waffengebrauch zugunsten der anvertrauten Verwundeten, Kranken und Schiffbrüchigen beschränkt.

557 Einnahme ist als Übernahme des Kommandos und der völkerrechtlichen Verantwortung für die Verwundetenversorgung zu verstehen, klar zu unterscheiden von einem Angriff auf die Sanitätseinrichtung oder auf Verwundete, die als klar völkerrechtswidrige Handlung zur Notwehr oder Nothilfe berechtigen. Waffengewalt dürfte das Sanitätspersonal auch gegen rechtswidrige Handlungen, die in keinem Zusammenhang mit Feindseligkeiten und dem bewaffneten Konflikt stehen (Plünderungen von Sanitätsmaterial oder Privateigentum durch kriminelle Personen), anwenden.

558 Ibid., Art. 16, *Zusatzprotokoll I* (Fn. 16).

ärztlichen Schweigepflicht steht unter einem einfachen Gesetzesvorbehalt. Das nationale Recht der Partei des Sanitätspersonals kann dieses verpflichten, Auskünfte über die betreuten Verwundeten und Kranken zu erteilen.[559]

Neben den ausschließlich als Sanitätspersonal verwendeten Personen können in den Streitkräften auch besonders ausgebildete Militärpersonen temporär als Hilfskrankenpfleger oder Hilfskrankenträger verwendet werden.[560] Dieses Personal trägt während der Ausübung sanitätsdienstlicher Verrichtungen eine weiße Armbinde mit einem verkleinerten Schutzzeichen und ist nur während dieser Zeit geschützt und geschont.[561]

Bemerkenswert ist, dass das für sanitätsdienstliche Verrichtungen besonders ausgebildete Personal, das mit dem Schutzzeichen des Sanitätsdienstes gekennzeichnet ist, und eine mit dem Schutzzeichen versehene Ausweiskarte bei sich führt, geschützt und geschont wird. Ein Kombattant, der seinem verwundeten Kameraden Erste Hilfe, sogenannte Kameradenhilfe, leistet, ist während dieser Tätigkeit nicht geschützt und darf weiter bekämpft werden[562], wenngleich auch der direkte Angriff auf den Verwundeten selbst unzulässig ist.

Fallen Angehörige des Sanitätspersonals[563] der Gegenpartei in die Hände, werden sie nicht Kriegsgefangene[564], sondern dürfen nur zurückbehalten werden, wenn es der gesundheitliche Zustand, die geistigen Bedürfnisse und die Zahl der Kriegsgefangenen erfordern.[565] Das Sanitätspersonal neutraler

559 Ibid., Art. 16, Abs. 3.

560 Ibid., Art. 25.

561 Ibid., Art. 41.

562 Dies ergibt sich aus der Regelung, dass ein Kombattant nur dann nicht angegriffen werden darf, wenn er *hors de combat* ist (siehe Art. 41, *Zusatzprotokoll I*). *Hors de combat* ist ein Gegner nur dann, wenn er durch Verwundung kampfunfähig ist, gefangen genommen wurde oder sich ergeben hat, nicht jedoch, wenn er Kameradenhilfe leistet.

563 Unter dem Sanitätspersonal ist das *„ausschließlich zum Aufsuchen, zur Bergung, zum Transport oder zur Pflege der Verwundeten und Kranken oder zur Verhütung von Krankheiten verwendete Sanitätspersonal, das ausschließlich für die Verwaltung der Sanitätsformationen und -anstalten verwendete Personal …"* zu verstehen (Art. 24, *Genfer Abkommen I*).

564 Da das Sanitätspersonal seine Dienste ohne Rücksicht auf die Nationalität des Verwundeten anbieten muss und lediglich medizinische Gründe eine Bevorzugung in der Reihenfolge der Behandlung rechtfertigen, gibt es keinen Grund sie zu internieren.

565 Art. 28, *Genfer Abkommen I* (Fn. 15).

Hilfsgesellschaften darf nicht zurückbehalten werden.[566] Fällt Sanitätshilfspersonal (Hilfskrankenpfleger und Hilfskrankenträger), das nur temporär als Sanitätspersonal verwendet wird, in die Hände des Gegners, werden sie Kriegsgefangene, gleichwohl sie vorwiegend für sanitätsdienstliche Verrichtungen herangezogen werden sollen.[567]

Die Behandlung des Seelsorgepersonals ist ähnlich dem Sanitätspersonal geregelt[568]. Auch sie werden im Falle der Gefangennahme nicht Kriegsgefangene, sondern können nur zurückbehalten werden. Sie sind zu kennzeichnen wie Sanitätspersonal und verlieren ihren Schutz, sobald sie außerhalb ihrer seelsorgerischen Aufgabe verwendet werden. Auch Seelsorgepersonal darf für Notwehr und Nothilfe leichte Handfeuerwaffen tragen[569].

6.1.1.4 Zivilpersonen und Zivilbevölkerung

Eine zentrale Zielsetzung des humanitären Völkerrechts ist der Schutz von Zivilpersonen vor den Auswirkungen eines bewaffneten Konflikts. Die Haager Landkriegsordnung kommt jedoch ohne die Begriffe Zivilpersonen, Zivilisten oder Zivilbevölkerung aus, sondern erwähnt lediglich, dass unverteidigte Städte nicht angegriffen werden dürfen[570], Plünderungen untersagt sind[571] und regelt die Einziehung bzw. Beschlagnahme des Privateigentums.[572] Das ist darauf zurückzuführen, dass bis zum Ende des 19. Jahrhunderts die Zivilbevölkerung von direkten Auswirkungen der Kampfhandlungen kaum betroffen war, standen doch meist Streitkräfte mit Waffen geringer Reichweite auf einem klar abgegrenzten Schlachtfeld einander gegenüber. Diese Schlachten endeten oft mit tausenden von gefallen Soldaten, Ausfälle bei der Zivilbevölkerung waren aber

---

566 Ibid., Art 32.

567 Ibid., Art. 29. Auch dies ist logisch, sind diese Personen doch Kombattanten und nur während der Verrichtung von Sanitätsaufgaben geschützt. Nach Beendigung der sanitätsdienstlichen Tätigkeit können sie wieder Kampfaufgaben wahrnehmen und somit ist die Internierung als Kriegsgefangener bis zur Beendigung des internationalen bewaffneten Konflikts im Interesse der gegnerischen Konfliktpartei.

568 Siehe *Genfer Abkommen I* (Fn. 15), Art. 24, 28 und 40; *Zusatzprotokoll I* (Fn. 16), Art 8d, 15 und 18.

569 Manche Staaten gestatten ihren Feldgeistlichen mangels einer ausdrücklichen Ausnahmebestimmung wie für Sanitätspersonal (Art. 22, *Genfer Abkommen I* und Art. 13, *Zusatzprotokoll I*) das Tragen von Waffen nicht.

570 Art 25, *Haager Landkriegsordnung* (Fn. 14).

571 Ibid., Art. 28.

572 Ibid., Art. 46 und Art. 53.

meist auf Hungersnöte und Krankheiten zurückzuführen, die eine indirekte Folge der Kriege waren.

Das Verhältnis von gefallenen Soldaten zu durch Waffenwirkung getöteten Zivilpersonen hat sich im 2. Weltkrieg jedoch radikal geändert, was auf die modernen Mittel und Methoden der Kampfführung, die Verlagerung der Kampfhandlungen in bewohnte Gebiete und die Einbeziehung von Zivilpersonen in das Kampfgeschehen zurückzuführen war.

Eines der wichtigsten Anliegen in den Konferenzen nach dem 2. Weltkrieg war daher, den Schutz von Zivilpersonen in bewaffneten Konflikten zu verbessern. So ist es nicht verwunderlich, dass das Abkommen zum Schutz der Zivilpersonen in Kriegszeiten das umfangreichste der vier Genfer Abkommen geworden ist.[573] Dieses Abkommen schützt jedoch nur jene Zivilpersonen, die während eines internationalen bewaffneten Konflikts oder einer Besetzung in den Machtbereich einer Partei geraten, der sie nicht angehören.[574] Das Zusatzprotokoll I zu den Genfer Abkommen bestätigt nicht nur, sondern entwickelt den Schutz insbesondere der Zivilpersonen in internationalen bewaffneten Konflikten weiter.[575] In diesem Protokoll sind Zivilpersonen negativ definiert als Personen, die weder den Streitkräften noch der *Levée en masse* angehören. Im Zweifelsfall gilt eine Person als Zivilperson.[576] Sämtliche humanitätsrechtlichen Regelwerke gehen von dieser Zweiteilung (bzw. Dreiteilung unter Berücksichtigung der *Levée en masse*) aus, womit eine Person entweder den Streitkräften angehört oder Zivilperson ist – kein Regelwerk spricht von einer weiteren Kategorie.

Die Zivilbevölkerung und einzelne Zivilpersonen genießen allgemeinen Schutz vor den von Kriegshandlungen ausgehenden Gefahren[577], das heißt, sie dürfen nicht das Ziel von Angriffen sein und die Anwendung oder Androhung von Gewalt mit dem hauptsächlichen Ziel, Schrecken unter der Zivilbevölkerung zu verbreiten, ist verboten.[578] Diesen Schutz genießen Zivilpersonen sofern

---

573 Siehe *Genfer Abkommen IV* (Fn. 15). Das IV. Genfer Abkommen umfasst 159 Artikel und 3 Anhänge. Dagegen besteht das I. Genfer Abkommen aus 64 Artikel und 2 Anhängen, das II. Genfer Abkommen aus 63 Artikel und 1 Anhang und das III. Genfer Abkommen aus 143 Artikel und 5 Anhängen.

574 Art. 4, *Genfer Abkommen IV* (Fn. 15).

575 Siehe Präambel, Abs. 3, *Zusatzprotokoll I* (Fn. 16).

576 Ibid., Art. 50.

577 Ibid., Art. 51, Abs. 1.

578 Ibid., Art. 51, Abs. 2.

und solange sie nicht unmittelbar an Feindseligkeiten teilnehmen.[579] Das Völkervertragsrecht definiert nicht näher, was unter unmittelbarer oder aktiver Beteiligung an Feindseligkeiten zu verstehen ist. Das IKRK hat deshalb zwischen 2003 und 2008 in mehreren Expertentreffen in Genf und Den Haag eine Auslegungsanleitung[580] erarbeitet, durch die zum Ausdruck gebracht wird, wie nach Ansicht des IKRK das humanitäre Völkerrecht interpretiert werden sollte. Die Auslegungsanleitung schafft nicht neue Regeln sondern es wurde versucht, die entsprechende Bestimmung „*nach Treu und Glauben in Übereinstimmung mit der gewöhnlichen, seinen Bestimmungen in ihrem Zusammenhang zukommenden Bedeutung und im Lichte seines Zieles und Zweckes auszulegen*".[581] Die Kernfrage war, welches Verhalten eine unmittelbare Teilnahme an Feindseligkeiten darstellt und folglich bei der Zivilperson zum Verlust des Schutzes vor direkten Angriffen führt. Das IKRK empfiehlt, die unmittelbare Teilnahme an Feindseligkeiten nach folgenden Kriterien zu prüfen:

1. *Es muss zu erwarten sein, dass die Handlung die militärischen Operationen oder die militärische Kapazität einer Konfliktpartei beeinträchtigt, oder dass sie den Tod oder die Verwundung von Personen oder die Zerstörung von Objekten herbeiführt, die vor direkten Angriffen geschützt sind (Art und Schwere des Schadens), und*
2. *es muss ein direkter Kausalzusammenhang zwischen der Handlung und dem Schaden bestehen, der von der Handlung selbst oder von einer koordinierten Militäroperation zu erwarten ist, von der diese Handlung einen integralen Bestandteil darstellt (direkte Kausalität), und*
3. *die Handlung muss speziell darauf ausgerichtet sein, die erforderliche Art und Schwere des Schadens zugunsten einer und zulasten einer anderen Konfliktpartei zu verursachen (Kampfhandlungsbezug).*

Sind die Kriterien kumulativ gegeben, liegt eine unmittelbare Teilnahme an Feindseligkeiten vor und die Zivilperson darf, solange die unmittelbare Teilnahme andauert, bekämpft werden. Liegt nur ein Kriterium nicht vor oder fällt es weg, ist die Bekämpfung einzustellen. Unbeschadet dessen bleibt die strafrechtliche Verantwortlichkeit nach nationalem Recht aufrecht.

---

579 Ibid., Art. 51, Abs. 3. Siehe auch gemeinsamer Artikel 3, *Genfer Abkommen I-IV* (Fn. 15), sowie Art. 4, Abs. 1 und Art. 13., Abs. 2, *Zusatzprotokoll II* (Fn. 16).

580 Nils Melzer, *Interpretive Guidance on the Notion of Direct Participation in Hostilities under International Humanitarian Law*, ICRC, May 2009, Seite 32 (hiernach *ICRC Guidance on Direct Participation in Hostilities*); http://www.icrc.org/eng/assets/files/other/icrc-002-0990.pdf [20.07.2013].

581 Art. 31, Abs. 1, *Wiener Übereinkommen über das Recht der Verträge.*

Zivilpersonen, die sich nicht unmittelbar an Feindseligkeiten beteiligen, sondern in sonstiger Weise die Kriegsbemühungen unterstützen („indirekte Teilnahme"), sind jedenfalls vor direkten Angriffen geschützt, unterliegen jedoch dem nationalen Recht und können strafrechtlich verfolgt werden. Erachtet ein Staat, in dessen Machtbereich sich eine geschützte Person[582] befindet, es aus zwingenden Sicherheitsgründen als notwendig, so kann er dieser Person einen Zwangsaufenthalt auferlegen oder sie internieren.[583] Diese Entscheidungen werden in einem ordentlichen Verfahren getroffen, in dem Rechtsmittel vorzusehen sind. Die Behandlung von Internierten ist ähnlich gestaltet wie bei den Kriegsgefangenen.

6.1.2 Kampfführungsrecht in internationalen bewaffneten Konflikten

6.1.2.1 Mittel der Kampfführung

Neben dem Grundprinzip der Unterscheidung[584] ist das Grundprinzip der Begrenzung[585] von entscheidender Bedeutung bei der Planung und Durchführung militärischer Operationen. Dieses Grundprinzip ist auch im Zusammenhang mit einer im humanitären Völkerrecht historisch einmaligen Regelung zu sehen[586]:

---

582 Gemäß Art. 4, *Genfer Abkommen IV* (Fn. 15) sind dies Personen, *„die sich im Falle eines Konflikts oder einer Besetzung zu irgendeinem Zeitpunkt und gleichgültig auf welche Weise in der Gewalt einer am Konflikt beteiligten Partei oder einer Besetzungsmacht befinden, deren Staatsangehörige sie nicht sind. Die Angehörigen eines Staates, der durch das Abkommen nicht gebunden ist, werden durch das Abkommen nicht geschützt. Die Angehörigen eines neutralen Staates, die sich auf dem Gebiete eines kriegführenden Staates befinden, und die Angehörigen eines mitkriegführenden Staates werden so lange nicht als geschützte Personen betrachtet, als der Staat, dessen Angehörige sie sind, eine normale diplomatische Vertretung bei dem Staate unterhält, in dessen Machtbereich sie sich befinden."*

583 Abschnitt IV, *Genfer Abkommen IV* (Fn. 15).

584 Siehe Fn. 503.

585 Bereits Art. 22, *Haager Landkriegsordnung* (Fn. 14) stellt fest, dass die Kriegführenden *„kein unbeschränktes Recht in der Wahl der Mittel zur Schädigung des Feindes"* haben. Dieses Prinzip wurde durch Art. 35, *Zusatzprotokoll I* (Fn. 16) insofern ergänzt, als auch die Methoden ausdrücklich begrenzt wurden.

586 Bislang wurden immer Mittel und Methoden, die in einem bewaffneten Konflikt zur Anwendung kamen und sich als zu grausam, unverhältnismäßig großes Leiden verursachend oder sich aus sonstigen Gründen als nicht zweckmäßig erwiesen haben, für die Zukunft verboten. Das Zusatzprotokoll I verpflichtet die Vertragsstaaten bereits vor der Einführung neuer Systeme diese Prüfung durchzuführen.

„Jede Hohe Vertragspartei ist verpflichtet, bei der Prüfung, Entwicklung, Beschaffung oder Einführung neuer Waffen oder neuer Mittel oder Methoden der Kriegführung festzustellen, ob ihre Verwendung stets oder unter bestimmten Umständen durch dieses Protokoll oder durch eine andere auf die Hohe Vertragspartei anwendbare Regel des Völkerrechts verboten wäre.“[587]

Durch umfassende Regelwerke (Haager Landkriegsordnung und Zusatzprotokolle zu den Genfer Abkommen), aber auch durch einzelne Sonderverträge (Waffenbeschränkungsabkommen) wurde festgelegt, welche Mittel und Methoden erlaubt, beschränkt oder verboten sind. Hinsichtlich des Mitteleinsatzes ist insbesondere zu erwähnen, dass die Verwendung von Gift[588], biologischen[589] oder chemischen[590] Wirkmitteln sowie von Waffen, Geschossen oder Stoffen, die unnötige oder übermäßige Leiden verursachen[591], verboten ist. Die Bereitschaft der Staaten, sich beim Mitteleinsatz entsprechend zu beschränken, war aufgrund der hohen Wirksamkeit des Reziprozitätsprinzips in internationalen bewaffneten Konflikten verhältnismäßig groß. So konnte man sich auf die Ächtung jener Wirkmittel einigen, deren auch nach Beendigung eines bewaffneten Konflikts nachwirkende Schädlichkeit unverhältnismäßig größer als der militärische Vorteil beim Einsatz ist. Dies ist insbesondere bei Anti-Personenminen[592], Streumunition[593] oder blindmachende Laserwaffen[594] anzunehmen.

6.1.2.2 Heimtücke und Missbrauch von Schutzzeichen

Es ist verboten, den Gegner unter Anwendung von Heimtücke (Perfidie) zu töten, zu verwunden oder gefangen zu nehmen.

Als Heimtücke gelten Handlungen, durch die ein Gegner in der Absicht, sein Vertrauen zu missbrauchen, verleitet wird, darauf zu vertrauen, dass er nach den Regeln des in

---

587 Art. 36, *Zusatzprotokoll I* (Fn. 16).

588 Art. 23a, *Haager Landkriegsordnung* (Fn. 14).

589 Übereinkommen über das Verbot der Entwicklung, Herstellung und Lagerung bakteriologischer (biologischer) Waffen und Toxinwaffen sowie über die Vernichtung solcher Waffen (Fn. 324).

590 *Protocol for the Prohibition of the Use of Asphyxiating, Poisonous or Other Gases, and of Bacteriological Methods of Warfare* (Fn. 322).

591 Art. 23e, *Haager Landkriegsordnung* (Fn. 14); Art. 35, Abs. 2, *Zusatzprotokoll I* (Fn. 16).

592 *Convention on Anti-Personnel Mines* (Fn. 56).

593 *Convention on Cluster Munitions* (Fn. 57).

594 *Protocol on Blinding Laser Weapons* (Fn. 337).

bewaffneten Konflikten anwendbaren Völkerrechts Anspruch auf Schutz hat oder verpflichtet ist, Schutz zu gewähren.

Folgende Handlungen sind Beispiele für Heimtücke:

a) das Vortäuschen der Absicht, unter einer Parlamentärflagge zu verhandeln oder sich zu ergeben;
b) das Vortäuschen von Kampfunfähigkeit infolge Verwundung oder Krankheit;
c) das Vortäuschen eines zivilen oder Nichtkombattantenstatus;
d) das Vortäuschen eines geschützten Status durch Benutzung von Abzeichen, Emblemen oder Uniformen der Vereinten Nationen oder neutraler oder anderer nicht am Konflikt beteiligter Staaten. [595]

Dieses Verbot findet man bereits in frühen Kulturen, es war im Mittelalter als Ausdruck der Ritterlichkeit besonders ausgeprägt und die Beachtung ist heute insbesondere in asymmetrischen Konflikten gefährdet. Das Verbot der Heimtücke hat seine Grundlage in dem Verständnis, dass der Gegner ebenbürtig und zur Teilnahme an Kampfhandlungen berechtigt und häufig sogar verpflichtet ist. Mit der Professionalisierung des Krieges und der Entwicklung neuer Waffentechnologien[596] ist immer weniger Platz für Ritterlichkeit und das Verbot der Heimtücke. Im asymmetrischen Konflikt wird von der schwächeren Konfliktpartei in der Heimtücke oft die letzte Möglichkeit gesehen, die Unterwerfung zu verhindern.

Die Haager Landkriegsordnung untersagt die *„meuchlerische Tötung oder Verwundung“*, verbietet jedoch nicht die Gefangennahme auf heimtückische Weise. Heimtücke bedeutet nicht, die Unachtsamkeit des Gegners auszunützen, sondern ihn durch Handlungen zur irrtümlichen Annahme einer völkerrechtlichen Schutzverpflichtung zu verleiten und den darauf vertrauenden Gegner anzugreifen.

Gleichfalls ist der Missbrauch von Schutzzeichen[597], von Flaggen, Kennzeichen oder Uniformen neutraler oder nicht am Konflikt beteiligter Staaten unter

---

595 Art. 37, Abs. 1, *Zusatzprotokoll I* (Fn. 16).

596 Hat schon die Entwicklung der Schusswaffen auch hinsichtlich der Beurteilung, welches Verhalten als heimtückisch einzustufen ist, Probleme aufgeworfen, so wird dieses Konzept in einem Drohnenkrieg, wo der Pilot tausende Kilometer vom Gefechtsfeld entfernt und frei von jeder Bedrohung seine Waffe bedient, immer fragwürdiger.

597 Führt der vorsätzliche Missbrauch des Schutzzeichens des Roten Kreuzes (roten Halbmonds) zum Tod oder zur schweren Beeinträchtigung der körperlichen Unversehrtheit oder Gesundheit eines Menschen, so stellt dies eine schwere Verletzung (Kriegsverbrechen) dar (Art. 85, Abs. 3f, *Zusatzprotokoll I*).

allen Umständen verboten.[598] Nicht unter allen Umständen, sondern nur während eines Angriffs oder zur Verschleierung von Kriegshandlungen ist die Verwendung von Flaggen, militärischen Kennzeichen, Abzeichen oder Uniformen des Gegners verboten.[599] Tragen Soldaten ansonsten die Uniform des Gegners (wenn Spezialeinsatzkräfte in gegnerisches Territorium infiltrieren[600] oder wenn ein Kriegsgefangener in gegnerischer Uniform flieht[601]), so stellt das eine Kriegslist dar:

> *„Kriegslisten und die Anwendung der notwendigen Mittel, um sich Nachrichten über den Gegner und das Gelände zu verschaffen, sind erlaubt.“*[602]

Kriegslisten sind nicht verboten:

> *„Kriegslisten sind Handlungen, die einen Gegner irreführen oder ihn zu unvorsichtigem Handeln veranlassen sollen, die aber keine Regel des in bewaffneten Konflikten anwendbaren Völkerrechts verletzen und nicht heimtückisch sind, weil sie den Gegner nicht verleiten sollen, auf den sich aus diesem Recht ergebenden Schutz zu vertrauen. Folgende Handlungen sind Beispiele für Kriegslisten: Tarnung, Scheinstellungen, Scheinoperationen und irreführende Informationen.“*[603]

6.1.2.3 Geschützte Personen und Objekte

Alle Nichtkombattanten[604], soweit und solange sie sich nicht unmittelbar an Feindseligkeiten beteiligen, sowie die Kombattanten, die sich nicht mehr unmittelbar an Feindseligkeiten beteiligen[605], sind zu schützen und zu schonen. Neben

---

598 Ibid., Art. 38.

599 Ibid., Art. 39.

600 1947 wurde der Prozess (*United States of America v. Otto Skorzeny et al.*) gegen Otto Skorzeny unter anderem wegen *„missbräuchlicher Benutzung alliierter Uniformen“* geführt. Obersturmbannführer Skorzeny war Leiter einer Sondereinheit, die im Rahmen der Ardennenoffensive, getarnt als alliierte Soldaten, Spezialaufträge ausführen sollte. Er wurde aus Mangel an Beweisen freigesprochen. Ein britischer Offizier sagte im Verfahren aus, dass alliierte Spezialeinheiten ebenfalls in gegnerischen Uniformen kämpften.

601 Yves Sandoz, Christophe Swinarski & Bruno Zimmermann (eds.); *Commentary on the Additional Protocols of 8 June 1977 to the Geneva Conventions of 12 August 1949*, Seite 467 (Fn. 168).

602 Art. 24, *Haager Landkriegsordnung* (Fn. 14).

603 Art. 37, Abs. 2, *Zusatzprotokoll I* (Fn. 16).

604 Zu den Nichtkombattanten zählen die Zivilisten und das Sanitäts- und Seelsorgepersonal der Streitkräfte.

605 Kombattanten *hors de combat*; siehe Kapitel 6.1.2.4.

den allgemeinen Schutzbestimmungen wird besonders der Schutz von Frauen und Kindern hervorgehoben. Frauen werden in Kriegen immer wieder zur Prostitution gezwungen, sie werden Opfer von Vergewaltigungen oder anderen unzüchtigen Handlungen und bedürfen deshalb eines besonderen Schutzes.[606] Auch Kinder bedürfen eines besonderen Schutzes und sollen insbesondere nicht an Feindseligkeiten teilnehmen. Kinder unter 15 Jahren dürfen nicht in die Streitkräfte eingegliedert werden[607], im Falle der Gefangennahme oder im Rahmen des Strafvollzuges sind besondere Maßnahmen vorgesehen. Die Evakuierung von Kindern in ein anderes Land ist nur unter besonderen Bedingungen zulässig.[608]

Die Zusammenführung von Familien muss von den Konfliktparteien erleichtert werden und die Konfliktparteien haben insbesondere die Tätigkeit humanitärer Organisationen, die sich dieser Aufgabe widmen, zu fördern.[609] Auch Flüchtlinge und Staatenlose fallen in den Anwendungsbereich der Schutzbestimmungen.[610] Journalisten, die in Gebieten eines bewaffneten Konfliktes gefährliche berufliche Aufträge ausführen, gelten als Zivilpersonen.[611] Sind sie von den Streitkräften als Kriegsberichterstatter akkreditiert, haben sie Anspruch auf Kriegsgefangenenstatus.[612]

Das Prinzip der Unterscheidung erstreckt sich nicht nur auf Personengruppen, sondern auch auf Objekte. So ist jedenfalls zwischen zivilen Objekten und militärischen Zielen zu unterscheiden. Angriffe sind streng auf militärische Ziele zu beschränken.

> *„Soweit es sich um Objekte handelt, gelten als militärische Ziele nur solche Objekte, die auf Grund ihrer Beschaffenheit, ihres Standorts, ihrer Zweckbestimmung oder ihrer Verwendung wirksam zu militärischen Handlungen beitragen und deren gänzliche oder teilweise Zerstörung, deren Inbesitznahme oder Neutralisierung unter den in dem betreffenden Zeitpunkt gegebenen Umständen einen eindeutigen militärischen Vorteil darstellt.“*[613]

Somit ergibt sich bei Objekten eine Parallele zu Personen: So wie geschützte Personen durch unmittelbare Teilnahme an Feindseligkeiten ihren Schutz verlieren,

606 Art. 76, Abs. 1, *Zusatzprotokoll I* (Fn. 16.)
607 Ibid., Art. 77, Abs. 2.
608 Ibid., Art. 78.
609 Ibid., Art. 74.
610 Ibid., Art. 73.
611 Ibid., Art. 79.
612 Akkreditierte Kriegsberichterstatter gelten als Heeresgefolge im Sinne des Art. 4, A., Abs. 4, III. Genfer Abkommen (Fn. 15).
613 Art. 52, Abs. 2, *Zusatzprotokoll I* (Fn. 16).

so werden zivile Objekte, wenn und solange sie militärisch genutzt werden und dadurch wirksam zu militärischen Handlungen beitragen ebenfalls militärische Ziele und dürfen direkt bekämpft werden. Im Zweifelsfall ist jedoch ein in der Regel zivil genutztes Objekt als ziviles Objekt zu betrachten und darf nicht bekämpft werden.[614]

Einen ausdrücklichen Schutz genießen Objekte, die für das Überleben der Zivilbevölkerung lebensnotwendig sind, wie Nahrungsmittel, landwirtschaftlich genutzte Gebiete, Ernte- und Viehbestände, Trinkwasserversorgungsanlagen und Trinkwasservorräte, sowie Bewässerungsanlagen.[615] Die natürliche Umwelt soll vor ausgedehnten, lang anhaltenden und schweren Schäden beschützt werden.[616] Bei der Planung und Durchführung von militärischen Operationen ist auch zu achten, dass Anlagen, die gefährliche Kräfte enthalten, wie Staudämme, Deiche und Kernkraftwerke, nicht in einer Art beeinträchtigt werden, dass durch die Freisetzung der Kräfte schwere Verluste der Zivilbevölkerung verursacht werden.[617] Auch Kulturgüter und Kultstätten gelten als besonders geschützte Objekte[618], die so wie alle anderen besonders geschützten Objekte nicht zum Gegenstand von Repressalien gemacht werden dürfen.[619]

Zivilschutzeinrichtungen, Zivilschutzpersonal und Zivilschutzorganisationen, die Aufgaben zum Schutz der Zivilbevölkerung vor den Gefahren und Auswirkungen von Feindseligkeiten wahrnehmen, werden besonders geschützt.[620] Wenn Angehörige der Streitkräfte diesen Zivilschutzorganisationen zugeteilt sind und für den Rest des bewaffneten Konflikts keine anderen militärischen Aufgaben wahrnehmen, sind sie zu schützen und zu schonen.[621]

---

614 Ibid., Art. 52, Abs. 3.

615 Ibid., Art. 54.

616 Ibid., Art 55; siehe auch Art. 35, Abs. 3. Durch ein Übereinkommen über das Verbot der militärischen oder einer sonstigen feindseligen Nutzung umweltverändernder Techniken (Fn. 53) wurden in ihren Auswirkungen auf die Umwelt nicht abschätzbare geophysikalische Maßnahmen einer Beschränkung unterzogen.

617 Ibid., Art. 56.

618 Ibid., Art. 53; siehe auch Art. 27 und 56, *Haager Landkriegsordnung* (Fn. 14);

619 Art. 54, Abs. 4; Art. 55, Abs. 2; Art. 56, Abs. 4; Art. 53c, *Zusatzprotokoll I* (Fn. 16).

620 Ibid., Art. 61. Schutzzeichen des Zivilschutzes: gleichseitiges blaues Dreieck auf orangefarbenem Grund.

621 Ibid., Art. 67.

6.1.2.4 Gegner hors de combat und Befehl, kein Pardon zu geben

Der Schutz von Verwundeten, Kranken und Schiffbrüchigen stand am Anfang der humanitären Idee. Zur Umsetzung dieser Idee wurden durch entsprechende Abkommen die Neutralität und Unparteilichkeit des Sanitätspersonals garantiert[622] und in weiterer Folge die Verpflichtung erhoben, Verwundete, Kranke und Schiffbrüchige zu suchen und zu bergen, sie vor Beraubung und Misshandlung zu schützen[623] und ihnen die notwendige ärztliche Versorgung und Pflege zukommen zu lassen. Als verwundet oder krank gelten *„Militär- oder Zivilpersonen, die wegen Verwundung, Erkrankung oder anderer körperlicher oder geistiger Störungen oder Gebrechen medizinischer Hilfe oder Pflege bedürfen und die jede feindselige Handlung unterlassen"*.[624] Kombattanten, die verwundet oder krank sind, dürfen nicht mehr bekämpft werden und sind zu schützen und zu schonen. Diese Verpflichtung zum Schutz und zur Schonung des kampfunfähigen Gegners erklärt Jean-Jacques Rousseau folgendermaßen:

> *„Der Krieg ist … kein Verhältnis eines Menschen zum andern, sondern das Verhältnis eines Staates zum andern,* ***bei dem die Einzelnen nur zufällige Feinde sind****, und zwar nicht als Menschen, ja nicht einmal als Bürger, sondern als Soldaten, nicht als Glieder des Vaterlandes, sondern als seine Verteidiger. Da der Zweck des Krieges die Vernichtung des feindlichen Staates ist, so hat man das Recht, die Verteidiger desselben zu töten, solange sie die Waffen in der Hand haben; sobald sie diese jedoch niederlegen und sich ergeben, so werden sie, weil sie aufhören, Feinde oder Werkzeuge des Feindes zu sein, wieder nur Menschen, und man hat kein Recht mehr auf ihr Leben."*[625]

Wenn Kombattanten sich ergeben und die Waffen niederlegen, wenn sie gefangengenommen worden sind und deshalb nicht mehr kämpfen können, oder wenn sie aufgrund einer Verwundung kampfunfähig sind, *„hat man kein Recht mehr auf ihr Leben"*. Diese Kombattanten sind außer Gefecht und dürfen nicht angegriffen werden.[626] Das Zusatzprotokoll I bestimmt, dass als *hors de combat* gilt,

> *a) wer sich in der Gewalt einer gegnerischen Partei befindet,*
> *b) wer unmissverständlich seine Absicht bekundet, sich zu ergeben, oder*

---

622 Art. 1 und 2, *Convention for the Amelioration of the Condition of the Wounded in Armies in the Field* (Fn. 64).

623 Art. 15, *Genfer Abkommen I* (Fn. 15).

624 Art. 8, a), *Zusatzprotokoll I* (Fn. 16).

625 Jean-Jacques Rousseau, *Vom Gesellschaftsvertrag* (1762), I. Buch, § 4 (Übersetzung von H. Denhardt, 1880), Hervorhebung durch Verfasser.

626 Art. 41, Abs. 1, *Zusatzprotokoll I* (Fn. 16).

c) wer bewusstlos oder anderweitig durch Verwundung oder Krankheit kampfunfähig und daher nicht in der Lage ist, sich zu verteidigen,
sofern er in allen diesen Fällen jede feindselige Handlung unterlässt und nicht zu entkommen versucht."[627]

Wurden feindliche Kombattanten gefangen genommen und können sie aufgrund ungewöhnlicher Kampfbedingungen nicht in Sicherheit und gemäß den Bestimmungen zum Schutz von Kriegsgefangenen versorgt werden, so sind sie freizulassen und alle praktisch möglichen Vorkehrungen[628] für ihre Sicherheit sind zu treffen.[629] Vernünftig angewendet, stellt diese Regelung einen Triumph der Menschlichkeit in bewaffneten Konflikten dar.[630]

Ähnliche Schutzbestimmungen wie für verwundete Kombattanten gibt es für Soldaten, die mit dem Fallschirm aus einem Luftfahrzeug abspringen, das sich in Not befindet. Sie dürfen während des Absprungs nicht bekämpft werden. Sobald sie jedoch den von einer gegnerischen Partei kontrollierten Boden berühren, erhalten sie die Gelegenheit, sich zu ergeben, bevor sie wieder angegriffen werden dürfen.[631] Luftlandetruppen (wie etwa Fallschirmjäger, die hinter feindlichen Linien aus der Luft abgesetzt werden, um dort den Weg für die eigenen Truppen freizumachen) sind von diesem Schutz nicht erfasst und dürfen bereits in der Luft bekämpft werden.[632]

In logischer Konsequenz ist es verboten, „*den Befehl zu erteilen, niemanden am Leben zu lassen, dies dem Gegner anzudrohen oder die Feindseligkeiten in diesem Sinne zu führen.*"[633] Diese Bestimmung findet sich bereits im Lieber Code[634], in der Brüsseler Erklärung[635], im Oxford Manual sowie in der Haager

627 Ibid., Art. 41, Abs. 2.

628 Großbritannien gab bei der Unterzeichnung des *Zusatzprotokolls I* eine Erklärung zur Auslegung des Begriffs „*feasible*" ab, dass nämlich damit das gemeint ist, was durchführbar oder praktisch möglich ist unter Berücksichtigung aller zum fraglichen Zeitpunkt gegebenen Umstände, einschließlich derjenigen, die für den Erfolg der militärischen Operation erheblich sind (UNTS, vol. 1125, 1979, pp. 432–433).

629 Art. 41, Abs. 3, *Zusatzprotokoll I* (Fn. 16).

630 Yves Sandoz, Christophe Swinarski & Bruno Zimmermann (eds.); *Commentary on the Additional Protocols of 8 June 1977 to the Geneva Conventions of 12 August 1949*, Seite 491 (Fn. 168).

631 Art. 42, Abs. 1 und 2, *Zusatzprotokoll I* (Fn. 16).

632 Ibid., Art. 41, Abs. 3.

633 Ibid., Art. 40.

634 Art. 9b, *Oxford Manual* (Fn. 48).

635 Art. 13d, *Brüsseler Erklärung* (Fn. 47).

Landkriegsordnung[636] und ist Teil des humanitären Völkergewohnheitsrechts.[637] Die Verletzung dieser Bestimmung stellt ein Kriegsverbrechen dar.[638]

6.1.2.5 Militärische Ziele und Vorsichtsmaßnahmen bei Angriffen

Gemäß dem Grundprinzip der Unterscheidung sind Angriffe strikt auf militärische Ziele zu beschränken. Der Begriff „*militärisches Ziel*" taucht erstmals 1923 in den Haager Regeln zum Luftkrieg auf:

> 1. *"An air bombardment is legitimate only when it is directed against a **military objective**, i.e. an objective whereof the total or partial destruction would constitute an obvious military advantage for the belligerent;*
> 2. *Such bombardment is legitimate only when directed exclusively against the following objectives: military forces, military works, military establishments or depots, manufacturing plants constituting important and well-known centres for the production of arms, ammunition or characterized military supplies, lines of communication or of transport which are used for military purposes."*[639]

Eine verbindliche Definition für militärische Ziele findet man in Zusatzprotokoll I aus 1977. Neben Kombattanten gelten als militärische Ziele:

> *„[...] nur solche Objekte, die auf Grund ihrer Beschaffenheit, ihres Standorts, ihrer Zweckbestimmung oder ihrer Verwendung wirksam zu militärischen Handlungen beitragen und deren gänzliche oder teilweise Zerstörung, deren Inbesitznahme oder Neutralisierung unter den in dem betreffenden Zeitpunkt gegebenen Umständen einen eindeutigen militärischen Vorteil darstellt."*[640]

636 Art. 23 d): „*Die Erklärung, dass kein Pardon gegeben wird, ist untersagt*".

637 Rule 46, *Customary International Humanitarian Law Study* (Fn. 58).

638 Art. 8 (2) (b) (xii), *Römer Statut* (Fn. 186).

639 Art. 24, *Rules concerning the Control of Wireless Telegraphy in Time of War and Air Warfare.* Drafted by a Commission of Jurists at The Hague, December 1922–February 1923 (Recueil Général des droits et coutumes de la guerre terrestre, maritime, sous-marine et aérienne d'après les Actes élaborés par les Conférences internationales depuis 1856. Documents recueillis et annotés par M. Marcel Deltenre, les Editions Fred. Wellens-Pay, Bruxelles, 1943, pp.819–849) Hervorhebung durch Verfasser.

640 Art. 52, Abs. 2, *Zusatzprotokoll I* (Fn. 16).

Diese Definition, die in weiteren internationalen Dokumenten[641] wiederzufinden ist, wird allgemein als Teil des humanitären Völkergewohnheitsrechts[642] anerkannt. So bestimmen die Dienstvorschriften der Streitkräfte einiger Staaten[643], dass der militärische Vorteil auch in einer erhöhten Sicherheit für eigene und befreundete Streitkräfte bestehen kann und dass die Anwesenheit von Zivilpersonen in der Nähe oder in militärischen Zielen nichts an deren Charakter ändert.[644]

Unterschiede im Ergebnis einer Zielauswahl[645] ergeben sich insbesondere aufgrund abweichender Auslegungen des Artikels 52, Absatz 2 des Zusatzprotokolls I. Damit ein Objekt als militärisches Ziel anerkannt werden kann, müssen zwei Voraussetzungen kumulativ erfüllt sein: Es muss *„wirksam zu militärischen Handlungen beitragen"* und „die *Zerstörung, Inbesitznahme oder Neutralisierung muss einen eindeutigen militärischen Vorteil darstellen"*. Gemäß dem *US Naval Warfare Handbook* ist das erste Kriterium dann erfüllt, wenn ein wirksamer Beitrag *„to the enemy's war-fighting or war-sustaining capability"*[646] gegeben ist. Das *Operational Law Handbook*[647] der US-Streitkräfte stellt fest, dass

> *"[t]he connection of some objects to an enemy's war fighting or war-sustaining effort* ***may be direct, indirect or even discrete.*** *A decision as to classification of an object as a military objective and allocation of resources for its attack is dependent upon its value to an enemy nation's war fighting or war sustaining effort (including its ability to be converted to a more direct connection), and not solely to its overt or present connection or use."*[648]

---

641 Siehe Übereinkommen über das Verbot oder die Beschränkung des Einsatzes bestimmter konventioneller Waffen, die übermäßige Leiden verursachen oder unterschiedslos wirken können (Fn. 54), Protokoll II, Art. 2/4 und Protokoll III, Art1/3; siehe auch *Second Protocol to the Hague Convention for the Protection of Cultural Property in the Event of Armed Conflict* (Fn. 52), Art. 1 (f).

642 Rule 8, *Customary International Humanitarian Law Study* (Fn. 58).

643 Siehe etwa *The Commander's Handbook on the Law of Naval Operations*, Abschnitt 8.1.1.

644 Diese Situationen sind gegebenenfalls unter Berücksichtigung des Verhältnismäßigkeitsprinzips zu lösen.

645 US Naval Handbook: in Kapitel 8.1.1 erläutert die Dienstvorschrift, dass *"economic targets of the enemy that indirectly but effectively support and sustain the enemy's war-fighting capability"* auch angegriffen werden dürfen.

646 *"Targeting process is the process of selecting and prioritising targets and matching the appropriate response to them, taking account of operational requirements and capabilities"* (*Rules of Engagement Handbook*, US Naval War College).

647 Das *Operational Law Handbook* ist das Standardwerk der US-Rechtsberater in den Streitkräften.

648 *Operational Law Handbook* 2012, Chapter 2, IX.A.2b(1) (Hervorhebung durch Verfasser).

Hinsichtlich des zweiten Kriteriums wäre nach der weiten US Auslegung die Zerstörung einer Ölförderanlage gerechtfertigt, wenngleich der Rohstoff nicht unmittelbar von den feindlichen Streitkräften benötigt wird, aber die Einnahmen des Ölexports dem Gegner das Durchhalten im bewaffneten Konflikt ermöglichen.

Nachdem ein Objekt als militärisches Ziel ausgemacht wurde, sind die Mittel und Methoden zur Zerstörung, Neutralisierung oder Inbesitznahme des Zieles zu beurteilen, wobei nur Mittel und Methoden eingesetzt werden dürfen, die nicht unterschiedslos wirken.[649] Bei der Wahl der Angriffsmittel und Angriffsmethoden sind *„alle praktisch möglichen Vorsichtsmaßnahmen zu treffen, um Verluste unter der Zivilbevölkerung, die Verwundung von Zivilpersonen und die Beschädigung ziviler Objekte, die dadurch mit verursacht werden könnten, zu vermeiden und in jedem Fall auf ein Mindestmaß zu beschränken"*.[650] Erweist sich während eines Angriffs, dass das Angriffsziel kein militärisches ist oder dass es unter besonderem Schutz steht[651], so ist der Angriff einzustellen.[652] Ein unverteidigter Ort steht dem Gegner zwar zur Besetzung offen (deshalb auch der Begriff *„offene Stadt"*, der erstmals in der Brüsseler Erklärung von 1874 auftaucht) und darf von ihm eingenommen, jedoch nicht angegriffen werden.[653]

In Anerkenntnis der Realität in einem bewaffneten Konflikt untersagt das humanitäre Völkerrecht einen Angriff nicht schon deshalb, weil zivile Opfer

---

649 Art. 51, Abs. 4, *Zusatzprotokoll I* (Fn. 16): *Unterschiedslose Angriffe sind verboten. Unterschiedslose Angriffe sind*

a) *Angriffe, die nicht gegen ein bestimmtes militärisches Ziel gerichtet werden,*
b) *Angriffe, bei denen Kampfmethoden oder -mittel angewendet werden, die nicht gegen ein bestimmtes militärisches Ziel gerichtet werden können, oder*
c) *Angriffe, bei denen Kampfmethoden oder -mittel angewendet werden, deren Wirkungen nicht entsprechend den Vorschriften dieses Protokolls begrenzt werden können und die daher in jedem dieser Fälle militärische Ziele und Zivilpersonen oder zivile Objekte unterschiedslos treffen können.*

650 Ibid., Art. 57, Abs. 2, a), ii).

651 Anlagen und Einrichtungen, die gefährliche Kräfte enthalten, wie Staudämme, Deiche oder Kernkraftwerke (Art. 56, *Zusatzprotokoll I*), Kulturgut oder Kultstätten (Art. 53, *Zusatzprotokoll I*), Objekte, die für die Zivilbevölkerung lebensnotwendig sind (Art. 54, *Zusatzprotokoll I*), die natürliche Umwelt (Art. 55, *Zusatzprotokoll I*).

652 Ibid., Art. 57, Abs. 2, b).

653 Siehe auch Art. 25, *Haager Landkriegsordnung* (Fn. 14). Im Zweiten Weltkrieg wurden unter anderem Brüssel (1940), Paris (1940), Belgrad (1941), Rom (1944) und Athen (1944) zu offenen Städten erklärt.

zu erwarten sind. Es schreibt jedoch vor, dass von einem Angriff Abstand zu nehmen ist oder ein laufender Angriff dann einzustellen ist, wenn Verluste unter der Zivilbevölkerung, die Verwundung von Zivilpersonen, die Beschädigung ziviler Objekte oder mehrere derartige Folgen zusammen zu erwarten sind, die in keinem Verhältnis zum erwarteten konkreten und unmittelbaren militärischen Vorteil stehen. Diese nicht beabsichtigten Begleitschäden werden auch als Kollateralschäden bezeichnet, die in Kauf genommen werden dürfen, wenn sie sich nur durch einen Verzicht auf den Angriff vermeiden ließen und der Angriff einen entsprechend gewichtigen militärischen Vorteil erwarten lässt. Der Grundsatz der Verhältnismäßigkeit erfordert unter Umständen eine Abwägung von Menschenleben gegenüber einem erwarteten militärischen Vorteil.

Militärische Kommandanten haben, wenn sie die Wahl zwischen verschiedenen Mitteln und Methoden haben, jene Mittel oder Methoden zu wählen, bei deren Anwendung der geringste Kollateralschaden zu erwarten ist.[654] Dies kann durch die Wahl einer anderen Munitionsart oder eines anderen Angriffszeitpunktes, aber auch durch eine Warnung der Zivilbevölkerung erfolgen. Wenn es die Umstände erlauben, insbesondere wenn das Überraschungsmoment nicht ein entscheidender Faktor für den Erfolg des Angriffs ist, muss die Zivilbevölkerung vor dem Angriff gewarnt werden.[655]

6.2 Gesetze und Gebräuche im besetzten Gebiet

Im Abschnitt 3.1.1.3 wurde auf die Entwicklung des Rechts der Besetzung, beginnend bei den ersten Ansätzen im Lieber Code und den Regelungen der Haager Landkriegsordnung bis zu den aufgrund der Erfahrungen des zweiten Weltkriegs im IV. Genfer Abkommen niedergelegten Schutzbestimmungen für die Bevölkerung im besetzen Gebiet eingegangen. Dabei wurde auch festgestellt, dass das Recht der Besetzung dann zur Anwendung kommt, wenn eine Konfliktpartei in einem Gebiet effektiv Kontrolle ausübt und somit die Phase des Einmarsches, wo die Kampfhandlungen und sonstige Rahmenbedingungen eine derartige Kontrolle noch nicht zulassen, von der tatsächlichen Verfügung eines Kriegsrechts (Übernahme einer Verwaltungsverantwortung im Raum) zeitlich und räumlich zu trennen ist.

Die Verpflichtungen, die sich für Streitkräfte in besetzten Gebieten ergeben, stellen eine große Herausforderung dar und nicht selten scheitern Streitkräfte nach einem erfolgreichen Aufmarsch und Angriff bei der Wiederherstellung

654 Siehe auch Art. 57, Abs. 3, *Zusatzprotokoll I* (Fn. 16).
655 Ibid., Art. 57, Abs. 2, c).

und Aufrechterhaltung der öffentlichen Ordnung in dem von ihnen besetzten Gebiet. Die Aufgaben für eine Besatzungsmacht sind vielfältig und der rechtliche Rahmen äußerst komplex. So ortet Adam Roberts nicht weniger als siebzehn verschiedene Kategorien von Besetzungen, beginnend von kriegerischer oder Nachkriegsbesetzung bis zu Besetzung zu Friedenszeiten, Besetzungen, die von den Vereinten Nationen autorisiert wurden und Besetzung durch Non-State Actors.[656] Im Anschluss wird auf die sich aus dem humanitären Völkerrecht ergebenden Verpflichtungen in einer *post-war occupation* eingegangen, während die Besonderheiten eines von den VN autorisierten Einsatzes im Kapitel über friedensunterstützende Einsätze dargestellt werden.

6.2.1 Rechte und Pflichten der Besatzungsmacht

Das Verhältnis zwischen Besatzungsmacht und besetzter Bevölkerung wird durch das Recht der militärischen Besetzung geregelt, dessen Bestimmungen vor allem in der Haager Landkriegsordnung und im IV. Genfer Abkommen zu finden sind. Dabei korrelieren häufig Pflichten der Besatzungsmacht mit Rechten der besetzten Bevölkerung und umgekehrt.

Neben allgemeinen Bestimmungen, die der besetzten Bevölkerung den Anspruch auf Achtung der Person, ihrer Ehre, ihrer Familienrechte, ihrer religiösen Überzeugungen und Gepflogenheiten, ihrer Gewohnheiten und Gebräuche garantieren, werden insbesondere Frauen vor jeglicher Form von sexueller Gewalt geschützt und ein Diskriminierungsverbot aufgrund Rasse, Religion oder politischer Gesinnung festgelegt.[657] Diese allgemeinen Schutzbestimmungen stellen zusammen mit dem Verbot, durch körperlichen oder seelischen Zwang

---

656 Adam Roberts, *What is a Military Occupation?* (Fn. 161), Seite 261; Adams teilt die Typen von Besetzungen in drei Gruppen: 1. Wartime and post war occupation (Belligerent occupation; Occupation of neutral country; Occupation of allied territory; Armistice occupation; Post-surrender occupation; Occupation one year after military operations), 2. Peacetime occupation (Forcible peacetime occupation; Peacetime occupation by consent), 3. Other possible categories of occupation (Occupation of territory, whose status is disputed; Occupation with an indigenous government in post; Subsequent occupation; Multilateral occupation; Occupation by United Nations or similar forces; Occupation of territory for which the United Nations is responsible; Occupation by non-state entity; "Illegal occupation"; and "Trustee occupation"). Adams betont, dass die Liste nicht abschließend ist, eine tatsächliche Besetzung in mehrere Kategorien fallen oder der Typ und somit der anzuwendende Rechtsrahmen wechseln kann.

657 Art. 27, *Genfer Abkommen IV* (Fn. 15).

Auskünfte zu erhalten[658], dem Verbot von körperlichen Strafen, Grausamkeiten[659] sowie dem Verbot von Sammelstrafen, Plünderungen, Vergeltungsmaßnahmen[660] und Geiselnahmen[661] eine Art *mini human rights convention*[662] für besetzte Gebiete dar.

Mit der Besetzung geht die gesetzmäßige Gewalt tatsächlich auf die Besatzungsmacht über und diese hat alle Vorkehrungen zu treffen, um nach Möglichkeit die öffentliche Ordnung und das öffentliche Leben wiederherzustellen. Sie hat dies, soweit keine zwingenden Hindernisse bestehen, unter Beachtung der Landesgesetze zu bewerkstelligen.[663] Die Rechtsstellung der Bevölkerung darf weder durch Vereinbarungen zwischen den Behörden und der Besatzungsmacht noch durch eine Einverleibung des besetzten Gebietes durch die Besatzungsmacht beeinträchtigt werden.[664]

Der III. Abschnitt des IV. Genfer Abkommens regelt weitere Verpflichtungen im besetzten Gebiet. So sind Einzel- und Massenzwangsverschickungen und Verschleppungen von geschützten Personen aus dem besetzten Gebiet, aber auch innerhalb des besetzten Gebietes verboten.[665] Diese Bestimmung zählt zum Völkergewohnheitsrecht und ist auch in nicht-internationalen bewaffneten Konflikten anwendbar.[666] Aus Sicherheitsgründen oder wenn zwingende militärische Gründe es erfordern, kann die Besatzungsmacht die Räumung einer bestimmten Gegend durchführen, hat jedoch die Rückführung der verschickten Bevölkerung unmittelbar nach Beendigung der Feindseligkeiten zu veranlassen.[667] Die Besatzungsmacht darf auch nicht Teile der eigenen Bevölkerung in das von ihr besetzte Gebiet verschleppen oder verschicken[668], wobei dieses Verbot auch alle Maßnahmen, „*taken by an occupying Power in order to organize or encourage transfers*“[669] umfasst.

---

658 Ibid., Art. 31.

659 Ibid., Art. 32.

660 Ibid., Art. 33.

661 Ibid., Art. 34.

662 Jean Pictet, *Commentary on the Geneva Convention IV* (Fn. 157), Seite 200.

663 Art. 43, *Haager Landkriegsordnung* (Fn. 14).

664 Art. 47, *Genfer Abkommen IV* (Fn. 15).

665 Art. 49, *Genfer Abkommen IV*, (Fn. 15).

666 Jean-Marie Henckaerts und Louise Doswald-Beck, *Customary International Humanitarian Law*, (Fn. 58), Rule 129, Seite 457ff.

667 Art. 49, Abs. 2, *Genfer Abkommen IV*, (Fn. 15).

668 Ibid., letzter Absatz.

669 *ICJ, Legal Consequences of the Construction of a Wall in the occupied Palestinian Territory*, Advisory Opinion of 9 July 2004, ICJ Reports 2004, Seite 136, Absatz 120.

Artikel 51 des IV. Genfer Abkommens verbietet der Besatzungsmacht, geschützte Personen zu einem Dienst in ihren Streitkräften zu zwingen oder durch Druck oder Propaganda auf einen freiwilligen Eintritt abzuzielen. Personen über 18 Jahren dürfen jedoch zu Arbeiten gezwungen werden, die zur Befriedigung der Bedürfnisse der Besatzungsmacht oder für öffentliche Dienste, die Ernährung, Unterbringung, Bekleidung, das Verkehrs- und Gesundheitswesen der Bevölkerung des besetzten Gebietes notwendig sind. Diese Arbeiten sind innerhalb des besetzten Gebietes zu verrichten und angemessen zu bezahlen. Zu Sicherungsaufgaben oder zur die Teilnahme an Kampfhandlungen dürfen sie nicht gezwungen werden.

Bereits Artikel 43 der Haager Landkriegsordnung bestimmt, dass die Besatzungsmacht grundsätzlich die vor der Besetzung geltende nationale Rechtsordnung zu beachten habe. Wenngleich der Artikel 64 des IV. Genfer Abkommens (betitelt mit „*Strafgesetze*") den Eindruck vermitteln könnte, dass diese Verpflichtung nur hinsichtlich der Strafgesetze gilt, so bestätigt der Kommentar, dass

> *"[...] the idea of the continuity of the legal system applies to the whole of the law (civil law and penal law) in the occupied territory. [...] there is no reason to infer a contrario that the occupation authorities are not also bound to respect the civil law of the country, or even its constitution."*[670]

Die Besatzungsmacht darf jedoch Bestimmungen außer Kraft setzen oder suspendieren, wenn es für ihre Sicherheit oder zur Durchsetzung der Verpflichtungen aus dem IV. Genfer Abkommen erforderlich ist.[671] Aus denselben Gründen oder zur Aufrechterhaltung einer ordentlichen Verwaltung des besetzten Gebietes darf die Besatzungsmacht eigene, für die besetzte Bevölkerung verbindliche Bestimmungen erlassen.[672] Strafbestimmungen müssen in der Sprache der besetzten Bevölkerung veröffentlicht werden und dürfen keine rückwirkende Kraft haben.[673]

Um eine arbeitsfähige Justizverwaltung zu gewährleisten, kann die Besatzungsmacht den bestehenden Gerichten die Fortsetzung ihrer Tätigkeit gestatten[674] oder eigene, ordentlich bestellte und nicht politische Militärgerichte einsetzen. Die Rechtsstellung der Beamten und Richter darf jedoch nicht geändert werden, noch dürfen Sanktionen oder Zwangsmaßnahmen getroffen

---

670 Jean Pictet, *Commentary on the Geneva Convention IV* (Fn. 157), Seite 335.
671 Art. 64, Abs. 2, *Genfer Abkommen IV* (Fn. 15).
672 Ibid., 2. Absatz.
673 Ibid., Art. 65.
674 Ibid., Art. 64.

werden, wenn Beamte aus Gewissensgründen ihre Funktionen nicht erfüllen.[675] Sie können jedoch von ihrem Posten enthoben werden[676] oder dann zur Arbeit gezwungen werden, wenn dies für öffentliche Dienste unbedingt notwendig ist.[677]

Die Todesstrafe darf von der Besatzungsmacht nur für schwere Verbrechen wie Spionage, schwere Sabotageakte an militärischen Einrichtungen der Besatzungsmacht oder für vorsätzliche Handlungen vorgesehen werden, die zum Tod einer oder mehrerer Personen geführt haben. Voraussetzung ist auch, dass die vor der Besetzung geltenden Rechtsvorschriften die Todesstrafe für solche Fälle vorgesehen haben.[678] Gegen diese Einschränkung haben Australien, Bahrein, Oman, Katar, Kuweit, Neuseeland, die Niederlande, Pakistan, das Vereinigte Königreich und die Vereinigten Staaten von Amerika Vorbehalte eingebracht, um auch dann die Todesstrafe verhängen zu können, wenn dies die vor der Besetzung geltende Rechtsordnung nicht vorgesehen hat.[679] Keinesfalls darf die Todesstrafe jedoch gegen eine geschützte Person ausgesprochen werden, die bei der Begehung der Tat jünger als 18 Jahre alt war.[680] Die Besatzungsmacht darf keine Handlungen gerichtlich ahnden, die vor der Besetzung begangen wurden, ausgenommen davon sind jedoch Verletzungen des humanitären Völkerrechts. Die Artikel 71 bis 77 des IV. Genfer Abkommens sowie Art 75 des I. Zusatzprotokolls normieren weitere grundlegende rechtsstaatliche Garantien im Zusammenhang mit der Durchführung von Gerichtsverfahren.

Aus zwingenden Sicherheitsgründen kann die Besatzungsmacht geschützte Personen internieren oder ihnen einen Zwangsaufenthalt auferlegen.[681] Hinsichtlich Lage und Kennzeichnung der Internierungslager, Ernährung und Bekleidung, Gesundheitspflege und ärztlicher Betreuung sowie Religionsausübung, geistiger und körperlicher Betätigung gelten ähnliche Bestimmungen wie für Kriegsgefangene.

Die Besatzungsmacht kann im Rahmen der bestehenden Rechtsvorschriften Steuern, Zölle und Gebühren einheben, um die Verwaltung des besetzten Gebietes zu bestreiten und den Bedarf der Besatzungstruppen zu decken.[682] Zu

---

675 Ibid., Art. 54.

676 Ibid., Art. 54, 2. Absatz.

677 Ibid., Art. 51, 2. Absatz.

678 Ibid., Art. 68.

679 Joachim Hinz & Elmar Rauch, *Kriegsvölkerrecht, Textsammlung mit Erläuterungen* (Fn. 323), Seite 1560/36.

680 Art. 68, Abs. 4, *Genfer Abkommen IV* (Fn. 15).

681 Art. 78, *Genfer Abkommen IV* (Fn. 15).

682 Art. 48, *Haager Landkriegsordnung* (Fn. 14).

diesem Zwecke dürfen auch Sach- und Dienstleistungen gefordert werden, soweit diese nicht unverhältnismäßig zur Leistungsfähigkeit des Landes sind. Diese Leistungen sind grundsätzlich in bar zu bezahlen, ausnahmsweise sind Quittungen auszustellen. Bewegliches Staatseigentum, das geeignet ist, Kriegszwecken zu dienen, wird Kriegsbeute und geht entschädigungslos in das Eigentum des besetzenden Staates über. Bewegliches Privateigentum, soweit es Kriegszwecken dienen kann, sowie unbewegliches Staatseigentum dürfen nur beschlagnahmt, nicht enteignet werden.[683] Ein Eigentumsübergang auf den besetzenden Staat findet nicht statt. Nach Beendigung des Krieges sind die beschlagnahmten Gegenstände und Liegenschaften zurückzugeben. Alles Privateigentum ist vor einer dauernden Beschlagnahme geschützt.[684] Das Eigentum der Gemeinden und die dem Gottesdienst, der Wohltätigkeit, dem Unterricht, der Kunst und der Wissenschaft gewidmeten Einrichtungen sind wie Privateigentum zu behandeln.[685]

Neben den die Besetzung regelnden Bestimmungen der Haager Landkriegsordnung und des IV. Genfer Abkommens enthält auch das I. Zusatzprotokoll zu den Genfer Abkommen Normen, die in besetzten Gebieten zur Anwendung kommen. So hat die Besatzungsmacht den Zivilschutzeinrichtungen die zur Wahrnehmung ihrer Aufgaben erforderlichen Erleichterungen zu gewähren und darf keine Eingriffe in deren Organisation oder personelle Struktur durchführen, die deren Auftragserfüllung beeinträchtigen könnte. Gebäude und Material der Zivilschutzorganisationen dürfen nicht zweckentfremdet werden.[686] Über die Bestimmungen des IV. Genfer Abkommens zum Schutz der Zivilbevölkerung hinaus regelt das I. Zusatzprotokoll zu den Genfer Abkommen Hilfsmaßnahmen zugunsten der Zivilbevölkerung[687] und bestimmt, dass das an Hilfsaktionen beteiligte Personal besonders geschont und geschützt wird.[688] Der Artikel 75 des I. Zusatzprotokolls zu den Genfer Abkommen enthält grundlegende Garantien, die eine Art Menschenrechtskatalog innerhalb des humanitären Völkerrechts darstellen.

Demzufolge hat jede Person Anspruch auf menschliche Behandlung und jede nachteilige Unterscheidung aufgrund von Rasse, Hautfarbe, Geschlecht, Sprache, Religion oder Glauben, politischer oder sonstiger Anschauung, nationaler oder sozialer Herkunft, Vermögen, Geburt oder sonstiger Stellung oder anderer

683 Ibid., Art. 53, Abs 2.
684 Ibid., Art. 46, Abs. 2.
685 Ibid., Art. 56.
686 Art. 63, *Zusatzprotokoll I* (Fn. 16).
687 Ibid., Art. 70.
688 Ibid., Art. 71.

ähnlicher Unterscheidungsmerkmale ist untersagt. Weiters sind Angriffe auf das Leben, die Gesundheit und das körperliche und geistige Wohlbefinden von Personen, insbesondere vorsätzliche Tötung, Folter, körperliche Züchtigung und Verstümmelung, sowie die Beeinträchtigung der persönlichen Würde, Geiselnahmen, Kollektivstrafen und die Androhung solcher Handlungen verboten.[689] Dieser Normenkatalog entspricht dem gemeinsamen Artikel 3 zu den Genfer Abkommen für nicht-internationale bewaffnete Konflikte, womit diese Bestimmungen zum *„minimum yardstick of protection in all conflicts not just internal armed conflicts"*[690] wird.

6.2.2 Widerstand im besetzten Gebiet

Wenngleich die in besetzten Gebieten anzuwendenden humanitätsrechtlichen Normen relativ überschaubar sind, so erweist sich die militärische Besetzung trotzdem als eine der schwierigsten militärischen Operationen. Dies liegt an der Vielfältigkeit der tatsächlichen Herausforderungen an eine Besatzungsmacht und an die von ihr geführten Streitkräfte. Die Verpflichtung der Besatzungsmacht, ab Beginn der Besetzung die öffentliche Ordnung und Sicherheit wiederherzustellen und aufrechtzuerhalten, ist umso schwieriger, je weniger die bestehende Verwaltung in der Lage oder willens ist, dies unter der Leitung der Besatzungsmacht wahrzunehmen. So hat beim Einmarsch der Vereinigten Staaten in den Irak im Jahre 2003 die irakische Polizei noch vor der Einrichtung eines Besatzungsregimes ihre Posten verlassen. Das Hintanhalten von Plünderungen, Brandschatzungen und kriminellen Akten aller Art wurde zur großen Herausforderung der militärischen Angriffskräfte.[691]

Die Vielfältigkeit der Verpflichtungen stellt deshalb eine große Herausforderung dar, weil die Angehörigen der Streitkräfte häufig nicht in allen Aufgaben

689 Ibid., Art. 75, Abs. 2.

690 International Court of Justice, *Case concerning Military and Paramilitary Activities against Nicaragua (Nicaragua v United States)*, Merits, Judgement, 27 June 1986, para. 218. Siehe auch ICTY, *Prosecutor v. Tadic, Case No. IT-94-1*, Decision on the Defence Motion for Interlocutory Appeal on Jurisdiction, 2 October 1995, para 102, stating that *"the character of conflict is irrelevant"* in deciding whether Common Article 3 applies.

691 Robert Collier, *Looters shake Iraqi cities / CHAOS: Troops watch as Baghdad is ransacked*, The San Francisco Chronicle, 12 April 2003, http://www.sfgate.com/news/article/Looters-shake-Iraqi-cities-CHAOS-Troops-watch-2655886.php [05.06.2013].

geschult sind[692], die Ausrüstung oft nur auf die Hauptaufgabe abgestimmt ist, und für jede der Aufgaben ein unterschiedlicher Rechtsrahmen zur Anwendung kommt. Nur wenige Staaten haben innerhalb ihrer Streitkräfte Spezialeinheiten für derartige Aufgaben.[693]

Somit haben die militärischen Streitkräfte im ungünstigsten Fall einerseits den internationalen bewaffneten Konflikt weiterzuführen und parallel einen nicht-internationalen bewaffneten Konflikt zu bewältigen sowie andererseits Aufgaben der allgemeinen Verwaltung und der Polizeiverwaltung wahrzunehmen.

Durch die Einrichtung eines Besatzungsregimes in dem Gebiet, in dem eine militärische Macht effektive Kontrolle ausübt, endet nicht der internationale bewaffnete Konflikt. Die Intensität der Kampfhandlungen ist häufig aufgrund der effizienten Kontrolle des Gebiets geringer und regelmäßig wechseln Mittel und Methoden der Widerstandskräfte von einer konservativen Verteidigung zu eher kleinkriegsartiger Gegenwehr. Die Besatzungsmacht sieht sich dabei Angehörigen der regulären Streitkräfte, die unter Umständen aus einem nicht besetzten Gebiet aus operieren, aber auch Milizen, Freiwilligenkorps und Widerstandsbewegungen gegenüber, denen ebenfalls Kombattantenstatus zukommt, soweit sie die Kriterien des III. Genfer Abkommens erfüllen.[694] Eine Folge des

---

692 Ausbildung und Doktrinen bei Militär und Polizei sind in vielen Ländern grundsätzlich unterschiedlich. So sind Polizeikräfte geschult, Gewalt nur bei einer unmittelbaren Bedrohung und auch dann nur im unbedingt erforderlichen Ausmaß anzuwenden, während militärische Streitkräfte, unabhängig von einer gegenwärtigen Bedrohung, militärische Ziele ausschalten, wenn immer dies einen direkten militärischen Vorteil bringt.

693 Die *Carabinieri* sind innerhalb der italienischen Streitkräfte neben Heer, Marine und Luftwaffe eine eigenständige Teilstreitkraft und werden somit vom Verteidigungsministerium geführt. Im Irakkrieg waren sie u.a. im Raum Basra und Bagdad für die Aufrechterhaltung der öffentlichen Ordnung zuständig. Im Frieden versehen sie nach Weisungen des Innenministeriums allgemeinen Polizeidienst; offizielle Website: http://www.carabinieri.it/Internet/ [02.06.2013].
Die *Gendarmerie* in Frankreich war seit ihrer Gründung Teil der französischen Streitkräfte und somit dem Verteidigungsministerium unterstellt; offizielle Website: http://www.defense.gouv.fr/gendarmerie [02.06.2013].
Die *Guardia Civil* ist eine paramilitärisch ausgerichtete Polizeieinheit in Spanien, die sowohl militärische als auch zivile Funktionen wahrnimmt. Sie untersteht deswegen sowohl der Befehlsgewalt des Verteidigungsministeriums als auch des Innenministeriums; offizielle Website: https://www.guardiacivil.es/es/ [02.06.2013].

694 Gemäß dem *III. Genfer Abkommen* (Fn. 15), Art. 4/A/2 gehören zu den Streitkräften (und somit mit Anspruch auf Kombattanten- und Kriegsgefangenenstatus) auch Angehörige anderer Milizen und Freiwilligenkorps, einschließlich solcher von

Kombattantenstatus ist, dass die Angehörigen dieser Streitkräfte für die bloße Beteiligung an Kampfhandlungen nicht belangt werden dürfen. Die Beteiligung an Kampfhandlungen stellt auch keine Verletzung der durch die Besatzungsmacht erlassenen Normen zur Verbesserung der Sicherheit und zum Schutz der Besatzungsstreitkräfte dar. Im Falle der Gefangennahme haben die Angehörigen der Widerstandsbewegungen Anspruch auf Kriegsgefangenenstatus.

Unterschiedlich ist die Rechtslage gegenüber Widerstandskämpfern, die keinen Kombattantenstatus haben, weil sie die Kriterien des III. Genfer Abkommens nicht erfüllen, und gegenüber Zivilisten, die sich direkt an Kampfhandlungen beteiligen. Bei diesen Personen stellt zwar die Beteiligung an Kampfhandlungen im Rahmen eines bewaffneten Konfliktes keine Verletzung des humanitären Völkerrechts dar, sie verletzen jedoch nationales Recht und Rechtsnormen, die die Besatzungsmacht zur Gewährleistung seiner eigenen Sicherheit erlassen hat. Die Bekämpfung dieser Personengruppe wird sich zwar hinsichtlich der Mittel und Methoden nicht von der Bekämpfung von Kombattanten unterscheiden, im Fall der Gefangennahme haben sie jedoch keinen Anspruch auf Kriegsgefangenenstatus und können nach nationalem Recht strafrechtlich belangt werden. Häufig geschieht dies durch Militärgerichte, die von der Besatzungsmacht eingerichtet wurden.[695]

Die Bekämpfung von Widerstandsbewegungen, unbeschadet ob deren Angehörige Kombattantenstatus haben oder nicht, erfolgt nach den Normen des Rechts der bewaffneten Konflikte. Dieses sieht zwar den Schutz von Zivilisten, die sich nicht aktiv an Kampfhandlungen beteiligen, vor direkten Angriffen vor, sie können jedoch als unbeabsichtigte Nebenwirkung von Kampfeinsätzen Schäden erleiden. Das humanitäre Völkerrecht untersagt einen Angriff auf militärische Ziele nur dann, wenn diese sogenannten Kollateralschäden in keinem Verhältnis zum erwarteten konkreten und unmittelbaren militärischen Vorteil stehen.[696] Auch unter Beachtung dieser Schranken des humanitären Völkerrechts

---

organisierten Widerstandsbewegungen, die zu einer am Konflikt beteiligten Partei gehören und außerhalb oder innerhalb ihres eigenen Gebietes, *auch wenn dasselbe besetzt ist* (Hervorhebung durch Verfasser), tätig sind, sofern diese Milizen oder Freiwilligenkorps, einschließlich der organisierten Widerstandsbewegungen:

a) an ihrer Spitze eine für ihre Untergebenen verantwortliche Person haben;
b) ein bleibendes und von weitem erkennbares Zeichen tragen;
c) die Waffen offen tragen;
d) bei ihren Operationen die Gesetze und Gebräuche des Krieges einhalten.

695 Art. 66, *Genfer Abkommen IV* (Fn. 15).

696 Art. 57, Abs. 2c, *Zusatzprotokoll I*,. (Fn. 16).

kann es im Rahmen einer Besetzung zu einem Konflikt mit der politischen Vorgabe, „*to win hearts and minds of the civilian population*“[697], kommen, ist doch der Schlüssel zu einer erfolgreichen Bekämpfung der Aufständischen der Schutz der Zivilbevölkerung. Diese Gratwanderung bringt der frühere U.S. Befehlshaber im Irak und in Afghanistan, General David H. Petraeus im Vorwort zur Dienstvorschrift über die Bekämpfung von Aufständischen zum Ausdruck:

> *"[...] even precise and tailored force must be executed legitimately and with consideration for consequent effects. [...] counterinsurgents should calculate carefully the type and amount of force to be applied [...]. An operation that kills five insurgents is counterproductive if collateral damage leads to the recruitment of fifty more insurgents."*[698]

Das Handbuch stellt auch hinsichtlich der für einen erfolgreichen Einsatz erforderlichen Kräfte fest, dass nicht die Zahl der Widerstandskämpfer, sondern die Zahl der Einwohner im besetzten Gebiet für die Kontingentsplanung entscheidend sei[699], und Lt. Colonel John A. Nagl, ein Mitautor des Handbuches, nennt in einem Blog des Small Wars Journal eine Zahl von mindestens 20 Soldaten pro 1000 Einwohner als erforderlich.[700]

Diese Aussagen deuten auf die dritte Herausforderung für die Besatzungsstreitkräfte hin, nämlich die Schutz- und Versorgungsfunktion gegenüber der zivilen Bevölkerung. Die Besatzungsmacht hat Verpflichtungen hinsichtlich der Aufrechterhaltung des öffentlichen Lebens und muss somit mit ihren Angehörigen kriminelle Handlungen (Plünderungen, Vergewaltigungen, Beschaffungskriminalität etc.) bekämpfen, die in keinem Zusammenhang mit dem bewaffneten Konflikt stehen. Dies gilt insbesondere dann, wenn die lokale Verwaltung diese Leistungen nicht erbringen kann. Dabei wendet die Besatzungsmacht das in

---

697 Aussage des Präsidenten Lyndon B. Johnson, wonach *"the ultimate victory [in Vietnam] will depend upon the hearts and minds of the people who actually live out there"* (Dinner Meeting of the Texas Electric Cooperatives, Inc., 4 May 1965, http://www.presidency.ucsb.edu/ws/index.php?pid=26942#axzz1uDRuoCji [29.03.2014]).

698 *The United States Army and Marine Corps, Field Manual "Counterinsurgency"*, FM 3–24, MCWP 3–33.5, 15 December 2006; http://www.fas.org/irp/doddir/army/fm3-24.pdf [05.06.2013].

699 Ibid., Kapitel III, *Counterinsurgency*, Seite 3.

700 John Nagl, *The Evolution and Importance of Army/Marine Corps Field Manual 3-24, Counterinsurgency*, SWJ Blog Post, June 27, 2007–7:35pm; http://smallwarsjournal.com/blog/the-evolution-and-importance-of-armymarine-corps-field-manual-3-24-counterinsurgency [05.06.2013]. Das Dokument wurde im ersten Monat mehr als 1,5 Mill. Mal aufgerufen und Kopien des Dokuments fanden sich auch auf Dschihad- Webseiten und in Trainingscamps der Taliban in Pakistan.

diesem Gebiet geltende Recht an, das abgeändert werden kann, wenn es die Umsetzung der humanitätsrechtlichen Normen oder die Sicherheit der Besatzungsmacht erfordert.[701]

Die drei Aufgaben, der Kampf gegen reguläre Streitkräfte im Rahmen des internationalen bewaffneten Konflikts, der Kampf gegen bewaffnete Einheiten ohne Kombattantenstatus sowie die Bekämpfung von kriminellen Handlungen ohne Zusammenhang mit dem bewaffneten Konflikt müssen aus zwei Gründen strikt auseinandergehalten werden. Neben den bereits erwähnten unterschiedlichen Voraussetzungen für die Anwendung von Gewalt[702], verbietet das humanitäre Völkerrecht auch den Einsatz der besetzten Bevölkerung gegen Widerstandskämpfer. Im Kampf gegen Widerstandskämpfer, unbeschadet ob diese Kombattantenstatus haben oder nicht, ist es nicht erlaubt, die Bevölkerung des besetzten Gebietes zu Auskünften über das Heer und die Widerstandsmaßnahmen zu zwingen[703], noch dürfen diese Personen zur Teilnahme an Kampfhandlungen gezwungen werden.[704] Auch die Einziehung von Arbeitskräften, die zur Mobilisation von Organisationen militärischen oder halbmilitärischen Charakters führt, ist untersagt.[705] Das Verbot, Polizisten und sonstige Beamte zur Arbeit zu zwingen oder sie für militärische Kampfhandlungen heranzuziehen, verhindert jedoch nicht deren Einsatz gegen kriminelle Handlungen, die in keinem Zusammenhang mit dem bewaffneten Konflikt stehen.[706] Dieser Einsatz ist keine militärische Kampfhandlung, sondern dient zur Aufrechterhaltung des öffentlichen Lebens.

6.3 Gesetze und Gebräuche in nicht-internationalen bewaffneten Konflikten

Der nicht internationale bewaffnete Konflikt ist gekennzeichnet durch organisierte und anhaltende Kampfhandlungen zwischen den regulären Streitkräften eines Staates und innerstaatlichen bewaffneten Gruppen, ohne dass ein dritter Staat und dessen Streitkräfte involviert sind. Einer völkerrechtlichen Regelung wurden derartige Auseinandersetzungen erstmals durch die Genfer Abkommen

---

701 Art. 64, *Genfer Abkommen IV* (Fn. 15).

702 Humanitäres Völkerrecht und nationales Polizeirecht einschl. der Menschenrechte.

703 Art. 44, *Haager Landkriegsordnung* (Fn. 14); Art. 31, *Genfer Abkommen IV* (Fn. 15).

704 Art. 5,1 *Genfer Abkommen IV* (Fn. 15).

705 Ibid., letzter Absatz.

706 Ibid., Art. 54, Abs. 2 iVm Art. 51, Abs. 2.

1949[707] unterzogen. Der den Genfer Abkommen gemeinsame Artikel 3 verpflichtet *„jede der am Konflikt beteiligten Parteien“*[708] zu einem bestimmten Verhalten gegenüber jenen, die sich nicht direkt an Kampfhandlungen beteiligen. Wenngleich 1977 diese Regelung ergänzt und erweitert wurde[709], sind die Staaten weiterhin sehr zurückhaltend, was eine detailliertere Festlegung der Rechte und Pflichten in nicht-internationalen bewaffneten Konflikten betrifft.

Eine Folge dieser Zurückhaltung ist einerseits ein unklarer Rechtsstatus der an Kampfhandlungen beteiligten oder der von ihnen betroffenen Personen, andererseits divergierende Ansichten bezüglich der erlaubten, beschränkten und verbotenen Mittel und Methoden der Kampfführung.

In weiterer Folge soll der Rechtsstatus der Angehörigen der regulären Streitkräfte sowie der oppositionellen Kämpfer und der Zivilisten, die sich an Kampfhandlungen beteiligen, ergründet werden. Dieses für Bürgerkriege typische Phänomen stellt Streitkräfte vor besondere Probleme. Es soll dargestellt werden, welche Handlungen zum Verlust des Schutzes als Zivilist führen und somit eine direkte Bekämpfung dieser Personen zulassen. Eine besondere Herausforderung in humanitätsrechtlicher Hinsicht stellt die Teilnahme von zivilen und uniformierten Strafvollzugsorganen am Kampf gegen oppositionelle bewaffnete Gruppen dar.

Die in nicht-internationalen bewaffneten Konflikten anwendbaren Mittel und Methoden sind nur sehr rudimentär geregelt, jedoch sind viele in internationalen bewaffneten Konflikten anzuwendenden Regeln völkergewohnheitsrechtlich in allen bewaffneten Konflikten anwendbar.

6.3.1 Rechtsstatus von Personen in nicht-internationalen bewaffneten Konflikten

Anders als im internationalen bewaffneten Konflikt, in dem klar zwischen Kombattanten (Angehörige der Streitkräfte, ausgenommen Sanitäts- und Seelsorgepersonal) und Zivilisten (alle Personen, die nicht den Streitkräften angehören)

707 Gemeinsamer Artikel 3 der *Genfer Abkommen I-IV* (Fn. 15).

708 Die Wortfolge *„jede der am Konflikt beteiligten Parteien“* stellt einen Fortschritt dar, der noch wenige Jahre vor der Unterzeichnung der Genfer Abkommen undenkbar war (J. Pictet, *Commentary on the Geneva Convention I*, Seite 51). Eine Äußerung, wer als Partei eines Konflikts in Frage kommen kann, sucht man in den Abkommen jedoch vergeblich.

709 *Zusatzprotokoll II* (Fn. 16).

unterschieden wird, ist die Situation im nicht-internationalen bewaffneten Konflikt wesentlich komplexer.

Der Begriff *Zivilist* als Person, der vor den Auswirkungen von Kampfhandlungen zu schützen und zu schonen ist[710], kommt im gemeinsamen Artikel 3 gar nicht vor. Inhaltlich bezieht sich der gemeinsame Artikel 3 nur auf *„Personen, die nicht unmittelbar an den Feindseligkeiten teilnehmen, einschließlich der Mitglieder der Streitkräfte, welche die Waffen gestreckt haben, und der Personen, die infolge Krankheit, Verwundung, Gefangennahme oder irgendeiner anderen Ursache außer Kampf gesetzt wurden"*. Damit wird bestimmt, dass im nicht-internationalen bewaffneten Konflikt Personen, die nicht unmittelbar an Kampfhandlungen teilnehmen, anders zu behandeln sind, als solche, die sich direkt an Feindseligkeiten beteiligen. Das Zusatzprotokoll zu den Genfer Abkommen über den Schutz der Opfer nicht-internationaler bewaffneter Konflikte (*Zusatzprotokoll II*) regelt in Artikel 13 lediglich den Schutz der Zivilbevölkerung und einzelner Zivilpersonen, definiert jedoch diese Personengruppe nicht näher.

Im Entwurf zum *Zusatzprotokoll II*[711] war noch enthalten, dass *"any person who is not a member of armed forces is considered to be a civilian"*. Diese Formulierung wurde vom Komitee III der Diplomatischen Konferenz geändert auf *"a civilian is anyone who is not a member of the armed forces or of an organized armed group"* und einstimmig angenommen.[712] Diese Definition fiel jedoch im letzten Moment vor der Annahme des Dokuments umfangreichen Streichungen zum Opfer, die auf eine Vereinfachung des Textes abzielten.[713]

Verschärft wird die Komplexität dadurch, dass der Status eines Kombattanten, so wie er im Zusatzprotokoll I definiert ist[714], kein passendes Pendant im nicht-internationalen bewaffneten Konflikt findet. Wenn in manchen Dokumenten, die sich auf nicht-internationale bewaffnete Konflikte beziehen[715], der Begriff

---

710 Art. 48 ff, *Zusatzprotokoll I* (Fn. 16).

711 Draft Additional Protocol II submitted by the ICRC to the Diplomatic Conference leading to the adoption of the Additional Protocols, Article 25.

712 Draft Additional Protocol II, Article 25 as adopted by Committee III.

713 *Official Records of the Diplomatic Conference on the Reaffirmation and Development of International Humanitarian Law applicable in Armed Conflicts*, Geneva (1974 -1977), Volume 4, Seite 73; http://www.loc.gov/rr/frd/Military_Law/pdf/RC-records_Vol-4.pdf [20.07.2013].

714 Art. 44, *Zusatzprotokoll I* (Fn. 16).

715 UN General Assembly, Res 2676 (XXV) on respect for human rights in armed conflict, 9 December 1070, erwähnt in der Präamble und im Artikel 5: *„combatants in all armed conflicts"*. Auch die Cairo Declaration und der Cairo Plan of Action,

„combatant“ verwendet wird, soll damit nur zum Ausdruck gebracht werden, dass diesen Personen nicht derselbe Schutz wie Zivilisten zukommt.

Das gänzliche Fehlen eines Kombattantenstatus[716] hat Experten bewogen, den Begriff *„Kämpfer“* für den nicht-internationalen bewaffneten Konflikt einzuführen[717]:

> *“[...]**fighters** are members of armed forces and dissident armed forces or other organized armed groups, or taking an active (direct) part in hostilities. ... The term **“fighters”** does not appear in any binding treaty and is used here solely for the purposes of the present Manual. It must be appreciated that **fighters** include both members of the regular armed forces fighting on behalf of the government and members of armed groups fighting against the government. The term **“fighters”** has been employed in lieu of “combatants” in order to avoid any confusion with the meaning of the latter term in the context of the international law of armed conflict.”*[718]

Kämpfer sind jedenfalls alle Personen, die sich an Kampfhandlungen in einem nicht-internationalen bewaffneten Konflikt beteiligen: Es sind dies Angehörige der regulären Streitkräfte und Angehörige von abtrünnigen Streitkräften und sonstigen organisierten bewaffneten Gruppen.[719]

Abtrünnige Streitkräfte sind Streitkräfte, die sich von den regulären Streitkräften abgespalten haben und diese oder deren Regierung bekämpfen. Durch die Abspaltung verlieren sie nicht den Streitkräftestatus:

> *“Although members of dissident armed forces are no longer members of State armed forces, they do not become civilians merely because they have turned against their government. At least to the extent, and for as long as, they remain organized under the structures of the*

---

angenommen am Afrika-Europa Gipfel, 3. – 4. April 2000, verwenden den Kombattantenbegriff für alle bewaffneten Konflikte.

716 Auch den Angehörigen der regulären Streitkräfte kommt außerhalb internationaler bewaffneter Konflikte kein Kombattantenstatus zu, da dieser Status nicht nur zur Teilnahme an Kampfhandlungen berechtigt, sondern auch bedeutet, dass man als militärisches Ziel bekämpft werden darf und im Falle der Gefangennahme Anspruch auf Kriegsgefangenenstatus hat. Beides ist in nicht-internationalen bewaffneten Konflikten nicht zutreffend.

717 Da der Begriff *“fighter”* in einigen Sprachen ebenfalls mit *“combatant”* übersetzt wird, ist auch dieser Weg nicht wirklich befriedigend.

718 Michael Schmitt, Charles Garraway, Yoram Dinstein, *The Manual on the Law of Non-international Armed Conflict*, International Institute of Humanitarian Law, Sanremo, 2006, Martinus Nijhoff Publishers, Leiden/Boston; Seite 4; http://www.iihl.org/iihl/Documents/The%20Manual%20on%20the%20Law%20of%20NIAC.pdf [15.07.2013] Hervorhebungen durch Verfasser.

719 Siehe Art. 1, Abs. 1, *Zusatzprotokoll II* (Fn. 16).

State armed forces to which they formerly belonged, these structures should continue to determine individual membership in dissident armed forces as well."[720]

Die logische Konsequenz des Streitkräftestatus ist, dass die Angehörigen der abtrünnigen Streitkräfte jederzeit und überall das Ziel direkter Angriffe sein können. Von diesem Schädigungsrecht sind nur das Sanitäts- und Seelsorgepersonal sowie die Soldaten, die *hors de combat*[721] sind, ausgenommen. Im Fall der Gefangennahme von abtrünnigen Soldaten sind diese mit Menschlichkeit zu behandeln, können jedoch einer strafrechtlichen Verfolgung gemäß der jeweiligen nationalen Rechtsordnung zugeführt werden. Der nur in internationalen bewaffneten Konflikten zustehende Kriegsgefangenenstatus kommt nicht in Betracht. Einzelpersonen, die sich von den regulären Streitkräften abspalten (wie Deserteure), gelten nicht als abtrünnige Streitkräfte, da diese Qualifizierung nur organisierten Einheiten zukommt. Auch sind Personen, die nicht in der abtrünnigen Einheit verbleiben, nicht mehr als deren Angehörige zu betrachten.

Andere organisierte bewaffnete Gruppen[722] werden als eigene Kategorie betrachtet und unterscheiden sich von abtrünnigen Streitkräften dadurch, dass sie nicht den regulären Streitkräften angehört haben. Neben dem Organisationsgrad innerhalb der Gruppe ist auch ihre Bewaffnung zu prüfen: Es reicht nicht aus, dass einzelne Angehörige Waffen tragen, sondern es muss die Gruppe in der Lage sein, Angriffe[723] durchzuführen, die nicht als vereinzelte Gewaltakte Einzelner, sondern als koordinierte Kampfhandlung der gesamten Gruppe gewertet werden können.

Uneinigkeit[724] bestand unter Experten darüber, ob diese *anderen organisierten bewaffneten Gruppen* Gruppierungen sind, die sich unmittelbar an Kampfhandlungen beteiligen, oder eine Kategorie von „*Nichtzivilisten*".[725] Bedeutung gewinnt die Unterscheidung insbesondere im Hinblick auf Art. 13, Abs. 3 des

720 Nils Melzer, *ICRC Guidance on Direct Participation in Hostilities* (Fn. 580), Seite 32.

721 Siehe Fn 541.

722 Art. 1, Abs. 1, *Zusatzprotokoll II* (Fn. 16).

723 Gemäß Art. 49, Abs. 1, *Zusatzprotokoll I* (Fn. 16) bezeichnet der Begriff Angriff „*sowohl eine offensive als auch eine defensive Gewaltanwendung gegen den Gegner*".

724 Diese Uneinigkeit ist darauf zurückzuführen, dass der gemeinsame Artikel 3 sich nur auf Personen bezieht, die „*nicht unmittelbar an Kampfhandlungen teilnehmen*", das Zusatzprotokoll II zwar den Begriff „*Zivilist*" verwendet, ihn jedoch nicht definiert.

725 Michael Schmitt, *Status of Opposition Fighters in a Non-International Armed Conflict*, Naval War College, Newport Rhode Island; International Law Studies, Volume 88/2012, Seite 127 (Kenneth Watkin & Andrew Norris eds., 2012); http://papers.ssrn.com/sol3/papers.cfm?abstract_id=2184860 [15.07.2013].

Zusatzprotokolls II.[726] Gelten die *anderen bewaffneten Gruppen* als organisierte Zivilisten, die sich unmittelbar an Kampfhandlungen beteiligen, dürfen sie nur während dieser Teilnahme bekämpft werden, sind sie jedoch wie die abtrünnigen Streitkräfte zu behandeln, können sie auch zu Zeiten bekämpft werden, in denen sie keinen Beitrag zu Kampfhandlungen leisten.

Die vom IKRK einberufene internationale Expertengruppe, die sich mit dem Begriff der *„Direct Participation in Hostilities"* auseinandersetzen sollte, beschäftigte sich auch mit dem Status und der Behandlung von Angehörigen von organisierten bewaffneten Einheiten. Dabei wurde diskutiert, dass die Mitgliedschaft zu *anderen organisierten bewaffneten Gruppen* anders zu betrachten ist als die Mitgliedschaft zu regulären oder abtrünnigen Streitkräften. Während jene durch einen formalen innerstaatlichen Hoheitsakt[727] Angehörige der Streitkräfte wurden, hat die Mitgliedschaft

> *"[…] in these irregularly constituted groups […] no basis in domestic law. It is rarely formalized through an act of integration other than taking up a certain function for the group; and it is not consistently expressed through uniforms, fixed distinctive signs, or identification cards. In view of the wide variety of cultural, political, and military contexts in which organized armed groups operate, there may be various degrees of affiliation with such groups that do not necessarily amount to 'membership' within the meaning of IHL. In one case, affiliation may turn on individual choice, in another on involuntary recruitment, and in yet another on more traditional notions of clan or family. In practice, the informal and clandestine structures of most organized armed groups and the elastic nature of membership render it particularly difficult to distinguish between a non-State party to the conflict and its armed forces."*[728]

Die Auslegungshilfe des IKRK folgert daraus, dass

> *"[…] the decisive criterion for individual membership in an organized armed group is whether a person assumes a continuous function for the group involving his or her direct participation in hostilities ("continuous combat function")."*[729]

Somit unterscheiden sich *abtrünnige Streitkräfte* von *anderen organisierten bewaffneten Gruppen* dadurch, dass alle Angehörigen der abtrünnigen Streitkräfte

---

726 Der Art. 13, *Zusatzprotokoll II* (Fn. 16) dient dem Schutz der Zivilbevölkerung und bestimmt in Absatz 3: *„Zivilpersonen genießen den durch diesen Teil gewährten Schutz,* ***sofern und solange sie nicht unmittelbar an Feindseligkeiten teilnehmen."*** (Hervorhebung durch Verfasser).

727 Möglich wären die Einberufung zum Wehrdienst in Wehrpflichtsystemen oder die Annahme einer Freiwilligenmeldung in Freiwilligensystemen.

728 Nils Melzer, *ICRC Guidance on Direct Participation in Hostilities* (Fn. 580), Seite 32.

729 Ibid., Seite 33.

legitime Ziele sind[730], wogegen nur jene Angehörigen der anderen organisierten bewaffneten Gruppen jederzeit bekämpft werden dürfen, die eine *„permanent combat function“* haben. Personen, die *anderen organisierten bewaffneten Gruppen* folgen, sie unterstützen, jedoch keine Handlungen setzen, die eine unmittelbare Teilnahme an Feindseligkeiten darstellen, dürfen nicht bekämpft werden. Sie bleiben Zivilisten, die die bewaffneten Gruppen unterstützen, ähnlich dem Heeresgefolge[731] regulärer Streitkräfte:

> *“Thus, recruiters, trainers, financiers and propagandists may continuously contribute to the general war effort of a non-State party, but they are not members of an organized armed group belonging to that party unless their function additionally includes activities amounting to direct participation in hostilities. The same applies to individuals whose function is limited to the purchasing, smuggling, manufacturing and maintaining of weapons and other equipment outside specific military operations or to the collection of intelligence other than of a tactical nature. Although such persons may accompany organized armed groups and provide substantial support to a party to the conflict, they do not assume continuous combat function and, for the purposes of the principle of distinction, cannot be regarded as members of an organized armed group. As civilians, they benefit from protection against direct attack unless and for such time as they directly participate in hostilities, even though their activities or location may increase their exposure to incidental death or injury.”*[732]

Somit gelten Personen, die organisierte bewaffnete Gruppen unterstützen, ohne dabei eine *„permanent combat function“* auszuüben, nicht als Angehörige dieser Gruppen und dürfen nur dann und solange bekämpft werden, als sie sich unmittelbar an Feindseligkeiten beteiligen. Dieser Ansatz der *Interpretative Guidance* wird auch durch Gerichtsentscheide bestärkt.[733]

---

730 Also auch Köche, Mechaniker und Personen, deren Tätigkeit dem Gegner nicht unmittelbar Schaden zufügt.

731 Art. 4, A, Abs. 4, *Genfer Abkommen III* (Fn. 15): *Personen, die den bewaffneten Kräften folgen, ohne ihnen direkt anzugehören, wie zivile Besatzungsmitglieder von Militärflugzeugen, Kriegsberichterstatter, Heereslieferanten, Angehörige von Arbeitseinheiten oder von Diensten, die mit der Fürsorge für die bewaffneten Kräfte betraut sind, sofern dieselben von den bewaffneten Kräften, die sie begleiten, zu ihrer Tätigkeit ermächtigt wurden.*

732 Nils Melzer, *ICRC Guidance on Direct Participation in Hostilities* (Fn. 580), Seite 34f.

733 Siehe ICTY, *Prosecutor v. Galic, Case No. IT-98-29-T*, Judgement, 5 December 2003, Ziffer 47: *“For the purpose of the protection of victims of armed conflict, the term “civilian” is defined negatively as anyone who is not a member of the armed forces or of an organized military group belonging to a party to the conflict. It is a matter of evidence in each particular case to determine whether an individual has the status of civilian”.*

Wo eine Gruppe aus einem militanten und einem politischen Flügel[734] besteht, gilt nur der militante Flügel als organisierte bewaffnete Gruppe, und seine Angehörigen dürfen wie die Angehörigen abtrünniger Streitkräfte bekämpft werden. Oberste Führungskräfte, die Weisungen an beide Flügel erteilen, werden wie Angehörige des bewaffneten Flügels behandelt und stellen somit legitime Ziele dar.[735]

Neben den Angehörigen der abtrünnigen Streitkräfte oder anderer organisierter bewaffneter Gruppen treten in nicht-internationalen bewaffneten Konflikten regelmäßig auch selbständig agierende Einzelpersonen auf. Wenngleich sie häufig dasselbe Feindbild haben und dieselben Zielsetzungen verfolgen wie organisierte bewaffnete Gruppen, sind sie unterschiedlich zu behandeln. Ihre vereinzelten gewaltsamen Handlungen allein machen selbst noch keinen bewaffneten Konflikt aus[736], wenn und solange sie sich jedoch an einem bewaffneten Konflikt unmittelbar beteiligen, dürfen sie bekämpft werden. Dadurch sind die Schädigungsmöglichkeiten diesen Personen gegenüber erheblich eingeschränkt.

Die Kernfrage insbesondere in nicht-internationalen bewaffneten Konflikten ist, welche Handlungen als unmittelbare Teilnahme an Feindseligkeiten zu werten sind. Die Auslegungshilfe des IKRK[737] nennt drei konstitutive Elemente, die kumulativ vorliegen müssen:

1. *The act must be likely to adversely affect the military operations or military capacity of a party to an armed conflict or, alternatively, to inflict death, injury, or destruction on persons or objects protected against direct attack (threshold of harm), and*
2. *There must be a direct causal link between the act and the harm likely to result either from that act, or from a coordinated military operation of which that act constitutes an integral part (direct causation), and*
3. *The act must be specifically designed to directly cause the required threshold of harm in support of a party to the conflict and to the detriment of another (belligerent nexus).*[738]

Personen, die keine Angehörigen von abtrünnigen Streitkräften oder anderer organisierter bewaffneter Gruppen sind, dürfen folglich nur bekämpft werden,

---

734 Siehe Hamas oder Hisbollah.

735 Schmitt, Michael, *Status of Opposition Fighters in a Non-International Armed Conflict* (Fn. 725), Seite 132.

736 Ein bewaffneter Konflikt liegt nur dann vor, wenn organisierte Gruppen Kampfhandlungen durchführen, vereinzelte Gewaltakte gelten als interne Unruhen und Spannungen (die gemäß Art. 1, Abs. 2 *Zusatzprotokoll II „nicht als bewaffnete Konflikte gelten"*).

737 Nils Melzer, *ICRC Guidance on Direct Participation in Hostilities* (Fn. 580).

738 Ibid., Seite 46.

wenn sie in feindseliger Absicht und auf kausale Weise militärische Operationen behindern oder den Feind oder geschützte Personen angreifen.

6.3.2 Kampfführungsrecht in nicht internationalen bewaffneten Konflikten

Die völkervertragsrechtlichen Grundlagen für die Planung und Durchführung von militärischen Operationen in nicht-internationalen bewaffneten Konflikten sind nicht sehr umfassend. Der gemeinsame Artikel 3 zu den Genfer Abkommen normiert nur die wichtigsten Schutzbestimmungen für jene Personen, die sich nicht unmittelbar an Feindseligkeiten beteiligen. Das Zusatzprotokoll II ergänzt diese Schutzbestimmungen hinsichtlich der menschlichen Behandlung der Opfer nicht-internationaler bewaffneter Konflikte[739], insbesondere der Verwundeten, Kranken und Schiffbrüchigen[740] und der Zivilbevölkerung. Ausdrücklich sind das Aushungern der Zivilbevölkerung als Mittel der Kriegführung[741], der Angriff auf Anlagen, die gefährliche Kräfte enthalten[742], feindselige Handlungen gegen Kulturgüter[743] sowie das Verbot von Zwangsverlegungen der Zivilbevölkerung[744] geregelt. Hilfsgesellschaften, wie die Organisation des Roten Kreuzes können ihre Dienste anbieten[745], um ihre herkömmlichen Aufgaben gegenüber den Opfern des bewaffneten Konfliktes zu erfüllen.

Trotz der Zurückhaltung von Staaten, sich in nicht-internationalen bewaffneten Konflikten vertragsrechtlich zu binden, gab es in den letzten Jahrzehnten eine beachtliche Staatenpraxis, die entscheidenden Einfluss auf die Bildung von Völkergewohnheitsrecht hatte. Die Studie des IKRK zum humanitären Völkergewohnheitsrecht[746] stellt den Versuch dar, aus der Staatenpraxis völkergewohnheitsrechtliche Regeln induktiv herauszufiltern. Dabei zeigt sich, dass völkervertragsrechtliche Prinzipien und Regeln in der Praxis eine weitgehende Akzeptanz erfahren und viele völkergewohnheitsrechtliche Regeln inzwischen

---

739 Art. 4–6, *Zusatzprotokoll I* (Fn. 16).

740 Ibid., Art. 7–12.

741 Ibid., Art. 14.

742 Ibid., Art. 15 (Staudämme, Deiche und Kernkraftwerke).

743 Ibid., Art. 16.

744 Ibid., Art. 17.

745 Ibid., Art. 18 (womit das Mandat des IKRK im nicht-internationalen bewaffneten Konflikt wesentlich schwächer ausgeprägt ist als im internationalen bewaffneten Konflikt).

746 Jean-Marie Henckaerts und Louise Doswald-Beck, *Customary International Humanitarian Law* (Fn. 58).

über den ursprünglichen, vertragsrechtlich vorgesehenen Rahmen hinausgehen und nicht nur in internationalen, sondern auch in nicht-internationalen bewaffneten Konflikten Anwendung finden.

Neben dem in nicht-internationalen bewaffneten Konflikten unterschiedlichen Rechtstatus der an Feindseligkeiten beteiligten Personen[747] gibt es nur mehr geringfügige Unterschiede hinsichtlich des Kriegführungsrechts in den verschiedenen Kategorien von bewaffneten Konflikten. Was Regeln über die Beschränkung oder das Verbot von Waffen betrifft, würde man keine Unterschiede mehr erwarten. Warum sollte man auch gegenüber der eigenen Bevölkerung Mittel als zulässig erachten, die man gegenüber feindlichen Staaten aufgrund ihrer unterschiedslosen Wirkung oder aufgrund der übermäßigen Leiden, die sie verursachen, nicht anwendet? Auch gelten das Chemiewaffenabkommen[748], das Abkommen über das Verbot von biologischen Waffen[749], die Ottawa-Konvention[750] und das Abkommen über Streumunition[751] als Waffenkontrollabkommen in allen bewaffneten Konflikten.

Bei der ersten Überprüfungskonferenz des Internationalen Strafgerichtshofes in Kampala im Jahre 2010 wurde unter dem Titel *„other serious violations of the laws and customs applicable in armed conflicts not of an international character, within the established framework of international law“* einstimmig eine Resolution beschlossen, der zufolge bestimmte Mittel der Kriegführung in nicht-internationalen bewaffneten Konflikten pönalisiert werden sollten[752]: der Einsatz von Gift und giftigen Waffen, der Einsatz von erstickenden, giftigen oder ähnlichen Gasen und der Einsatz von Geschossen, die sich leicht im menschlichen Körper ausdehnen oder platt drücken.[753] Insbesondere die Verwendung von *„expanding*

747 Im nicht-internationalen bewaffneten Konflikt gibt es keinen Kombattantenstatus, was bedeutet, dass jegliche Feindseligkeit gegenüber Vertretern der regulären Regierung eine Verletzung des nationalen Rechts darstellt (siehe Kapitel 6.3.1).

748 Siehe Fn. 55.

749 Siehe Fn. 324.

750 Abkommen über das Verbot von Anti-Personenminen; siehe Fn. 56.

751 Siehe Fn. 57.

752 *Review Conference of the Rome Statute of the International Criminal Court*, Kampala, Uganda, May 31-June 11, 2010, Amendments to Article 8 of the Rome Statute; http://www.icc-cpi.int/iccdocs/asp_docs/Resolutions/RC-Res.5-ENG.pdf [22.07.2013].

753 Diese Munition führt nach dem Eintreten in den Körper zu schweren Verletzungen bei bereits einer einzigen Wunde (unverhältnismäßig großer Blutverlust, große Austrittswunden) und die vielen Splitter des Bleikerns machen eine wirksame Wundversorgung sehr schwierig. Durch eine Erklärung im Rahmen der Haager Abkommen ist diese Munition in internationalen bewaffneten Konflikten geächtet.

bullets" führte zu umfangreichen Diskussionen, da viele Staaten diese Mittel bei der Verbrechensbekämpfung und im Einsatz gegen Terroristen verwenden. Diese Munition stoppt den Gegner ohne Verzögerung, was bei Selbstmordattentätern oder Geiselnehmern von entscheidender Bedeutung sein kann. So wurde in dem Zusatz zum Römischen Statut normiert, dass die Verwendung derartiger Munition in nicht internationalen bewaffneten Konflikten nur strafbar ist, wenn der Täter die Absicht verfolgt hat, „*[to] uselessly aggravate suffering or the wounding effect*".[754] Dies ist insbesondere beim Einsatz von Spezialeinsatzkräften oder beim gemeinsamen Einsatz mit Organen der Polizei oder sonstigen Vollstreckungsorganen zu beachten.

Betrachtet man die Vorgehensweise der Polizei und sonstiger innerstaatlicher Vollzugsorgane bei der Verbrechensbekämpfung, erkennt man weitere Mittel und Methoden, die den Streitkräften in internationalen bewaffneten Konflikten untersagt sind. Insbesondere verliert ein Soldat seinen Kombattantenstatus, wenn er heimlich und unter Vorspiegelung falscher Tatsachen im feindlichen Gebiet versucht, Informationen zu gewinnen. Es ist auch verboten, den Gegner unter Anwendung von Heimtücke zu töten, zu verwunden oder gefangen zu nehmen.

> *„Als Heimtücke gelten Handlungen, durch die ein Gegner in der Absicht, sein Vertrauen zu missbrauchen, verleitet wird, darauf zu vertrauen, dass er nach den Regeln des in bewaffneten Konflikten anwendbaren Völkerrechts Anspruch auf Schutz hat oder verpflichtet ist, Schutz zu gewähren.*
> *Folgende Handlungen sind Beispiele für Heimtücke:*
> a. *das Vortäuschen der Absicht, unter einer Parlamentärflagge zu verhandeln oder sich zu ergeben;*
> b. *das Vortäuschen von Kampfunfähigkeit infolge Verwundung oder Krankheit;*
> c. *das Vortäuschen eines zivilen oder Nichtkombattantenstatus;*
> d. *das Vortäuschen eines geschützten Status durch Benutzung von Abzeichen, Emblemen oder Uniformen der Vereinten Nationen oder neutraler oder anderer nicht am Konflikt beteiligter Staaten.*
> *Kriegslisten sind nicht verboten. Kriegslisten sind Handlungen, die einen Gegner irreführen oder ihn zu unvorsichtigem Handeln veranlassen sollen, die aber keine Regel des in bewaffneten Konflikten anwendbaren Völkerrechts verletzen und nicht heimtückisch sind, weil sie den Gegner nicht verleiten sollen, auf den sich aus diesem Recht ergebenden Schutz zu vertrauen. Folgende Handlungen sind Beispiele für Kriegslisten: Tarnung, Scheinstellungen, Scheinoperationen und irreführende Informationen."*[755]

---

754 *Review Conference of the Rome Statute of the International Criminal Court* (Fn. 752).
755 Art. 37, *Zusatzprotokoll I* (Fn. 16).

Bei der Prüfung, ob die Heimtücke, zweifelsfrei eine Verletzung des in internationalen bewaffneten Konflikten anwendbaren Rechts, auch in nicht internationalen bewaffneten Konflikten verboten ist, stellt sich heraus, dass die in internationalen bewaffneten Konflikten anwendbare Haager Landkriegsordnung nur *„die meuchlerische Tötung oder Verwundung von Angehörigen des feindlichen Volkes oder Heeres"*[756] untersagt, nicht jedoch das heimtückische Gefangennehmen des Gegners. Die IKRK Studie zum Humanitären Völkergewohnheitsrecht stellt fest, dass das Töten und Verwunden eines Gegners unter Anwendung von Heimtücke in internationalen wie in nicht-internationalen bewaffneten Konflikten verboten ist.[757] Auch das Römische Statut zum Internationalen Strafgerichtshof pönalisiert Heimtücke in nicht-internationalen bewaffneten Konflikten nur im Falle der Tötung oder Verwundung des Gegners.[758] Es ist keine Staatenpraxis erkennbar, der zufolge die Gefangennahme des Gegners durch Heimtücke (Vortäuschen eines Status als Zivilist oder Missbrauch geschützter Zeichen) eine schwere Verletzung des Rechts nicht-internationaler bewaffneter Konflikte darstellt. Unbeschadet dessen bewirkt jedoch jede Vortäuschung eines Status als Zivilist oder der Missbrauch eines Schutzzeichens eine Gefährdung dieser geschützten Personengruppe oder der geschützten Tätigkeit. Streitkräfte könnten dadurch leicht eine wichtige Zielsetzung in nicht-internationalen bewaffneten Konflikten, nämlich die Zivilbevölkerung vor den Auswirkungen des Konflikts zu schützen, aus den Augen verlieren.

Jedenfalls verboten ist die missbräuchliche Verwendung des Schutzzeichens des Roten Kreuzes in jeder Art eines bewaffneten Konflikts. Die Befreiung der im Februar 2002 von kolumbianischen FARC Rebellen[759] entführten kolumbianisch-französischen Politikerin *Ingrid Betancourt Pulecio* durch eine Spezialeinheit ist wahrscheinlich unter Vortäuschung eines geschützten Status gelungen. Mindestens ein Angehöriger der kolumbianischen Spezialeinheit *Agrupación de Fuerzas Especiales Antiterroristas Urbanas* hat bei der Befreiungsaktion das

756 Art. 23, b), *Haager Landkriegsordnung* (Fn. 14).

757 Jean-Marie Henckaerts und Louise Doswald-Beck, *Customary International Humanitarian Law,* (Fn. 58), Seite 599.

758 Art. 8, 2, (e) (ix), *Römer Statut des Internationalen Strafgerichtshofs*, Rom am 17. Juli 1998 (Fn. 186).

759 Die FARC (Fuerzas Armadas Revolucionarias de Colombia – Revolutionäre Streitkräfte Kolumbiens), sind eine linksgerichtete, kolumbianische Guerillabewegung, die seit dem Jahr 1964 einen bewaffneten Kampf gegen den kolumbianischen Staat führt.

Schutzzeichen des Roten Kreuzes getragen.[760] Dies stellt, wenngleich auch dadurch keine gegnerischen Kämpfer getötet oder verwundet wurden, eine gravierende Verletzung der Genfer Abkommen dar. Dementsprechend heftig war auch der Protest des Internationalen Komitees vom Roten Kreuz, wird durch derartige Rechtsverletzungen doch die Arbeit humanitärer Organisationen zum Wohle der Opfer bewaffneter Konflikte erheblich erschwert.[761]

---

760 John Otis, *Colombian leader: Hostage rescuer used Red Cross logo*, Houston Chronicle, 17 July 2008, http://www.chron.com/news/nation-world/article/Colombian-leader-Hostage-rescuer-used-Red-Cross-1764047.php [23.02.2014].

761 Es sollte bei aller Euphorie über die gelungene Geiselbefreiung nicht übersehen werden, dass sich noch immer ca. 3000 Personen in der Gewalt der FARC-Rebellen befinden, die auf die Betreuung oder die Organisation eines Gefangenenaustausches durch die Mitarbeiter des Roten Kreuzes angewiesen sind.

7. Sonderformen der bewaffneten Konflikte

Die verschiedenen humanitätsrechtlichen Abkommen beschreiben einerseits bewaffnete Konflikte als ihren Anwendungsbereich und bestimmen andererseits, dass von Gewalt geprägte Situationen, die unterhalb der Schwelle zum bewaffneten Konflikt angesiedelt sind, nicht in ihren Anwendungsbereich fallen. Bewaffnete Konflikte selbst sind entweder bewaffnete Konflikte zwischen Staaten[762] (internationale bewaffnete Konflikte) oder bewaffnete Konflikte mit nichtstaatlichen Gewaltakteuren[763] (nicht-internationale bewaffnete Konflikte). Darüber hinaus regelt das humanitäre Völkerrecht noch die Besetzung[764] des Territoriums eines Staates durch die Streitkräfte eines anderen Staates. Somit haben die wichtigsten humanitätsrechtlichen Abkommen jene zum Zeitpunkt ihrer Entstehung strategisch relevanten Situationen einer Regelung zugeführt. Darüber hinaus hat das Zusatzprotokoll I aus 1977 seinen Anwendungsbereich auf nationale Befreiungskriege[765] und Kolonialkriege ausgedehnt, jedoch zu einem Zeitpunkt, als dies aufgrund der fortgeschrittenen Entkolonialisierung keine Bedeutung mehr hatte.

Gleichzeitig sind jedoch in der zweiten Hälfte des 20. Jahrhunderts Streitkräfte in Situationen eingesetzt worden, die nicht mehr so klar einem der humanitätsrechtlich definierten Situationen zuzuordnen sind. So mandatierten die Vereinten Nationen Streitkräfteeinsätze auf fremdem Territorium mit verschiedensten Zielsetzungen, teils mit, teils ohne Zustimmung des betroffenen Staates.[766] Die für derartige Einsätze benutzten Bezeichnungen (*Peace Building, Peacekeeping, Peace Enforcement*, etc.) waren hinsichtlich der Bestimmung des bei derartigen Operationen anwendbaren Rechts wenig hilfreich. Nicht selten haben unterschiedliche Auffassungen von der humanitätsrechtlichen Lage zu Kontroversen bei den politischen Entscheidungsträgern und zu Unsicherheit bei den militärischen Durchführungsorganen geführt.

---

762 Siehe *3.1.1.2 Internationale bewaffnete Konflikte.*

763 Siehe *3.1.1.4 Bewaffnete Konflikte, die keinen internationalen Charakter haben.*

764 Siehe *3.1.1.3 Militärische Besetzung.*

765 Siehe *3.1.1.6 Nationale Befreiungskriege.*

766 Siehe *7.1 Humanitäres Völkerrecht und Einsätze der Vereinten Nationen.*

Seitdem nichtstaatliche Akteure transnational oder global agieren und der Kampf gegen den Terrorismus[767] oder die organisierte Kriminalität[768] auch grenzüberschreitend geführt wird, ist die Anwendung des humanitären Völkerrechts in *transnationalen Konflikten* nicht mehr nur eine akademische Frage, die von Experten gestellt und diskutiert wird.

7.1 Humanitäres Völkerrecht und Einsätze der Vereinten Nationen

Die Geschichte der von den Vereinten Nationen mandatierten Einsätze begann 1948 mit einer Beobachtermission im Nahen Osten. Nachdem im November 1947 die Generalversammlung der Vereinten Nationen einen Plan zur Teilung des damaligen britischen Mandatsgebiets Palästina[769] billigte, marschierten arabische Staaten im palästinensischen Mandatsgebiet ein. Am 29. Mai 1948[770] rief der UN-Sicherheitsrat in der Resolution 50 zur Einstellung der Feindseligkeiten in Palästina auf und beschloss, dass der Waffenstillstand durch UN Mediatoren beaufsichtigt werden sollte. Die erste Gruppe von unbewaffneten Militärbeobachtern begann im Juni 1948 als *United Nations Truce Supervision Organization (UNTSO)*[771] ihren Peacekeeping-Einsatz in der Region.

Bereits im Jahre 1950 wurde das kollektive Sicherheitssystem[772] der Vereinten Nationen auf die Probe gestellt, nachdem nordkoreanische Truppen in Südkorea

---

767 Siehe 7.2 *Humanitäres Völkerrecht und Kampf gegen den Terrorismus.*

768 Siehe 7.3 *Humanitäres Völkerrecht und Kampf gegen organisierte Kriminalität.*

769 *Resolution adopted on the Report of the Ad-Hoc Committee of the Palestinian Question*, 181 (II), Future Government of Palestine, 29 November 1947; http://www.un.org/en/ga/search/view_doc.asp?symbol=A/RES/181%28II%29&Lang=E&Area=RESOLUTION [06.09.2013].

770 Im Gedenken an die erste Friedensmission der Vereinten Nationen hat im Jahre 2001 die Generalversammlung den 29. Mai zum *"International Day of United Nations Peacekeepers"* bestimmt.

771 Der Auftrag für *UNTSO* lautete *"to observe and maintain a truce or cease-fire demanded by the Security Council and to assist the parties on both sides in the supervision of the observance of a cease-fire, truce or other arrangement accepted by the parties."* Dies ist auch heute noch die Aufgabe der Mission, die sich mittlerweile über Ägypten, Israel, Jordanien, Libanon und Syrien erstreckt. Die Militärbeobachter von *UNTSO* unterstützen auch die Missionen von *United Nation Disengagement Observer Force (UNDOF)* und *United Nations Interim Force in Lebanon (UNIFIL)*. Österreich beteiligt sich seit 1967 an *UNTSO*, der Einsatz bei *UNDOF* wurde 2013 beendet.

772 *„Kollektive Sicherheit ist ein System gegenseitiger Garantien zur Wahrung der Unverletzlichkeit des Gebiets (der territorialen Integrität), das eine Staatengruppe unter sich*

einmarschierten.[773] Der auf Antrag der USA einberufene Sicherheitsrat forderte in einer Resolution Nordkorea auf, die Feindseligkeiten einzustellen und seine Streitkräfte zurückzuziehen.[774] Nachdem Nordkorea der Resolution nicht nachkam, forderte der Sicherheitsrat die Mitglieder der Vereinten Nationen auf, *„[to] furnish such assistance to the Republic of Korea as may be necessary to repel the armed attack and to restore international peace and security in the area"*.[775] Damit beschloss der Sicherheitsrat erstmals eine Zwangsmaßnahme nach Kapitel VII der Satzung der Vereinten Nationen.

Die verschiedenen von den Vereinten Nationen mandatierten Einsätze haben in den darauffolgenden Jahrzehnten hinsichtlich Aufgabenstruktur und Mandatierung einen großen Wandel erfahren. Diese Entwicklung hat auch große Rechtsunsicherheit bei den Angehörigen der Streitkräfte bewirkt, die diese Einsätze zu bewältigen haben. Die hohe Diversität und Komplexität der Einsätze hat zu einer Vielfalt der Begrifflichkeiten geführt, die das Verständnis nicht immer erleichtert haben. Im Folgenden wird versucht, das in den verschiedenen Einsätzen anzuwendende Recht zu bestimmen.

So ist zwischen Einsätzen, die von den Vereinten Nationen geführt werden, und solchen, die von den Vereinten Nationen autorisiert werden, zu unterscheiden.[776] Dies hat Auswirkungen darauf, wer den Einsatz tatsächlich leitet, ihn finanziert und den rechtlichen Rahmen festlegt. Weiters sind die Einsätze danach zu unterscheiden, ob sich die Entscheidung des Sicherheitsrats und das Mandat auf Kapitel VI oder Kapitel VII der Satzung stützen. Kapitel VI regelt die

---

vereinbart. Innerhalb dieses Systems gilt ein Angriff auf einen Staat als Angriff auf alle und macht die nicht angegriffenen Staaten zu Bundesgenossen des angegriffenen Staates." http://www.wissen.de/lexikon/kollektive-sicherheit [11.09.2013].

773 Nach dem Zweiten Weltkrieg und im Zuge der Kapitulation Japans wurde das 1910 von Japan annektierte Kaiserreich Korea von amerikanischen und sowjetischen Truppen besetzt. Die aus den Besatzungszonen hervorgegangenen Regime betrachteten sich jeweils als einzige rechtmäßige Regierung. Nach dem Abzug der Besatzungsmächte kam es laufend zu Grenzzwischenfällen. Am 25. Juni 1950 überschritten nordkoreanische Truppen den 38. Breitengrad nach Süden.

774 UN Security Council, *Resolution 82 (1950) of 25 June 1950*, 25 June 1950, S/RES/82 (1950); http://www.refworld.org/docid/3b00f15960.html [09.09.2013]. Die Sowjetunion boykottierte den Sicherheitsrat (nachdem ihr Antrag um Aufnahme der VR China in den Sicherheitsrat abgelehnt wurde).

775 UN Security Council, *Resolution 83 (1950) of 27 June 1950*, 27 June 1950, S/RES/83 (1950), http://www.refworld.org/docid/3b00f20a2c.html [09.09.2013].

776 Beide Gruppen von Einsätzen basieren jedoch auf einem Mandat des Sicherheitsrates der VN.

friedliche Beilegung von Streitigkeiten *„durch Verhandlung, Untersuchung, Vermittlung, Vergleich, Schiedsspruch, gerichtliche Entscheidung, Inanspruchnahme regionaler Einrichtungen oder Abmachungen oder durch andere friedliche Mittel eigener Wahl“*[777], Kapitel VII regelt Maßnahmen bei Bedrohung oder Bruch des Friedens und bei Angriffshandlungen. Zu den Maßnahmen, die im Kapitel VII vorgesehen sind, gehören vorläufige Maßnahmen, die Rechte, Ansprüche und Stellung der beteiligten Parteien unberührt lassen[778], Zwangsmaßnahmen unter Ausschluss von Waffengewalt[779], aber auch Zwangsmaßnahmen durch Luft-, See- oder Landstreitkräfte.[780] Schließlich ist noch die tatsächliche Situation im Einsatzgebiet zu berücksichtigen, da die Existenz eines bewaffneten Konflikts das humanitäre Völkerrecht zur Anwendung bringt.

7.1.1 Bindung der Vereinten Nationen an das humanitäre Völkerrecht

Als die ersten Abkommen zum Recht der bewaffneten Konflikte beschlossen wurden, besaßen nur Staaten Streitkräfte und auch nur Staaten waren in der Lage, nennenswerte Kampfhandlungen durchzuführen. Somit war es naheliegend, dass auch nur Staaten als Rechtssubjekte von kriegsvölkerrechtlichen Bestimmungen angedacht waren. Der Adressatenkreis von kriegsvölkerrechtlichen Regeln wurde erstmals in den Genfer Abkommen 1949 in Fällen *„eines bewaffneten Konflikts, der keinen internationalen Charakter aufweist und der auf dem Gebiet einer der Hohen Vertragsparteien entsteht“* auf *„jede der am Konflikt beteiligten Parteien“* ausgedehnt.[781] Angesprochen waren Widerstandsbewegungen, abtrünnige Streitkräfte oder sonstige *„Non-State Actors“*, die hinsichtlich

777 Art. 33, *Satzung der Vereinten Nationen* (Fn. 12).

778 Ibid., Art. 40. Dazu gehört die Aufforderung, den für notwendig oder erwünscht erachteten vorläufigen Maßnahmen Folge zu leisten.

779 Ibid., Art. 41. Sie können die vollständige oder teilweise Unterbrechung der Wirtschaftsbeziehungen, des Eisenbahn-, See- und Luftverkehrs, der Post-, Telegraphen- und Funkverbindungen sowie sonstiger Verkehrsmöglichkeiten und den Abbruch der diplomatischen Beziehungen einschließen.

780 Ibid., Art. 42. Wenn Maßnahmen unter Ausschluss von Waffengewalt unzulänglich sein würden oder sich als unzulänglich erwiesen haben, so können Luft-, See- oder Landstreitkräfte zur Wahrung oder Wiederherstellung des Weltfriedens und der internationalen Sicherheit eingesetzt werden. Diese Maßnahmen können Demonstrationen, Blockaden und sonstige Einsätze der Luft-, See- oder Landstreitkräfte von Mitgliedern der Vereinten Nationen einschließen.

781 Siehe Gemeinsamer Artikel 3 der *Genfer Abkommen I-IV* (Fn. 15).

Organisationsgrad und der Fähigkeit zu anhaltenden Kampfhandlungen mit regulären Streitkräften vergleichbar waren.

Erst durch den Einsatz von Streitkräften aufgrund eines Beschlusses einer internationalen Organisation oder unter ihrer Führung stellte sich die Frage der Bindung von internationalen Organisationen an humanitätsrechtliche Abkommen. Erfolgte bislang ein Streitkräfteeinsatz immer durch einen Staat, so ergab sich erstmals durch die Satzung der Vereinten Nationen die Möglichkeit zum Streitkräfteeinsatz für eine internationale Organisation[782]:

> *„Alle Mitglieder der Vereinten Nationen verpflichten sich, zur Wahrung des Weltfriedens und der internationalen Sicherheit dadurch beizutragen, dass sie nach Maßgabe eines oder mehrerer Sonderabkommen* ***dem Sicherheitsrat auf sein Ersuchen Streitkräfte zur Verfügung stellen,*** *Beistand leisten und Erleichterungen einschließlich des Durchmarschrechts gewähren, soweit dies zur Wahrung des Weltfriedens und der internationalen Sicherheit erforderlich ist.“*[783]

Militärische Kräfte zu Zwecken der Friedenserhaltung (*Peacekeeping*) sind Nebenorgane des Sicherheitsrates[784] unter der Führung des Generalsekretärs der Vereinten Nationen[785], und somit werden nationale Streitkräfte *„under command and control“*[786] der Vereinten Nationen gestellt. Die Angehörigen der

---

782 Der Völkerbund sah zwar die militärische Intervention im Falle der Verletzung der Satzung des Völkerbundes vor (Art. 16, Abs. 2 der Völkerbundsatzung), jedoch als Maßnahme eines oder mehrerer Bundesmitglieder, nicht durch eine *„Völkerbundarmee“*.

783 Art. 43, Abs. 1, *Satzung der Vereinten Nationen* (Fn. 12), Hervorhebung durch Verfasser. Diese Konstruktion (Abstellung nationaler Streitkräfte unter das Kommando der Vereinten Nationen und die Bildung einer *„internationalen Interventionsarmee“*) kam jedoch nie zur Anwendung, zu groß waren die Bedenken der Staaten, durch die Abgabe der Kontrolle über Streitkräfte zu viel an Souveränität und Mitbestimmungsmöglichkeiten zu verlieren.

784 Ibid., Art. 29: *“The Security Council may establish such subsidiary organs as it deems necessary for the performance of its functions”*.

785 Im Auftrag des Generalsekretärs führt der Untergeneralsekretär für Friedenssicherungseinsätze (seit 3.10.2011 Mr. Hervé Ladsous aus Frankreich) sowie je ein Sondergesandter des Generalsekretärs für jede Mission vor Ort.

786 Das Dictionary of Military and Associated Terms (www.dtic.mil) definiert *“command and control”* als *“exercise of authority and direction by a properly designated commander over assigned and attached forces in the accomplishment of the mission. Command and control functions are performed through an arrangement of personnel, equipment, communications, facilities, and procedures employed by a commander in planning,*

Peacekeeping Force handeln im Namen der Vereinten Nationen[787] und die Nationalstaaten behalten lediglich strafrechtliche und disziplinäre Zuständigkeit, da die Vereinten Nationen keine entsprechenden Durchsetzungsorgane haben. Die Frage ist, ob internationale Organisationen insofern Rechtspersönlichkeit haben und Adressaten von humanitätsrechtlichen Normen sein können.

Diese Frage hat der Internationale Gerichtshof bereits 1949 in einem Gutachten[788] beantwortet und festgestellt, dass die Vereinten Nationen ohne entsprechende Rechtspersönlichkeit die ihnen zugeordneten Aufgaben nicht erfüllen könnten. Aus diesem Grund benötigen die Vereinten Nationen auch eine von den Mitgliedstaaten unterschiedliche Rechtspersönlichkeit, die jedoch, so betont der Gerichtshof, nicht denselben Umfang wie die Rechtspersönlichkeit von Staaten haben kann.[789] Der Umfang wird von den Zielen und den Aufgaben der internationalen Organisation abhängen. Betrachtet man die Zielsetzung der Vereinten Nationen[790], so ist es keineswegs abwegig, dass die Vereinten Nationen in bewaffnete Konflikte verwickelt werden, und sie wären somit auch an jene Normen gebunden, die derartige Situationen regeln.

Bereits unmittelbar nachdem die *United Nations Emergency Force for the Middle East (UNEF)* eingesetzt wurde, erging ein Schreiben des Präsidenten des IKRK an die Vereinten Nationen, in dem klare Instruktionen hinsichtlich der Einhaltung der Genfer Abkommen von 1949 vorgeschlagen wurden.[791] Die

---

directing, coordinating, and controlling forces and operations in the accomplishment of the mission. Also called C2".

787 *Model Agreement between the United Nations and Member States contributing personnel and equipment to the United Nations peace-keeping operations*, UN Doc., A/46/185, 23 May 1991, Artikel VI-IX; http://www.amicc.org/docs/UNContributionAgrmnt.pdf [02.09.2013].

788 International Court of Justice, *Reparation for Injuries Suffered in the Service of the United Nations*, Advisory Opinion, 11 April 1949, *ICJ Reports 1949*, Seite 179; http://www.icj-cij.org/docket/files/4/1835.pdf [02.09.2013].

789 Ibid., Seite 180.

790 Art. 1, Abs. 1, *Satzung der Vereinten Nationen* (Fn. 12). Die Vereinten Nationen haben das Ziel *„den Weltfrieden und die internationale Sicherheit zu wahren und zu diesem Zweck* ***wirksame Kollektivmaßnahmen zu treffen****, um Bedrohungen des Friedens zu verhüten und zu beseitigen, Angriffshandlungen und andere Friedensbrüche zu unterdrücken und internationale Streitigkeiten oder Situationen, die zu einem Friedensbruch führen könnten, durch friedliche Mittel nach den Grundsätzen der Gerechtigkeit und des Völkerrechts zu bereinigen oder beizulegen."* (Hervorhebung durch Verfasser).

791 Finn Seyersted, *United Nations Forces in the Law of Peace and War*, Leyden, A.W. Sijthoff, 1966, Seite 190.

Vereinten Nationen antworteten, dass Truppen unter dem Kommando der Vereinten Nationen *„principles and spirit of general international conventions applicable to the conduct of military personnel"* zu respektieren haben[792], ohne die Bedeutung dieser allgemeinen Formulierung zu erläutern.

Diese Formulierung wird mehrheitlich nicht als Einschränkung der Bindung auf gewohnheitsrechtliche Bestimmungen gesehen, sondern als Ausdruck dafür, dass die Vereinten Nationen nur an jene vertragsrechtlichen Normen gebunden sind, die von einer internationalen Organisation erfüllt werden können. Bestimmungen, die nur von Staaten befolgt werden können, nicht jedoch von einer internationalen Organisation (mangels Vorhandenseins eines Territoriums oder aufgrund des Fehlens von Rechtsdurchsetzungsorganen), sollen durch die Formulierung *„principles and spirit"* ausgenommen sein.[793] Diese Ansicht wird durch die Praxis und insbesondere durch konkrete Dokumente der Vereinten Nationen selbst bestärkt, die die grundsätzlich unbeschränkte Bindung an das Recht der bewaffneten Konflikte zum Ausdruck bringen. So bestimmt das Übereinkommen über die Sicherheit von UN-Personal, dass es nicht für eine *„United Nations operation authorized by the Security Council as an enforcement action under Chapter VII of the Charter of the United Nations in which any of the personnel are engaged as combatants against organized armed forces and* ***to which the law of international armed conflict applies****"*[794] anwendbar sein soll.

Eine weitere Bestätigung erfolgte durch das *Secretary-General's Bulletin* vom 6. August 1999, das seinen Anwendungsbereich wie folgt festlegt:

> *"The* ***fundamental principles and rules of international humanitarian law*** *set out in the present bulletin are applicable to United Nations forces when in situations of armed conflict*

792 Siehe *Regulations for the United Nations Emergency Force in the Middle East*, ST/SGB/UNEF/1 of 20 February 1957, Art. 44. Dieselbe Regelung erging auch bei späteren Einsätzen: *Regulations for the United Nations Force in Congo*, ST/SGB/ONUC/1 (1960), Art. 43 oder *Regulations for the United Nations Force in Cyprus*, ST/SGB/UNFICYP/1 of 25 April 1964, Art. 40.

793 Siehe Paolo Benvenuti, *The Implementation of International Humanitarian Law in the Framework of UN Peace-Keeping*, Law in Humanitarian Crises (Luxembourg: Office for Official Publications of the European Communities, 1995) Vol. 1, 83–119, Seite 116 oder Christopher Greenwood, *International Humanitarian Law and UN Military Operations*, Yearbook of International Humanitarian Law 11/1998, Seite 18.

794 *Convention on the Safety of United Nations and Associated Personnel*, 9 December 1994, *UNTS*, vol. 2051, Seite 363 (Hervorhebung durch Verfasser); http://www.un.org/law/cod/safety.htm [05.09.2013]. Österreich trat dem Abkommen am 6. September 2000 bei, und die Kundmachung erfolgte mit BGBl. III Nr. 180/2000 am 19. Oktober 2000.

they are actively engaged therein as combatants, to the extent and for the duration of their engagement. They are accordingly applicable in enforcement actions or in peacekeeping operations when the use of force is permitted in self-defence".[795]

Rechtlich ist das Bulletin eine interne Anweisung, durch die Stellung des Generalsekretärs und seine Weisungsbefugnis an UN-Truppen gewinnt sie jedoch an Bedeutung. Dies ist insofern beachtenswert, als die konkreten Vorgaben über das humanitäre Völkergewohnheitsrecht hinausgehen.[796]

Schließlich hat noch der Sicherheitsrat selbst in einer Resolution[797] bestätigt, dass die Parteien eines Friedensabkommens, aber auch regionale Organisationen humanitäts- und menschenrechtliche Bestimmungen berücksichtigen sollen, indem die Resolution mahnt, dass

*"[...] the parties to prospective peace agreements, including regional and subregional organizations and arrangements, [...] coordinate and cooperate fully with the United Nations from an early stage in negotiations, bearing in mind the need for any provisions for a peacekeeping operation to meet minimum conditions, including the need for a clear political objective, the practicability of the designated tasks and timelines, and compliance with the rules and principles of international law, **in particular international humanitarian, human rights and refugee law**".*[798]

Die Bindung der Vereinten Nationen an humanitäres Völkerrecht ist insbesondere dann bedeutend, wenn Operationen von den Vereinten Nationen mandatiert und von ihr geführt werden, was für die meisten *Peacekeeping* Missionen[799] gilt. *Peace Enforcement* Einsätze werden von den Vereinten Nationen vorwiegend autorisiert, das heißt die Führung der Streitkräfte bleibt bei den Nationalstaaten. Diesfalls bleibt auch die Verantwortung der Staaten für das Verhalten ihrer

795 UN Secretary-General (UNSG), *Secretary-General's Bulletin: Observance by United Nations Forces of International Humanitarian Law*, 6 August 1999, ST/SGB/1999/13; (Hervorhebung durch Verfasser) http://www.refworld.org/docid/451bb5724.html [02.09.2013].

796 So verbietet das *Secretary-General's Bulletin* beispielweise Schädigungen der natürlichen Umwelt (Art. 6, Abs. 3), Angriffe auf Objekte, die für die Zivilbevölkerung lebensnotwendig sind (Art. 6, Abs. 7) oder auf Anlagen und Einrichtungen, die gefährliche Kräfte enthalten (Art. 6, Abs. 8).

797 UN Security Council, *Security Council Resolution 1327 (2000) on the implementation of the report of the Panel on United Nations Peace Operations (S/2000/809)*, 13 November 2000, S/RES/1327 (2000), http://www.refworld.org/docid/3b00f47a20.html [03.09.2013].

798 Ibid., Kapitel 1, Abs. 3.

799 Umgangssprachlich auch *Blauhelmeinsätze* genannt.

Streitkräfte aufrecht und die Frage der Bindung der Vereinten Nationen an das humanitäre Völkerrecht stellt sich nicht.

7.1.2 Einsätze, die von den Vereinten Nationen autorisiert sind

Interessanterweise sieht die Satzung der Vereinten Nationen die Ermächtigung von Mitgliedstaaten, militärische Einsätze durchzuführen, nicht ausdrücklich vor.[800] Gemäß der Satzung sollte der Weltfrieden und die internationalen Sicherheit, deren Wahrung oberstes Ziel der Vereinten Nationen ist[801], durch Streitkräfte gewährleistet werden, die die Mitgliedsstaaten dem Sicherheitsrat zur Verfügung stellen. Sollte der Sicherheitsrat beurteilen, *„dass die in Artikel 41 vorgesehenen Maßnahmen unzulänglich sein würden oder sich als unzulänglich erwiesen haben, so kann er mit Luft-, See- oder Landstreitkräften die zur Wahrung oder Wiederherstellung des Weltfriedens und der internationalen Sicherheit erforderlichen Maßnahmen durchführen“.*[802] Zu diesem Zwecke sollen alle Mitglieder der Vereinten Nationen nach Maßgabe eines oder mehrerer Sonderabkommen dem Sicherheitsrat auf sein Ersuchen Streitkräfte zur Verfügung stellen.[803] Die Satzung sieht auch die Einrichtung eines Generalstabsauschusses vor, der aus den Generalstabschefs der ständigen Mitglieder des Sicherheitsrates besteht, und der die strategische Führung der Streitkräfte wahrnehmen soll.[804] Es kam aber nie zum Abschluss entsprechender Abkommen, die jedoch Voraussetzung dafür wären, dass der Sicherheitsrat Streitkräfte abrufen und einsetzen kann. Somit hatten die Vereinten Nationen zwar die exklusive Befugnis, militärische Gewalt auszuüben, jedoch keine Mittel, um dies auch faktisch zu tun. Dies führte schließlich zu Alternativlösungen, die rechtlich nicht leicht eingeordnet werden können, weil sie in der Satzung nicht ausdrücklich vorgesehen sind.

Mangels zur Verfügung gestellter Streitkräfte delegiert der Sicherheitsrat angesichts einer Bedrohung des Weltfriedens und der internationalen Sicherheit die Befugnis zur Ausübung militärischer Gewalt an seine Mitglieder. Nach der

---

800 Wie sie auch die Durchführung von *Peacekeeping* Einsätzen (sogenannte *Blauhelm*-Einsätze) sowie von *Peace Enforcement*-Einsätzen nicht ausdrücklich vorsieht.

801 Art. 1, Abs. 1, *Satzung der Vereinten Nationen* (Fn. 12).

802 Ibid., Art. 42. Die in Artikel 41 vorgesehenen Maßnahmen sind Maßnahmen unter Ausschluss von Waffengewalt, welche *„die vollständige oder teilweise Unterbrechung der Wirtschaftsbeziehungen, des Eisenbahn-, See- und Luftverkehrs, der Post-, Telegraphen- und Funkverbindungen sowie sonstiger Verkehrsmöglichkeiten und den Abbruch der diplomatischen Beziehungen einschließen“* können.

803 Ibid., Art. 43, Abs. 1.

804 Ibid., Art. 46 und 47.

erstmaligen Ermächtigung von Mitgliedsstaaten zum Einsatz von militärischer Gewalt im Koreakrieg[805] tauchte dieses Instrument erst wieder nach Beendigung des Kalten Kriegs im zweiten Golfkrieg 1990–1991 zur Befreiung Kuwaits[806] und bei der ersten Intervention zur Absicherung humanitärer Hilfe in Somalia 1992–1993[807] auf. Zuletzt ermächtigte der Sicherheitsrat die Mitgliedstaaten, alle notwendigen Maßnahmen zu ergreifen, um von Angriffen bedrohte Zivilpersonen und von der Zivilbevölkerung bewohnte Gebiete in der Libysch-Arabischen Dschamahirija, einschließlich Bengasis zu schützen sowie das verhängte Flugverbot durchzusetzen.[808]

Die Ermächtigung durch eine Resolution des Sicherheitsrates stellt eine Rechtsgrundlage und somit einen Rechtfertigungsgrund für den Einsatz von militärischer Gewalt gegenüber einem anderen Staat dar. Sie betrifft vorwiegend den Fragenbereich des *ius ad bellum* und hat somit auf die Anwendbarkeit humanitätsrechtlicher Bestimmungen (*ius in bello*) keine direkte Auswirkung.

Wendet ein Staat militärische Gewalt in entsprechender Intensität[809] ohne Zustimmung oder Einwilligung des Staates an, in dessen Territorium die militärische Gewalt sich auswirkt, ist dies als internationaler bewaffneter Konflikt zu betrachten. Unbeschadet der Ermächtigung durch den Sicherheitsrat werden die an dem Einsatz teilnehmenden Staaten Parteien in diesem bewaffneten Konflikt und den Angehörigen der Streitkräfte kommt Kombattantenstatus zu. Im Falle der Gefangennahme haben Kombattanten Anspruch auf Kriegsgefangenenstatus.

Das humanitäre Völkerrecht und die in bewaffneten Konflikten anwendbaren Menschenrechte[810] stecken den äußeren Rahmen, innerhalb dessen die Streitkräfte ihren Auftrag zu erfüllen haben. Dieser Befugnisrahmen kann aber

---

805 Siehe Fn. 773.

806 UN Security Council, *Resolution 678 (1990) Adopted by the Security Council at its 2963rd meeting, on 29 November 1990*, 29 November 1990, S/RES/678 (1990), http://www.refworld.org/docid/3b00f16760.html [11.09.2013].

807 UN Security Council, *Resolution 794 (1992) Adopted by the Security Council at its 3145th meeting, on 3 December 1992*, 3 December 1992, S/RES/794 (1992), http://www.refworld.org/docid/3b00f21137.html [11.09.2013]. Mit dieser Resolution autorisierte der Sicherheitsrat die *Unified Task Force (UNITAF)* unter der Führung der USA. Der Einsatz dauerte von 1992 bis 1993 und wurde durch die *United Nations Operation in Somalia (UNOSOM II)* abgelöst.

808 UN Security Council, *Security Council Resolution 1973 (2011) on the situation in the Libyan Arab Jamahiriya*, 17 March 2011, S/RES/1973(2011), http://www.refworld.org/docid/4d885fc42.html [11.09.2013].

809 Siehe Kapitel *3.1.1.2 Internationale bewaffnete Konflikte.*

810 Siehe Kapitel *5 Menschenrechte und Humanitäres Völkerrecht.*

insbesondere durch das Mandat des Sicherheitsrates eingeschränkt werden.[811] Die Mitgliedsstaaten können zwar frei entscheiden, ob sie sich an den Zwangsmaßnahmen beteiligen. Nehmen sie jedoch an dem Einsatz teil und üben sie die vom Sicherheitsrat übertragene Befugnis aus, sind sie an das Mandat des Sicherheitsrates gebunden.

7.1.3 Einsätze, die von den Vereinten Nationen geführt werden

Auch die Durchführung von Friedensmissionen, die wegen der UN-blauen Kopfbedeckung ihrer Angehörigen auch *Blauhelm*-Einsätze genannt werden, ist in der Satzung der Vereinten Nationen nicht ausdrücklich vorgesehen. Mit Beginn des Kalten Krieges[812] war es offensichtlich, dass an eine Genehmigung des Sicherheitsrates zu einem Streitkräfteeinsatz gegen den Willen eines Staates nicht zu denken war. Die Supermächte USA und Sowjetunion versuchten ständig, ihren eigenen Einflussbereich auszudehnen und den Einflussbereich des Gegners einzuschränken, und so war damit zu rechnen, dass sie als ständige Mitglieder im Sicherheitsrat Entscheidungen gegen Verbündete oder politisch nahestehende Staaten mit ihrem Veto[813] verhindern würden.

Die einzige gangbare Alternative zu den Zwangsmaßnahmen des Kapitel VII waren Maßnahmen nach Kapitel VI, also die Beilegung von Streitigkeiten durch *„Untersuchung, Vermittlung, Vergleich, Schiedsspruch, gerichtliche Entscheidung, Inanspruchnahme regionaler Einrichtungen oder Abmachungen oder durch andere friedliche Mittel eigener Wahl“*:[814] Auch wenn die Satzung Friedensmissionen oder

---

811 Siehe Abs. 4 der *Security Council Resolution 1973* (Fn. 808), wo der Sicherheitsrat *„ausländische Besatzungstruppen jeder Art in irgendeinem Teil libyschen Hoheitsgebiets“* ausgeschlossen hat.

812 Der Kalte Krieg (Ost-West-Konflikt) zwischen den Westmächten unter der Führung der USA und dem Ostblock unter der Führung der Sowjetunion begann 1946 mit der Irankrise, als die Sowjetunion versuchte, die von Kurden und Aseris bewohnten Provinzen des Irans abzuspalten und kommunistische Staaten zu etablieren.

813 Diese ständigen Mitglieder haben bei Beschlüssen des Sicherheitsrats gemäß Art. 27, Abs. 3 der Satzung der Vereinten Nationen ein Vetorecht. Somit kommt ein Beschluss nicht zustande, wenn ein ständiges Mitglied dagegen stimmt (eine Stimmenthaltung ist dem Zustandekommen eines Beschlusses nicht hinderlich). Während des Kalten Krieges von 1945 bis 1990 haben die Ständigen Mitglieder des Sicherheitsrates 279 Resolutionen betreffend Maßnahmen in bewaffneten Konflikten beeinsprucht. Siehe Andrea Cruciani (Richter am Padua Military Tribunal), *Applicable Law in Peace Support Operations*; http://www.defensesociale.org/xvcongreso/pdf/cfp/05%29_Applicable_law_in_peace_support_operations_Cruciani.pdf [27.09.2013].

814 Art. 33, *Satzung der Vereinten Nationen* (Fn. 12).

den Einsatz von Friedenstruppen nicht ausdrücklich nennt, können sie, weil zu ihrer Durchführung die Zustimmung aller Parteien erfolgt ist, als *„friedliche Mittel eigener Wahl"* im Sinne des Artikels 33 SVN angesehen werden. Dadurch unterscheiden sich diese Einsätze grundsätzlich von Zwangsmaßnahmen nach Artikel 43 SVN, zu denen der Sicherheitsrat ermächtigt hat. Die Friedenseinsätze werden *„under operational command and control"*[815] der Vereinten Nationen geführt und die Einheiten sind als Nebenorgan der Vereinten Nationen[816] eingesetzt, wodurch sich grundsätzlich auch die Rechtsstellung der Angehörigen dieser Einheiten ergibt.

Mit der Ausweitung der Aufgaben für Friedenstruppen, den geänderten Rahmenbedingungen und der Erteilung zusätzlicher Befugnisse haben sich verschiedene Bezeichnungen für die von den Vereinten Nationen geführten Einsätze herausgebildet.

Vorbeugende Diplomatie (Preventive diplomacy)[817] umfasst Maßnahmen, die das Entstehen von Streitigkeiten zwischen einzelnen Parteien verhüten und die Eskalation bestehender Streitigkeiten zu Konflikten verhindern sollen. Durch *Friedensschaffung (Peacemaking)*[818] sollen feindliche Konfliktparteien durch friedliche Mittel (Vermittlung, Verhandlung) zu einer Einigung gebracht werden. *Friedenssicherung (Peacekeeping)*[819] ist aus dem klassischen Blauhelm-Konzept hervorgegangen und hat sich zu einem komplexen Instrument entwickelt. Friedenssicherung erfolgt grundsätzlich immer mit Zustimmung aller Konfliktparteien. *Friedensdurchsetzung (Peace Enforcement)* sind vorläufige Maßnahmen nach Art. 40 SVN. Diese Einsätze ermöglichen aufgrund des Mandats und der Ausrüstung der Truppen auch die Erfüllung von robusten Aufträgen wie die Wiederherstellung oder Aufrechterhaltung einer Waffenruhe. *Peace Enforcement* darf nicht mit Zwangsmaßnahmen nach Art. 42 SVN[820] verwechselt werden. *Friedenskonsolidierung (Post-conflict Peacebuilding)*[821] umfasst Maßnahmen nach Beendigung eines Konflikts, durch die der Friede gefestigt und das Wieder-

---

815 Siehe Fn. 786

816 Art. 29, *Satzung der Vereinten Nationen* (Fn. 12).

817 *An Agenda for Peace: Preventive diplomacy, peacemaking and peace-keeping*, Report of the Secretary-General pursuant to the statement adopted by the Summit Meeting of the Security Council on 31 January 1992, 17 June 1992, A/47/277-S/24111, Abs. 23–33; http://www.unrol.org/files/A_47_277.pdf [11.09.2013].

818 Ibid., Abs. 34–45.

819 Ibid., Abs. 46–54.

820 Siehe *7.1.2 Einsätze, die von den Vereinten Nationen autorisiert sind.*

821 Ibid., Abs. 55–59.

aufleben von Konflikten verhindert werden sollen. Dazu gehören Maßnahmen zur gesellschaftlichen Integration früherer Rebellen, zum Aufbau rechtsstaatlicher Strukturen oder zur Achtung der Menschenrechte. Als Überbegriff für all diese Friedensbemühungen der Vereinten Nationen hat sich die Bezeichnung *friedensunterstützender Einsatz (Peace Support Operation)* herausgebildet. *Friedensunterstützende Einsätze* werden beschrieben als

> *"[...] multifunctional operations in which impartial activities of diplomatic, military and civilian (which among others include police, rule of law and civilian administration) components normally in pursuit of UN Charter purposes and principles, work to restore or maintain peace in a mandated area of operations"*:[822]

Die NATO definiert den friedensunterstützenden Einsatz als „*operation that impartially makes use of diplomatic, civil and military means, normally in pursuit of United Nations Charter purposes and principles, to restore or maintain peace. Such operations may include conflict prevention, peacemaking, peace enforcement, peacekeeping, peacebuilding and/or humanitarian operations.*"[823]

Die Vorschrift der amerikanischen Streitkräfte betont, dass „*Peace Operations*" entweder unter der Schirmherrschaft der Vereinten Nationen oder von den USA selbständig durchführt werden und beschreibt sie wie folgt:

> *"Peace operations (PO) are crisis response and limited contingency operations, and normally include international efforts and military missions to contain conflict, redress the peace, and shape the environment to support reconciliation and rebuilding and to facilitate the transition to legitimate governance. PO include peacekeeping operations (PKO), peace building (PB) post-conflict actions, peacemaking (PM) processes, conflict prevention, and military peace enforcement operations (PEO)."*[824]

In Abgrenzung zum Bündnisfall des NATO-Vertrages[825] bezeichnet die NATO sonstige Einsätze als „*Non-Article 5 Crisis Response Operations (NA5CRO)*" und beschreibt sie als „*multifunctional operations, falling outside the scope of Article 5, which contribute to conflict prevention and resolution or serve humanitarian purposes, and crisis management in the pursuit of declared Alliance objectives [... and]*

822 *Peace Support Operations Doctrine – November 2006*, African Standby Force, African Union; http://consilium.europa.eu/media/1308809/00_asf_pso_doctrine.pdf [29.08.2013].

823 *NATO Glossary of Terms and Definitions, AAP-6 2013*, NATO Standardization Agency (NSA); http://nsa.nato.int/nsa/zPublic/ap/aap6/AAP-6.pdf [29.08.2013].

824 *Peace Operations*, Joint Publication 3-07.3, 1. August 2012, Seite I-1; http://www.fas.org/irp/doddir/dod/jp3-07-3.pdf [29.08.2013].

825 Siehe auch Fn. 3 und 4.

range from support operations primarily associated with civil agencies through ***operations in support of peace****, countering irregular threat activities, to combat."*[826]

Ein näherer Blick auf die Bezeichnung der verschiedenen Einsätze zeigt, dass durch die Klassifizierung eher politische und weniger rechtliche Aspekte zum Ausdruck gebracht werden. Für den Rechtsstatus von Soldaten und für die Konkretisierung der ihnen zustehenden Befugnisse, insbesondere hinsichtlich der Ausübung von Gewalt, sind jedoch die konkrete Rechtslage und die faktische Situation im Einsatzgebiet entscheidend. Somit ist es angebracht, weniger auf die Bezeichnung eines Einsatzes zu achten, sondern die in den verschiedenen Situationen anzuwendenden Rechtsgrundlagen zu ergründen.

7.1.3.1 Peacekeeping

Bereits 1946, vor dem ersten Einsatz von Friedenstruppen[827], hat die Generalversammlung der Vereinten Nationen eine Konvention angenommen, die in groben Zügen die Rechtsstellung der Vereinten Nationen an sich, aber auch die Rechtsstellung von „*officials*" und „*experts on missions*" festlegt.[828] Zielsetzung war, dass Experten, die in den Mitgliedsstaaten Aufgaben der Vereinten Nationen wahrnehmen, jene Sonderrechte und jenen Schutz genießen sollten, die zur Aufgabenerfüllung erforderlich sind.[829]

Als nicht mehr nur Einzelpersonen, sondern ganze Truppenkontingente im Namen der Vereinten Nationen in Mitgliedsländer entsendet wurden, ergab sich die Notwendigkeit, deren Rechtsstellung genauer zu bestimmen. *Peacekeeping* Einsätze, die von ihrer Konzeption unparteiisch durchgeführt werden sollen, setzen regelmäßig die Zustimmung des Einsatzlandes oder der Einsatzländer voraus. Dieses Recht, anderen Staaten hoheitliche Befugnisse auf eigenem Territorium zu gestatten, ist ein Ausfluss der Gebietshoheit und der Souveränität[830]

---

826 *Allied Joint Doctrine for Non-Article 5 Crisis Response Operations*, AJP-3.4(A), Seite 1–3 (Hervorhebung durch Verfasser), *www.kam.lt/download/14142/*[11.09.2013].

827 *United Nations Truce Supervision Organization (UNTSO);* die ersten unbewaffneten Militärbeobachter wurden im Juni 1948 in den Nahen Osten entsendet (siehe Fn. 771).

828 *Convention on the Privileges and Immunities of the United Nations*, 3 February 1946, *UNTS*, vol. 1, p. 15 and vol. 90, p. 327 (corrigendum to vol. 1). Das Abkommen trat am 17. September 1946 in Kraft, Österreich ist dem Abkommen am 10. Mai 1957 beigetreten. http://www.un.org/en/ethics/pdf/convention.pdf [05.09.2013].

829 Ibid., Article VI, Section 22.

830 Während bei auf Kapitel VII der VN-Satzung gestützten *Peace Enforcement* Einsätzen regelmäßig in die Gebietshoheit und Souveränität eines Staates eingegriffen wird, bleibt bei *Peacekeeping* Einsätzen diese im vollen Umfang aufrecht.

eines Staates. Die Erteilung einer Aufenthaltsgenehmigung für fremde Streitkräfte und die Duldung der Durchführung militärischer Aufgaben ist ein sehr weitgehendes Zugeständnis und bedarf daher einer genauen Regelung. Vereinbart werden derartige Befugnisse in einem Staatsvertrag zwischen dem Einsatzland („*host country/nation*") und dem Entsendeland („*troop contributing country/state*" oder „*sending state*"), der als *Status of Forces Agreement (SOFA)* oder als *Status of Mission Agreement (SOMA)* bezeichnet wird. Die Angehörigen von Streitkräften unterstehen dabei grundsätzlich dem nationalen Recht des jeweiligen Einsatzlandes, jedoch gewährt das SOFA besondere Rechte, Privilegien und Immunitäten. Vereinbart werden in einem SOFA neben administrativen Erleichterungen das Recht, Uniform und Waffen zu tragen, das Recht, Befehls- und Disziplinargewalt über die Angehörigen der eigenen Streitkräfte auszuüben und insbesondere Angelegenheiten der Gerichtsbarkeit. Meistens wird die Zuständigkeit der Gerichtsbarkeit des Einsatzlandes für in Ausübung des Dienstes begangene Rechtsverletzungen ausgeschlossen.

Die Generalversammlung der Vereinten Nationen hat im Jahre 1989 in einer Resolution[831] den Generalsekretär ersucht, ein Muster SOFA für *Peacekeeping* Einsätze vorzubereiten. Dieses Muster-SOFA soll Grundlage der Abkommen zwischen den Vereinten Nationen und den Staaten sein, in denen UN-Friedenstruppen zum Einsatz kommen. 1990 präsentierte der Generalsekretär das Muster-SOFA[832] und 1998 schlug die Generalversammlung vor, dass dieses SOFA jeweils provisorisch bis zum Abschluss eines konkreten SOFA mit einem Einsatzland gelten solle:[833]

831 *Comprehensive review of the whole question of peace-keeping operations in all their aspects*, Resolution A/Res/44/49 of the United Nations General Assembly, 8 December 1989; para. 11; http://www.un.org/documents/ga/res/44/a44r049.htm [05.09.2013].

832 *Comprehensive review of the whole question of peace-keeping operations in all their aspects – Model status-of-forces agreement for peacekeeping operations*, Report of the Secretary General, A/45/594, 9 October 1990; http://daccess-dds-ny.un.org/doc/UNDOC/GEN/N90/254/55/IMG/N9025455.pdf?OpenElement Deutsche Fassung: http://www.un.org/depts/german/gv-sonst/a-45-594.pdf [05.09.2013].

833 *Renewing the United Nations: a programme for reform*, Resolution A/Res/52/12 B of the United Nations General Assembly, 9 January 1989; para. 7; http://www.preventionweb.net/files/resolutions/N9876111.pdf [05.09.2013]. Nicht selten werden Peacekeeping Streitkräfte entsendet, während die Verhandlungen über ein konkretes SOFA noch laufen. Für die *United Nations Mission in Western Sahara (MINURSO)* gab es erst ein Jahr nach der Entsendung ein Abkommen mit Marokko, für die *UN*

Dieses Muster SOFA bestimmt, dass die eingesetzten Truppen grundsätzlich die örtlichen Gesetze und sonstigen Vorschriften des Einsatzlandes einzuhalten haben.[834] Das VN-Kontingent darf die Flagge der Vereinten Nationen verwenden, hat im gesamten Einsatzland Bewegungsfreiheit (*freedom of movement*) und ist von der Zahlung von Gebühren, Maut und sonstigen Abgaben befreit.[835] Als Nebenorgan der Vereinten Nationen genießt der Friedenssicherungseinsatz die Rechtsstellung und die Vorrechte und Immunitäten der Vereinten Nationen. Die Angehörigen des Friedenssicherungseinsatzes genießen Immunität von der nationalen Gerichtsbarkeit hinsichtlich der von ihnen in ihrer amtlichen Eigenschaft vorgenommenen Handlungen, die ihnen auch dann noch gewährt wird, wenn sie nicht mehr Mitglieder des Einsatzes sind.[836]

Neben dem SOFA wird häufig auch ein *Memorandum of Understanding (MoU)* abgeschlossen, eine bi- oder multilaterale Absichtserklärung, in dem die Eckpunkte eines noch abzuschließenden umfassenderen Vertrages festgelegt werden. Dem MoU kann ein *Technical Agreement (TA)* nachgeordnet sein, in dem Details geregelt werden (*Host Nation Support* etc.). Auch das Verhältnis zwischen Vereinten Nationen und den truppenstellenden Staaten wird in einem Abkommen geregelt.[837] Gemäß diesem Abkommen haben die truppenstellenden Staaten zu gewährleisten, dass die Angehörigen der entsendeten Streitkräfte mit den Prinzipien und dem Geist des humanitären Völkerrechts voll vertraut sind.[838]

Somit ergeben sich die Rechtsstellung und Befugnisse der Streitkräfteangehörigen in einem *Peacekeeping* Einsatz aus dem Mandat des Sicherheitsrats und den VN-Abkommen über den Schutz des VN-Personals, weiters aus dem Recht des Einsatzlandes, dem SOFA mit dem Einsatzland einschließlich der ergänzenden Abkommen (MoU und TA) sowie dem Recht des Entsendelandes. Grundsätzlich haben die Streitkräfteangehörigen das nationale Recht zu beachten und haben sich jeder Handlung zu enthalten, die dem internationalen und unparteiischen

Mission in Somalia (UNISOM I) gab es überhaupt kein SOFA, weil es keine Regierung gab, mit der man ein Abkommen hätte verhandeln können.

834 Abs. 6, *Model status-of-forces agreement for peacekeeping operations* (Fn. 832).

835 Ibid., Abs. 8, 12–14.

836 Ibid., Abs. 15, 24–31, 46–49.

837 *Comprehensive review of the whole question of peace-keeping operations in all their aspects – Model Agreement between the United Nations and Member States Contributing Personnel and Equipment to United Nations Peacekeeping Operations,* Report of the Secretary General, UN Doc. A/46/185, 23 May 1991; http://www.amicc.org/docs/UNContributionAgrmnt.pdf [05.09.2013].

838 Ibid., Abschnitt X, Absatz 28.

Charakter des Einsatzes widerspricht. Im Gegenzug hat das Einsatzland die Streitkräfteangehörigen vor Angriffen zu schützen und alle geeigneten Maßnahmen für ihre Sicherheit zu treffen. Die Angehörigen von Friedenstruppen in *Peacekeeping* Einsätzen sind somit geschützte Personen und haben keinen Kombattantenstatus.

Die Befugnis der Angehörigen von Streitkräften, in *Peacekeeping* Einsätzen Gewalt auszuüben, ist regelmäßig auf Notwehr beschränkt. Dabei ist zu beachten, dass Notwehr in verschiedenen nationalen Rechtsordnungen unterschiedlich geregelt ist. So ist in manchen Staaten lebensgefährdender Waffengebrauch zum Schutz von Eigentum verboten und auch die Individualrechtsgüter, die verteidigt werden dürfen, sind in nationalen Rechtsordnungen unterschiedlich bestimmt. Da der Rechtsstatus sowohl vom Recht des Entsendestaates als auch vom Recht des Einsatzlandes abhängt, dürfen Streitkräfteangehörige in *Peacekeeping* Einsätzen grundsätzlich nur jene Gewalt üben, die in beiden Rechtsordnungen zulässig ist.

Obwohl das humanitäre Völkerrecht in *Peacekeeping* Einsätzen für die Angehörigen der Friedenstruppen nicht zur Anwendung kommt, stellt das Abkommen über die Sicherheit von Personal der Vereinten Nationen und beigeordnetem Personal fest, dass „*the applicability of international humanitarian law and universally recognized standards of human rights as contained in international instruments in relation to the protection of United Nations operations and United Nations associated personnel or the responsibility of such personnel to respect such law and standards*" durch das Abkommen nicht beeinträchtigt ist.[839] Die Prinzipien und der Geist des humanitären Völkerrechts sind von den Mitgliedern eines Friedenssicherungseinsatzes zu beachten, wenngleich sie hinsichtlich der von ihnen in ihrer amtlichen Tätigkeit vorgenommenen Handlungen Immunität von der Gerichtsbarkeit im Einsatzland genießen.[840]

Die Durchführung von Friedenssicherungseinsätzen ist geprägt durch die Grundsätze dieser Einsätze: Unparteilichkeit (*impartiality*), Einverständnis (*consent of the host nation*) und die Beschränkung der Gewaltanwendung (*restraint* oder *minimum necessary use of force*). Die Friedenstruppen sind insofern unparteilich, als sie nicht für oder gegen eine Konfliktpartei Maßnahmen setzen, sondern auf ein unerwünschtes, den internationalen Vorgaben widersprechendes Verhalten reagieren. Unparteilichkeit ist eine große Herausforderung, da

---

839 Art. 20, *Convention on the Safety of United Nations and Associated Personnel*, 9 December 1994 (Fn. 794).

840 Abs. 46, *Model status-of-forces agreement for peacekeeping operations* (Fn. 832).

jede Handlung oder Unterlassung von einer Partei als Parteilichkeit ausgelegt werden könnte. Transparenz hinsichtlich Mandat, Auftrag, Absichten und Verfahren hilft, die Herausforderung zu meistern. Der Grundsatz *„Einverständnis des Einsatzlandes"* ist bei *Peacekeeping* Einsätzen deshalb so entscheidend, weil bei Wegfall des Einverständnisses der Einsatz nicht fortgeführt werden kann und als gescheitert gilt.

Grundsätzlich geht es in friedensunterstützenden Einsätzen nicht um die Niederringung einer Konfliktpartei und so wird der Streitbeilegung, sowie der Verhandlung und Vermittlung während des Konflikts – sogar auf taktischer Ebene – eine große Bedeutung zukommen. Auch die logistische Unterstützung einer Konfliktpartei kann zur Auftragserfüllung beitragen, so wie die zivil-militärische Zusammenarbeit in friedensunterstützenden Einsätzen unerlässlich ist.

Unbeschadet des rechtlichen Rahmens, der sich aus den genannten nationalen und internationalen Normen ergibt, können Befugnisse in Friedenssicherungseinsätzen noch aus militärischen oder politischen Beweggründen sowohl durch die Vereinten Nationen, als auch durch die Entsendestaaten eingeschränkt werden. Komplexer stellt sich die Erweiterung der Befugnisse der Friedenstruppen insbesondere durch den Sicherheitsrat dar. Als Friedenstruppen in unübersichtlichen Situationen oder in sogenannten *„failed states"* nicht in der Lage waren, gewalttätigen Gruppen effektiv zu begegnen, begann der Sicherheitsrat, diese Truppen mit einem *„robusten Mandat"* auszustatten. Die Friedenstruppen im Rahmen von *„Robust Peacekeeping"* waren hinsichtlich der Anwendung von Gewalt nicht mehr auf Notwehr beschränkt, sondern durften jene Gewalt anwenden, die zur Sicherstellung des Auftrags erforderlich war. So hat der Sicherheitsrat die Mission in Somalia (UNOSOM II) mit dem Recht ausgestattet, auf der Grundlage von Kapitel VII der Satzung der Vereinten Nationen die Entwaffnung der Banden gegebenenfalls auch mit militärischen Mittel durchzusetzen. Dies hatte weitreichende Konsequenzen und wurde als Abkehr von den Prinzipien des Peacekeeping[841] kritisiert. Die Kritiker fragten auch, ob man noch von *Peacekeeping* sprechen könne, *„when there is no peace to keep"*.[842]

---

841 Unparteilichkeit (*impartiality*), Einverständnis (*consent of the host nation*) und die Beschränkung der Gewaltanwendung (*restraint to self-defence*).

842 Elgin Clemons, *No Peace to Keep: Six and Three-Quarters Peacekeepers*, 26 New York University Journal of International Law and Politics (1993–1994), Seite 107.

Obwohl eine scharfe Trennung von Friedensschaffung und Friedenssicherung nicht immer möglich ist[843], so sollten die Rechtsgrundlage und das zur Anwendung kommende Recht für jeden militärischen Einsatz den eingesetzten Truppen klar sein. Diesbezüglich ist weder die Beschreibung von *Peacekeeping* als *„Einsatz nach Kapitel VI und 1/2"* noch die Bezeichnung *„Einsatz nach Kapitel VI und 3/4"*[844] für *Robust Peacekeeping* hilfreich. Das Department of Peacekeeping Operations betont, dass *Robust Peacekeeping* nicht mit *Peace Enforcement* nach Kapitel VII verwechselt werden darf.

> *"Robust peacekeeping involves the use of force at the tactical level with the authorization of the Security Council and consent of the host nation and/or the main parties to the conflict. By contrast, peace enforcement does not require the consent of the main parties and may involve the use of military force at the strategic or international level, which is normally prohibited for Member States under Article 2(4) of the Charter, unless authorized by the Security Council."*[845]

Somit unterscheidet sich *robustes Peacekeeping* lediglich dadurch, dass das Einsatzland der taktischen Ebene die Anwendung militärischer Gewalt auch zur Mandatserfüllung zugesteht. Fehlt diese Zustimmung, muss der Sicherheitsrat einen *Peace Enforcement* Einsatz nach Kapitel VII genehmigen.

7.1.3.2 Peace Enforcement

Den Begriff *Peace Enforcement*, in der Satzung der Vereinten Nationen ebenfalls nicht ausdrücklich erwähnt, findet man erstmals in einem Bericht des Generalsekretärs Boutros Boutros Ghali aus dem Jänner 1992. Der Bericht, allgemein bekannt als *„An Agenda for Peace"*[846], schlägt dem Sicherheitsrat vor, dass von den Mitgliedstaaten zur Verfügung gestellte *„peace enforcement forces"*[847] mit klar festlegten Aufgaben zur Friedensdurchsetzung eingesetzt werden sollten. Diese

---

843 Siehe *An Agenda for Peace: Preventive diplomacy, peacemaking and peace-keeping*, Abs. 45 (Fn. 817).

844 Siehe Andrea Cruciani, *Applicable Law in Peace Support Operations* (Fn. 813).

845 *Principles of Peacekeeping: Non-Use of Force except in Self-Defence or Defence of the Mandate*; http://www.un.org/en/peacekeeping/operations/principles.shtml [29.09.2013].

846 *An Agenda for Peace: Preventive diplomacy, peacemaking and peace-keeping*, Abs. 44 (Fn. 817).

847 Das System von Verfügungsbereitschaftsabkommen (*UN Stand-by Arrangements System – UNSAS)* besteht seit 1994. Zur Verkürzung der Reaktionszeit für die Aufstellung von Friedensmissionen werden den Vereinten Nationen Unterstützungsleistungen (Truppen, Zivilpolizei und sonstige Experten, Material und Ausrüstung)

Streitkräfte müssten schwerer bewaffnet sein als Friedenstruppen, ihre Entsendung und der Einsatz würde aufgrund einer Ermächtigung des Sicherheitsrats erfolgen und sie würden, wie die Friedenstruppen, dem Generalsekretär unterstellt. Der *Peace Enforcement* Einsatz wäre eine vorläufige Maßnahme nach Artikel 40 der Charta und die *„peace enforcement forces"* sind weder mit den Streitkräften zu verwechseln, die zu gegebener Zeit nach Artikel 43 aufgestellt werden könnten, um gegen Angriffshandlungen vorzugehen, noch mit dem Militär, das die Regierungen gegebenenfalls bereit sind, als möglichen Beitrag zu Friedensoperationen auf Abruf bereitzuhalten.

Definiert wird *Peace Enforcement* in mehreren militärischen Vorschriften: So beschreibt eine US Vorschrift *Peace Enforcement* als *"application of military force or the threat of its use, normally pursuant to international authorization, to compel compliance with generally accepted resolutions or sanctions"*[848], eine britische Vorschrift definiert Einsätze zur Friedensdurchsetzung als *"operations carried out to restore peace between belligerent parties who do not all consent to interventions and who may be engaged in combat activities."*[849]

Ein *Peace Enforcement* Einsatz der Vereinten Nationen wird vom Sicherheitsrat unter Kapitel VII autorisiert, das Einverständnis aller Konfliktparteien ist nicht unbedingt erforderlich, und somit handelt es sich um eine militärische Zwangsmaßnahme. Diese Zwangsmaßnahme ist jedoch nicht zu verwechseln mit Friedenserzwingung durch militärische Gewalt nach Artikel 42 der SVN, wonach Streitkräfte bei Bedrohung oder Bruch des Friedens oder bei Angriffshandlungen eingesetzt werden können. Während bei Einsätzen nach Artikel 42 eine *Koalition der Willigen* (vom Sicherheitsrat ermächtigte Staaten) gegen einen Aggressor vorgeht[850], wird bei *Peace Enforcement* Einsätzen militärische Gewalt in einem Staat zur Wiederherstellung oder Aufrechterhaltung einer Waffenruhe – eventuell auch gegen den Willen aller Konfliktparteien – eingesetzt. Bei Einsätzen

---

angeboten, welche innerhalb von 30 bis 90 Tagen nach Beginn einer neuen Operation zur Verfügung stehen können. Jeder Mitgliedsstaat legt sein Angebot selbst fest.

848 United States Army, *Field Manual 100–23, Peace Operations*, Seite 6.

849 *Wider Peacekeeping, Army Field Manual Volume 5, Operations Other Than War, Part 2.* Prepared under the Direction of the Director General Land Warfare on Behalf of the Chief of the General Staff, London, 1995, Seite 1–2.

850 *Operation Desert Storm*, autorisiert durch Resolution 678 des VN-Sicherheitsrates, zur Befreiung Kuwaits vom Irak.

nach Artikel 42 wird regelmäßig das Recht des internationalen bewaffneten Konflikts zur Anwendung kommen[851].

Bei *Peace Enforcement* Einsätzen ist die Frage nach dem zur Anwendung kommenden Recht etwas komplexer. Kommen von den Vereinten Nationen ermächtigte oder von ihr geführte Streitkräfte gegen reguläre Streitkräfte eines Staates zum Einsatz, wird dies bei entsprechender Intensität der Kampfhandlungen als internationaler bewaffneter Konflikt zu bewerten sein. Die Angehörigen der Streitkräfte haben Kombattantenstatus und folglich in diesen Situationen, wenn *„actively engaged therein as combatants“*[852], die Prinzipen und Regeln des humanitären Völkerrechts zu beachten und anzuwenden. Wenn sie Angehörige der gegnerischen Streitkräfte gefangen nehmen, sind diese als Kriegsgefangene zu behandeln. Das Bulletin des VN-Generalsekretärs verwendet zwar den Begriff *„prisoner of war“* nicht, sondern spricht von *„detained members of the armed forces and other persons who no longer take part in military operations by reason of detention“*, stellt jedoch ausdrücklich fest, dass diese Personen *"shall be treated in accordance with the relevant provisions of the Third Geneva Convention of 1949, as may be applicable to them mutatis mutandis"*.[853] Sollten die Angehörigen der Streitkräfte eines derartigen *Peace Enforcement* Einsatzes humanitätsrechtliche Bestimmungen verletzen, ist dies von den nationalen Gerichten strafrechtlich zu ahnden.[854]

Werden *„peace enforcement units“* bei ihren Bemühungen, eine Waffenruhe durchzusetzen, in anhaltende militärische Kampfhandlungen mit Widerstandsbewegungen, abtrünnigen Streitkräften oder sonstigen bewaffneten Gruppen, die nicht einem Staat zuzurechnen sind, verwickelt, so wird diese Situation als nicht internationaler bewaffneter Konflikt einzustufen sein. Der gemeinsame Artikel 3 der Genfer Abkommen und unter Umständen das Zusatzprotokoll II[855]

---

851 In erster Linie sind dies die *Haager Landkriegsordnung* (Fn. 14), die *Genfer Abkommen I-IV* (Fn. 15) und das *Zusatzprotokoll I* (Fn. 16). Die Angehörigen der Streitkräfte (ausgenommen Sanitäts- und Seelsorgepersonal) haben Kombattantenstatus und im Falle der Gefangennahme Kriegsgefangenenstatus.

852 *Secretary-General's Bulletin* (Fn. 795), Section 1, para. 1.1.

853 *Ibid.*, Section 8.

854 Ibid., Section 4.

855 Das *Zusatzprotokoll II* (Fn. 16) ist dann zur Anwendung zu bringen, wenn die abtrünnigen Streitkräfte oder anderen organisierten bewaffneten Gruppen eine solche Kontrolle über einen Teil des Hoheitsgebiets des Einsatzlandes ausüben, dass sie anhaltende, koordinierte Kampfhandlungen durchzuführen und das Protokoll anzuwenden vermögen.

wären diesfalls anzuwenden. Hinsichtlich Planung und Durchführung dieser Einsätze wird kein großer Unterschied zum Einsatz gegen reguläre Streitkräfte feststellbar sein. Es ist jedoch wesentlich, dass in derartigen Einsätzen den Streitkräfteangehörigen kein Kombattantenstatus zukommt und die Angehörigen der abtrünnigen Streitkräfte und sonstigen bewaffneten Gruppen wegen Gewalttaten gegen Friedenstruppen strafrechtlich belangt werden können.

Sowohl in militärischer als auch in rechtlicher Hinsicht stellen diese Einsätze zur Friedensdurchsetzung eine große Herausforderung dar, da – insbesondere in einem labilen Umfeld – sich die Lage rasch ändern kann. Fällt die reguläre Regierung weg und übernehmen Aufständische *de facto* Regierungsgewalt, befinden sich die vom Sicherheitsrat zur Friedensdurchsetzung ermächtigten Truppen in einem internationalen bewaffneten Konflikt mit all den daraus resultierenden Konsequenzen. Häufig ist die Zusammensetzung und Ausrüstung der eingesetzten Kräfte für die neue Herausforderung nicht geeignet und auch die Führungsabläufe entsprechen nicht mehr den geänderten Gegebenheiten. Die Vereinten Nationen sind mit der Führung von Einsätzen in derart rasch veränderten Situationen überfordert, was sich in Somalia und Bosnien zeigte. Dies erkennend, tendiert der Sicherheitsrat dazu, eine regionale Organisation oder eine Koalition der Willigen unter der Führung eines Staates (*Lead Nation*) zur Durchführung von *Peace Enforcement* Einsätzen zu ermächtigen. Erst wenn die Lage einigermaßen unter Kontrolle ist, übernehmen die Vereinten Nationen die Führung, um durch eine UN-geführte Peacekeeping Mission den geschaffenen Frieden zu sichern.[856]

7.1.3.3 Die Verwaltung von Krisengebieten durch die Vereinten Nationen

Die Friedensmissionen der Vereinten Nationen wurden nach dem Ende des Kalten Krieges auch hinsichtlich der Aufgabenstellung wesentlich vielschichtiger. Standen in den ersten Jahrzehnten Beobachtermissionen im Zusammenhang mit einem Waffenstillstandsabkommen im Vordergrund, so kamen nun Einsätze

856 So führten die US 1994 den Einsatz zur Friedensdurchsetzung in Haiti und übergaben nach 6 Monaten, nachdem die Sicherheitslage sich verbessert hatte, an eine UN-*Peacekeeping* Mission. 1999 autorisierte der Sicherheitsrat eine *Peace Enforcement* Operation unter der Führung Australiens in Osttimor und im März 2000 begannen die Vereinten Nationen mit Friedenssicherung und Friedenskonsolidierung.

zur Abhaltung von Wahlen oder Referenden[857] oder Einsätze zur Einhaltung der Menschenrechte[858] dazu. Auch wurden den Friedenstruppen vermehrt Schutzaufgaben übertragen und stärker bewaffnete Truppen nahmen immer häufiger mit Gewalt Einfluss auf innerstaatliche Verhältnisse. Den Friedenstruppen wurde die Entwaffnung von Rebellen[859], die Verfolgung von Kriegsverbrechern[860], die Verhinderung von ethnischen Vertreibungen[861] oder der Schutz humanitärer Organisationen in Krisengebieten[862] übertragen.

Eine neue Generation von Friedenseinsätzen begann mit der Übernahme von regierungsähnlichen Aufgaben in Krisengebieten durch die Vereinten Nationen. Das Kapitel XII der SVN sieht die Möglichkeit der Einrichtung eines internationalen Treuhandsystems vor, in dem auch die Vereinten Nationen selbst als Verwaltungsmacht eingesetzt werden können[863], die Einrichtung einer Gebietsverwaltung ist jedoch nicht ausdrücklich als Aufgabe der Vereinten Nationen erwähnt.

Trotzdem haben die Vereinten Nationen Gebietsverwaltungen wahrgenommen: Dabei gibt es Einsätze mit Zustimmung und Einsätze ohne Zustimmung des betroffenen Staates, und es sind Gebietsverwaltungen, die von den Vereinten Nationen selbst geführt werden, von solchen zu unterscheiden, wo die Vereinten Nationen einen Staat zur Verwaltung ermächtigt haben. Einvernehmliche

---

857 Missionen zur Abhaltung von Wahlen in Nicaragua (*ONUVEN – United Nations Observer for the Verification of Elections in Nicaragua*, 1989/1990), in Haiti (*ONUVEH – United Nations Observer Group for Verification of Elections in Haiti*, 1990/91), zur Abhaltung eines Referendums in Westsahara (*MINURSO – United Nations Mission for the Referendum in Western Sahara*, ab 1991).

858 *ONUSAL – United Nations Observer Mission in El Salvador* (1991–1995).

859 Das Mandat der *United Nations Organization Stabilization Mission in the Democratic Republic of the Congo – MONUC* (1999–2010) sah *"the comprehensive disarmament, demobilization, resettlement and reintegration of all members of all armed groups"* vor.

860 Die im Mandat von *MONUSCO – United Nations Mission in Democratic Republic of Congo* vorgesehene *Intervention Brigade* hatte unter anderem die Aufgabe *„to arrest and bring to justice those responsible for war crimes and crimes against humanity in the country, including through cooperation with States of the region and the ICC"*.

861 Das Mandat von *UNPROFOR – United Nations Protection Force* sah im begrenzten Umfang den Schutz der Zivilbevölkerung in den Schutzzonen vor.

862 Im Rahmen der *United Nations Operation in Côte d'Ivoire* (UNOCI) haben die Angehörigen der Friedenstruppen unter anderem *"to facilitate, as necessary, unhindered humanitarian access and to help strengthen the delivery of humanitarian assistance to conflict-affected and vulnerable populations, notably by contributing to enhancing security for its delivery"*.

863 Art. 81, *Satzung der Vereinten Nationen* (Fn. 12).

Gebietsverwaltungen werden auf Kapitel VI der SVN gestützt[864] und der rechtliche Rahmen und die den Vereinten Nationen oder einem Staat übertragenen Befugnisse ergeben sich aus der Einwilligungserklärung. Dabei verzichtet ein Staat auf das Recht auf Nichteinmischung in innere Angelegenheiten.[865] Da keine Zwangsmaßnahme vorliegt, stellt sich auch nicht die Frage, inwiefern der Verwalter als *„Besatzungsmacht“* zu betrachten wäre und es kommt auch nicht das Recht im besetzten Gebiet[866] zur Anwendung.

Liegt eine Einwilligung eines Staates zur Abtretung der Verwaltung nicht vor, so kann eine Gebietsverwaltung nur aufgrund einer Resolution des Sicherheitsrates als Zwangsmaßnahme gemäß Kapitel VII eingerichtet werden. Die mit der Gebietsverwaltung betrauten Truppen haben dabei jene Verpflichtungen, die sich auch für Streitkräfte ergeben, die ein Gebiet nach einer militärischen Operation effektiv beherrschen: Es sind dies insbesondere Bestimmungen, die auf die Wahrung des *status quo* in den besetzten Gebieten abstellen:

> *„Nachdem die gesetzmäßige Gewalt tatsächlich in die Hände des Besetzenden übergegangen ist, trifft dieser alle ihm zu Gebote stehenden Maßnahmen, um nach Möglichkeit die* ***öffentliche Ordnung und das öffentliche Leben wiederherzustellen und aufrechtzuerhalten*** *und zwar, soweit kein zwingendes Hindernis besteht, unter Beachtung der Landesgesetze.“*[867]

Der Sicherheitsrat hat jedoch die sich aus dem humanitären Völkerrecht ergebenden Rechte und Pflichten teils erheblich verändert und erweitert[868], geht es doch bei einer erzwungenen Gebietsverwaltung nicht nur um Erhaltung des *status quo*, sondern um eine Veränderung der bestehenden Verhältnisse. Für den Aufbau einer demokratischen Gesellschaftsordnung, einer zivilen Verwaltung

---

864 Der Sicherheitsrat hat aber die Übernahme der Verwaltung eines Krisengebietes auch auf Kapitel VII gestützt und somit als Zwangsmaßnahme vorgesehen, obwohl eine Zustimmung des betroffenen Staates vorgelegen ist. So haben Portugal und Indonesien der Verwaltung durch die Vereinten Nationen in Osttimor (UNTAET) zugestimmt.

865 Art. 2, Abs. 7, *Satzung der Vereinten Nationen* (Fn. 12).

866 Insbesondere der 3. Abschnitt der *Haager Landkriegsordnung*, (Fn. 14) und Abschnitt III des *Genfer Abkommens IV* (Fn. 15), sowie das *Zusatzprotokoll I* (Fn. 16).

867 Art. 43, *Haager Landkriegsordnung* (Fn. 14) (Hervorhebung durch Verfasser).

868 Siehe UN Security Council, *Security Council resolution 1244 (1999) on the deployment of international civil and security presences in Kosovo*, 10 June 1999, S/RES/1244 (1999), http://www.refworld.org/docid/3b00f27216.html [17.02.2014], durch die der UNMIK im Kosovo die *Entwicklung, Organisation und Überwachung von Institutionen für eine demokratische und autonome Selbstverwaltung, einschließlich der Abhaltung von Wahlen* aufgetragen wurde.

und für den Kampf gegen organisierte Kriminalität bedarf es weiterreichende Befugnisse, als dies die Haager Landkriegsordnung für zeitlich begrenzte Besetzungen vorsah.

7.2 Humanitäres Völkerrecht und Kampf gegen den Terrorismus

Seit den Anschlägen des 11. September 2001 auf New York und Washington ist der Begriff des Terrorismus[869] allgegenwärtig. Terrorismus und terroristische Gewalttaten sind jedoch keine neue Erscheinung[870], sondern waren immer schon die typische Kampfform des Schwächeren. Die von Machthabern aufgestellten Regeln über die Ausübung von Gewalt dienten häufig der Machterhaltung und benachteiligten regelmäßig den Unterworfenen. Wollte dieser ein nach seiner Ansicht legitimes Recht gegenüber dem Machthaber durchsetzen, war er demzufolge oft verleitet, zu terroristischen Maßnahmen zu greifen. Diese zeichneten sich dadurch aus, dass Gewalt nicht gegen Kombattanten im kriegsrechtlichen Sinne, sondern gegen Zivilisten und zivile Objekte ausgeübt wurde.

Wenngleich über die Charakteristik terroristischer Handlungen grundsätzlich Übereinstimmung gefunden werden kann, ist doch bislang trotz vieler Versuche noch keine allgemein anerkannte Definition des Begriffes *Terrorismus* gefunden worden. Der erste Versuch wurde vom Völkerbund unternommen, der Terrorismus beschreibt als

869 Der Begriff leitet sich vom lateinischen Ausdruck *terrere* (erschrecken) ab und seit der Französischen Revolution wird *Terrorismus* als Bezeichnung für den politischen Feind und zur Ächtung seiner Methoden verwendet. Während man unter *Terror* die staatliche Schreckensherrschaft gegen Bürger oder oppositionelle Gruppen versteht, bezeichnet der Begriff *Terrorismus* den Angriff auf die Machthaber.

870 Anarchistische Gewaltaktionen im zaristischen Russland, das Attentat auf Erzherzog Ferdinand und Gräfin Sophie in Sarajewo 1914 und das Attentat auf den jugoslawischen König Alexander I. in Marseille 1934 waren Terrorakte, die schließlich zum Abschluss der ersten Konvention zur Verhütung und Bekämpfung des Terrorismus vom November 1937 führten. Die Konvention trat jedoch in Ermangelung einer ausreichenden Zahl von Ratifikationen (sie wurde lediglich von Indien ratifiziert) niemals in Kraft.

> *„[a]ll criminal acts directed against a State and intended or calculated to create a state of terror in the minds of particular persons or a group of persons or the general public."*[871]

Derzeit gibt es sechzehn internationale Abkommen und Protokolle, die die Verhütung und Bekämpfung des Terrorismus zum Inhalt haben. Sie behandeln jedoch jeweils spezifische kriminelle Verhaltensweisen[872], ohne den allgemeinen Begriff des Terrorismus als solchen zu beschreiben. Über die Beschreibung widerrechtlicher Handlungen hinaus hat die Generalversammlung der Vereinten Nationen in zahlreichen Resolutionen betont, dass Staaten verpflichtet sind, terroristische Aktionen, die von ihrem Staatsgebiet ausgehen und auf einen anderen Staat abzielen, zu verhindern:

> *„Jeder Staat hat die Pflicht, die Organisierung, Anstiftung oder Unterstützung von Bürgerkriegs- oder Terrorhandlungen in einem anderen Staat und die Teilnahme daran oder die Duldung organisierter Aktivitäten in seinem Hoheitsgebiet, die auf die Begehung solcher Handlungen gerichtet sind, zu unterlassen, wenn die in diesem Absatz genannten Handlungen die Androhung oder Anwendung von Gewalt einschließen."*[873]

Was den terroristischen Anschlag des 11. September 2001 von bisherigen Terrorakten unterschied, war insbesondere seine Dimension, die zu Auswirkungen führte, die man bislang nur von kriegerischen Auseinandersetzungen kannte. So fiel auch bald und häufig der Begriff „Krieg" im Zusammenhang mit den Anschlägen auf das World Trade Center. In seiner Ansprache am 20. September 2001 vor dem Kongress sagte der US-Präsident George W. Bush:

---

871 League of Nations, *Convention for the Prevention and Punishment of Terrorism*, League of Nations Doc. C546 (I).M383 (I).1937.V.(1938) (16 November 1937).

872 Die Abkommen und Protokolle betreffen unter anderem strafbare und bestimmte andere an Bord von Luftfahrzeugen begangene Handlungen (1963), widerrechtliche Inbesitznahme von Luftfahrzeugen (1970), widerrechtliche Handlungen gegen die Sicherheit der Zivilluftfahrt (1971), widerrechtliche Gewalthandlungen an internationalen zivilen Flughäfen (1988), widerrechtliche Handlungen gegen die Sicherheit der Seeschifffahrt (1988), widerrechtliche Handlungen gegen die Sicherheit fester Plattformen, die sich auf dem Festlandsockel befinden (1988), Straftaten gegen völkerrechtlich geschützte Personen einschließlich Diplomaten (1973), sowie Abkommen gegen Geiselnahme (1979). Daneben wurden Übereinkommen über den physischen Schutz von Kernmaterial (1980), die Kenntlichmachung von plastischen Sprengstoffen zum Zweck ihrer Entdeckung (1991) sowie die Bekämpfung der Finanzierung des Terrorismus (1999) getroffen.

873 UN General Assembly, *Declaration on Principles of International Law concerning Friendly Relations and Cooperation among States in accordance with the Charter of the United Nations*, 24 October 1970, A/RES/2625(XXV), http://www.refworld.org/docid/3dda1f104.html [30.01.2014].

"On September 11th, enemies of freedom committed an ***act of war*** *against our country. [...] Our* ***war on terror*** *begins with al-Qaeda, but it does not end there. It will not end until every terrorist group of global reach has been found, stopped and defeated. [...] we will pursue nations that provide aid or safe haven to terrorism. Every nation in every region now has a decision to make: Either you are with us or you are with the terrorists. [...] From this day forward, any nation that continues to harbor or support terrorism will be regarded by the United States as a* ***hostile regime****. Our nation has been put on notice, we're not immune from* ***attack****. We will take defensive measures against terrorism to protect Americans."*[874]

Wurde der „*Global War on Terrorism*" (auch „*Global War on Terror*" genannt) anfangs als politisches Sprachkonstrukt verstanden, das eine Bedrohungslage verdeutlichen sollte, so wie der „*War on Poverty*"[875] oder der „*War on Drugs*"[876], so beeinflusste dieses politische Statement bald die materiell-rechtliche Argumentation im Zusammenhang mit den beabsichtigten Maßnahmen zur Bekämpfung des Terrorismus.

War unter dem Eindruck der schrecklichen Bilder nach den Terroranschlägen des 11. September 2001 die Anteilnahme der gesamten Welt für die Vereinigten Staaten und die amerikanischen Staatsbürger noch ungeteilt[877], so zeigten sich doch bald Differenzen hinsichtlich der juristischen Beurteilung einzelner Maßnahmen im Zusammenhang mit der Bekämpfung des Terrorismus, die nicht nur bis heute anhalten, sondern sich sogar verschärft haben.[878]

---

874 *Transcript of President Bush's address to a joint session of Congress on Thursday night*, September 20, 2001 http://edition.cnn.com/2001/US/09/20/gen.bush.transcript/ [30.01.2014] (Hervorhebung durch Verfasser). Die Bezeichnung „*Krieg gegen den internationalen Terrorismus*" wurde erstmals 1985 von der US-Regierung unter Präsident Ronald Reagan nach den Anschlägen auf die Internationalen Friedenstruppen in Beirut und mehreren Flugzeugattentaten verwendet.

875 Bezeichnung eines Programms, das von Präsident Lyndon B. Johnson bald nach seiner Amtsübernahme 1964 dem Kongress angekündigt wurde und gegen die zunehmende Armut und Verwahrlosung breiter Bevölkerungsschichten gerichtet war.

876 Der Begriff wurde 1972 von Richard Nixon geprägt und bezeichnete die Maßnahmen gegen Herstellung, Handel und Konsum illegaler Drogen im Rahmen der US-Drogenpolitik.

877 Siehe auch die Debatten im Sicherheitsrat vom 12. November 2001, UN Doc. S/PV.4413 (4413rd Meeting), http://www.un.org/Docs/pv4413e.pdf [31.01.2014] und vom 13. November 2001, UN Doc S/PV.4414 (4414th Meeting), http://www.un.org/en/ga/search/view_doc.asp?symbol=S/PV.4414 [31.01.2014].

878 Siehe Andreas Zimmermann, *Schriftliche Stellungnahme für die Öffentliche Anhörung des Bundestags-ausschusses für Menschenrechte und Humanitäre Hilfe*, Menschenrechtszentrum der Universität Potsdam, 27. Februar 2013, Ausschussdrucksache 17(17)176.

Zehn Jahre nach den Terroranschlägen auf das World Trade Center in New York wird von einer völkerrechtlichen Entwicklung gesprochen, in der *„einige Staaten Rechtsbehauptungen aufstellen, was erlaubt und was verboten ist"*.[879] Die Annahme einer *weltweiten Konfliktpartei* anstatt eines definierten Kriegsgebietes wird als *„entgrenzter Ansatz"* bezeichnet und genauso abgelehnt wie die Annahme einer *„dauerhaften Bedrohung durch Al-Qaida"* und die *„dynamische und progressive Interpretation"* des Artikel 51 der SVN. Dabei wird infrage gestellt, ob einzelne terroristische Akte die Schwelle zum bewaffneten Konflikt überschreiten oder einen bewaffneten Angriff darstellen und dadurch ein Selbstverteidigungsrecht begründen können.[880]

Die völkerrechtliche Bewertung der terroristischen Angriffe des 11. September 2001 und der darauffolgenden Bekämpfung des Terrorismus wirft *ius ad bellum* und *ius in bello* Fragen auf, die nicht immer streng getrennt werden können. Somit ist es nicht nur hilfreich, sondern notwendig, beide Aspekte näher zu betrachten.

7.2.1 Terrorismus und *ius ad bellum*

Terroristische Handlungen waren bis zum 10. September 2001 grundsätzlich Angelegenheiten von Polizeibehörden und sonstigen Strafverfolgungsbehörden und wurden gemäß den nationalen Sicherheits- und Strafgesetzen behandelt.[881]

---

879 Anhörung des Ausschusses für Menschenrechte und humanitäre Hilfe unter Vorsitz von Tom Koenigs (Bündnis 90/Die Grünen) 27. Februar 2013, mündliche Stellungnahme von Prof. Dr. Andreas Zimmermann; https://www.youtube.com/watch?v=CkKho3Eay6U&list=PL3jtV6Se0ZIORxk3H4WjcxYqtRhd5xKrp&index=1 [31.01.2014].

880 Ibid., mündliche Stellungnahme von Dr. Christian Schaller, Stiftung Wissenschaft und Politik des Deutschen Instituts für Internationale Politik und Sicherheit.

881 So wurde der Absturz des *Pan-Am-Flug 103 im schottischen Lockerbie* am 21. September 1988, bei dem 189 US-Bürger ums Leben kamen, von britischen Kriminalbehörden untersucht. Der Hauptverdächtige, der libysche Geheimdienstoffizier Abdel Basset Ali al Megrahi, wurde von einem Gericht in Den Haag zu lebenslanger Haft verurteilt.
Nach dem *Anschlag auf die Tiefgarage des World Trade Center* am 26. Februar 1993 führten umfangreiche Ermittlungen des FBI zur Festnahme von Scheich Umar Ab dar Rahman und neun seiner Anhänger. Sie wurden wegen einer *„Verschwörung, Bauwerke in die Luft zu sprengen"* zu langen Haftstrafen verurteilt.
Nach den *Terroranschlägen auf die Botschaften der Vereinigten Staaten in Daressalam und Nairobi* vom 7. August 1998, bei denen 224 Menschen starben, wurden vier Verdächtige von einem US-Gericht angeklagt und zu lebenslangen Haftstrafen verurteilt.

Zwar wurde nach den Anschlägen auf die US-Botschaften in Daressalam und Nairobi im Jahre 1998 auch militärisch reagiert[882], jedoch lag das Schwergewicht der Reaktionen und sonstigen Vollzugsmaßnahmen eindeutig bei den Strafverfolgungsbehörden.

Nach den Terroranschlägen des 11. September 2001 wurden die bislang nach Terroranschlägen getroffenen Strafverfolgungsmaßnahmen als unzureichend betrachtet, insbesondere als auch die Anschläge selbst nicht mehr als kriminelle Verbrechen, sondern als Kriegshandlung eingestuft wurden. Es wurde argumentiert, dass die Anschläge einen *bewaffneten Angriff* darstellten und die USA sich demzufolge in einem Krieg oder *bewaffneten Konflikt* befänden.[883] Diese beiden Begriffe sind jedoch auseinanderzuhalten: Während ein *bewaffneter Angriff* eine Voraussetzung für Selbstverteidigungsmaßnahmen[884] darstellt, und dieser Begriff aus dem Bereich des *ius ad bellum* kommt, bestimmt das Vorliegen eines *bewaffneten Konflikts* das *ius in bello* und ist nach den Kriterien des humanitären Völkerrechts zu prüfen.[885]

Ging man bislang davon aus, dass ein bewaffneter Angriff nur von einem Staat ausgehen kann[836], so klassifizierte die US-Regierung die Anschläge des 11. September 2001, überraschenderweise selbstredend als bewaffneten Angriff. Auch die NATO bezeichnete in einer Presseaussendung die Anschläge als bewaffneten Angriff:

> *"The Council agreed that if it is determined that this attack was directed from abroad against the United States, it shall be regarded as an action covered by Article 5 of the*

882 Die CIA ging kurz nach den Terroranschlägen davon aus, dass der Urheber der Anschläge, der Führer des islamistisch-terroristischen Netzwerks Al-Qaida Osama bin Laden, sich in einem Terrorcamp nahe der afghanischen Stadt Chost befindet. Die US-Regierung unter Bill Clinton beschloss den Einsatz von Marschflugkörpern gegen das Terrorcamp und eine vermutete Giftgasfabrik nahe der sudanesischen Stadt Karthum.

883 Siehe Ansprache des US-Präsident George W. Bush am 20. September 2001 vor dem Kongress (Fn. 874).

884 Siehe Art. 51, *Satzung der Vereinten Nationen* (Fn. 12).

885 Siehe 3.1.1 Anwendungsbereich der Genfer Abkommen und der Zusatzprotokolle.

886 Nichts anderes war zum Zeitpunkt der Formulierung dieser Bestimmung vorstellbar. Es ist jedoch interessant, dass die Diskussion über das Erfordernis der Staatlichkeit bewaffneter Angriffe nicht erst mit den Anschlägen 2001 begann, sondern bereits von Claus Kreß (*Gewaltverbot und Selbstverteidigung nach der Satzung der Vereinten Nationen bei staatlicher Verwicklung in Gewaltakte Privater*, Berlin, Duncker & Humboldt, 1995) ausführlich angesprochen wurde.

*Washington Treaty, which states that an **armed attack** against one or more of the Allies in Europe or North America shall be considered an attack against them all.*"[887]

Die vom Sicherheitsrat der Vereinten Nationen gewählte Formulierung ist auf den ersten Blick nicht ganz so eindeutig. Am Tag nach den Anschlägen verurteilte der Sicherheitsrat in der Präambel der einstimmig verabschiedeten Resolution[888] mit allem Nachdruck die grauenhaften Terroranschläge und betonte weiters ausdrücklich das naturgegebene Recht zur individuellen und kollektiven Selbstverteidigung im Einklang mit der Charta. Damit bringt der Sicherheitsrat zum Ausdruck, dass ein Terrorakt, obwohl er nicht von einem Staat ausgeht, das Selbstverteidigungsrecht nach Artikel 51 der SVN begründen kann. Der Sicherheitsrat hätte auch, nachdem er eine Gefährdung des Weltfriedens und der internationalen Sicherheit festgestellt hatte, die Möglichkeit gehabt, eine Maßnahme der kollektiven Sicherheit zu autorisieren, hat dies jedoch nicht getan.[889]

Sollten die Voraussetzungen für Selbstverteidigungsmaßnahmen nach Artikel 51 der SVN auch bei einem Angriff nichtstaatlicher Akteure vorliegen, könnte dies als seltenes Beispiel für eine plötzlich einsetzende Praxis (*instant custom*) betrachtet werden, die unmittelbar Völkergewohnheitsrecht schafft.[890] Manche Experten führen jedoch auch an, dass die SVN schon vom Wortlaut her die Urheberschaft bewaffneter Angriffe nicht determiniere.[891] Keinesfalls kann aus dem Vorliegen eines bewaffneten Angriffs bereits auf die Existenz eines bewaffneten

---

887 *NATO Press Release No. 124*, Statement by the North Atlantic Council of 12 September 2001 (Hervorhebung durch Verfasser), http://www.nato.int/docu/pr/2001/p01-124e.htm [09.02.2014].

888 UN Security Council, *Security Council Resolution 1368 (2001) Threats to international peace and security caused by terrorist acts*, 12 September 2001, S/RES/1368 (2001), http://www.refworld.org/docid/3c4e94557.html [11.02.2014].

889 Jochen Abraham Frowein, *Der Terrorismus als Herausforderung für das Völkerrecht* (Fn. 1), Seite 886. Frowein führt als wichtigsten Grund dafür an, dass die Vereinigten Staaten unter allen Umständen ihre Unabhängigkeit im Rahmen eines Selbstverteidigungseinsatzes erhalten wollten, was *„man zwar politisch kritisieren [kann], nicht aber rechtlich*".

890 Avril McDonald, *Terrorism, Counter-Terrorism and the Ius in Bello*, in *Terrorism and International Law: Challenges and Responses*, Publication of the International Institute of Humanitarian Law, May 2002, Seite 59, http://www.iihl.org/iihl/Documents/Terrorism%20and%20IHL.pdf [09.02.2014].

891 Michael N. Schmitt, *Deconstructing October 7th: A Case Study in the Lawfulness of Counterterrorist Military Operations*, in Terrorism and International Law: Challenges and Responses, Publication of the International Institute of Humanitarian Law, May 2002, Seite 41.

Konflikts im humanitätsrechtlichen Sinn geschlossen werden. Dies wäre gesondert zu prüfen.

7.2.2 Humanitätsrechtliche Klassifizierung des „*Global War On Terrorism*"

Terrorismus und politisch motivierte Gewalt gegen einen als Feind erkorenen Anderen sind keine neuen Phänomene. Trotzdem stellt der Terrorismus aus zweierlei Gründen eine neue Herausforderung auch aus rechtlicher Hinsicht dar: Einerseits hat sich das Interesse eines Staates, einen Konflikt als interne Angelegenheit unterhalb der Schwelle zum bewaffneten Konflikt zu betrachten, ins Gegenteil gekehrt, und andererseits ähnelt der moderne Terrorismus – zumindest in seinen Auswirkungen – tatsächlich immer mehr einem bewaffneten Konflikt.

Der Paradigmenwechsel in der Interessenlage der vom Terrorismus betroffenen Staaten hängt mit der unterschiedlichen Entwicklung des humanitären Völkerrechts und der Menschenrechte zusammen. Das humanitäre Völkerrecht wurde bereits in der zweiten Hälfte des 20. Jahrhunderts kodifiziert und beschränkte die Methoden des Kriegführenden. Menschenrechte gewannen erst nach dem zweiten Weltkrieg langsam an Bedeutung und deren Konkretisierung und insbesondere Durchsetzbarkeit wurde danach laufend verbessert. So war es nicht verwunderlich, dass Staaten ursprünglich die Existenz eines Krieges bestritten, um den einschränkenden Normen des humanitären Völkerrechts zu entgehen, während sie heute menschenrechtliche Normen als wesentlich hinderlicher bei der Bekämpfung des Terrorismus betrachten und geneigt sind, einen Krieg oder bewaffneten Konflikt selbst dort anzunehmen, wo keiner vorliegt.

Daneben ist zu beobachten, dass Terrorismus, insbesondere wenn er von transnational agierenden Organisationen ausgeht, mit polizeilichen Maßnahmen und sonstigen Strafverfolgungsmaßnahmen nicht mehr effizient genug bekämpft werden kann. Dort, wo im örtlichen und zeitlichen Zusammenhang der Einsatz von Streitkräften und die Anwendung von militärischen Mitteln und Methoden erforderlich ist, erzwingt dies auch die Anwendung militärischer Einsatzgrundsätze und somit Berücksichtigung militärischer Notwendigkeiten, also die Anwendbarkeit des Rechts der bewaffneten Konflikte.

Es kann jedoch nicht der Willkür einer Konfliktpartei obliegen, einen bestimmten Konflikt anzunehmen oder hinderliche Rechtsnormen als unanwendbar zu erklären oder die Beachtung von anwendbaren Rechtsnormen auszuschließen und nur die „Grundsätze und Prinzipien" zu berücksichtigen. Die Kernfrage im Zusammenhang mit dem Terrorismus ist sicherlich, wie diese Bedrohung humanitätsrechtlich zu klassifizieren ist.

Die Erklärung des britischen Premierministers Tony Blair, „*[t]he War on Terrorism is indeed a war, but of a different sort than the ones we are used to*"[892] ist bezüglich der völkerrechtlichen Klassifizierung des *Global War on Terrorism (GWOT)* wenig hilfreich. Die Frage, ob der Krieg gegen den Terrorismus ein Krieg im Sinne des humanitären Völkerrechts ist, kann nur im zeitlichen und territorialen Zusammenhang beantwortet werden. Es mag Perioden in bestimmten Staaten oder Regionen geben, in denen die gewaltsamen Auseinandersetzungen das Ausmaß eines bewaffneten Konflikts erreichen und in denen somit das humanitäre Völkerrecht anzuwenden ist, eine grundsätzliche globale Anwendung des Rechts der bewaffneten Konflikte im Kampf gegen den Terrorismus wird jedoch von der Mehrheit der Experten abgelehnt. Eine abweichende Ansicht vertraten die US-Regierung unter Präsident George W. Bush[893] sowie Judge George Aldrich[894], der einen bewaffneten Konflikt gegen Al-Qaida behauptet, der nicht auf das Territorium eines Staates beschränkt ist.[895]

Aus der Klassifizierung einer Situation als bewaffneter Konflikt und der Konkretisierung, ob dieser als internationaler bewaffneter Konflikt oder als Konflikt, der einen nicht-internationalen Charakter hat, einzustufen ist, ergibt sich die Anwendbarkeit der entsprechenden humanitätsrechtlichen Normen. Diese Normen bestimmen den Rechtsstatus der verschiedenen im bewaffneten Konflikt involvierten Personengruppen und somit deren Rechte und Pflichten. Diese Erkenntnis ist nicht nur Konsequenz der Klassifizierung, sondern letztendlich der eigentliche Grund der völkerrechtlichen Klassifizierung einer realen Konfliktsituation.

---

892 Tony Blair in einer Stellungnahme am 15. Oktober 2002 im House of Commons nach einem Bombenanschlag in Bali, www.theyworkforyou.com/debates/?id=2002-10-15.177.0 [13.02.2014].

893 Siehe The White House, *Memorandum of February 7th* 2002, Appendix C to the *Final Report of the Independent Panel to Review DoD Detention Operations* (Chairman James R. Schlesinger); http://dspace.wrlc.org/doc/get/2041/70989/02578_040824_001text.txt [09.02.2014] sowie Charles A. Allen, Deputy General Counsel for International Affairs in einem Interview am 16. Dezember 2002: "*With regard to the global war on terrorism, wherever it may reach, the law of armed conflict certainly does apply […].*" www.crimesofwar.org/onnews/news/news-pentagon.html [09.02.2014].

894 Judge George H. Aldrich ist Schiedsrichter des Iran-United States Claims Tribunal in Den Haag.

895 George H. Aldrich, *The Taliban, al Queda, and the Determination of Illegal Combatants*, Humanitäres Völkerrecht – Informationsschriften Jahrgang 15, Heft 4 (2002), Seite 2003; http://www.mkkk.org/eng/assets/files/other/george_aldrich_3_final.pdf [09.02.2014].

Ergibt die Prüfung einer Konfliktsituation in ihrem zeitlichen und örtlichen Zusammenhang, dass die Kriterien für einen bewaffneten Konflikt nicht erfüllt sind, weil nur vereinzelte Gewaltakte oder ähnliche Handlungen[896] auftreten, so gilt diese Situation nicht als bewaffneter Konflikt und wird nicht durch das humanitäre Völkerrecht bestimmt.

7.2.2.1 Klassifizierung der terroristischen Anschläge vom 11. Sept. 2001

Kann die Serie von Anschlägen des Terrornetzwerkes Al-Qaida gegen Bürger und Einrichtungen der USA als bewaffneter Konflikt im humanitätsrechtlichen Sinne klassifiziert werden? Grundsätzlich sind für das Vorliegen eines bewaffneten Konflikts militärische Kampfhandlungen von bestimmter Intensität, ausgetragen von organisierten bewaffneten Gruppen, erforderlich. Ein internationaler bewaffneter Konflikt erfordert die Beteiligung von Staaten und deren Streitkräften oder sonstigen den Staaten zurechenbaren bewaffneten Gruppen auf beiden Seiten, was für die Anschläge des 11. September 2001 keinesfalls zutreffend ist. Von keinem Völkerrechtssubjekt wurde behauptet, dass Al-Qaida im Namen oder im Auftrag eines Staates gehandelt hat oder dass ein Staat an Planung und Durchführung mitentscheidend teilgenommen hat. Somit ist die Existenz eines internationalen bewaffneten Konflikts jedenfalls zu verneinen.

In weiterer Folge wäre das Vorliegen eines nicht-internationalen bewaffneten Konfliktes zu prüfen. Die Anschläge wurden zwar von US-Hoheitsgebiet aus geführt, fanden also *„im Hoheitsgebiet einer Hohen Vertragspartei“* statt, und man wird dem Terrornetzwerk Al-Qaida auch nicht einen entsprechenden Organisationsgrad absprechen können, wodurch es als *„organisierte bewaffnete Gruppe unter einer verantwortlichen Führung“* in Betracht käme. Ob Al-Qaida jedoch vor dem 11. September 2001, aber auch danach dem im *Limaj*-Urteil festgelegten Prüfungsmaßstab entspricht, demzufolge die UÇK als bewaffnete Gruppe bewertet wurde, darf bezweifelt werden.[897] Dass die Angehörigen dieses Terrornetzwerkes bei der Durchführung ihrer Aktionen Grundsätze des humanitären Völkerrechts in ihrer Gesamtheit missachten, würde nichts an der Klassifizierung des Konflikts ändern, sondern hätte nur Auswirkung auf Rechte, die bestimmten Personengruppen in bewaffneten Konflikten zukommen.

---

896 Siehe Art. 1, Abs. 2, *Zusatzprotokoll II* (Fn. 16).

897 ICTY, *Prosecutor v Fatmir Limaj, Case No. IT-03-66-T*, Judgement (Trial Chamber II), 30 November 2005, para. 171 (Fn. 190).

Neben dem Organisationsgrad der Konfliktparteien ist als zweites Kriterium für die Existenz eines bewaffneten Konflikts die Heftigkeit der Auseinandersetzungen zu prüfen, was wiederum in zeitlicher und räumlicher Hinsicht zu beurteilen ist. Bewertet man die Terroranschläge der 90-Jahre bis zu den Anschlägen des 11. September 2001 nach dem Prüfungsmaßstab des *Haradinaj*-Urteils[898], so wird man dieser Periode vor allem wegen des fehlenden Zusammenhangs zwischen den einzelnen Anschlägen und wegen des Ausbleibens einer militärischen Reaktion der Adressaten der Anschläge die Klassifizierung als bewaffneter Konflikt absprechen müssen.

Somit wären in zeitlicher Hinsicht Vorbereitung und Durchführung der Terroranschläge sowie die Phase unmittelbar nach den Anschlägen nicht als bewaffneter Konflikt einzustufen, und das humanitäre Völkerrecht fände keine Anwendung. Die Ansicht von Pierre-Richard Prosper[899] wäre aus diesem Grund abzulehnen:

> *"On September 11, terrorists opened a new front in an unconventional war […]. These unprovoked attacks were more than* ***isolated and sporadic acts of violence or other acts of a similar nature.***
> *Bin Laden and his al-Qaeda organization* ***declared war*** *against the United States […]. The events of September 11 were* ***acts in furtherance of an armed conflict*** *started by this organization. […] President Bush in his military order concluded that 'international terrorists, including members of al Qaida, have carried out attacks on the United States diplomatic and military personnel and facilities abroad and on citizens and property within the United States,* ***on a scale that has created a state of armed conflict*** *that requires the use of the* United States Armed Forces.'
> *These aggressors initiated a war that under international law they have no legal right to wage […]. And their conduct, in intentionally targeting and killing civilians* ***in a time of international armed conflict****, constitute* ***war crimes****. As we have repeatedly stated, these were not ordinary domestic crimes, and the perpetrators cannot and should not be deemed to be ordinary common criminals."*[900]

---

898 ICTY, *Prosecutor v Ramush Haradinaj, Case No. IT-04-84-T*, Judgement (Trial Chamber I), 3 April 1998, para 49 (Fn. 193).

899 Pierre-Richard Prosper war *Ambassador-at-Large for War Crimes Issues* unter Präsident George W. Bush von 2001 bis 2005. In dieser Funktion leitete er das *Office of Global Criminal Justice* im US-Außenministerium, war direkter Berater des US-Außenministers und des *Under Secretary of State for Civilian Security, Democracy and Human Rights* und formulierte Beiträge und Stellungnahmen zur US-Politik in Bezug auf strafrechtlich bedeutsame Vorkommnisse in Kriegsgebieten.

900 Pierre-Richard Prosper, Remarks at Chatham House, London, United Kingdom, 20 February 2002 (Hervorhebung durch Verfasser), http://2001-2009.state.gov/s/wci/us_releases/rm/2002/8491.htm [09.02.2014].

Hängt es letztendlich vom Organisationsgrad der einander gegenüberstehenden bewaffneten Gruppen sowie von der Heftigkeit und Art der Gewalthandlungen ab, ob ein bewaffneter Konflikt vorliegt, so haben es die Konfliktparteien selbst in der Hand, diesen zu führen oder unterhalb der Schwelle zum bewaffneten Konflikt zu agieren. Bis zum 11. September 2001 haben die USA insbesondere durch die Reaktion mit Maßnahmen der Strafverfolgung und die fast gänzliche Vermeidung militärischer Gewalt das Zustandekommen eines bewaffneten Konflikts verhindert. Eine Änderung der humanitätsrechtlichen Situation tritt jedoch mit den massiven Luftschlägen amerikanischer und britischer Streitkräfte gegen Afghanistan ein.

7.2.2.2 Klassifizierung der Operation Enduring Freedom

Operation Enduring Freedom (OEF) ist der offizielle Name der von der US-Regierung geführten militärischen Einsätze im Rahmen des Globalen Krieges gegen den Terrorismus und umfasst die Einsätze in Afghanistan (*OEF-A*), auf den Philippinen (*OEF-P*), am Horn von Afrika (*OEF-HOA*), in Pankisi Gorge (*Georgia Train and Equip Program - GTEP*), in der Sahara/Sahel Region (*OEF-TS*) und in der Karibik und Zentralamerika (*OEF-CCA*). Der erste Streitkräfteeinsatz begann offiziell am 7. Oktober 2001 mit Luftschlägen gegen Ziele in ganz Afghanistan. Ziel der *Operation Enduring Freedom - Afghanistan (OEF-A)* war, die seit 1996 herrschende Taliban-Regierung zu stürzen und die Terrororganisation Al-Qaida zu bekämpfen. Dieser Einsatz von Streitkräften der USA und ihrer Verbündeten ist unbestritten als internationaler bewaffneter Konflikt zu klassifizieren. Dabei ist es ohne Bedeutung, dass die *de facto* Regierung der Taliban von den USA und ihren Verbündeten nicht anerkannt ist.[901]

Parallel zu dem zwischen den USA und ihren Verbündeten einerseits und dem von den Taliban regierten Afghanistan andererseits laufenden internationalen bewaffneten Konflikt herrschte seit 1996 auch ein nicht-internationaler bewaffneter Konflikt zwischen der Taliban Regierung und der *Nationalen Islamischen Vereinten Front zur Rettung Afghanistans* (*Vereinigte Front* oder auch *Nordallianz* genannt). Dieser dauerte auch während des internationalen bewaffneten Konflikts an. Die Trennung und das Auseinanderhalten der beiden bewaffneten Konflikte war jedoch in zeitlicher und räumlicher Hinsicht nicht immer leicht,

---

901 Nur Pakistan, Saudi-Arabien und die Vereinigten Arabischen Emirate erkannten bis 2001 die Taliban Regierung an, die ca. 90% des afghanischen Territoriums beherrschte.

kämpften doch die US-Streitkräfte neben und gemeinsam mit der Nordallianz gegen die Taliban.

Neben den parallel laufenden internationalen und nicht-internationalen bewaffneten Konflikten tut sich ein drittes Konfliktverhältnis auf: der Konflikt zwischen den USA und dem Terrornetzwerk Al-Qaida. Die Aktivitäten Al-Qaidas wurden in den 90-Jahren als kriminelle Handlungen unterhalb der Schwelle zum bewaffneten Konflikt betrachtet und die USA versuchte gemeinsam mit anderen Staaten, Strafverfolgungsmaßnahmen zu koordinieren. Afghanistan weigerte sich jedoch, Mitglieder von Al-Qaida und insbesondere Osama bin Laden an die USA auszuliefern.[902] Es wäre zu prüfen, wie die Durchführung einer Strafverfolgungsmaßnahme auf fremdem Territorium im Rahmen eines internationalen bewaffneten Konflikts rechtlich zu bewerten ist.

Ausgangpunkt der rechtlichen Überlegungen ist die unbestrittene Tatsache, dass sich ab dem 7. Oktober 2001 die USA in einem internationalen bewaffneten Konflikt mit dem von den Taliban regierten Afghanistan befanden. Hinsichtlich der Feindseligkeiten zwischen der von US-Truppen geführten Allianz und den Taliban kommt das in internationalen bewaffneten Konflikten anwendbare humanitäre Völkerrecht zur Anwendung. Es sind dies vor allem die Haager Landkriegsordnung, die 4 Genfer Abkommen von 1949, das Zusatzprotokoll I zu den Genfer Abkommen aus 1977[903] sowie Völkergewohnheitsrecht. Die Streitkräfte der Konfliktparteien haben ihre Kampfhandlungen gemäß dem Recht der bewaffneten Konflikte zu planen und durchzuführen und ihre Angehörigen haben Kombattantenstatus sowie im Falle der Gefangennahme Anspruch auf Kriegsgefangenenstatus.[904]

Im Rahmen dieses internationalen bewaffneten Konflikts waren die USA und ihre Verbündeten auch mit Angehörigen des Terrornetzwerkes Al-Qaida konfrontiert, deren Rechtsstatus getrennt von dem der Taliban zu beurteilen ist. Die Angehörigen der Al-Qaida könnten den Taliban zugerechnet, aber auch als Angehörige einer sonstigen organisierten bewaffneten Gruppe oder als Zivilisten, die sich direkt an Kampfhandlungen beteiligen, betrachtet werden.

---

902 Elisabeth Bumiller, *President rejects offer by Taliban for negotiations*, New York Times, 15 October 2001, http://www.nytimes.com/2001/10/15/world/nation-challenged-president-president-rejects-offer-taliban-for-negotiations.html [13.02.2014].

903 Die USA hat das *Zusatzprotokoll I* (Fn. 16) zwar nicht ratifiziert, akzeptiert jedoch viele Bestimmungen dieses zum Schutz der Opfer internationaler bewaffneter Konflikte abgeschlossenen Abkommens als humanitäres Völkergewohnheitsrecht.

904 Siehe jedoch die rechtliche Beurteilung der USA (Fn. 927).

Den Taliban zugerechnet könnten Al-Qaida Kämpfer nur dann werden, wenn sie in die Einheiten der Taliban integriert wären, mit ihnen gemeinsam Kampfhandlungen durchführten und während dieser Operationen dem Kommando eines Talibanführers unterstünden. Sie wären in derartigen Situationen auch schwer von den Taliban zu unterscheiden und folglich wie sie zu behandeln. Unbeschadet dessen könnten sie wegen früher begangener Rechtsverletzungen strafrechtlich belangt werden.

Genauso unwahrscheinlich wie die Integration in militärische Verbände der Taliban ist jedoch auch die selbständige Durchführung von militärischen Operationen der Al-Qaida gegen die Streitkräfte der USA und ihrer Verbündeten. Diesfalls wäre zu prüfen, ob Al-Qaida als organisierte bewaffnete Gruppe gilt und ihre Angehörigen aufgrund ihrer Mitgliedschaft („*permanent combat function*")[905] jederzeit bekämpft werden dürften.

In den meisten Fällen werden die Angehörigen der Al-Qaida sich jedoch als Zivilpersonen direkt an Kampfhandlungen beteiligen oder Terrorakte und sonstige kriminelle Handlungen setzen. Terrorakte und sonstige Gewaltakte zum Nachteil einer Konfliktpartei sowie jeder rechtswidrige Angriff auf geschützte Personen ist als direkte Beteiligung an Feindseligkeiten zu werten[906] und führt zum Verlust des geschützten Status als Zivilperson.

Parallel zum internationalen bewaffneten Konflikt führen US-Organe in Afghanistan Strafverfolgungsmaßnahmen durch, die darauf abzielen, mutmaßliche Terroristen und sonstige Personen im Umfeld des Terrornetzwerkes Al-Qaida aufzuspüren und der US-Gerichtsbarkeit zuzuführen. Dies erfolgt insbesondere in den Regionen, die bereits von den US-Streitkräften kontrolliert werden und als besetzt einzustufen sind. Trotz der dabei auftretenden Schwierigkeiten wird bei jeder Operation zu prüfen sein, ob vorwiegend militärische Zielsetzungen oder Strafvollzugsaufgaben verfolgt werden und dementsprechend das anzuwendende Recht zu bestimmen sein.

Während die Operationen in Afghanistan ohne Zustimmung der afghanischen Regierung erfolgten, wurden die meisten anderen Operationen außerhalb Afghanistans gegen Terroristen auf Einladung oder mit Genehmigung der jeweiligen Regierung durchgeführt. Dadurch ergibt sich eine wesentlich andere rechtlich-strategische Ausgangslage. US-Streitkräfte unterstützen die nationalen Regierungen und deren Streitkräfte in der Bewältigung von Krisensituationen.

---

905 Siehe auch Kapitel *6.3.1 Rechtsstatus von Personen in nicht-internationalen bewaffneten Konflikten.*

906 Siehe Nils Melzer, *ICRC Guidance on Direct Participation in Hostilities* (Fn. 580), Seite 49f.

Diese Krisen können unterhalb der Schwelle zum bewaffneten Konflikt angesiedelt, als Strafverfolgungsmaßnahmen durch nationales Recht und die jeweils geltenden Menschenrechtsnormen geregelt oder im Falle eines nicht-internationalen bewaffneten Konflikts[907] vom gemeinsamen Artikel 3 und eventuell auch vom Zusatzprotokoll II[908] erfasst sein.

7.2.2.3 Klassifizierung des Zweiten Libanonkriegs

Auslöser des *Zweiten Libanonkriegs*[909] war die Entführung zweier israelischer Soldaten durch die Hisbollah.[910] Die libanesische Regierung, in der die Hisbollah zwei Minister stellte, betonte, nichts von den Entführungen zu wissen und verurteilte diese.[911] Am 12. Juli 2006 begann Israel mit massiven Bombardierungen libanesischer Infrastruktur. Die Kampfhandlungen fanden jedoch nur zwischen der Hisbollah und den israelischen Streitkräften statt, der Libanon verurteilte die Angriffe und verhielt sich passiv.

Hinsichtlich der humanitätsrechtlichen Klassifizierung sind die Phase vor dem Angriff Israels und die Phase ab dem 12. Juli 2006 interessant. Seit dem Abzug israelischer Truppen aus dem Südlibanon im Jahre 2000 gab es in regelmäßigen Abständen bewaffnete Auseinandersetzungen zwischen Israel und der Hisbollah. Die Hisbollah agierte dabei als bewaffnete Gruppe derart selb-

---

907 Durch die *Operation Enduring Freedom – Philippines (OEF-P)* beraten und unterstützen die US-Streitkräfte die philippinische Regierung im Kampf gegen kommunistische Aufstände und gegen verschiedene islamisch-terroristische Gruppen (Abu Sayyaf, Jemaah Islamiyah). Die USA hat aber auch eine paramilitärische Spezialeinheit, die dem CIA zuzurechnen ist, auf die Philippinen entsandt, die den Auftrag hat, mutmaßliche Terroristenführer aufzuspüren und gefangenzunehmen oder zu töten (http://shelf3d.com/i/Operation%20Enduring%20Freedom%20%E2%80%93%20Philippines [12.02.2014]).

908 Siehe Art. 1, Abs. 1, *Zusatzprotokoll II* (Fn. 16).

909 Der Begriff *Zweiter Libanonkrieg* beschreibt die bewaffnete Auseinandersetzung zwischen der autonomen libanesisch-islamischen paramilitärischen Hisbollah und dem Staat Israel im Sommer 2006.

910 Greg Myre, Steven Erlanger, *Israelis enter Lebanon after attacks*, The New York Times, 13 July 2006; http://www.nytimes.com/2006/07/13/world/middleeast/13mideast.html?hp&ex=1152849600&en=7c501785edb16cc8&ei=5094&partner=homepage&_r=0 [14.02.2014].

911 Nafez Qawas, *Simiora's Cabinet makes clear it had nothing to do with 'what happened'*, The Daily Star Lebanon News, 13 July 2006, http://www.dailystar.com.lb/News/Lebanon-News/2006/Jul-13/41626-simioras-cabinet-makes-clear-it-had-nothing-to-do-with-what-happened.ashx#axzz2tKN3a2bu [14.02.2014].

ständig und unabhängig von der Regierung Libanons[912], dass sie ihr nicht zugerechnet werden könne. Es handelte sich also um einen Konflikt zwischen dem Staat Israel und der nichtstaatlichen bewaffneten Gruppe Hisbollah, der jedoch grenzüberschreitend stattfand. Von der Mehrheit der Experten wird dieser grenzüberschreitende Aspekt aber als nicht ausschlaggebend eingestuft[913], da es bei der Klassifizierung eines Konflikts vorwiegend auf die Parteien im Konflikt ankommt. Die Auseinandersetzungen zwischen der Hisbollah und den israelischen Streitkräften wurden also vom Recht der nicht-internationalen bewaffneten Konflikte bestimmt. Da transnational agierende bewaffnete Gruppen selten im Einsatzland Territorium effektiv beherrschen, wird die hohe Schwelle des Zusatzprotokolls II häufig nicht erreicht werden, sodass in derartigen Fällen lediglich der gemeinsame Artikel 3 der Genfer Abkommen Relevanz hat.

Die Anwendbarkeit des gemeinsamen Artikels 3 gegenüber transnationalen bewaffneten Gruppen wird jedoch von manchen Staaten abgelehnt[914], unter anderem mit dem Argument, dass der Gemeinsame Artikel 3 nur *„im Falle eines bewaffneten Konflikts, der keinen internationalen Charakter aufweist, und der auf dem Gebiet einer der Hohen Vertragsparteien entsteht"*, zur Anwendung kommt. Transnationale bewaffnete Konflikte erstreckten sich jedoch auf das Gebiet mehrerer Vertragsparteien. Wie Sassòli lehnt die Mehrheit der Experten diese enge Auslegung ab, da nicht einzusehen ist, warum der Schutz der Opfer nicht-internationaler bewaffneter Konflikte wegfallen sollte, nur weil der Konflikt sich über Grenzen erstreckt.[915]

Mit dem Beginn der militärischen Operation am 12. Juli 2006 änderte sich jedoch die rechtlich strategische Situation. Auch wenn das Kriegsziel Israels nicht die Vernichtung der libanesischen Streitkräfte war[916], so wird doch einhellig der Einsatz von Streitkräften auf fremdem Territorium ohne völkerrechtlich

---

912 Siehe Mona Sarkis, *Die „Libanonisierung" der Hisbollah*, Telepolis vom 29. August 2006, Heise Zeitschriften Verlag GmbH & Co KG, http://www.heise.de/tp/artikel/23/23396/1.html [14.02.2014].

913 Siehe Marco Sassòli, *Transnational Armed Groups and International Humanitarian Law*, Program on Humanitarian Policy and Conflict Research (HPCR), Harvard University, Winter 2006, Seite 9; http://www.hpcrresearch.org/sites/default/files/publications/OccasionalPaper6.pdf [01.04.2014].

914 Siehe The White House, *Memorandum of February 7th* 2002, Appendix C to the *Final Report of the Independent Panel to Review DoD Detention Operations* (Fn. 893).

915 Marco Sassòli, *Transnational Armed Groups and International Humanitarian Law* (Fn. 913), Seite 5.

916 *Cabinet Communique of 16 July 2006*, Israeli Ministry of Foreign Affairs: *"Israel is not fighting Lebanon but the terrorist element there, led by Nasrallah and his cohorts,*

relevante Zustimmung dieses Staates aufgrund des gravierenden Eingriffs in dessen territoriale Integrität als internationaler bewaffneter Konflikt betrachtet.[917] Dabei macht es keinen Unterschied, ob der in seiner Integrität verletzte Staat dem Angriff Widerstand entgegensetzt, oder es zu gar keinen Kampfhandlungen zwischen den regulären Streitkräften kommt.

Hinsichtlich des Verhältnisses zwischen den israelischen Streitkräften und der Hisbollah Miliz werden der Organisationsgrad der Hisbollah und die Art der Kampfhandlungen zu beurteilen sein. In Frage käme, dass der Konflikt als Teil des internationalen bewaffneten Konflikts gesehen wird. Die Bewertung der Angehörigen der Hisbollah Miliz als Zivilisten, die sich direkt an Kampfhandlungen beteiligen, wird jedoch den tatsächlichen Gegebenheiten nicht gerecht. Stellung, Organisation und Kampfführung der Hisbollah Miliz im Südlibanon unterschieden sich doch erheblich von den Aktivitäten der Al-Qaida in Afghanistan. Es wird dieser Konflikt zwischen Hisbollah Miliz und den israelischen Streitkräften eher als nicht-internationaler bewaffneter Konflikt, einhergehend mit dem internationalen bewaffneten Konflikt zwischen Israel und Libanon, zu klassifizieren sein.

7.2.2.4 Rechtsstatus der Individuen im „Global War On Terrorism"

Die Feststellung des Rechtsstatus und somit der Rechte und Pflichten verschiedener Personen und Personengruppen ist erst infolge der Klassifizierung eines Konflikts möglich. Da verschiedene Konflikte auch parallel stattfinden, können die Rechte und Pflichten insbesondere der Angehörigen von Streitkräften variieren, je nachdem, wem sie gegenüber stehen oder welchen Charakter und welche Zielsetzung eine spezielle Operation hat.

So hatten die Angehörigen der israelischen sowie libanesischen Streitkräfte im Libanonkrieg 2006 bei Kampfhandlungen Kombattantenstatus und durften einander gemäß dem Recht der internationalen bewaffneten Konflikte bekämpfen. Im Falle einer Gefangennahme hatten die Soldaten beider Seiten Anspruch auf Kriegsgefangenenstatus. Tatsächlich kam es zu keinen direkten Kampfhandlungen und Libanon drohte lediglich mit Vergeltung, wenn israelische Truppen

---

who have made Lebanon a hostage […]", http://www.mfa.gov.il/mfa/pressroom/2006/pages/cabinet%20communique%2016-jul-2006.aspx [15.02.2014].

917 Siehe u.a. Andrian Kreye, *Im Interview: Rechtswissenschaftler Michael Bothe „Als Rechtsbegriff hat der ‚Krieg' ausgedient"*, Süddeutsche vom 17. Mai 2010, http://www.sueddeutsche.de/kultur/im-interview-rechtswissenschaftler-michael-bothe-als-rechtsbegriff-hat-der-krieg-ausgedient-1.423225 [14.02.2014].

zu weit nach Norden in den Libanon vorstoßen sollten.[918] Die bei dem Militäreinsatz von israelischen Streitkräften angewendeten Methoden, bei denen über 1000 Zivilisten im Libanon ums Leben kamen, sind jedenfalls nach den Regeln des internationalen bewaffneten Konflikts zu bewerten.[919]

Betrachtet man die Hisbollah Miliz als bewaffnete Gruppe, die unabhängig von den libanesischen Streitkräften agierte und mit der die israelischen Streitkräfte in einem nicht-internationalen bewaffneten Konflikt standen, so verdienen sie keinen Schutz nach dem gemeinsamen Artikel 3 der Genfer Abkommen. Jene Angehörigen der Hisbollah, die eine „*permanent combat function*“[920] haben, was zumindest auf alle Angehörigen der Hisbollah Miliz[921] zutrifft, können zu jeder Zeit, auch außerhalb einer Kampftätigkeit, bekämpft werden. Im Falle der Gefangennahme können sie, mangels Kombattantenstatus, strafrechtlich belangt werden. Verurteilungen oder Hinrichtungen ohne vorangehendes Urteil eines ordentlichen Gerichtes, das die den von zivilisierten Völkern als unerlässlich anerkannten Rechtsgarantien bietet, sowie grausame Behandlung, Folterung und Beeinträchtigung ihrer persönlichen Würde sind verboten.[922]

Personen, die weder den regulären Streitkräften, noch abtrünnigen Streitkräften oder sonstigen bewaffneten Gruppen angehören und sich trotzdem direkt an Kampfhandlungen beteiligen, haben einen unterschiedlichen Rechtsstatus. Sie wären folglich als „*Zivilisten, die sich direkt an Kampfhandlungen beteiligen*“[923], zu betrachten. Sie sollen zwar „*unter allen Umständen mit Menschlichkeit behandelt werden*“[924], verlieren jedoch durch die direkte Teilnahme an Feindseligkeiten den Schutz als Zivilisten und dürfen, sofern und solange sie unmittelbar an Feindseligkeiten teilnehmen, bekämpft werden.[925]

Mit Skepsis und teils sogar mit breiter Ablehnung wird der rechtlichen Beurteilung der Situation in Afghanistan durch die USA begegnet. Die USA hat zwar

---

918 Shashank Bengali, *Lebanese army saddled with several handicaps*, Pittsburgh Post-Gazette, 9 August 2006, http://www.post-gazette.com/news/world/2006/08/09/Lebanese-army-saddled-with-several-handicaps/stories/200608090140 [15.02.2014].

919 Martin Beck, *Die Debatte über den Sommerkrieg 2006 im Nahen Osten*, German Institute of Global and Area Studies, Nr. 12, 2006.

920 Nils Melzer, *ICRC Guidance on Direct Participation in Hostilities* (Fn. 580), Seite 36.

921 Die Hisbollah Miliz ist der militärische Arm der der schiitischen Parteiorganisation Hisbollah. Der Generalsekretär der Parteiorganisation, Hassan Nasrallah, ist gleichzeitig Oberbefehlshaber der Miliz.

922 Gemeinsamer Artikel 3 der *Genfer Abkommen I-IV* (Fn. 15).

923 Art. 51, Abs. 3, *Zusatzprotokoll I* (Fn. 16).

924 Gemeinsamer Artikel 3, *Genfer Abkommen I-IV* (Fn. 15).

925 Art. 51, Abs. 3, *Zusatzprotokoll I* (Fn. 16)

im Februar 2002, nachdem über Monate Unsicherheit bestand und divergierende Aussagen getätigt wurden[926], die Anwendbarkeit der Genfer Abkommen bestätigt, aber den Taliban das Recht auf Kriegsgefangenenstatus abgesprochen:

„United States Policy [...]

- *The President has determined that the Geneva Convention applies to the Taliban detainees, but not to the al-Qaida detainees.*
- *Al-Qaida is not a state party to the Geneva Convention; it is a foreign terrorist group. As such, its members are not entitled to POW status.*
- *Although we never recognized the Taliban as the legitimate Afghan government, Afghanistan is a party to the Convention, and the President has determined that the Taliban are covered by the Convention. Under the terms of the Geneva Convention, however, the Taliban detainees do not qualify as POWs.*
- *Therefore, neither the Taliban nor al-Qaida detainees are entitled to POW status."*[927]

Begründet wird die Aberkennung des Kombattantenstatus für die Taliban mit dem Argument, dass diese keine Uniform tragen und sich nicht genügend deutlich von der Zivilbevölkerung unterscheiden. Angehörige Al-Qaidas seien keinesfalls von den Genfer Abkommen erfasst, da sie als Saboteure und Spione nicht einmal die Waffen offen tragen. Sowohl Angehörige der Taliban als auch Al-Qaidas seien *„unlawful"* oder *„non-privileged combatants"*.[928] Breite Übereinstimmung herrscht unter Völkerrechtsexperten darüber, dass den Taliban als Angehörige von Streitkräften einer am Konflikt beteiligten Partei Kriegsgefangenenstatus zusteht.[929] Dies gilt selbst dann, wenn sie *„sich zu einer von der Gewahrsamsmacht nicht anerkannten Regierung oder Autorität bekennen"*.[930]

---

926 US-Department of State, Statement des US-Verteidigungsministers Rumsfeld, Defence Department Briefing vom 11. Jänner 2002: *"They will be handled not as prisoners of war, because they're not, but as unlawful combatants. The, as I understand it, technically unlawful combatants do not have any rights under the Geneva Convention."* http://www.defense.gov/transcripts/transcript.aspx?transcriptid=2031 [15.02.2014].

927 George W. Bush: *Status of Detainees at Guantanamo*, Fact Sheet, White House, Washington DC February 7, 2002; online by Gerhard Peters and John T. Woolley, The American Presidency Project, http://www.presidency.ucsb.edu/ws/?pid=79402 [15.02.1914].

928 Siehe Fn. 527, Fn. 926.

929 Jochen A. Frowein, *Der Terrorismus als Herausforderung für das Völkerrecht* (Fn. 1), Seite 894f; Christian Tomuschat, *Der 11. September und seine rechtlichen Konsequenzen* (Fn. 1), Seite 545; Christian Schaller, *Humanitäres Völkerrecht und nichtstaatliche Gewaltakteure* (Fn. 223).

930 Art. 4, A. 3, *Genfer Abkommen III* (Fn. 15).

Bemerkenswert ist, dass die Genfer Konventionen nicht gegenüber einer Gruppe oder gegenüber bestimmten Streitkräften gelten, sondern in einer Konfliktsituation anwendbar sind oder nicht. Ist ein Konflikt als bewaffneter Konflikt zu klassifizieren, so bestimmen die in bewaffneten Konflikten anwendbaren Normen den Rechtsstatus der involvierten Personen oder Personengruppen.

> *„Wenn Zweifel bestehen, ob eine Person, die eine kriegerische Handlung begangen hat und in die Hand des Feindes gefallen ist, einer der in Artikel 4 aufgezählten Kategorien angehört, genießt diese Person den Schutz des vorliegenden Abkommens, bis ihre Rechtsstellung durch ein zuständiges Gericht festgestellt worden ist.“*[931]

Somit wäre zumindest hinsichtlich der Taliban ein entsprechendes Verfahren durchzuführen. Im Jahre 2004 haben die USA zwar *„Combatant Status Review Tribunals (CSRT)“* eingerichtet, um den Status von angehaltenen Personen in Guantanamo[932] zu bestimmen, was jedoch nicht zu einer Änderung der Bewertung der Taliban als *„illegal combatants“* geführt hat.

Der den Taliban zustehende Status kommt den Anhängern Al-Qaidas nicht zu, da sie weder in die regulären Taliban Truppen eingegliedert sind, noch die Kriterien für die Zuerkennung des Kombattanten- und Kriegsgefangenenstatus erfüllen. Sie führen kein bleibendes und von weitem erkennbares Unterscheidungskennzeichen, sie tragen die Waffen nicht offen und sie halten bei ihren Kampfhandlungen die Gesetze und Gebräuche des Krieges nicht ein.[933]

7.2.2.5 Problematik der gezielten Tötungen

Über die im Rahmen der globalen Terrorismusbekämpfung praktizierte Methode der gezielten Tötung ohne vorheriges Gerichtsverfahren (*targeted killing, extrajudicial execution*) gibt es seit Jahren eine breite Diskussion. Obwohl gezielte Tötungen nicht nur aus der Luft durchgeführt werden, wird durch die Verfügbarkeit einer immer größeren Zahl an unbemannten Luftfahrzeugen[934] mit der

931 Ibid., Art. 5, zweiter Satz.

932 Siehe Fn. 479.

933 Art. 4, A, 2, *Genfer Abkommen III* (Fn. 15).

934 Wurden diese *Unmanned Air Vehicles (UAV)* – auch Drohnen genannt – anfangs vorwiegend für Aufklärung und Überwachung eingesetzt, so werden sie immer häufiger mit Waffensystemen ausgestattet (*unmanned combat air vehicle – UCAV*). Die US-Streitkräfte benötigen bereits mehr Piloten für unbemannte Luftfahrzeuge als für sonstige bemannte Luftwaffensysteme und die Ausbildung im Betrieb unbemannter Luftkampffahrzeugen wird bereits von privaten Universitäten (teils in Fernlehrgängen) angeboten; http://www.uxvuniversity.com/about/ [16.02.2014]

Fähigkeit zum Waffeneinsatz diese Problematik auch immer umfassender. Dazu kommt, dass bei Waffensystemen, die auf große Entfernung eingesetzt werden, die Tötungshemmung beim Bedienpersonal herabgesetzt ist[935], und auch politische Entscheidungsträger sind eher bereit, die Souveränität eines Staates durch militärische Gewalt zu verletzen, wenn diese Gewalt von unbemannten Trägersystemen ausgeht.[936] Das hat dazu geführt, dass heute mehr gezielte Tötungen vollzogen werden als zu Beginn des Globalen Kriegs gegen den Terrorismus.[937] Gezielte Tötungen sind eine Herausforderung für das Völkerrecht und sie betreffen nicht nur die Staaten, die sie durchführen, sondern auch Staaten, die in irgendeiner Form einen Beitrag leisten, sei es, dass sie Aufklärungsergebnisse liefern oder insbesondere durch Geheimdienste sonstige Daten zur Durchführung gezielter Tötungen beistellen.[938]

In der Diskussion über gezielte Tötungen scheint es notwendig, fast Selbstverständliches vorweg zu betonen: Der absichtlichen Tötung eines Menschen sind in rechtlicher Hinsicht sehr enge Grenzen gesetzt und sie ist nur als Maßnahme der Gefahrenabwehr oder Strafverfolgung zulässig:

1. *„[…] Niemand darf absichtlich getötet werden, außer durch Vollstreckung eines Todesurteils, das ein Gericht wegen eines Verbrechens verhängt hat, für das die Todesstrafe gesetzlich vorgesehen ist.*
2. *Eine Tötung wird nicht als Verletzung dieses Artikels betrachtet, wenn sie durch eine Gewaltanwendung verursacht wird, die unbedingt erforderlich ist, um*
   a. *jemanden gegen rechtswidrige Gewalt zu verteidigen;*
   b. *jemanden rechtmäßig festzunehmen oder jemanden, dem die Freiheit rechtmäßig entzogen ist, an der Flucht zu hindern;*
   c. *einen Aufruhr oder Aufstand rechtmäßig niederzuschlagen.“*[939]

---

935 Dave Grossman, *On Killing: The Psychological Cost of Learning to Kill in War and Society*, New York, Back Bay Books, 1996, Seite 187.

936 Mary Ellen O'Connell, *Sedutive Drones: Learning from a Decade of Lethal Operations*, Notre Dame Law School, Legal Studies Research Paper No. 11–35, Seite 4ff; http://papers.ssrn.com/sol3/papers.cfm?abstract_id=1912635 [21.02.2013].

937 So haben sich jährlich die Zahl der Drohnenangriffe als auch die Zahl der durch sie getöteten Menschen dramatisch erhöht. Im ersten Jahr der Obama-Administration gab es doppelt so viele Drohneneinsätze als im letzten Jahr der Bush-Administration in Phil Stewart, Robert Birsel, *Under Obama, Drone Attacks on the Rise in Pakistan*, Reuters 12 October 2009; http://www.reuters.com/article/2009/10/12/us-usa-pakistan-drones-analysis-idUSTRE59B4I120091012 [16.02.2014].

938 Andreas Zimmermann, *Menschenrechtsschutz und Terrorismusbekämpfung* (Fn. 879).

939 Art. 2, *Europäische Menschenrechtskonvention* (Fn. 434).

Der Internationale Pakt für bürgerliche und politische Rechte (UN-Zivilpakt) bestimmt:

> *"Every human being has the inherent right to life. This right shall be protected by law. No one shall be arbitrarily deprived of his life."*[940]

Die Menschenrechte werden in einem bewaffneten Konflikt teilweise durch das humanitäre Völkerrecht überlagert und so erlaubt die EMRK zu den im Artikel 2 angeführten Ausnahmen auch die absichtliche Tötung eines Menschen im Zusammenhang mit einer zulässigen Kriegshandlung.[941] Somit ist die Tötung eines feindlichen Kombattanten im Rahmen eines internationalen bewaffneten Konflikts zulässig und das wird auch auf Zivilisten zutreffen, die sich direkt an Kampfhandlungen beteiligen.[942]

Nicht so eindeutig zu beantworten ist die Zulässigkeit von gezielten Tötungen in nicht-internationalen bewaffneten Konflikten. Stellen Angehörige von abtrünnigen Streitkräften – unabhängig von ihrer Funktion in den Streitkräften – legitime Ziele dar, so trifft dies bei sonstigen bewaffneten Gruppen nur auf jene Personen zu, die eine „*permanent combat function*" ausüben.[943] Sonstige Angehörige sind so wie Zivilisten zu behandeln und dürfen nur bekämpft werden, wenn und solange sie sich direkt an Feindseligkeiten beteiligen.[944] Die Ansicht verschiedener Staaten, was als direkte Teilnahme an Kampfhandlungen anzusehen ist, und welche Personen eine „*permanent combat function*" ausüben und somit jederzeit bekämpft werden dürfen, gehen auseinander.

Unabhängig davon, wie weit Staaten diesen Spielraum ausreizen, wie niedrig sie die Kriterien für die direkte Teilnahme an Feindseligkeiten ansetzen, muss mit allem Nachdruck darauf hingewiesen werden, dass die Zulässigkeit der Tötung dieser Personen nur in einem bewaffneten Konflikt zulässig wäre. Unterhalb der Schwelle zum bewaffneten Konflikt ist der Spielraum wesentlich kleiner und beschränkt sich auf die in den Menschenrechtskatalogen festgelegten Ausnahmefälle.[945]

---

940 Art. 6 Abs. 1, *International Covenant on Civil and Political Rights – ICCPR* (Fn. 426).

941 Art. 15, *Europäische Menschenrechtskonvention* (Fn. 434).

942 Siehe *ICRC Guidance on Direct Participation in Hostilities* (Fn. 580).

943 Ibid., Seite 33.

944 Art. 51, Abs. 3, *Zusatzprotokoll I* (Fn. 16).

945 Siehe Fn. 939, 940.

Gezielte Tötungen wurden von den USA in Afghanistan, im Irak und im Jemen, in Pakistan, Somalia und in Libyen durchgeführt[946], durch Israel im Gaza-Streifen und im Westjordanland (*West Bank*).[947] In Afghanistan, im Irak und in Libyen herrschte zumindest zeitlich begrenzt ein bewaffneter Konflikt und das Westjordanland und den Gaza Streifen[948] könnte man als besetztes Gebiet betrachten, wo das Recht der bewaffneten Konflikte zu Anwendung kommt. Was Jemen, Pakistan oder Somalia betrifft, wurde nie ein bewaffneter Konflikt im Sinne des humanitären Völkerrechts behauptet. In diesen Gebieten, in denen die USA aufgrund einer Einwilligung der jeweiligen Staaten militärisch tätig sind, vermag das humanitäre Völkerrecht nicht als Rechtsgrundlage für gezielte Tötungen infolge einer rechtmäßigen Kriegshandlung zu dienen. Auch die nationale Rechtsordnung der USA untersagt die Ermordung von Personen in Friedenszeiten.[949]

Die Rechtmäßigkeit gezielter Tötungen wird durch den vormaligen Antiterror-Berater des Präsidenten Obama, John O. Brennan[950], wie folgt argumentiert:

1. *The United States are in a global* ***"armed conflict against al Qaida, the Taliban, and associated forces"****.*
2. *Drone attacks are an exercise of the U.S.'s* ***"inherent right of self-defense"*** *against an imminent threat.*
3. *Drone attacks are lawful counter-terrorism measures in states that are* ***"unable or unwilling"*** *to counter terrorism.*
4. *Pakistan and Yemen have consented to attacks.*
5. *The attacks are precise.*[951]

---

946 Mary Ellen O'Connell, *Sedutive Drones: Learning from a Decade of Lethal Operations* (Fn. 936).

947 Nir Gazit, Robert J Brym, *State-directed political assassination in Israel: A political hypothesis*, International Sociology 26(6) (2011), Seite 862–877; http://projects.chass.utoronto.ca/brym/GazitBrym.pdf [16.02.2014].

948 Die Situation im Gaza Streifen nach dem vollständigen Abzug der israelischen Streitkräfte im Jahre 2005 gilt jedoch als umstritten: Elizabeth Samson, *Is Gaza Occupied? Redefining the Legal Status of Gaza*, The Begin-Sadat Center for Strategic Studies, January 2010; http://www.biu.ac.il/Besa/MSPS83.pdf [16.02.2014].

949 Erstmals ausdrücklich untersagt von Präsident Gerald Ford (Executive Order 11905, Sec. 5(g), 41 Fed. Reg. 7703, 7733), aktuell verbietet Executive Order 12333 *"assassination as a matter of national policy"*, erlassen von Präsident Ronald Reagan im Oktober 1981.

950 John O. Brennan ist seit 8. März 2013 Direktor der Central Intelligence Agency (CIA), des Auslandsnachrichtendienstes der Vereinigten Staaten.

951 Mary Ellen O'Connell, *Adhering To Law and Values Against Terrorism*, Notre Dame Journal of International & Comparative Law, 2012, Seite 295; http://www3.nd.edu/~ndjicl/V2I2/Oconnell.pdf [16.02.2014].

Diese Argumente vermögen jedoch nicht zu überzeugen. Der bewaffnete Konflikt mit Al-Qaida mag höchstens in Afghanistan bestehen und wird mit dem Abzug der US-Truppen aus Afghanistan beendet sein, und die Annahme eines globalen bewaffneten Konflikts wird von Experten weitgehend abgelehnt.[952] Das Argument wird auch nicht überzeugender, wenn anstatt des *„globalen Kriegs gegen den Terrorismus“* von einem *„bewaffneten Konflikt mit Al-Qaida“* gesprochen wird. Es wird kein Zweifel gelassen, dass der Konflikt mit Angehörigen der Al-Qaida weltweit ausgetragen wird, mit der Begründung, dass *„there is an armed conflict that goes where the fighters go“*.[953] Charles Allen, Deputy General Counsel of International Affairs stellt fest, dass US-Forces das Recht haben, Angehörige von Al-Qaida und andere Terroristen zu jeder Zeit zu töten:

> *"When we have a lawful military target that the commander determines needs to be taken out, there is by no means a requirement under the law of armed conflict that we must send a warning to these people, and say, 'You may surrender rather than be targeted.'"*[954]

Gezielten Tötungen in Ländern, die nicht willens oder nicht fähig (*unwilling or unable*) sind, die terroristische Bedrohung zu beherrschen, stellen einen gravierenden Eingriff in innere Angelegenheiten eines souveränen Staates dar, der nur im Falle eines bewaffneten Angriffs[955] oder einer einem bewaffneten Angriff gleichzusetzenden unmittelbaren Bedrohung zulässig wäre. Die Möglichkeit eines präventiven Einsatzes von militärischer Gewalt wäre vielleicht für manche Staaten wünschenswert[956], ist jedoch im Widerspruch zur SVN.

Sollte jedoch ein Staat die Zustimmung für eine Strafverfolgungsmaßnahme durch einen anderen Staat erteilen, so hat diese in den durch die Menschenrechte gesetzten engen Grenzen durchgeführt zu werden. Die Unterstützung in einem nicht-internationalen bewaffneten Konflikt hat unter Einhaltung des gemeinsamen Artikels 3 und gegebenenfalls des Zusatzprotokolls II zu erfolgen.

---

952 Siehe 7.2.2 Humanitätsrechtliche Klassifizierung des *„Global War On Terrorism“*.

953 Kenneth Anderson, *John Brennan National Security Speech at Harvard Law School*, 16 September 2011, Washington Post Law Blog; http://www.volokh.com/2011/09/16/john-brennan-national-security-speech-at-harvard-law-school/ [16.02.2014].

954 Gabor Rona, *Legal Frameworks to Combat Terrorism: an Abundant Inventory of Existing Tools*, Chicago Journal of International Law, Vol. 5, No. 2, 2007, Seite 7; siehe auch Fn. 893.

955 Art. 51, *Satzung der Vereinten Nationen* (Fn. 12).

956 Siehe Elizabeth Wilmshurst, *Principles of International Law on the Use of Force by States on Self-Defence*, Chatham House, October 2005; http://www.chathamhouse.org/publications/papers/view/108106 [16.02.2014].

7.3 Humanitäres Völkerrecht und Kampf gegen organisierte Kriminalität

Organisierte Kriminalität, die vor allem in Staaten floriert, in denen rechtsstaatliche Institutionen wenig ausgeprägt sind und einen geringen Einfluss haben, destabilisiert die innere Sicherheit und schädigt die Wirtschaftsleistung eines Staates. Diese Form der Kriminalität hat in den letzten Jahrzehnten eine neue Dimension erreicht, indem sie immer häufiger grenzüberschreitend auftritt und ihre Gewaltpotenziale mit staatlichen Gewaltpotenzialen vergleichbar sind.

Ein typisches Beispiel ist die Drogenkriminalität in Mexiko, wo sich der Präsident Felipe Calderon nach seiner Amtsübernahme im Dezember 2006 gezwungen sah, die Armee gegen Drogenkartelle einzusetzen. Der *„Mexikanische Drogenkrieg"* unterscheidet sich nicht wesentlich von anderen Kriegsschauplätzen, sowohl was die Mittel und Methoden der Auseinandersetzungen[957] als auch was die Anzahl der Ausfälle betrifft. So wurden in den ersten sechs Jahren der Amtszeit Präsident Calderons im Zusammenhang mit dem Streitkräfteeinsatz gegen die Drogenkartelle mehr als 120.000 Menschen getötet.[958] Anbetracht dieser Entwicklung[959] stellt sich die Frage, ob es sich bei diesem Einsatz nicht nur um eine Assistenzleistung der Streitkräfte an die Polizei und die Strafverfolgungsbehörden handelt, sondern tatsächlich um einen *bewaffneten Konflikt* im Sinne des humanitären Völkerrechts.

Ausgangspunkt für die Beurteilung, ob eine von militärischer Gewalt geprägte Situation auch einen bewaffneten Konflikt im Sinne des humanitären Völkerrechts darstellt, ist die Feststellung des Völkerrechts selbst, was *kein* bewaffneter Konflikt ist: *Fälle innerer Unruhen und Spannungen wie Tumulte, vereinzelt auftretende Gewalttaten und andere ähnliche Handlungen.*[960] Diese Bestimmung wurde durch das Tadić-Urteil des Jugoslawientribunals ergänzt, das für das Vorliegen eines bewaffneten Konflikts *„protracted, large-scale violence between [...]*

957 Sara A. Carter, *100,000 Foot Soldiers in Mexican Cartels*, Washington Times, 3 March 2009; http://www.washingtontimes.com/news/2009/mar/03/100000-foot-soldiers-in-cartels/?page=all [22.02.2014].

958 *Justice in Mexico Project*, News Monitor January 2013, University of San Diego, Trans-Border Institute, http://justiceinmexico.files.wordpress.com/2013/01/2013-01-january-news-monitor-or.pdf [22.02.2014].

959 Marc Lacey, *In Drug War, Mexico Fights Cartels and Itself*, New York Times, 30 March 2009, http://www.nytimes.com/2009/03/30/world/americas/30mexico.html?pagewanted=all&_r=0 [22.02.2014].

960 Art. 1, Abs. 2, *Zusatzprotokoll II* (Fn. 16).

governmental forces and organized insurgent groups [961] verlangt. Das Tribunal hat auch im Zusammenhang mit der Bewertung der Kosovarischen Befreiungsarmee (UÇK) als organisierte bewaffnete Gruppe Minimalkriterien erarbeitet: die Bestellung von Zonenkommandanten, Einführung einer Befehlshierarchie einschließlich eines Disziplinarsystems sowie die Herausgabe von Pressemeldungen und Verhandlung mit offiziellen Organisationen.[962] Prüft man den Konflikt in Mexiko hinsichtlich der Intensität der Kampfhandlungen sowie hinsichtlich des Organisationsgrades der Drogenkartelle, so finden sich einerseits viele Parallelen, aber auch nicht unbedeutende Abweichungen, die zu kontroversiellen Ergebnissen führen.

Die Experten[963], die die Existenz eines nicht-internationalen bewaffneten Konflikts ablehnen, wenden ein, dass die Verfasser der Genfer Abkommen insbesondere das Banditentum vom Anwendungsbereich des humanitären Völkerrechts ausnehmen wollten. Die Delegationsmitglieder betonten, dass die allgemeine Formulierung des gemeinsamen Artikel 3 nicht insofern missverstanden werden sollte, als dass „*any act committed by force of arms – any form of anarchy, rebellion, or even plain banditry*"[964] erfasst sei. Pictet bietet jedoch in seinem Kommentar einen Prüfungsmaßstab an, in dem er unter anderem einen bewaffneten Konflikt dann annimmt, wenn die reguläre Regierung gezwungen ist, Streitkräfte einzusetzen, weil die Aufständischen militärisch organisiert sind und Teile des Territoriums besetzt haben.[965] Die Drogenkartelle beherrschen größere Geländeteile insbesondere an der Grenze zur USA[966], ihre Struktur und ihr äußeres Erscheinungsbild unterscheidet sich jedoch erheblich von Streitkräften. Sie tragen keine Uniformen, sind nicht als Angehörige eines Kartells erkennbar

---

961 ICTY, *Prosecutor v Tadić, Case No. IT-94-1-T*, Decision on Defence Motion for Interlocutory Appeal on Jurisdiction, 2 October 1995, para.70.

962 ICTY, *Prosecutor v Fatmir Limaj, Case No. IT-03-66-T*, Judgement (Trial Chamber II), 30 November 2005, para. 171.

963 Andrea Nill Sánchez, *Mexico's Drug "War": Drawing a Line Between Rhetoric and Reality*, Yale Journal of International Law, Volume 38, Issue 2, http://www.yjil.org/print/volume-38-issue-2/mexicos-drug-war-drawing-a-line-between-rhetoric-and-reality [22.02.2014]; Tim Johnson, *Is Mexico at War? Conflict Prompts Linguistic Debate*, McClatchy News, 3 February 2011, http://www.mcclatchydc.com/2011/02/03/108056/is-mexico-at-war-conflict-prompts.html [22.02.2014].

964 Jean Pictet, *Commentary on the Geneva Convention I* (Fn. 29), Seite 49.

965 Jean Pictet, *Commentary on the Geneva Convention III* (Fn. 105), Seite 36.

966 Adam Housely, *Mexico's Powerful Drug Cartels May Be Joining Forces*, FOX NEWS, 12 March 2009, http://www.foxnews.com/story/2009/03/12/mexico-powerful-drug-cartels-may-be-joining-forces/ [22.02.2014].

und haben kein politisches Ziel, sondern bekämpfen jeden, der ihre kriminelle Aktivität behindert.

Es wird auch eingewendet, dass die Angehörigen der mexikanischen Streitkräfte größtenteils nicht *militärische Operationen* gegen die Drogenkartelle durchführen, sondern *Strafverfolgungsmaßnahmen*, wie Festnahme von Drogenhändlern, Errichten und Betreiben von Checkpoints, Abbrennen von Marihuana- und Opiumfeldern und Kontrolle des Bootsverkehrs an der mexikanischen Grenze.[967] Der Kampf der Drogenkartelle untereinander sei auch nicht auf Gebietskontrolle gerichtet, sondern es gehe um Transportrouten und Kontrollpunkte. Die Situation in Mexiko könne nicht mit der Situation in Kolumbien verglichen werden: Während in Mexiko Drogenkartelle militärische Mittel und Methoden anwenden, um ihre kriminellen Handlungen abzusichern, betreiben die Rebellen in Kolumbien Drogenhandel, um ihren politisch motivierten Freiheitskampf zu finanzieren.[968]

Jene Experten, die die Existenz eines nicht-internationalen bewaffneten Konflikts befürworten, argumentieren, dass die Schutzfunktion des humanitären Völkerrechts nicht von den Motiven der bewaffneten Gruppen abhängen kann.[969] Dem wird wiederum angesichts der von Angehörigen der Streitkräfte begangenen Rechtsverletzungen entgegengehalten, dass

> *"The best way to limit military abuses is to retain the IHRL framework and prosecute violations in civilian courts, not adopt IHL and effectively broaden the scope of sanctioned behaviour."*[970]

Die Klassifizierung der jeweiligen Situation mit der Schlussfolgerung über das jeweils anzuwendende Recht wird auch im *Drogenkrieg* im zeitlichen und räumlichen Zusammenhang zu treffen sein. Wenn es selbst im internationalen

---

967 June S. Beittel, *Mexico's Drug Trafficking Organizations: Source and Scope of Rising Violence*, Congressional Research Service 7-5700, R41576, http://www.fas.org/sgp/crs/row/R41576.pdf [22.02.2014].

968 Natalia Cote-Muñoz, *Mexico's Drug War: Not Another Colombia*, Council on Hemispheric Affairs, 17 January 2012, http://www.coha.org/mexicos-drug-war-not-another-colombia/ [22.02.2014]. Anderer Ansicht offenbar Außenministerin Hillary Clinton: Rory Carroll, *Hillary Clinton: Mexican drugs war is Colombia-style insurgency*, The Guardian, 9 September 2010, http://www.theguardian.com/world/2010/sep/09/hillary-clinton-mexican-drug-war-insurgency [22.02.2014].

969 Carina Bergal, *The Mexican Drug War: The Case for a Non-International Armed Conflict Classification*, Fordham International Law Journal, Vol. 34, 2011, Seite 1042, http://papers.ssrn.com/sol3/papers.cfm?abstract_id=1846066 [22.02.2014].

970 Andrea Nill Sánchez, *Mexico's Drug "War"*, Seite 494 (Fn. 963).

bewaffneten Konflikt zwischen Staaten Situationen gibt, die von den Menschenrechten bestimmt werden, und wo das humanitäre Völkerrecht in den Hintergrund tritt, so wird man im Kampf gegen organisierte Kriminalität außergewöhnlichen Ausmaßes nicht ausschließlich das Recht der bewaffneten Konflikte anwenden können. So wäre es denkbar, dass im Falle eines Gefechts zwischen den Streitkräften und militärisch organisierten Teilen eines Drogenkartells die Grundsätze und Prinzipien des Rechts der nicht-internationalen bewaffneten Konflikte zur Anwendung kommen, die Annahme eines bewaffneten Konflikts zwischen den Streitkräften und den Drogenkartellen im gesamten Staatsgebiet und über Jahre wird abzulehnen sein.

Die Ablehnung der Existenz eines bewaffneten Konflikts bedeutet, dass die Angehörigen der Drogenkartelle keinesfalls Kämpfer einer organisierten bewaffneten Gruppe mit „*permanent combat function*“[971] sind und somit auch nicht jederzeit getötet werden dürfen. Auch Anhaltungen und Einschränkungen der persönlichen Freiheit werden nicht nach dem humanitären Völkerrecht, sondern nach nationalem Recht zu bestimmen sein.[972]

Gewaltgeprägte Situationen im Zusammenhang mit organisierter Kriminalität außergewöhnlichen Ausmaßes sind häufig deshalb schwierig als bewaffnete Konflikte zu klassifizieren, weil die kriminellen Organisationen an bewaffneten Auseinandersetzungen mit Streitkräften gar nicht interessiert sind und sie auch nicht suchen. Während Widerstandsorganisationen, Befreiungsarmeen und häufig auch terroristische Organisationen gezielt darauf abstellen, reguläre Streitkräfte und sonstige Exekutivorgane eines Staates anzugreifen und zu vernichten, meiden kriminelle Organisationen die Auseinandersetzung mit der Exekutive. Kriminelle Organisationen möchten möglichst ungestört ihrer kriminellen Geschäftstätigkeit nachgehen und Politiker, Polizei und sonstige Strafvollzugsorgane werden nach Möglichkeit bestochen[973] oder eingeschüchtert, jedoch nicht mit militärischen Mitteln und Methoden bekämpft.

Die wahre Zielsetzung krimineller Organisationen ist nicht die politische Machtübernahme oder die Besetzung und Kontrolle eines Territoriums mit

---

971 Siehe Fn. 729.

972 Tatsächlich lässt die mexikanische Verfassung zu, dass Verdächtige im Kampf gegen die Drogenkriminalität bis zu 80 Tage ohne Anklage inhaftiert werden. Diese Maßnahme ist als *"arraigo"* bekannt.

973 Ken Ellingwood, *Mexico fires 3,200 federal police officers*, Los Angeles Times, 31 August 2010, http://articles.latimes.com/2010/aug/31/world/la-fg-mexico-police-fired-20100831 [22.02.2014].

militärisch strukturierter Gewalt, der man häufig nur mit militärischen Methoden[974] entgegenwirken kann. Wenn gegen organisierte Kriminalität Streitkräfte eingesetzt werden, dann meist, um die Strafvollziehungsbehörden personell und materiell zu unterstützen und nicht, weil ein bewaffneter Konflikt zu bewältigen ist. Somit fallen derartige Situationen meistens nicht in den Anwendungsbereich des humanitären Völkerrechts.

974 Kampf der verbundenen Waffen, siehe Fn. 194.

8. Planung und Durchführung militärischer Operationen

Der Einsatz von Streitkräften gehört zu den bedeutsamsten und gleichzeitig schwierigsten politischen Entscheidungen in einem Staat. Dabei macht es hinsichtlich der Tragweite der Entscheidung kaum einen Unterschied, ob dieser Einsatz auf eigenem Territorium erfolgen soll oder ob Streitkräfte zur Durchsetzung politischer Zielsetzungen auf fremdes Territorium entsendet werden. Ein Streitkräfteeinsatz ist immer mit großen Gefahren für Soldaten und Zivilisten verbunden, es sind gewichtige politische und wirtschaftliche Abwägungen zu treffen und nicht selten stellt ein Streitkräfteeinsatz einen Ausnahmezustand und eine Gefahr für die staatliche Existenz und Souveränität dar. Häufig liegt deshalb die Entscheidung für einen Streitkräfteeinsatz nicht allein im Verantwortungsbereich der Exekutive, sondern es bedarf in demokratischen Staaten der Mitwirkung sonstiger parlamentarischer Gremien.[975]

Wer auch immer letztlich den Streitkräfteeinsatz genehmigt, hat politische und rechtliche, insbesondere völkerrechtliche Aspekte zu erwägen und ist gezwungen, diese laufend auf ihre strategische Relevanz zu überprüfen. Mit der Genehmigung des Einsatzes sind Dauer, Umfang und Mittel sowie die politische Zielsetzung zu definieren. Die Mittel und Methoden, die bei einem Streitkräfteeinsatz zur Anwendung kommen, werden hinsichtlich ihrer Zulässigkeit maßgeblich durch das Völkerrecht bestimmt.

Der völkerrechtliche Rahmen für eine Militäroperation wird vorwiegend von der Art des Konflikts beeinflusst, weshalb die Klassifizierung des Konflikts sowohl bei der Genehmigung der Operation durch die politische Führung, als auch bei der Planung und Durchführung durch die militärische Führung zu berücksichtigen ist. Wie die Aspekte der Klassifizierung eines Konflikts in das militärische Führungsverfahren und bei der Durchführung von militärischen Operationen einfließen, soll in den folgenden Abschnitten dargestellt werden.

---

975 Der Grad der Mitwirkung (Unterrichtung, Mitbestimmung oder Kontrolle) ist jedoch national sehr unterschiedlich geregelt, so wie auch der Zeitpunkt der Einbindung nationaler Parlamente im Entscheidungsfindungsprozess bei multinationalen Krisenmanagementoperationen stark variiert.

8.1 Führungsebenen und Streitkräfteeinsatz

Die Entscheidungsgremien für einen Streitkräfteeinsatz sind international und national unterschiedlich geregelt. Werden Streitkräfte durch internationale Organisationen eingesetzt, so entscheiden die jeweiligen Vertreter der teilnehmenden Mitgliedsstaaten[976] über die militärische Operation. Entsprechenden Gremien der internationalen Organisationen (Sicherheitsrat der VN, Europäischer Rat, NATO-Rat) kommt die strategische Führung im Hinblick auf die Wahrnehmung der politischen Verantwortung zu. Auf nationaler Ebene ist meistens die jeweilige Regierung für den Streitkräfteeinsatz zuständig, wobei verschiedene nationale Verfassungsordnungen die Mitwirkung sonstiger Organe vorsehen.[977]

Die politische Führung eines Staates entwickelt im Rahmen ihrer Verantwortung für die Sicherheit des Staates eine Strategie zur Erreichung der sicherheitspolitischen Ziele.[978] Sie leitet militärische und nichtmilitärische Maßnahmen ein und koordiniert diese, um den angestrebten politischen Endzustand zu erreichen. Die strategische Führung legt auch die Parameter für die Streitkräftebereitstellung fest und erteilt im Anlassfall den Auftrag zum Einsatz der Streitkräfte.[979] Sie legt das politische Ziel des militärischen Einsatzes fest und bestimmt, was mit den militärischen Mitteln erreicht werden soll und welche Auflagen dabei zu beachten sind.[980] Die strategische Führung steuert den Beginn einer Operation,

---

976 Staats- und Regierungschefs bzw. zuständige Minister, die in den internationalen Entscheidungsgremien die nationalen Positionen im Sinne der politischen Verantwortung einbringen.

977 In Österreich ist für einen Auslandseinsatz der Streitkräfte zur Friedenssicherung die Bundesregierung mit Zustimmung des Hauptausschusses des Nationalrates zuständig (§ 2, Abs. 1, *Bundesverfassungsgesetz über Kooperation und Solidarität bei der Entsendung von Einheiten und Einzelpersonen in das Ausland – KSE-BVG*, BGBl. I Nr. 38/1997). In der Bundesrepublik Deutschland ist gemäß *Parlamentsbeteiligungsgesetz* vom 18. März 2005 (BGBl. I S. 775) die Zustimmung des Deutschen Bundestages erforderlich.

978 Unter der *Sicherheitsstrategie* versteht man die koordinierte Anwendung aller Mittel und die Ausnutzung aller Möglichkeiten eines Staates zur Erreichung der sicherheitspolitischer Ziele (siehe Bundeskanzleramt, Österreichische Sicherheitsstrategie, Wien, März 2013; http://www.bka.gv.at/DocView.axd?CobId=52099 [31.03.2014]).

979 In Österreich kommen die Kräfte des Österreichischen Bundesheeres grundsätzlich auf Beschluss der Bundesregierung (Ministerratsbeschluss) zum Einsatz. Im Wege des Nationalen Sicherheitsrates koordiniert die Bundesregierung alle sicherheits- und verteidigungspolitischen Maßnahmen.

980 Diese Vorgaben der strategischen Führung an die militärstrategische Führung ergehen als Ministerratsbeschlüsse, Einsatzverfügungen und Einsatzrichtlinien.

genehmigt die Ziele und Einsatzrichtlinien und legt die Beendigung einer Operation fest.

Der politischen Führung nachgeordnet, ist die militärische Führung, die sich in drei Ebenen gliedert: militärstrategische Führung, operative Führung und taktische Führung. Die *militärstrategische Führung*[981] stimmt den Einsatz der insgesamt zur Verfügung stehenden militärischen Kräfte und Mittel so aufeinander ab, dass ein auf die politischen Zielvorgaben hin ausgerichteter militärischer Beitrag sichergestellt werden kann. Die militärstrategische Führung setzt dabei politische Vorgaben in militärische Ziele um. Sie erarbeitet das strategische und militärstrategische Lagebild, aktualisiert es laufend und führt durch militärstrategische Weisungen die Operation.[982]

Die *operative Führung* plant und führt Operationen[983] zur Erreichung operativer und militärstrategischer Ziele in einem festgelegten Operationsgebiet mit operativen Befehlen. Die der operativen Führung nachgeordneten Kommanden sind Teil der *taktischen Führung.*[984] Die taktische Ebene plant und führt nach den Prinzipien der Auftragstaktik[985] den Kampf der verbundenen Waffen[986] in einem ihr zugewiesenen Einsatzgebiet.

Die Unterscheidung zwischen den einzelnen Führungsebenen wird nicht immer klar vorzunehmen sein:

> *„Auch eine zahlenmäßig kleine militärische Formation wird im multinationalen Umfeld politische Implikationen für die Truppen stellende Nation haben, die durch den Kommandanten vor Ort zu berücksichtigen sind. [...]. Ein kleiner Vorfall auf der taktischen Ebene kann Auswirkungen bis zur politischen Ebene nach sich ziehen. Grundsätzlich kann die Abgrenzung so erfolgen, dass üblicherweise die strategische Führungsebene Ziele und Ressourcen vorgibt und die nötigen Einschränkungen definiert. Durch den Kommandanten der operativen Führungsebene werden militärische Aufträge abgeleitet, mit den*

---

981 In Österreich obliegt dem Bundesminister für Landesverteidigung die militärstrategische Führung. Als Mitglied der Bundesregierung ist er jedoch auch Teil der strategischen Führung.

982 Der Chef des Generalstabes ist dabei der oberste Berater des Bundesministers in allen militärischen Angelegenheiten und er erlässt die militärstrategischen Weisungen für Einsätze des Bundesheeres im In- und Ausland.

983 Eine Operation ist der zeitlich und räumlich abgestimmte Einsatz militärischer Kräfte und Mittel, der in der Regel teilstreitkräfteüberschreitend (Land-, Luft- und Seestreitkräfte sowie Spezialeinsatzkräfte) erfolgt.

984 Sie umfasst grundsätzlich alle taktischen Ebenen vom Kommando der Teilstreitkräfte abwärts bis zum kleinen Verband (Bataillon) einschließlich.

985 Siehe Abschnitt *8.2.2 Analyse der Absicht der übergeordneten Führung und des Auftrags.*

986 Siehe Fn. 194.

verfügbaren Kräften in Einklang gebracht und die gesetzten Ziele der Kampagne erreicht. Auf der taktischen Führungsebene setzt der Kommandant die zugewiesenen Kräfte zur Erreichung der zugewiesenen Ziele ein."[987]

Wesentlich ist, dass jede Führungsebene der nachgeordneten Führungsebene die zugeordnete Aufgabe durch Ziel und Zweck definiert, die Mittel zur Verfügung stellt und nur Wesentliches der Umsetzung bestimmt.

8.2 Militärisches Führungsverfahren

Das militärische Führungsverfahren[988] ist ein Regelkreis festgelegter Führungsvorgänge zum Zwecke eines sachlich objektiv abgeleiteten und vertretbaren Einsatzes von militärischen Kräften und Mitteln im Gefecht. Es kommt aber auch in Einsätzen zur Anwendung, in denen vorrangig nicht mit Kampf zu rechnen ist.[989] Die jeweilige Führungsebene führt, von einem militärischen Auftrag ausgehend, das Führungsverfahren durch. Ist kein Auftrag vorhanden, muss im Rahmen des Führungsverfahrens anlassbezogen im Sinne der Absicht der übergeordneten Führung gehandelt werden. Das militärische Führungsverfahren ist somit ein klar strukturierter, einheitlicher Denkprozess und orientiert sich in seiner Gesamtheit an den Prinzipien der Auftragstaktik, wobei die Zielerreichung und die Zweckerfüllung stets im Vordergrund stehen.[990]

Das Führungsverfahren gliedert sich in mehrere Phasen. Es beginnt mit der einleitenden Lagefeststellung (*Initiation*) und Orientierung (*Orientation*), gefolgt von der Entscheidungsfindung (*Concept Development*), der Planung der Durchführung (*Plan Development*) und der Befehlsgebung (*Issuance of Orders*) und wird mit der Durchführung (*Execution*) und der Kontrolle (*Assess/Plan Review*)

---

987 Bundesministerium für Landesverteidigung und Sport, Dienstvorschrift für das Bundesheer, *Operative Führung*, Wien, Februar 2009, Rn. 28 (hiernach *Operative Führung*).

988 Es gibt zwar nicht unbeträchtliche Unterschiede zwischen den Führungsverfahren der verschiedenen Führungsebenen (so ist das operative Führungsverfahren wesentlich breiter strukturiert als das taktische Führungsverfahren und ermöglicht gezielt nichtmilitärische Informationen auszuwerten und in militärisches Handeln umzuwandeln), zur Darstellung des völkerrechtlichen Einflusses auf die Entscheidungsfindung sind diese Unterschiede jedoch weniger bedeutend.

989 Bundesministerium für Landesverteidigung und Sport, Dienstvorschrift für das Bundesheer, *Taktisches Führungsverfahren*, Wien, März 2012, Rn. 2 (hiernach *Taktisches Führungsverfahren*).

990 Ibid., Rn. 3ff.

abgeschlossen.[991] Nach dem Grundsatz *„Darstellen-Beurteilen-Folgern"* werden logisch abgeleitete Handlungsoptionen der gegnerischen Konfliktparteien sowie eigene Handlungsoptionen erarbeitet, die Grundlagen zur Erreichung des vorgegebenen Zieles sind.[992]

Das im österreichischen Bundesheer angewendete Führungsverfahren ist im Hinblick auf multinationale Erfordernisse mit dem *Operational Planning Process (OPP)* und dem *Military Decision Making Process (MDMP)* der NATO kompatibel gestaltet.[993] Durch eine ähnliche Abfolge des Denkprozesses im Regelkreis des operativen und taktischen Führungsverfahrens ist eine durchgängige Stringenz zwischen diesen Führungsverfahren gegeben.

8.2.1 Orientierung und Lagebild

Im Rahmen der Orientierung soll die operative Führungsebene ein gemeinsames Verständnis mit der militärstrategischen Führungsebene über die aktuelle Lage herzustellen. Im Zuge der Entwicklung der militärstrategischen Handlungsoptionen (*Military Strategic Options – MSO*) durch die militärstrategische Ebene[994] gilt es, den strategischen Hintergrund des Konflikts zu beurteilen.

> *„Die Beurteilung des strategischen Hintergrunds (Strategic Background) inkludiert den Einfluss von geschichtlichen, politischen, militärischen, wirtschaftlichen und sozialen Faktoren auf die Lage und die Auswirkungen auf die eigenen militärischen Kräfte. Zusätzlich* ***müssen internationales Recht*** *und das* ***humanitäre Völkerrecht*** *berücksichtigt werden. In der JOPG (Joint Operational Planning Group) soll verstanden werden, was die Ursachen und Zusammenhänge des der Operation zu Grunde liegenden Konfliktes sind."*[995]

Die Berücksichtigung des anzuwendenden Rechts setzt eine Analyse der völkerrechtlichen Situation und insbesondere eine humanitätsrechtliche Klassifizierung des Konflikts voraus. Wenn die politischen Vorgaben eine rechtliche Beurteilung der Lage nicht zulassen, hat die militärstrategische Führung gemeinsam mit der operativen Führung die Entscheidungsgrundlagen für eine völkerrechtliche Klassifizierung der Konfliktsituation aufzubereiten. Hiezu ist insbesondere auf nachrichtendienstliche Informationen und Aufklärungsergebnisse zurückzugreifen.

---

991 Ibid., Abschnitt B – H.

992 Ibid., Rn. 152.

993 Ibid., Rn. 40ff.

994 Dabei hat das Kommando der operativen Führung im Rahmen einer Beitragsplanung die militärstrategische Führung zu unterstützen.

995 *Operative Führung* (Fn. 987), Rn. 514 (Hervorhebung durch Verfasser).

Diese Informationen werden durch die *Joint Operational Planning Group (JOPG)* bewertet.

Es sind die Konfliktparteien hinsichtlich ihrer Handlungsoptionen, abgeleitet von ihrem Organisationsgrad, ihrer Führungsstruktur sowie ihrer Fähigkeit zur Durchführung von militärischen Kampfhandlungen zu beurteilen. Aus dieser Beurteilung sollte sich folgern lassen, ob die gegnerische Konfliktpartei nur zu vereinzelten Gewalttaten und ähnlichen Handlungen unterhalb der Schwelle zum bewaffneten Konflikt[996] fähig ist oder ob ein bewaffneter Konflikt, einschließlich der Anwendung militärischer Mittel und Methoden, zu erwarten ist. Zeichnet sich bei dieser Beurteilung eine Konfliktentwicklung ab, deren Bewältigung durch die Streitkräfte nicht innerhalb des von der politischen Führung erteilten Mandats möglich ist, hat eine Rückkoppelung mit der strategischen Ebene zu erfolgen. Diese Rückkoppelung ist auch während laufender Operationen erforderlich.[997] Das gilt umso mehr bei dynamischen Konfliktverläufen.

Somit können im Verlaufe eines Konflikts der sich aus dem Humanitätsrecht ergebene Rechtsrahmen und der durch die politische Führung vorgegebene Rechtsrahmen auseinanderfallen. Derartige Lageentwicklungen haben gravierenden Auswirkungen auf die Durchführung militärischer Operationen.

Zu beachten ist, dass der durch die politische oder militärische Führung vorgegebene Rechtsrahmen sich immer innerhalb des völkerrechtlich bestimmten Rechtsrahmens zu bewegen hat. Ist ein Konflikt durch eine faktische Änderung neu zu klassifizieren, so ergeben sich daraus auch neue, aus dem Völkerrecht abzuleitende Rechte und Pflichten, die bei Planung und Durchführung einer Operation zu berücksichtigen sind. Lässt der neue völkerrechtliche Rechtsrahmen Handlungsoptionen zu, die durch die bislang geltenden politischen oder militärischen Vorgaben nicht abgedeckt sind, so kann eine Änderung dieser Vorgaben beantragt werden.

Umgekehrt kann jedoch eine durch das Völkerrecht eingeschränkte Handlungsmöglichkeit nicht durch eine Vorgabe einer übergeordneten Führungsebene

---

996 Siehe Art. 1, Abs. 2, *Zusatzprotokoll II* (Fn. 16).

997 Was als *„Stabilisierungsoperation"* oder *„Wiederaufbauoperation"* in Afghanistan von der politischen Führung gedacht und vom Deutschen Bundestag als Beitrag *zur International Security Assistance Force (ISAF)* mandatiert war, entwickelte sich zu einem Guerillakampf. Die Vorstellung in Deutschland war immer noch die von einer *„bewaffneten Entwicklungshilfe"*, die mit der Einsatzrealität nichts mehr zu tun hatte (siehe Jürgen Wagner, *Der NATO-Krieg in Afghanistan: Prototyp für Neoliberales Nation Building und zivil-militärische Aufstandsbekämpfung*; http://www.imi-online.de/download/JW-NATO-Afghanistan.pdf [08.03.2014]).

gerechtfertigt werden. Eine derartige Vorgabe kann auch durch Änderung der strategischen Lage völkerrechtswidrig werden. Die Führungsebene, welche die Diskrepanz zwischen dem politischen Mandat und dem völkerrechtlich zulässigen Rahmen erkennt, hat sich selbständig innerhalb des völkerrechtlichen Rahmens zu halten.

Grundsätzlich kann jedoch jede Führungsebene davon ausgehen, dass die übergeordnete Führung über ein umfassenderes Lagebild verfügt und deshalb eher in der Lage ist, eine Änderung von völkerrechtlich relevanten Rahmenbedingungen festzustellen. Ergibt das Lagebild die Notwendigkeit, einen Konflikt neu zu klassifizieren oder ist die parallele Existenz eines neuen Konflikts mit unterschiedlichem Rechtsrahmen erkennbar, so ist eine Folgebeurteilung erforderlich und entsprechende Führungsmaßnahmen sind zu treffen.

8.2.2 Analyse der Absicht der übergeordneten Führung und des Auftrags

Allen militärischen Führungsebenen gemeinsam ist, dass sie richtungweisend, steuernd und motivierend auf Kommanden, Truppen, Dienststellen und einzelne Soldaten einwirken, um eine Zielvorstellung zu verwirklichen.[998] Die militärische Führung ist geprägt von den Führungsgrundsätzen[999] und der Auftragstaktik[1000] als oberstem Führungsprinzip. Die Auftragstaktik oder das Führen durch Auftrag beruht auf gegenseitigem Vertrauen und verlangt von jedem Soldaten neben gewissenhafter Pflichterfüllung und dem Streben, befohlene Ziele zu erreichen, die Bereitschaft zur Übernahme von Verantwortung. Darüber hinaus verlangt die Auftragstaktik auch die Bereitschaft zur Zusammenarbeit und zu selbstständigem, schöpferischem Handeln im Rahmen des Auftrags sowie in allen Situationen den Willen, im Sinne der Absicht der übergeordneten Führungsebene zu handeln.[1001]

---

998 Bundesministerium für Landesverteidigung und Sport, Dienstvorschrift für das Bundesheer, *Taktischer Führungsprozess*, Wien, Dezember 2009, Rn. 2 (hiernach *Taktischer Führungsprozess*).

999 Die Führungsgrundsätze sind in der *Truppenführung*, Dienstvorschrift für das Bundesheer, *Truppenführung*, Wien, August 2004, Rn. 132–144 (hiernach *Truppenführung*) beschrieben: Zu den allgemeinen Führungsgrundsätzen gehören Einheit der Führung, klares Ziel, Einfachheit, Handlungsfreiheit, Schwergewicht, Ökonomie der Kräfte, Feuer und Bewegung, Beweglichkeit, Reserven, Gelände, Überraschung, Führungs- und Einsatzunterstützung, Schutz und Sicherheit.

1000 *Taktisches Führungsverfahren* (Fn. 989), Rn. 356.

1001 *Truppenführung* (Fn. 999), Rn. 90.

Dabei informiert der Kommandant über seine Absicht, setzt klare, erfüllbare Ziele und stellt die erforderlichen Kräfte und Mittel bereit. Unterstellte Kommandanten haben Freiheit bei der Durchführung des Auftrags[1002], wodurch ein schnelles und entschlossenes Handeln insbesondere in wechselnden Lagen ermöglicht wird. Kommandanten führen die ihnen unterstellten Truppen im Rahmen des erteilten Auftrags und im Sinne der Absicht der übergeordneten Führung. Sie treffen in ihrem Zuständigkeitsbereich alle grundlegenden Entscheidungen. Den Kommandanten steht ein Stab zur Verfügung, in dem das zur Erfüllung der Führungsaufgaben notwendige Führungs- und Unterstützungspersonal zusammengefasst ist. Aufgaben und Aufträge innerhalb des Stabes sind klar zugeordnet und jeder Angehörige des Stabes ist für die Erfüllung der ihm übertragenen Aufgaben verantwortlich und handelt in seinem Zuständigkeitsbereich selbstständig im Sinne des Auftrags.

Das Verstehen der Militärstrategischen Weisung ist Voraussetzung für einen zielgerichteten operativen Planungsprozess. Aus dem Auftrag der militärstrategischen Führung (*Mission Statement*) müssen sich Zweck der Operation und die wesentlichen, im Rahmen der Operation zu erfüllenden, Aufgaben ableiten lassen. Die eigene Absicht der militärstrategischen Führung (*Intent*) soll darstellen, wie die Zielsetzung im Großen erfüllt werden soll und welche Risiken dabei in Kauf genommen werden. Strategische und militärstrategische Ziele (*Strategic and Military-Strategic Objectives*) sollen weiters zum Ausdruck bringen, wie die militärische Operation im Gesamtrahmen eingebettet ist und welcher Beitrag zum angestrebten politischen und militärischen Endzustand (*Desired Political and Military Endstate*) geleistet werden soll.[1003]

Wesentlicher Teil der Militärstrategischen Weisung sind Vorgaben (*Constraints*) und Einschränkungen (*Limitations*). „*Vorgaben sind Dinge, welche getan werden müssen, Einschränkungen (Restraints) sind Dinge, welche nicht getan werden dürfen.*“[1004] Dies inkludiert politische, rechtliche und militärische Vorgaben und Einschränkungen, die durch die militärstrategische Führung identifiziert wurden. Auf der taktischen Führungsebene ist der Auftrag die Leitlinie für alle folgenden Überlegungen im Rahmen der Entscheidungsfindung. Er gibt im

---

1002 Einzelheiten zur Durchführung werden nur befohlen, wenn Maßnahmen, die dem gleichen Ziel dienen, miteinander in Einklang zu bringen sind, oder politische oder militärische Auflagen es erfordern.

1003 *Operative Führung* (Fn. 987), Rn. 523 ff.

1004 Ibid., Rn. 528

Regelfall dem Auftragsempfänger die Einsatzart[1005], das Einsatzverfahren[1006], die Aktionsart[1007] oder eine besondere Gefechtshandlung vor und muss immer ein taktisches Ziel beinhalten.

Der Auftrag, im Rahmen eines Befehls erteilt, muss immer im Zusammenhang mit der Absicht des vorgesetzten Kommandanten und der über ihm liegenden Führungsebene beurteilt werden. Es gilt der Grundsatz: „*Zwei* Führungsebenen darüber mitdenken, *eine* Führungsebene darunter befehlen.“[1008] Aus dem Auftrag müssen sich auch die Einschränkungen des Handlungsspielraumes (*Restrictions of Freedom of Action*) ergeben. Es handelt sich dabei in erster Linie um die Einflussnahme des Vorgesetzten auf die Durchführung. Ebenso können geltendes Recht, Schutz der Zivilbevölkerung und deren Lebensgrundlagen sowie gegebenenfalls Einsatzregelungen zur Gewaltanwendung (*Rules of Engagement*) eine Begrenzung eigener Handlungsmöglichkeiten darstellen.[1009]

8.2.3 Entscheidungsfindung und Planung der Durchführung

Im Rahmen der Entscheidungsfindung (*Concept Development*) werden die operativen Einflussfaktoren (*Analysis of Factors Affecting COA Development*) im Detail beurteilt und eigene Handlungsmöglichkeiten (*Courses of Action, COA*) erarbeitet. Die eigenen Handlungsmöglichkeiten werden hinsichtlich der Handlungsmöglichkeiten der gegnerischen Konfliktparteien verglichen und im Rahmen eines Lagevortrages zur Entscheidung (*Decision Brief – DB*) einer Beschlussfassung zugeführt. Die ausgewählte Handlungsmöglichkeit wird danach verfeinert (*COA Refinement*), im operativen Konzept (*Concept of Operations – CONOPS*) ausgedrückt und der militärstrategischen Ebene zur Genehmigung vorgelegt. Dort wird es einer Prüfung hinsichtlich der Kohärenz mit der strategischen Planung unterzogen. Im multinationalen Rahmen ist eine Zustimmung aller an der Operation teilnehmenden Staaten erforderlich.

Um in dieser Phase den Kommandanten und den Stabsmitgliedern Beratung in einsatzrechtlichen Fragen anbieten zu können, muss der Rechtsberater das militärisch-operative Problem und die rechtlichen Herausforderungen der verschiedenen Handlungsmöglichkeiten erkennen. Dies bedingt insbesondere eine Vorstellungskraft hinsichtlich der Auswirkungen der operativen Planungen in

---

1005 Einsatzarten sind ua. *Angriff, Verteidigung, Verzögerung, Jagdkampf.*

1006 Einsatzverfahren sind ua. *Abwehr, Sicherungseinsatz, Raumschutz.*

1007 Aktionsarten sind ua. *Marsch, Sicherung, Aufklärung.*

1008 *Taktisches Führungsverfahren* (Fn. 989), Rn. 120.

1009 *Ibid.*, Rn. 130 f.

den nachgeordneten Führungsebenen. Die erarbeiteten Handlungsmöglichkeiten sind auf ihre Übereinstimmung mit dem anzuwendenden Recht sowie mit den politischen Vorgaben zu prüfen. Erscheint eine Handlungsmöglichkeit rechtlich bedenklich, ist eine Änderung oder Anpassung der beabsichtigten Vorgangsweise zu suchen. Erscheint dies nicht vorteilhaft oder möglich, so ist dem Kommandanten ein Antrag an übergeordnete Führungsebenen um Genehmigung der geplanten Vorgangsweise oder Befreiung von Vorgaben vorzuschlagen.

Im Rahmen der Durchführungsplanung unterstützt der Rechtsberater die Generalstabs- und Stabsabteilungen in vielfältigen Bereichen. Abgeleitet von der Klassifizierung des Konflikts ist festzulegen, wer, unter welchen Voraussetzungen als Feind erklärt werden darf, wann welche Territorialgrenzen überschritten werden dürfen, welche Mittel und Methoden der Kampfführung erlaubt, beschränkt oder verboten sind, und welche Personengruppen wie zu behandeln sind. Der Rechtsberater hat dem Kommandanten insbesondere auch Empfehlungen zu Haft- und Verhörmethoden, zur Einbindung von privaten Sicherheits- und Militärfirmen sowie zur Durchführung von Geheimdienstoperationen zu geben.

8.2.4 Befehlsgebung

Durch die Befehlsgebung (*Directives and Orders*) stellt eine Führungsebene sicher, dass beabsichtigte Vorhaben und Vorgaben an die nächste Führungsebene weitergegeben werden. Die Art der Befehlsgebung ist grundsätzlich abhängig von der Operationsart, der Planbarkeit eigener Handlungen, dem Planungshorizont sowie von der für die Planung verfügbaren Zeit.[1010] Grundsätzlich werden folgende Arten von Plänen und Befehlen unterschieden: *Operations Plan (OPLAN)*[1011], *Operations Order (OPORD)*[1012], *Warning Order (WNGO)*[1013] sowie *Fragmentary Order (FRAGO)*[1014]. Unabhängig von der gewählten Art der

1010 *Operative Führung* (Fn. 987), Rn. 702f.

1011 Ein OPLAN ist der Plan zur Führung einer Operation und wird im Rahmen der Vorbereitung erstellt.

1012 Eine OPORD hat das gleiche Format wie ein OPLAN, enthält aber zusätzliche, für die Ausführung erforderliche Detailangaben, zB. Zeitplan und Truppeneinteilung.

1013 Vorbefehle sollen die nachgeordnete Ebene frühzeitig auf neue Aufgaben vorbereiten, noch ehe die eigene Planung und Befehlsgebung abgeschlossen sind.

1014 Eine FRAGO ist ein Befehl zur Ergänzung oder Änderung eines OPLAN oder einer OPORD oder zur Inkraftsetzung einer OPORD. Sie darf nicht mit einem Einzelbefehl gemäß nationalem Verständnis verwechselt werden. Einzelbefehle richten sich gezielt an einen oder mehrere unterstellte Kommanden und enthalten nur deren Auftrag sowie weitere unbedingt nötige Angaben.

Befehlsgebung und dem gewählten Format sollte der Befehl klar und knapp formuliert werden. Dabei gilt der Grundsatz, dass nicht jeder alles wissen muss.[1015]

Grundsätzlich beginnt jeder Befehl mit einer Information über die Lage (*Situation*), in welcher der Kommandant seine Auffassung über den Hintergrund der Situationsentwicklung, die strategische Lage und den angestrebten Endzustand ausdrückt. Diese Information soll die nachgeordnete Führungsebene auch befähigen, den völkerrechtlichen Rahmen der Operation zu begreifen. Aus diesem Befehlsabschnitt hat zuallererst ersichtlich zu sein, ob der Streitkräfteeinsatz sich gegen eine Bedrohung richtet, die von regulären Streitkräften anderer souveräner Staaten ausgeht. Die Beschreibung der Situationsentwicklung hat mit der Klassifizierung des bewaffneten Konflikts zu enden und somit die Anwendbarkeit der entsprechenden humanitätsrechtlichen Normen zu bestimmen. Sollte eine Führungsebene feststellen, dass die tatsächliche strategische Lage nicht mit der in diesem Befehlsabschnitt übermittelten Auffassung übergeordneter Führungsebenen übereinstimmt, hat eine Rückkoppelung zu erfolgen.

Wenngleich nachgeordnete Führungsebenen nicht selbständig einen Konflikt oder eine Konfliktsituation aus humanitätsrechtlicher Hinsicht neu beurteilen, so müssen doch den entsprechenden Stabsmitgliedern auch auf unteren Führungsebenen die Kriterien für die Klassifizierung bewaffneter Konflikte bewusst sein. Das erstmalige Auftreten von regulären Soldaten eines fremden Staates, grenzüberschreitende Waffenwirkung, das anhaltende, koordinierte Zusammenwirken von Rebellengruppen oder die Ausübung nachhaltiger Gebietskontrolle durch gegnerischer Streitkräfte müssen als relevant für die humanitätsrechtliche Qualifikation eines Konflikts erkannt und gemeldet werden.

Dieser erste Befehlsabschnitt hat auch über die Absichten der nächsten zwei übergeordneten Führungsebenen zu unterrichten und über Einschränkungen und Vorgaben zu informieren. Aus humanitätsrechtlicher Sicht sind insbesondere die Einschränkungen bedeutsam. Häufig wird die gemäß humanitärem Völkerrecht in den entsprechenden Konfliktsituationen zulässige Gewaltanwendung aus militärischen oder politischen Erwägungen begrenzt.[1016] Das Verstehen der übergeordneten Absichten soll die militärischen und politischen Erwägungen nachvollziehbar machen und nachgeordnete Führungsebenen befähigen, bei Änderung der militärischen oder politischen Lage im Sinne der übergeordneten Führungsebenen zu reagieren.

1015 *Operative Führung* (Fn. 987), Rn. 713.

1016 Siehe auch *8.2.4.1 Rules of Engagement*.

Danach wird die Lage der Konfliktparteien (*Opposing Forces*) und die eigene Lage (*Friendly Forces*) dargestellt, gefolgt vom Auftrag (*Mission*). Insbesondere, wer als feindlicher Kombattant gilt, oder im nicht-internationalen bewaffneten Konflikt als Angehöriger abtrünniger Streitkräfte oder als Person mit „*permanent combat function*“[1017] anzusehen ist, muss aus diesem Befehlsabschnitt klar hervorgehen.

Der Hauptteil des Befehls, die Durchführung (*Execution*), beginnt mit der Darstellung der Absicht des Kommandanten (*Commander's Intent*), sowie dem operativen Konzept (*Concept of Operations*) oder der geplanten Kampfführung, gefolgt von den Aufträgen (*Tasks*) und den koordinierenden Maßnahmen (*Coordinating Instructions*). Angaben und Informationen über die Einsatzunterstützung (*Service Support*) und die Führungsunterstützung (*Command and Signal*) beenden den Befehl. Dem Befehl sind häufig noch Anlagen, Pläne und sonstige Führungsunterlagen angeschlossen.

Von besonderer Bedeutung ist die Mitwirkung des Rechtsberaters bei der Erarbeitung der Einsatzrichtlinien (*Rules of Engagement*)[1018], die im Einklang mit der geplanten Kampfführung zu stehen haben und meist dem Befehl als Anhang[1019] angeschlossen sind.

8.2.4.1 Einsatzrichtlinien (Rules of Engagement)

Der Begriff *Einsatzrichtlinien* (*Rules of Engagement – RoE*) wird wiederholt in österreichischen Führungsvorschriften erwähnt[1020], eine Definition findet man aber nicht. Eine sehr detaillierte Begriffsbestimmung liefern jedoch deutsche Führungsvorschriften, die festlegen, dass Einsatzrichtlinien auf die spezifischen Anforderungen einer bestimmten Operation zugeschnitten werden und diese „*den Soldaten nach erfolgter nationaler Freigabe verbindlich vorgeben, unter welchen Voraussetzungen, in welchem Umfang und mit welchen Mitteln sie von bewaffneter Gewalt Gebrauch machen dürfen*“.[1021] Schweizer Militärreglements beschreiben Einsatzregeln *(Rules of Engagement – RoE*) als „*national oder international für einen bestimmten Einsatz festgelegte und zwischen den beteiligten*

1017 Siehe Fn. 732ff.

1018 Siehe Abschnitt *8.2.4.1 Rules of Engagement.*

1019 Regelmäßig als *Annex E* der *OPORD* angeschlossen.

1020 Siehe *Truppenführung* (Fn. 999), Rn. 89, 1134, 1155; *Operative Führung* (Fn. 987), Rn. 10, 35–38; *Taktisches Führungsverfahren* (Fn. 989), Rn. 131.

1021 Heeresamt, Ausbildung und Erziehung, Bundesminister der Verteidigung, HDv 100/100, Truppenführung (TF), Bonn 2000, Rn. 3805.

Nationen bzw. Sicherheitsbehörden abgestimmte Richtlinien, die den Einsatz der Truppe, insbesondere die Anwendung von Gewalt und Zwangsmaßnahmen, einschließlich des Waffengebrauchs, im Einsatzgebiet regeln".[1022] Das US Department of Defence definiert Rules of Engagement als *"directives issued by competent military authority that delineate the circumstances and limitations under which U.S. [naval, ground and air] forces will initiate and/or continue combat engagement with other forces encountered"*.[1023]

In inhaltlicher Hinsicht bestimmen österreichische Vorschriften, dass die operative Führung im Zuge der Planung *„aus ihrer Sicht den Bedarf an rechtlichem Spielraum identifiziert"*, die diesbezüglichen Einsatzrichtlinien formuliert und sie im Rahmen des Genehmigungsverfahrens der militärstrategischen Ebene vorschlägt.[1024] Auch wenn dies nicht ausdrücklich erwähnt wird, ist nicht nur zu ergründen, welchen *Bedarf an rechtlichem Spielraum* nachgeordnete Führungsebenen haben, sondern auch festzustellen, welchen rechtlichen Spielraum die strategische Führung hat. Dieser verfügbare rechtliche Spielraum ergibt sich aus dem internationalen und dem nationalen Recht. Diese Feststellung bedingt eine Klassifizierung des Konflikts aus völkerrechtlicher Sicht und die Ableitung, welche internationalen Dokumente gegebenenfalls zur Anwendung kommen.

Das Identifizieren und Erarbeiten von Einsatzrichtlinien ist ein integraler Bestandteil operativer Führungstätigkeit.[1025] Somit ist die Klassifizierung des Konflikts eine Aufgabe der operativen Führung. Die Genehmigung der Einsatzrichtlinien erfolgt letztlich von der strategischen Führung.[1026]

Die folgende Feststellung in der Führungsvorschrift *„Operative Führung"* hinsichtlich des Rechtsrahmens für Einsatzrichtlinien könnte jedoch zu Missverständnissen führen:

> *„Es ist wichtig festzuhalten, dass die* ***Konformität militärischer Handlungen mit gültigen Einsatzrichtlinien nicht zwangsläufig auch deren Rechtmäßigkeit bedeutet.*** *Es ist die*

1022 Schweizer Armee, Reglement 52.055 d, *Begriffe Führungsreglemente der Armee*, Seite 12, http://www.vtg.admin.ch/internet/vtg/de/home/dokumentation/fuhrungsreglemente/begriffe.parsys.0001.downloadList.23839.DownloadFile.tmp/52055d.pdf [07.04.2014].

1023 *Department of Defence, Dictionary of Military and Associated Terms*, Joint Publication 1-02, 8 November 2010, Seite 230; http://www.dtic.mil/doctrine/new_pubs/jp1_02.pdf [07.04.2014]. Siehe auch *NATO Glossary of Terms and Definitions*, Allied Administrative Publication AAP-6, 2013.

1024 *Operative Führung* (Fn. 987), Rn. 37.

1025 Ibid., Rn. 38.

1026 Ibid., Rn. 10.

Verantwortung des Kommandanten der operativen Führungsebene innerhalb des bestehenden Rahmens nur jenes Maß an Gewalt einzusetzen, welche unter den vorherrschenden Umständen unbedingt erforderlich und angemessen ist.“[1027]

Außer Zweifel steht, dass Einsatzrichtlinien niemals Handlungen rechtfertigen können, die nicht aufgrund des in der jeweiligen Situation anwendbaren Rechts der bewaffneten Konflikte als zulässig bestimmt werden. Die jeweilige strategische Situation bestimmt den Charakter des Konflikts, der entweder ein internationaler oder ein nicht-internationaler bewaffneter Konflikt ist. Sind nur vereinzelte Gewaltakte oder ähnliche Handlungen zu verzeichnen, so gilt diese Situation nicht als bewaffneter Konflikt und wird nicht durch das humanitäre Völkerrecht bestimmt.[1028] Aus dieser Klassifizierung sind die Rechte und Pflichten der in diesem Konflikt involvierten Personen abzuleiten. Das Ergebnis dieser Ableitung ist wesentlicher Inhalt der Einsatzrichtlinien. Diese können niemals mehr Befugnisse erteilen, als das Recht der bewaffneten Konflikte gewährt, unbeschadet wie groß der *Bedarf an rechtlichem Spielraum*[1029] für nachgeordnete Führungsebenen ist.

Einsatzrichtlinien können den durch das humanitäre Völkerrecht gewährten *rechtlichen Spielraum* jedoch „*verdeutlichen oder einschränken*“.[1030] Dies geschieht häufig aus politischen oder militärisch-operativen Gründen.

Aus politischen Gründen wird die Gewaltanwendung dann beschränkt, wenn die Vernichtung oder Zerstörung des Gegners nicht das Hauptziel der Operation darstellt. So stellt eine Evakuierungsoperation darauf ab, eigene Staatsangehörige durch Streitkräfte aus Drittländern, die hierzu keine Erlaubnis erteilt haben, heimzuholen. Die Bekämpfung von gegnerischen Streitkräften wäre in solchen Operationen humanitätsrechtlich zwar zulässig, durch Einsatzrichtlinien aber nur in den Fällen freigegeben, wo die gegnerischen Streitkräfte die Auftragserfüllung gefährden.

Wenn in einem Mandat für einen militärischen Einsatz der Schutz der Zivilbevölkerung als oberste Zielsetzung bestimmt wird[1031], so hat dies noch keine

---

1027 Ibid., Rn. 36 (Hervorhebung durch Verfasser).

1028 Siehe Art. 1, Abs. 2, *Zusatzprotokoll II* (Fn. 16).

1029 Siehe *Operative Führung* (Fn. 987), Rn. 37.

1030 U. Hartmann, A. Schubert, *Rules of Engagement und die Taschenkarten der Bundeswehr*, Ausarbeitung der Wissenschaftlichen Dienste des Deutschen Bundestages, Nr. 100/09 (19. November 2009); http://www.bundestag.de/dokumente/analysen/2009/rules_of_engagement.pdf [09.04.2014].

1031 Siehe Resolution des VN Sicherheitsrates zum Schutz der Zivilbevölkerung in Libyen, *Security Council resolution 1973 (2011) [on the situation in the Libyan*

Auswirkung auf das in dem jeweiligen Einsatz anzuwendende Recht. Dieses ergibt sich aus der Klassifizierung des Konflikts und wenn der Schutz der Zivilbevölkerung im Rahmen eines internationalen bewaffneten Konflikts verfolgt wird, könnte dies humanitätsrechtlich sogar unter Inkaufnahme von Kollateralschäden an der Zivilbevölkerung erreicht werden.

Im Zusammenhang mit dem Bestreben, die „*hearts and minds*" der Zivilbevölkerung im Einsatzraum zu gewinnen, wird des Öfteren eine Angriffshandlung nur erlaubt, wenn Kollateralschäden nahezu ausgeschlossen werden können. Humanitätsrechtlich wäre dies nicht zwingend, da ein Angriff nur bei unverhältnismäßigen oder exzessiven Kollateralschäden untersagt ist. Insbesondere im Kampf gegen den Terrorismus und in nicht-internationalen bewaffneten Konflikten hat es sich häufig strategisch und langfristig als vorteilhaft erwiesen, wenn Kollateralschäden unter Inkaufnahme kurzfristiger taktischer Nachteile vermieden wurden. So hat die unbeabsichtigte Tötung von Zivilisten durch Drohneneinsätze gegen Terroristen in Afghanistan, Pakistan und im Jemen den islamischen Widerstand eher verstärkt und ihm nicht geschadet.[1032] Die Beschränkung einer humanitätsrechtlich zulässigen Gewaltanwendung kann durch Einsatzrichtlinien erreicht werden.

Infrastruktur, die einen entscheidenden Beitrag zur gegnerischen Kampfführung leistet, ist ein militärisches Ziel und darf daher bekämpft werden. Wenn diese Infrastruktur jedoch für die eigene Kampfführung zu einem späteren Zeitpunkt benötigt wird, untersagen Einsatzrichtlinien aus militärisch-operativen Erwägungen die Zerstörung oder erlauben sie nur in Fällen absoluter militärischer Notwendigkeit.

8.2.4.2 Taschenkarte (Soldier Card)

Während *Rules of Engagement* gewährleisten, dass die operative Führung im Sinne der politischen oder strategischen Führung handelt, dienen Taschenkarten dazu, den Soldaten die situationsbedingt zulässige militärische Gewaltanwendung zu vermitteln. Sie sind mit den Einsatzregeln, deren Inhalt für die operative Ebene bestimmt ist, nicht identisch. Außerdem enthalten sie häufig auch Bestimmungen, die sich direkt aus dem Humanitätsrecht ergeben und nur den geltenden Rechtsrahmen verdeutlichen. Diese Bestimmungen schaffen kein

---

Arab Jamahiriya], 17 March 2011, S/RES/1973(2011); http://www.refworld.org/docid/4d885fc42.html [10.04.2014].

1032 Siehe Aussage des General David H. Petraeus zur Bekämpfung von Aufständischen (Fn. 698).

neues Recht, sondern sollen eine disziplinierte Kampfführung im Einsatzraum gewährleisten. So haben die Taschenkarten der amerikanischen Soldaten für die *Operation Desert Storm*[1033] überhaupt keine Einschränkungen des in internationalen bewaffneten Konflikten geltenden Rechts enthalten:

"All enemy military personnel [...] may be engaged subject to the following restrictions:

A. *Do not engage anyone who has surrendered, is out of battle due to sickness or wounds, is shipwrecked, or is an aircrew member descending by parachute from a disabled aircraft.*
B. *Avoid harming civilians unless necessary to save US lives. Do not fire into civilian populated areas or buildings which are not defended or being used for military purposes.*
C. *Hospitals, churches, shrines, schools, museums, national monuments, and other historical or cultural sites will not be engaged except in self defense.*
D. *Hospitals will be given special protection. Do not engage hospitals unless the enemy uses the hospital to commit acts harmful to US forces, and then only after giving a warning and allowing a reasonable time to expire before engaging, if the tactical situation permits.*
E. *Booby traps may be used to protect friendly positions or to impede the progress of enemy forces. They may not be used on civilian personal property. They will be recovered and destroyed when the military necessity for their use no longer exists.*
F. *Looting and the taking of war trophies are prohibited.*
G. *Avoid harming civilian property unless necessary to save US lives. Do not attack traditional civilian objects, such as houses, unless they are being used by the enemy for military purposes and neutralization assists in mission accomplishment.*
H. *Treat all civilians and their property with respect and dignity. Before using privately owned property, check to see if publicly owned property can substitute. No requisitioning of civilian property, including vehicles, without permission of a company level commander and without giving a receipt. If an ordering officer can contract the property, then do not requisition it.*
I. *Treat all prisoners humanely and with respect and dignity."*[1034]

Während Taschenkarten in internationalen bewaffneten Konflikten häufig nur eine Zusammenfassung der wichtigsten allgemein gültigen, aus dem humanitären Völkerrecht abgeleiteten Regeln darstellen, haben sie in friedensunterstützenden Einsätzen und Krisenreaktionsoperationen eine weiterreichende Funktion. Bei diesen Einsätzen ergibt sich das anzuwendende Recht letztendlich aus dem

---

1033 Die *Operation Desert Storm* war im Rahmen des zweiten Golfkrieges (1991) die multinationale Offensive gegen den Irak.

1034 International and Operational Law Department, *Operational Law Handbook (2006)*, The Judge Advocate General's Legal Center and School, Charlottesville, Virginia 22903, Seite 119.

Mandat der den Einsatz führenden Organisation und es ist Aufgabe der Operationsführung, das Mandat in Handlungsanweisungen für die Soldaten umzusetzen. So finden sich in diesen Taschenkarten neben dem Auftrag die zulässigen Maßnahmen zur Anwendung militärischer Gewalt für die Durchsetzung des Auftrages wieder, und das Recht zur Selbstverteidigung, sowie der Schusswaffengebrauch und der Grundsatz der Verhältnismäßigkeit werden erläutert.

Taschenkarten für multinationale Einsätze enthalten häufig auch nationale rechtliche und politische Vorgaben und so haben die Soldaten der verschiedenen nationalen Einsatzkontingente unterschiedliche Taschenkarten.[1035] Die österreichische Rechtslage sieht vor, dass österreichische Soldaten im Auslandseinsatz zur Ausübung und Durchsetzung von Befugnissen ermächtigt sind.[1036] Die Festlegung der im Auslandseinsatz zur Verfügung stehenden Befugnisse hat dabei durch Verordnung zu erfolgen. Für die Erlassung der Verordnung ist jene Behörde zuständig, die auch für die Entsendung von Einheiten[1037] zuständig ist. Aus diesen *„Befugnisverordnungen“* sind durch die operative Führung die Taschenkarten für die Soldaten im Auslandseinsatz abzuleiten.

8.2.4.3 Targeting-Prozess

In bewaffneten Konflikten sind Angriffe streng auf militärische Ziele zu beschränken.[1038] Häufig sind meist mehr militärische Ziele vorhanden, als aufgrund der Verfügbarkeit eigener Kräfte, der Munitionslage oder sonstiger operationeller Einflussgrößen bekämpft werden können. Es ist folglich im Rahmen eines strukturierten Ablaufs eine Auswahl der Ziele zu treffen, die bekämpft werden sollen. Diesen Vorgang nennt man *Targeting*. *“Targeting is the process of selecting*

1035 Die Auswirkungen der unterschiedlichen nationalen Rechtslage (z.B. hinsichtlich des Waffengebrauchs oder des Notwehrrechts), aber auch die – häufig politisch motivierten – nationalen Selbstbeschränkungen (sogenannte *„Caveats“*) müssen der multinationalen Operationsführung gemeldet und von dieser in der Operationsführung berücksichtigt werden.

1036 § 6a.(1), *Bundesgesetz über die Entsendung von Soldaten zur Hilfeleistung in das Ausland (Auslandseinsatzgesetz 2001 – AuslEG 2001)*, BGBl. I Nr. 55/2001.

1037 § 2, Abs. 1 und 2, *Bundesverfassungsgesetz über Kooperation und Solidarität bei der Entsendung von Einheiten und Einzelpersonen in das Ausland (KSE-BVG)*, BGBl. I Nr. 38/1997. Für Einsätze zur „Friedenssicherung“ ist dies die Bundesregierung mit Zustimmung des Hauptausschusses des Nationalrates. Somit werden rechtliche Zuständigkeit und politische Verantwortung zusammengeführt.

1038 Art. 52, *Zusatzprotokoll I* (Fn. 16).

and prioritizing targets and matching the appropriate response to them, considering operational requirements and capabilities."[1039]

Die Mitwirkung des Rechtsberaters im gesamten Verfahren ist von essentieller Bedeutung, insbesondere weil Aspekte des humanitären Völkerrechts, der *Rules of Engagement* oder anderer Beschränkungen wie *No-Strike-Lists* oder *Restricted-Strike-Lists* zu berücksichtigen sind. Während Bestimmungen des humanitären Völkerrechts den äußeren rechtlichen Rahmen für die Gewaltanwendung stecken, werden durch die *Rules of Engagement* politische und militärische Aspekte in das Beurteilungsverfahren eingebracht.

Somit ist zuerst zu prüfen, ob das zur Auswahl stehende Objekt ein militärisches Ziel ist, indem beurteilt wird, ob es einen wesentlichen Beitrag zu militärischen Operationen leistet und die Zerstörung einen eindeutigen und konkreten militärischen Vorteil bietet.[1040] In einem weiteren Schritt ist unter Rückgriff auf Aufklärungsergebnisse abzuschätzen, ob und in welchem Ausmaß mit Kollateralschäden zu rechnen ist. Sollten die *Rules of Engagement* Kollateralschäden zulassen, kann die Prüfung fortgesetzt werden, und es ist zu beurteilen, ob es auch Alternativen gibt, die bei gleichem militärischen Vorteil geringere Kollateralschäden erwarten lassen. Es ist in Erwägung zu ziehen, ob nicht alternative Mittel oder Methoden gewählt werden könnten, um Kollateralschäden zu verringern. Wenn Überraschung beim Waffeneinsatz keine Rolle spielt, ist eine Warnung an die Zivilbevölkerung vorzusehen. Als letzter Schritt im Verfahren ist abzuwägen, ob der nicht zu verhindernde Kollateralschaden nicht unverhältnismäßig zum militärischen Vorteil ist. Nur wenn dies bejaht werden kann, darf das Ziel angegriffen werden.[1041]

8.2.5 Durchführung, Kontrolle und Neubeurteilung der Lage

Die Herausforderung bei der Durchführung (*Action*) einer Operation ist die Summe der taktischen Aktivitäten, die immer auf die Erreichung der operativen Ziele und des angestrebten militärischen Endzustandes ausgerichtet bleiben muss. Prinzipiell geht es in dieser Phase um die Durchsetzung von

1039 Joint Publication 3–60: *Joint Doctrine for Targeting*, 2002, Abschnitt I-1; http://www.aclu.org/files/dronefoia/dod/drone_dod_jp3_60.pdf [26.04.2014].

1040 Siehe Art. 52, Abs. 2, *Zusatzprotokoll I* (Fn. 16).

1041 Alan Cole, Phillip Drew, Rob McLaughlin, Dennis Mandsager, *Rules of Engagement Handbook*, International Institute of Humanitarian Law, Sanremo, 2009, Seite 26f; http://lgdata.s3-website-us-east-1.amazonaws.com/docs/905/473836/San-Remo-ROE-Handbook.pdf [10.04.2014].

Kontrollmaßnahmen, um sicherzustellen, dass der Operationsplan eingehalten wird und die Operation sich in Richtung Zielerreichung bewegt.

Durch alle Führungsebenen ist dabei laufend der Operationsplan oder die geplante Kampfführung mit den tatsächlichen Gegebenheiten auf dem Gefechtsfeld zu vergleichen. Ein Abweichen von Zwischenzielen ist festzustellen und verlangt entsprechende Koordinationsmaßnahmen. Insbesondere sind auch Veränderungen der strategischen Lage oder Anzeichen einer Veränderung zu melden.

Eine Neubewertung der strategischen Lage hat insbesondere dann zu erfolgen, wenn der völkerrechtliche Charakter des Konflikts sich verändert. Die Veränderung kann in verschiedene Richtungen erfolgen. Einerseits kann ein bewaffneter Konflikt deeskalieren und damit nicht mehr in den Anwendungsbereich des humanitären Völkerrechts fallen.[1042] Andererseits kann eine Krisensituation unterhalb der Schwelle zum bewaffneten Konflikt eskalieren und zum bewaffneten Konflikt werden. Dies geschieht immer dann, wenn Gewalttaten nicht mehr nur vereinzelt und sporadisch auftreten[1043], sondern der Gegner sich organisiert und in der Lage ist, anhaltende militärische Kampfhandlungen durchzuführen.[1044]

Es ist Aufgabe der operativen Führung, ständig über ein Lagebild zu verfügen, das auch die notwendigen völkerrechtlichen Ableitungen zulässt. Dieses Lagebild ist der strategischen Führung laufend zu vermitteln, zwingen doch insbesondere Änderungen bei der Klassifizierung eines Konflikts zu politischen Folgeentscheidungen. Eine geänderte Konfliktsituation hat meist auch gravierende Auswirkungen auf das Mandat für den Einsatz sowie auf die den Soldaten erteilten Einsatzrichtlinien. Der Wechsel von internen Unruhen zum bewaffneten Konflikt passiert oft schleichend, da diese Klassifizierung einerseits vom Organisationsgrad der Aufständischen, als auch von der Heftigkeit der Kampfhandlungen abhängt.[1045] Beide Kriterien verändern sich nicht immer schlagartig und sofort deutlich erkennbar.

1042 Dies trifft etwa dann zu, wenn die abtrünnigen Streitkräfte sich strukturell auflösen und nur mehr zu vereinzelten, unkoordinierten Gewalthandlungen fähig sind, wenn sie Gebietskontrolle verlieren oder sich ihre Führung überhaupt aus einem Territorium zurückzieht. Dies zu erreichen ist meist das militärische Ziel in einem nicht-internationalen bewaffneten Konflikt.

1043 Siehe Art. 1, Abs. 2, *Zusatzprotokoll II* (Fn. 16).

1044 Ibid., Art. 1, Abs. 1.

1045 Siehe Abschnitt *3.1.1.4 Bewaffnete Konflikte, die keinen internationalen Charakter haben.*

Der Öffentlichkeit wird eine derartige Veränderung meist erst dann bewusst, wenn die Politik versucht, sie auf diese Veränderung vorzubereiten. Eine derartige Situation konnte in der Bundesrepublik Deutschland beobachtet werden, nachdem im Jahre 2008 der Widerstand der Taliban im Einsatzgebiet der Bundeswehr im Nordosten Afghanistans[1046] immer heftiger wurde. Mandatiert als Wiederaufbauoperation (*Provicial Reconstruction Teams* sollten den Wiederaufbau der Infrastruktur unterstützen und sichern), hatten die Soldaten der Bundeswehr immer mehr Mühe, die eigene Sicherheit zu gewährleisten. Was im Herbst 2008 noch als *„Scharmützel"*[1047] abgetan wurde und *„keinesfalls als Krieg"* bezeichnet werden konnte, wurde ein Jahr später von deutschen Politikern als *„kriegsähnlicher Zustand"*[1048] beschrieben, und man zeigte Verständnis für die *„Empfindung unserer Soldaten, dass die Taliban einen Krieg gegen die Soldaten der internationalen Gemeinschaft führen"*.[1049] Es dauerte bis zum Februar 2010, bis die deutsche Bundesregierung die Situation in Afghanistan auch öffentlich als bewaffneten Konflikt klassifizierte:

> *„Die Regierung vollzieht die Wende: Sie nennt das Geschehen in Afghanistan nun offiziell einen „bewaffneten Konflikt". Außenminister Westerwelle stützt sich nach Informationen von SPIEGEL ONLINE auf eine Expertise aus dem Verteidigungsministerium – kurzfristig passte er seine Regierungserklärung an."*[1050]

1046 Am 1. Juni 2006 übernahm Deutschland im Rahmen der International Security Assistance Force (ISAF) als sogenannte *„Lead Nation"* die Führung des Regionalkommandos Nord (RC North) mit seinen neun Provinzen und einer Fläche von mehr als 162.000 Quadratkilometern.

1047 Nach Christian Schmidt, Staatssekretär im Verteidigungsministerium, seien die Kämpfe im deutschen Sektor nichts weiter als „Scharmützel" (*Bundeswehr gerät ins Visier*, in: Stuttgarter Nachrichten vom 2.9.2008, zitiert bei Kaare Dahl Martinsen, *Totgeschwiegen? Deutschland und die Gefallenen des Afghanistan-Einsatzes*, Bundeszentrale für Politische Bildung, http://www.bpb.de/apuz/170806/deutschland-und-die-gefallenen-des-afghanistan-einsatzes?p=all [14.04.2014]).

1048 Reinhard Müller, *Was in Afghanistan herrscht*, Frankfurter Allgemeine vom 3. November 2009; http://www.faz.net/aktuell/politik/bundeswehreinsatz-was-in-afghanistan-herrscht-1879774.html [14.04.2014].

1049 Katharina Schuler, *Guttenbergs kommunikative Wende*, Die Zeit Online vom 3. November 2009: *"Verteidigungsminister Guttenberg hat gesagt, er verstehe jeden Soldaten, der sagt, es ist Krieg"* http://www.zeit.de/politik/ausland/2009-11/guttenberg-afghanistan-krieg [14.04.2014].

1050 Sebastian Fischer und Matthias Gebauer, *Bundeswehreinsatz: Westerwelle wagt sich an die Wahrheit über Afghanistan*, Spiegel Online Politik vom 10.02.2010; http://www.spiegel.de/politik/ausland/bundeswehreinsatz-westerwelle-wagt-sich-an-die-wahrheit-ueber-afghanistan-a-677063.html [14.04.2014].

Was auch immer die Gründe für das zögerliche Eingeständnis der tatsächlichen Situation im Einsatzraum der Bundeswehr waren, es dürfte bei den Verantwortlichen auch mangelhaftes Bewusstsein über die völkerrechtlichen Folgen der Klassifizierung von bewaffneten Konflikten mitgespielt haben.

Unbestritten ist, dass die politische oder strategische Führung auf die Informationen angewiesen ist, die von der militärstrategischen oder operativen Führung bereitgestellt werden. Die operative Führung im Einsatzraum hat sämtliche Veränderung der Ausgangslage zu melden und diese Berichte sind durch die militärstrategische Führung mit den Informationen der Nachrichtendienste zusammenzuführen und als militärischer Beitrag zur politischen Entscheidungsfindung vorzulegen. Die Folgen der politischen Feststellung, dass sich Streitkräfte in einem bewaffneten Konflikt befinden, sind vielfältig. Die vom bundesdeutschen Verteidigungsminister Franz Josef Jung befürchtete Folge, die Taliban könnten eine Aufwertung ihrer völkerrechtlichen Stellung erfahren, ist jedoch nicht zutreffend:

> *„Wir führen einen Stabilisierungseinsatz, aber es ist wahr, wir sind dort in Kampfsituationen. Insofern ist das dort auch ein Kampfeinsatz. Aber was wollen die Taliban? Die wollen genau, dass wir von Krieg sprechen.* ***Dann sind die nämlich Kombattanten und können auch berechtigter Weise auf uns schießen.*** *Aber sie sind Verbrecher, sie sind Terroristen. Und es ist kein Krieg.“*[1051]

Die Klassifizierung der Situation in Afghanistan als bewaffneter Konflikt, der keinen internationalen Charakter hat und die Anwendung des gemeinsamen Artikels 3 der Genfer Abkommen *„hat auf die Rechtsstellung der am Konflikt beteiligten Parteien keinen Einfluss“*.[1052] Die Aufständischen werden keineswegs Kombattanten, sondern sind weiter Rechtsbrecher, die nach nationalem Recht bestraft werden können. Sollten sie Grundsätze des humanitären Völkerrechts verletzten, wären sie diesbezüglich zusätzlich zu belangen. Das in bewaffneten Konflikten anzuwendende Recht gewährt jedoch den regulären Streitkräften wesentlich größere Flexibilität bei der Operationsführung. So ist Gewaltanwendung nicht nur auf Situationen der Notwehr beschränkt, sondern die Streitkräfte dürfen die Aufständischen bekämpfen, wenn und solange diese direkt an Feindseligkeiten teilnehmen.

1051 Interview in der Sendung *ZDF am Mittag* (Hervorhebung vom Verfasser) vom 2. Juli 2009 (zitiert in Ulf von Krause, *Die Afghanistaneinsätze der Bundeswehr, Politischer Entscheidungsprozess mit Eskalationsdynamik*, Globale Gesellschaft und Internationale Beziehungen, Verlag für Sozialwissenschaften 2011, Seite 238).

1052 Siehe gemeinsamer Artikel 3, *Genfer Abkommen I-IV* (Fn. 15), letzter Satz.

9. Der Luftangriff bei Kunduz

Im Rahmen des ISAF-Einsatzes der Bundeswehr in Afghanistan erfolgte in der Nacht vom 3. auf den 4. September 2009 im Raum Kunduz ein Luftangriff durch US-amerikanische Luftfahrzeuge, welcher durch den deutschen Kommandeur des *Provincial Reconstruction Teams (PRTs)* Kunduz[1053] angefordert worden war.

Zwei Tanklaster einer privaten Spedition aus Kabul hielten wegen einer Reifenpanne auf dem Highway 3 in der Nähe des Dorfes Aliabad, etwa fünfzehn Kilometer südlich von Kunduz. Die Tanklaster hatten jeweils ca. 30.000 Liter Benzin bzw. Diesel geladen, die für US-Truppen bestimmt waren. Nach Beendigung der Reparatur tauchten mehrere Talibankämpfer auf, bemächtigten sich der Tanklaster, erschossen einen Fahrer und zwangen den anderen Fahrer, sie zu begleiten. Beim Überqueren des Flusses Kunduz (etwa 7 km vom deutschen Feldlager Kunduz entfernt) blieben beide Lastwägen manövrierunfähig in einer Sandbank stecken. Daraufhin forderten die Talibanführer aus der Umgebung Unterstützung an. Auch Bewohner aus umliegenden Dörfern kamen mit Fahrzeugen oder zu Fuß, um Treibstoff aus den Tanklastern in mitgebrachte Benzinkanister abzulassen und abzutransportieren.

Um ca. 1900 Uhr wurde der Provinzgouverneur von Kundus, Mohammad Omer, über die Entführung informiert und um ca. 20.30 Uhr erhielt der Kommandant des deutschen *Provincial Reconstruction Teams* (*PRTs*), Oberst Klein, diese Information. Gegen Mitternacht wurden die festgefahrenen Tanklaster durch einen B1-Bomber (Einsatzname „*Bone 22*"), der zuvor eine andere Operation mit deutscher Beteiligung im Norden der Region unterstützt hatte, entdeckt. Die Geschehnisse auf der Sandbank konnten in der taktische Operationszentrale

1053 *Provincial Reconstruction Teams (PRTs)* sind Truppenelemente von ISAF in den einzelnen Provinzen, die sowohl militärische Zusammenarbeit mit der Provinzregierung leisten, als auch für die internationale Gemeinschaft wirtschaftliche Projekte in den Regionen vorantreiben. Kunduz ist ein von 26 in Afghanistan eingerichteten PRTs

der *Task Force 47*, einer deutschen Spezialeinheit[1054], auf Videobildern[1055] mitverfolgt werden. Sowohl die Videobilder, als auch Informanten[1056] bestätigten die Anwesenheit von mehreren Fahrzeugen und von etwa hundert Personen in der unmittelbaren Umgebung der Tanklaster.

Nachdem das ISAF-Flugzeug wegen Treibstoffmangels den Luftraum über der Furt verlassen musste, forderte Obst Klein neuerlich Luftunterstützung an. Kurz nach 1 Uhr früh erreichten zwei F-15 Jagdbomber den Luftraum über der Sandbank und lieferten wieder Live-Bilder in den Gefechtsstand. Um 01.40 Uhr gab Obst Klein den Befehl zum Waffeneinsatz, worauf die Tanklaster mit jeweils einer 500 Pfund-Bombe bekämpft wurden. Die beiden Kampfflugzeuge blieben weitere 30 Minuten im Luftraum, um eine erste Schadensbilanz des Einsatzes zu ziehen und beobachteten etwa 25 Leute, die die Sandbank in nördlicher Richtung verließen. Der afghanische Informant berichtete von 70 getöteten Aufständischen. Als am nächsten Morgen afghanische Sicherheitskräfte bei der Sandbank eintrafen, sind kaum noch Leichen zu finden, da die Dorfbewohner sie bereits abtransportiert und begraben haben.[1057]

Ein deutsches Erkundungsteam traf mittags bei der Einschlagstelle ein, um die Auswirkungen der Luftangriffe festzustellen (*battle damage assessment*) und hielt in einem Bericht die beiden zerstörten Tanklaster, einen Traktor und ein Pick-up-Fahrzeug fest.

1054 Die *Task Force 47* (*TF 47*) ist ein militärischer Einsatzverband der Bundeswehr, bestehend aus Spezialkräften für Aufklärung und Terrorismusbekämpfung. Die *TF 47* soll vorrangig den Schutz des deutschen Einsatzkontingentes in Afghanistan sicherstellen. Diese Spezialeinheit gewinnt Erkenntnisse unter anderem durch Informanten (*Human Intelligence – HUMINT*). Das PRT Kunduz bediente sich bisweilen dieser Spezialeinheit, um aktuelle Feindinformationen zu erhalten.

1055 Die Darstellung erfolgte auf einem „*Rover*"-Sichtgerät, einer Art Laptop mit Verbindung zur Kamera des Flugzeugs.

1056 Einheimische, die über Mobiltelefon mit einem Sprachmittler im Gefechtsstand der *Task Force 47* kommunizierten.

1057 Siehe u.a. Matthias Gebauer, *Luftangriff auf Tanklaster: Protokoll der Alptraumnacht von Kunduz*, Spiegel ONLINE vom 26. November 2009; http://www.spiegel.de/politik/ausland/luftangriff-auf-tanklaster-protokoll-der-alptraumnacht-von-kunduz-a-663681.html [10.07.2014]; Steffen Hebestreit, *Die Todesnacht von Kundus*, Berliner Zeitung vom 23. Dezember 2009; http://www.berliner-zeitung.de/archiv/das-geheime-protokoll-von-isaf-kommandeur-mcchrystal-deckt-weitere-widersprueche-des-verheerenden-luftangriffs-auf-die-todesnacht-von-kundus,10810590,10688114.html [10.07.2014].

Die Bundeswehr bestritt zunächst zivile Opfer, obwohl der Feldjägerbericht[1058], am Tag nach dem Angriff von deutschen Stellen in Afghanistan erstellt, auf zivile Opfer hinwies. Ein im Auftrag von US-General McChrystal[1059] erarbeiteter ISAF-Bericht vom 1. Oktober 2009 spricht von 72 getöteten Taliban und 30 getöteten Zivilisten, andere Berichte von bis zu 140 getöteten Zivilisten.[1060]

9.1 Klassifizierung der Konfliktsituation in Kunduz

Am 12. März 2010 wurde durch die Bundesanwaltschaft[1061] in Karlsruhe ein Ermittlungsverfahren gegen Oberst Klein[1062] wegen des Verdachts einer Strafbarkeit nach dem Völkerstrafgesetzbuch (VStGB) und anderer Delikte eingeleitet. Nach Ansicht der Bundesanwaltschaft ist ihre Zuständigkeit gegeben, wenn *„der Anwendungsbereich des VStGB eröffnet ist“*.[1063] Der Generalbundesanwalt hatte folglich bereits im Rahmen der Zuständigkeitsprüfung festzustellen, ob das gemeinsame Tatbestandsmerkmal der Delikte des 2. Abschnitts des VStGB (*Kriegsverbrechen*) vorliege: *„der Zusammenhang der Tat mit einem internationalen oder nichtinternationalen bewaffneten Konflikt“*.[1064]

Es war also das Vorliegen eines bewaffneten Konflikts zu prüfen, der einerseits durch den Organisationsgrad der bewaffneten Gruppen der Konfliktparteien und andererseits durch die Heftigkeit der Kampfhandlungen gekennzeichnet ist. Es stellt sich also die Frage, ob die Taliban im Jahre 2009 als organisierte

---

1058 Siehe *Bericht des Verteidigungsausschusses als 1. Untersuchungsausschuss gemäß Artikel 45a Absatz 2 des Grundgesetzes*, Deutscher Bundestag, Drucksache 17/7400 vom 25. 10. 2011, Seite 154; http://dip21.bundestag.de/dip21/btd/17/074/1707400.pdf [12.07.2014].

1059 US-General Stanley A. McChrystal war vom Juni 2009 bis Juni 2010 Kommandant der ISAF in Afghanistan.

1060 Siehe die *„offene Version“* des Vermerks des Generalbundesanwalts beim Bundesgerichtshof in Karlsruhe vom 16. April 2010 (3 B Js 6/10-4), Seite 36ff; (hiernach *Einstellungsvermerk vom 16. April 2010*); http://www.generalbundesanwalt.de/docs/einstellungsvermerk20100416offen.pdf [20.04.2014].

1061 Nach §§ 120 Abs. 1 Nr. 8, 142a Abs. 1 GVG (Gerichtsverfassungsgesetz) ist der Generalbundesanwalt zuständig zur Verfolgung von *„Straftaten nach dem Völkerstrafgesetzbuch“*.

1062 Das Verfahren wurde auch gegen den der *TF 47* angehörenden Oberfeldwebel Wilhelm eingeleitet, der an dem Luftangriff als Fliegerleitoffizier (*Joint Terminal Attack Controller – JTAC*) mitwirkte.

1063 Siehe *Einstellungsvermerk vom 16. April 2010,* Seite 41ff (Fn. 1060).

1064 Siehe §§ 8-12, Völkerstrafgesetzbuch vom 26. Juni 2002 (BGBl. I S. 2254); http://www.gesetze-im-internet.de/vstgb/index.html [25.04.2014].

bewaffnete Gruppe zu anhaltenden Kampfhandlungen („*protracted armed violance*“) befähigt waren und diesbezüglich den im *Tadić* Urteil[1065] festgelegten Maßstab erfüllt haben.

Zum Zwecke des besseren Verständnisses der Konfliktsituation im Jahre 2009 ist eine nähere Betrachtung der Entwicklung seit den afghanischen Bürgerkriegswirren im Jahre 1989 hilfreich. Nach dem Abzug der sowjetischen Truppen und dem Zusammenbruch des von der Sowjetunion gestützten Regimes haben sich die Taliban als stärkste bewaffnete Gruppierung etabliert. Dieses de-facto-Regime der Taliban wurde zwar nur von wenigen Staaten anerkannt[1066], kontrollierte jedoch weite Teile des afghanischen Territoriums.

Nach den Terroranschlägen des 11. September 2001 begann im Oktober 2001 die von US-Truppen angeführte militärische Operation *Enduring Freedom*, durch die das Taliban-Regime beseitigt wurde.[1067] Mit massiver amerikanischer Luftunterstützung wurden die Taliban aus den von ihnen kontrollierten Hochburgen geworfen: Kabul fiel am 13. November 2001, Kunduz am 25. November 2001 und Kandahar am 7. Dezember 2001. Bereits im Oktober 2001 richtete der Sicherheitsrat mit Resolution 1386[1068], gestützt auf Kapitel VII der VN-Charta, eine internationale Sicherheitsunterstützungstruppe (*International Security Assistance Force, ISAF*) für Afghanistan ein. Diese Truppe sollte die afghanische Interimsverwaltung unter Hamid Karzai[1069] bei der Wiederherstellung und Aufrechterhaltung eines sicheren Umfelds in Afghanistan unterstützen. Der UN-Sicherheitsrat ermächtigte die für ISAF abgestellten Militäreinheiten zum Waffeneinsatz, soweit dies zur Mandatserfüllung erforderlich ist.[1070]

Die Beteiligung Deutschlands an der ISAF wurde vom Deutschen Bundestag aufgrund zweier Abstimmungen vom 16. November und 22. Dezember 2001[1071]

1065 Siehe Fn. 185.

1066 Das Ende 1996 von den Taliban errichtete *Islamische Emirat Afghanistan* wurde nur von Pakistan, Saudi Arabien und den Vereinigten Arabischen Emiraten anerkannt.

1067 Hinsichtlich der völkerrechtlichen Qualifikation dieses Konflikts siehe Kapitel *7.2.2.2 Klassifizierung der Operation Enduring Freedom*.

1068 UN Security Council, *Security Council Resolution 1386 (2001) on the situation in Afghanistan*, 20 December 2001, S/RES/1386 (2001), http://www.refworld.org/docid/3c4e94571c.html [11.07.2014].

1069 Hamid Karzai wurde am 4. Dezember 2001 bei der Afghanistan-Konferenz auf dem Petersberg bei Bonn zum Präsidenten der Übergangsregierung ernannt.

1070 Siehe Abs. 3, *Security Council Resolution 1386 (2001) on the situation in Afghanistan* (Fn. 1068).

1071 Deutscher Bundestag, *Entschließungsantrag der Fraktionen SPD und BÜNDNIS 90/DIE GRÜNEN, Einsatz bewaffneter deutscher Streitkräfte bei der Unterstützung*

genehmigt. Die deutsche Bundeswehr sollte vor allem für die Nordregion Afghanistans zuständig sein und die *Provincial Reconstruction Teams* Kunduz und Faizabad führen. Der Deutsche Bundestag beschloss die Beteiligung bewaffneter deutscher Streitkräfte an dem Einsatz in Afghanistan als Beitrag zu dem *„in Petersberg in Gang gesetzten nationalen Versöhnungsprozess in Afghanistan, der den Weg zu einem Neuaufbau des Landes nach mehr als 20 Jahren Krieg und Bürgerkrieg eröffnet"*.[1072]

Anfangs wurde der Einsatz in Afghanistan von politischer wie militärischer Seite als reine Stabilisierungs- und Aufbaumission betrachtet.[1073] Die deutschen Soldaten sahen sich bis 2007 hauptsächlich der Bedrohung durch unkonventionelle Sprengvorrichtungen (*Impovised Expolosive Devices, IEDs*), Selbstmordattentäter und gelegentlichen Anschlägen mit Handfeuerwaffen durch Kriminelle gegenüber[1074], die man als *„vereinzelt auftretende Gewalttaten und andere ähnliche Handlungen […], die nicht als bewaffnete Konflikte gelten"*[1075], bewerten konnte. Die Einschätzung der Konfliktsituation änderte sich mit steigenden Opferzahlen auf deutscher Seite wie auch seitens der afghanischen Zivilbevölkerung. Ab 2007 erfolgte eine Zunahme der militärischen Kampfhandlungen mit erhöhten militärischen und zivilen Opfern. Dies bewog das deutsche Verteidigungsministerium dazu, Verstärkungskräfte (200 Fallschirmjäger) sowie Aufklärungsflugzeuge vom Typ Tornado-RECCE zur Luftaufklärung nach Afghanistan zu entsenden.[1076]

---

der gemeinsamen Reaktion auf terroristische Angriffe gegen die USA, Drucksache 14/7513 vom 16. 11. 2001; http://dip21.bundestag.de/dip21/btd/14/075/1407513.pdf [11.07.2014]. Deutscher Bundestag, *Antrag der Bundesregierung, Beteiligung bewaffneter deutscher Streitkräfte an dem Einsatz einer internationalen Sicherheitsunterstützungstruppe in Afghanistan*, Drucksache 14/7930 vom 21. 12. 2001; http://dip21.bundestag.de/dip21/btd/14/079/1407930.pdf [11.07.2014].

1072 Ibid., Seite 2.

1073 Siehe auch Fn. 997.

1074 Von 2003 bis 2007 kamen durch Minen/IED und Selbstmordanschläge 11 deutsche Soldaten ums Leben, weitere 14 Soldaten starben bei Verkehrsunfällen, einem Hubschrauberabsturz und sonstigen nicht geklärten Umständen. 2009 und in den Jahren danach kamen erstmals deutsche Soldaten in Gefechten ums Leben; http://de.statista.com/statistik/daten/studie/2006/umfrage/gefallene-oder-verunglueckte-soldaten-der-westlichen-koalition-in-afghanistan/ [11.07.2014].

1075 Siehe Art. 1, Abs. 2, *Zusatzprotokoll II* (Fn.16).

1076 Deutscher Bundestag, *Antrag der Bundesregierung, Beteiligung bewaffneter deutscher Streitkräfte an dem Einsatz einer internationalen Sicherheitsunterstützungstruppe in Afghanistan*, Drucksache 16/6460 vom 19. 09. 2007; http://dip21.bundestag.de/dip21/btd/16/064/1606460.pdf [11.07.2014].

Trotzdem nahm die Intensität der Anschläge im Norden Afghanistans laufend zu und im Frühjahr 2009 kam es zu den schwersten Gefechten zwischen Soldaten der Bundeswehr und den wiedererstarkten Taliban.

Bei der *Operation Adler*, bei der deutsche und afghanische Streitkräfte im Juli 2009 versuchten, die Sicherheitslage in der instabil gewordenen Provinz vor den afghanischen Präsidentschaftswahlen wiederherzustellen, kamen auch Panzer und Granatwerfer zum Einsatz.[1077] Der Einsatz dieser Offensivwaffen, die sich für Stabilisierungs- und Aufbaumissionen eher nicht eignen, lässt darauf schließen, dass durch die operative Führung die geänderte Konfliktdimension sehr wohl bemerkt wurde. Dies zeichnete sich bereits 2008 mit der Entsendung von Spezialeinsatzkräften als schnellen Eingreifverband *(Quick Reaction Force, QRF)*[1078] ab.

Als Konsequenz der von der Bundeswehr neu beurteilten Konfliktsituation wurde bereits am 8. Mai 2009 die folgende Einsatzregel aus dem Operationsplan gestrichen: *„Die Anwendung tödlicher Gewalt ist verboten, solange nicht ein Angriff stattfindet oder unmittelbar bevorsteht.“*[1079] In weiterer Folge wurden auch die Taschenkarten der Soldaten geändert und seit Juli 2009 steht unter dem Titel *„Befugnisse im Einzelnen“*:

> *„Angriffe können zum Beispiel dadurch verhindert werden, dass gegen Personen vorgegangen wird, die Angriffe planen, vorbereiten, unterstützen oder ein sonstiges feindseliges Verhalten zeigen. Ein feindseliges Verhalten besteht fort, wenn bei Personen, die ISAF angegriffen haben, nicht ausgeschlossen werden kann, dass diese ihren Angriff in einem engen zeitlichen und räumlichen Zusammenhang fortsetzen oder wieder aufnehmen.“*[1080]

Zur Durchsetzung des Auftrags durfte nun *„nach Beurteilung der Lage vor Ort den Umständen nach verhältnismäßige militärische Gewalt, einschließlich des Schusswaffengebrauchs“*, eingesetzt werden. Die Wahl eines *„im Einzelfall denkbaren milderen Mittels“* war nicht mehr erforderlich, wenn man dadurch einer

---

1077 D. Brössler, H. Leyendecker, *Mit Mardern und Mörsern*, Süddeutsche Zeitung vom 23. Juli 2009; http://www.sueddeutsche.de/politik/afghanistan-mit-mardern-und-moersern-1.165363 [11.07.2014].

1078 Deutsche Welle, *Bundeswehr schickt erstmals Kampfverband nach Afghanistan*, 04. 06. 2008; http://www.dw.de/bundeswehr-schickt-erstmals-kampfverband-nach-afghanistan/a-3383504 [11.07.2014].

1079 Henrik Heidenkamp, *Der Entwicklungsprozess der Bundeswehr zu Beginn des 21. Jahrhunderts*, Peter Lang GmbH, Frankfurt am Main 2010, Seite 172.

1080 Frankfurter Allgemeine Zeitung, *Offensivere Regeln für Afghanistan-Einsatz, Die neue Taschenkarte der Bundeswehr*, 27. Juli 2009; http://www.faz.net/aktuell/politik/offensivere-regeln-fuer-afghanistan-einsatz-1824702.html [11.07.2014].

erheblichen Gefahr für Leib und Leben ausgesetzt gewesen wäre. Des Weiteren war der Schusswaffengebrauch nicht mehr anzudrohen und das bisherige ausdrückliche Verbot, auf *„flüchtende Personen, die erkennbar von ihrem Angriff abgelassen haben"* zu schießen, entfiel.[1081]

Die militärstrategische Führung in Deutschland hatte im Frühjahr 2009 die Situation im Norden Afghanistans offensichtlich als bewaffneten Konflikt eingestuft und aufgrund dieser Klassifizierung den eingesetzten Soldaten entsprechende Befugnisse erteilt. Ob diese bundeswehrinterne Einschätzung zu Recht erfolgt ist, wurde von der Generalbundesanwaltschaft im Verfahren gegen Obst Klein geprüft. Sie stellte dabei ausdrücklich fest, dass die von der NATO geführten internationalen Truppen sich auf Wunsch und mit Billigung der afghanischen Regierung im Lande aufhielten, sodass eine völkerrechtlich wirksame Zustimmung des Territorialstaates für den ISAF-Einsatz vorlag. Weiters waren für die Klassifizierung des Konflikts die tatsächlichen Gegebenheiten zu beurteilen, wobei Kriegserklärungen oder politischen Willensbekundungen der beteiligten Konfliktparteien nicht entscheidend sind:

> *„Nach allgemeiner Meinung ist die Schwelle vom innerstaatlichen Friedenszustand zum nichtinternationalen bewaffneten Konflikt überschritten, wenn nicht mehr lediglich Fälle innerer Unruhen und Spannungen vorliegen, die durch Tumulte und vereinzelt auftretende Gewalttaten gekennzeichnet sind […]. Es muss sich vielmehr um eine mit Waffengewalt ausgetragene Auseinandersetzung innerhalb eines Staatsgebiets handeln, die das Ausmaß eines bewaffneten Aufstandes oder eines Bürgerkrieges erreicht […]."*[1082]

Zur Abgrenzung von gewöhnlicher Kriminalität, unorganisierten und kurzlebigen Aufständen oder bloßen terroristischen Aktivitäten beurteilte die Generalbundesanwaltschaft die Intensität des Konflikts, insbesondere auch die Organisation der Konfliktparteien und stellte fest, dass

> *„die aufständischen Taliban und die mit ihnen assoziierten Gruppen völkerrechtlich als Konfliktpartei zu qualifizieren [sind], die mit ausreichend strategischen, personellen, militärischen und propagandistischen Fähigkeiten und Kapazitäten ausgestattet ist, um die afghanische Regierung und die ISAF in einen* ***bewaffneten Konflikt*** *zu verwickeln, der seit Jahren besteht und sich zunehmend verstärkt."*[1083]

Die Bundesanwaltschaft kam zu dem Schluss, dass in Afghanistan ein nicht-internationaler bewaffneter Konflikt vorliege, was zur Anwendung des Völkerstrafgesetzbuches führe und sie folgerte daraus, dass

---

1081 Ibid.

1082 *Einstellungsvermerk vom 16. April 2010* (Fn. 1060), Seite 42.

1083 Ibid., Seite 43 (Hervorhebung durch Verfasser).

„die Soldaten der Bundeswehr im Rahmen des ISAF-Einsatzes – im Gegensatz zu den Aufständischen – ***reguläre Kombattanten*** *sind, die für völkerrechtlich zulässige Kampfhandlungen nicht strafrechtlich zur Verantwortung gezogen werden können (vgl. BT-Drs. 14/8524 S. 13).“*[1084]

Diese Folgerung der Bundesanwaltschaft kann nicht nachvollzogen werden, da der Status eines Kombattanten in einem nicht-internationalen bewaffneten Konflikt nicht denkbar ist.[1085] Der Verweis im Einstellungsbeschluss (*vgl. BT-Drs. 14/8524 S. 13*) bezieht sich auf die Erläuterungen zu einem Gesetzesentwurf, der jedoch einen anderen Fall behandelt. Bei der Einführung des Völkerstrafrechts wurde in der Begründung das Verhältnis zum Strafrecht erläutert und dabei beispielhaft festgestellt, dass

„die Vornahme völkerrechtlich zulässiger Kampfhandlungen, etwa die Tötung oder Verwundung ***gegnerischer Kombattanten*** *im bewaffneten Konflikt, nach allgemeinen Grundsätzen nicht strafbar ist und dann auch nicht etwa nach §§211 ff StGB bestraft werden kann. Dies gilt allerdings nur dann, wenn der Täter die für ihn verbindlichen einschlägigen Regeln des völkerrechtlichen Kriegsführungsrechts eingehalten hat.“*[1086]

Das Beispiel bezieht sich auf einen internationalen bewaffneten Konflikt und ist folglich für gegenständlichen Fall nicht relevant. Keinesfalls kann daraus ein Kombattantenstatus für reguläre Streitkräfte in einem nicht-internationalen bewaffneten Konflikt abgeleitet werden.

9.2 Folgen der Klassifizierung der Konfliktsituation auf militärische Operationen

Geht man also davon aus, dass in der Provinz Kunduz im Frühjahr 2009 ein bewaffneter Konflikt zwischen bewaffneten Gruppen der Taliban einerseits und der afghanischen Regierung und den sie unterstützenden Truppen der internationalen Sicherheitsunterstützungstruppe andererseits herrschte, so kämen die Normen des humanitären Völkerrechts zu Anwendung. Bei einem

---

1084 Ibid., Seite 45 (Hervorhebung durch Verfasser).

1085 Auch Angehörige regulärer Streitkräfte haben in einem nicht-internationalen bewaffneten Konflikt keinen Kombattantenstatus. Kombattanten sind in einem internationalen bewaffneten Konflikt legitime Ziele und haben – wenn sie in die Hand des Gegners fallen – Anspruch auf Kriegsgefangenenstatus.

1086 Gesetzentwurf der Bundesregierung: *Entwurf eines Gesetzes zur Einführung des Völkerstrafgesetzbuches*, Deutscher Bundestag, 14. Wahlperiode, Drucksache 14/8524 vom 13. 03. 2002, Abschnitt III, Seite 13 (Hervorhebung durch Verfasser); http://dip21.bundestag.de/dip21/btd/14/085/1408524.pdf [20.04.2014].

nicht-internationalen bewaffneten Konflikt sind insbesondere der gemeinsame Artikel 3 der Genfer Abkommen[1087], das Zusatzprotokoll II zu den Genfer Abkommen[1088] und das in nicht-internationalen bewaffneten Konflikten anwendbare Völkergewohnheitsrecht[1089] zu berücksichtigen.

Das in bewaffneten Konflikten geltende Prinzip der Unterscheidung lässt Angriffe nur auf militärische Ziele zu und verbietet jegliche Angriffe auf geschützte Personen und Objekte.[1090] Als militärische Ziele könnten jedoch die beiden Tanklastwagen betrachtet werden, wenn man davon ausgeht, dass sie

> *„auf Grund ihrer Beschaffenheit, ihres Standorts, ihrer Zweckbestimmung oder ihrer Verwendung* ***wirksam zu militärischen Handlungen beitragen*** *und deren gänzliche oder teilweise Zerstörung, deren Inbesitznahme oder Neutralisierung unter den in dem betreffenden Zeitpunkt gegebenen Umständen einen eindeutigen militärischen Vorteil darstellt.“*[1091]

Auch ständige Mitglieder organisierter bewaffneter Gruppen können das Ziel militärischer Angriffe sein, während Personen, die keine *„permanent combat function“* haben, nur dann bekämpft werden dürfen, wenn und solange sie direkt an Kampfhandlungen teilnehmen.[1092] Die Zivilisten, die sich bei den Tanklastfahrzeugen befanden, um Treibstoff abzulassen, sind dagegen geschützte Personen. Dies gilt jedenfalls, wenn sie sich Treibstoff zur persönlichen Verwendung angeeignet haben, da diese Tätigkeit keine Unterstützung einer Konfliktpartei (kein *belligerent nexus*) darstellt.[1093] Selbst wenn die Zivilisten durch das Ablassen des Treibstoffs den Taliban geholfen hätten, die Lastwägen wieder flottzukriegen, wäre dies keine direkte Teilnahme an Feindseligkeiten und führte deshalb nicht zum Verlust des geschützten Status.

Bei der Planung und Durchführung eines Angriffs auf militärische Ziele ist als zentrale Bestimmung Artikel 51 des Zusatzprotokolls I[1094] zu den Genfer Abkommen zu beachten:

1087 Siehe Fn. 15.
1088 Siehe Fn. 16.
1089 Siehe Kapitel *3.3 Humanitäres Völkergewohnheitsrecht.*
1090 Siehe auch Rule 1–6, *Customary International Humanitarian Law Study* (Fn. 58).
1091 Art. 52, Abs. 2, *Zusatzprotokoll I* (Fn. 16) (Hervorhebung durch Verfasser).
1092 Siehe Kapitel *6.3.1 Rechtsstatus von Personen in nicht-internationalen bewaffneten Konflikten.*
1093 Siehe Fn. 738.
1094 Art. 1 bis 3, Zusatzprotokoll I (Schutz von Zivilpersonen und der Zivilbevölkerung) ist ident mit Art. 13, *Zusatzprotokoll II* (Fn. 16).

Art. 51 *Schutz der Zivilbevölkerung*

[...]

4. ***Unterschiedslose Angriffe*** *sind verboten. Unterschiedslose Angriffe sind*
   a) *Angriffe, die nicht gegen ein bestimmtes militärisches Ziel gerichtet werden,*
   b) *Angriffe, bei denen Kampfmethoden oder -mittel angewendet werden, die nicht gegen ein bestimmtes militärisches Ziel gerichtet werden können, oder*
   c) *Angriffe, bei denen Kampfmethoden oder -mittel angewendet werden, deren Wirkungen nicht entsprechend den Vorschriften dieses Protokolls begrenzt werden können und die daher in jedem dieser Fälle militärische Ziele und Zivilpersonen oder zivile Objekte unterschiedslos treffen können.*
5. *Unter anderem sind folgende Angriffsarten als unterschiedslos anzusehen:*
   a) *ein Angriff durch Bombardierung – gleichviel mit welchen Methoden oder Mitteln – bei dem mehrere deutlich voneinander getrennte militärische Einzelziele in einer Stadt, einem Dorf oder einem sonstigen Gebiet, in dem Zivilpersonen oder zivile Objekte ähnlich stark konzentriert sind, wie ein einziges militärisches Ziel behandelt werden, und*
   b) *ein* ***Angriff, bei dem damit zu rechnen ist, dass er auch Verluste an Menschenleben unter der Zivilbevölkerung, die Verwundung von Zivilpersonen****, die Beschädigung ziviler Objekte oder mehrere derartige Folgen zusammen verursacht,* ***die in keinem Verhältnis zum erwarteten konkreten und unmittelbaren militärischen Vorteil stehen.***[1095]

Das in Artikel 51, Abs. 4b) zum Ausdruck gebrachte Prinzip der Verhältnismäßigkeit gilt in allen bewaffneten Konflikten.[1096] Neben der Pflicht, sich vor jedem Angriff zu überzeugen, dass das ins Auge gefasste Ziel auch ein militärisches Ziel ist, muss laufend geachtet werden, dass Zivilpersonen möglichst nicht zu Schaden kommen. Sowohl aus den Vernehmungsprotokollen als auch aus den Videoaufzeichnungen und den Aussagen der Piloten geht hervor, dass zumindest mit Zivilpersonen in unmittelbarer Nähe der Angriffsziele gerechnet werden musste.[1097]

Die Beurteilung der Verhältnismäßigkeit und das Abwägen des militärischen Vorteils mit dem zu erwartenden Schaden an geschützten Personen und Objekten stellt eine große Herausforderung dar. Beachtenswert ist jedoch, dass aus der Formulierung „*zu rechnen ist*“[1098] sich schließen lässt, dass die Verhältnismäßigkeit des Kollateralschadens aus einer Ex-ante Betrachtung zu prüfen ist.

1095 Art. 51, *Zusatzprotokoll I* (Fn. 16), Hervorhebung durch Verfasser.

1096 Siehe auch Rule 14, *Customary International Humanitarian Law Study* (Fn. 58).

1097 Siehe *Bericht des Verteidigungsausschusses als 1. Untersuchungsausschuss gemäß Artikel 45a Absatz 2 des Grundgesetzes*, Deutscher Bundestag Drucksache 17/7400 vom 25. 10. 2011 (Fn. 1060).

1098 Art. 51, Abs. 4b, *Zusatzprotokoll I* (Fn. 16).

Erheblich ist, welche Kenntnisse der den Angriff führende Kommandant über eventuell anwesende und möglicherweise beeinträchtigte geschützte Personen zum Zeitpunkt der Entscheidung hatte. Dabei kommt es nicht darauf an, wie der entscheidende Kommandant subjektiv die Verhältnismäßigkeit des Kollateralschadens eingeschätzt hat, sondern was ein sorgfältiger Durchschnittssoldat in der Stellung eines angriffsführenden Kommandanten unter Zugrundelegung der vorhandenen Informationen angenommen hätte:

> *"In determining whether an attack was proportionate it is necessary to examine whether* ***a reasonably well-informed person in the circumstances of the actual perpetrator, making reasonable use of the information available*** *to him or her, could have expected excessive civilian casualties to result from the attack."*[1099]

Die Schutzbestimmungen zugunsten der Zivilbevölkerung sind nicht nur vor dem Angriff beachtenswert, sondern es sind auch während des Angriffs laufend Vorsichtsmaßnahmen zu treffen:

a) *Wer einen Angriff plant oder beschließt,*
   i) *hat alles praktisch Mögliche zu tun, um sicherzugehen, dass die Angriffsziele weder Zivilpersonen noch zivile Objekte sind und nicht unter besonderem Schutz stehen, sondern militärische Ziele im Sinne des Artikels 52 Absatz 2 sind und dass der Angriff nicht nach diesem Protokoll verboten ist;*
   ii) *hat bei der Wahl der Angriffsmittel und -methoden* ***alle praktisch möglichen Vorsichtsmaßnahmen*** *zu treffen, um Verluste unter der Zivilbevölkerung, die Verwundung von Zivilpersonen und die Beschädigung ziviler Objekte, die dadurch mit verursacht werden könnten, zu vermeiden und* ***in jedem Fall auf ein Mindestmaß zu beschränken****;*
   iii) *hat von jedem Angriff Abstand zu nehmen, bei dem damit zu rechnen ist, dass er auch Verluste unter der Zivilbevölkerung, die Verwundung von Zivilpersonen, die Beschädigung ziviler Objekte oder mehrere derartige Folgen zusammen verursacht, die in keinem Verhältnis zum erwarteten konkreten und unmittelbaren militärischen Vorteil stehen;*
b) ***ein Angriff ist endgültig oder vorläufig einzustellen****, wenn sich erweist, dass sein Ziel nicht militärischer Art ist, dass es unter besonderem Schutz steht oder dass damit zu rechnen ist, dass der Angriff auch Verluste unter der Zivilbevölkerung, die Verwundung von Zivilpersonen, die Beschädigung ziviler Objekte oder mehrere derartige Folgen zusammen verursacht, die in keinem Verhältnis zum erwarteten konkreten und unmittelbaren militärischen Vorteil stehen;*

1099 ICTY, *Prosecutor v. Galic, Case No. IT-98-29-T*, Judgement, 5 December 2003, Ziffer 58 (Hervorhebung durch Verfasser).

> c) *Angriffen, durch welche die Zivilbevölkerung in Mitleidenschaft gezogen werden kann,* ***muss eine wirksame Warnung vorausgehen****, es sei denn, die gegebenen Umstände erlaubten dies nicht.*[1100]

Eine der in bewaffneten Konflikten vorgeschriebenen Vorsichtsmaßnahmen ist die Verpflichtung zur Warnung der Zivilbevölkerung vor Auswirkungen der Kampfhandlungen. Diese darf nur dann unterlassen werden, wenn die Anwesenheit von Zivilpersonen ausgeschlossen werden kann oder die Erreichung des militärischen Vorteils dadurch gefährdet wäre. Die US-Jagdbomberpiloten boten dem den Angriff leitenden Kommandanten mehrmals eine *„abschreckende Machtdemonstration"* an.[1101] Dieses Flugmanöver (*„Show of Force"*) zielt darauf ab, durch einen tiefen Überflug Zivilpersonen auseinanderzutreiben oder zu vertreiben. Die Durchführung dieser Warnung wurde vom deutschen Kommandanten ausdrücklich abgelehnt.

Die Angehörigen von Streitkräften in einem nicht-internationalen bewaffneten Konflikt bleiben straffrei, solange sie bei der Durchführung von Kampfhandlungen das in nicht-internationalen bewaffneten Konflikten anwendbare Völkerrecht einhalten.[1102]

Der Generalbundesanwalt beim Bundesgerichtshof in Karlsruhe hat das mit Verfügung vom 12. März 2010 eingeleitete Ermittlungsverfahren gegen Oberst Klein wegen des Verdachts einer Strafbarkeit nach dem VStGB und anderer Delikte nach den durchgeführten Ermittlungen gemäß § 170 Abs. 2 StPO eingestellt. Die rechtliche Würdigung der Strafbarkeit des Beschuldigten Oberst Klein ergab, dass das Vorgehen von Oberst Klein völkerrechtlich zulässig und damit strafrechtlich gerechtfertigt war.[1103]

1100 Art. 57, Abs. 2, *Zusatzprotokoll I* (Fn. 16), Hervorhebung durch Verfasser.

1101 Spiegel ONLINE Politik, *Bombardement bei Kunduz: US-Kampfpiloten warnten schärfer vor Luftangriff als bisher bekannt*, 05. 12. 2009; http://www.spiegel.de/politik/ausland/bombardement-bei-kunduz-us-kampfpiloten-warnten-schaerfer-vor-luftangriff-als-bisher-bekannt-a-665331.html [12.07.2014].

1102 Dazu gehört das in nicht-internationalen bewaffneten Konflikten anwendbare Völkergewohnheitsrecht sowie der gemeinsame Artikel 3 der *Genfer Abkommen I-IV* (Fn. 15) und das *Zusatzprotokoll II* (Fn. 16). Afghanistan hat das Zusatzprotokoll II zwar nicht unterzeichnet, jedoch Deutschland ist an dieses Protokoll gebunden.

1103 Siehe die *„offene Version"* des Vermerks des Generalbundesanwalts beim Bundesgerichtshof in Karlsruhe vom 16. April 2010 (Fn. 1060).

10. Zusammenfassung

Das humanitäre Völkerrecht ist jener Teil des Völkerrechts, der die in bewaffneten Konflikten anzuwendenden Regeln umfasst (*ius in bello*).[1104] Es enthält vor allem Regeln zum Schutz der Opfer der bewaffneten Konflikte[1105], das sind Personen, die nicht oder nicht mehr an Kampfhandlungen teilnehmen. Des Weiteren gehören zum humanitären Völkerrecht Bestimmungen, die die Mittel und Methoden der Kriegführung beschränken, um unnötiges oder übermäßiges Leiden zu vermeiden.[1106] Das humanitäre Völkerrecht rechtfertigt aber auch aus militärischer Notwendigkeit Gewalthandlungen gegenüber militärischen Zielen[1107] und sogar die Inkaufnahme von Kollateralschäden[1108], solange diese nicht unverhältnismäßig im Vergleich zum erwarteten militärischen Vorteil sind.[1109]

Auch wenn Kriegführungsregeln bereits in frühesten Kulturen nachweisbar sind, so begann ihre systematische Kodifizierung erst in der zweiten Hälfte des 19. Jahrhunderts. Entsprechend dem Völkerrechtsverständnis dieser Zeit regelte das humanitäre Völkerrecht nur die Konflikte zwischen Staaten. Erst nach dem Zweiten Weltkrieg wurden erstmals auch innerstaatliche bewaffnete Konflikte einer völkerrechtlichen Regelung unterzogen.[1110] Im Rahmen der Ergänzung und Weiterentwicklung dieser Bestimmungen waren die Staaten jedoch stets auf die Abgrenzung zu internen Unruhen und Spannungen bedacht, deren Regelung weiterhin im alleinigen Zuständigkeitsbereich der Staaten verbleiben sollte.[1111]

Gleichzeitig mit der Regelung innerstaatlicher bewaffneter Konflikte wurde auch insofern ein Paradigmenwechsel vollzogen, als man bei der Festlegung der Art eines Konflikts nicht mehr auf die Erklärung der Konfliktparteien

---

1104 Zum Unterschied vom *ius ad bellum*, welches das Recht zur Kriegsführung beschreibt und vorwiegend in der Satzung der Vereinten Nationen geregelt ist.

1105 Gemäß den *Genfer Abkommen I-IV* (Fn.15): Verwundete, Kranke und Schiffbrüchige, sowie Kriegsgefangene und Zivilisten.

1106 Historisch auch als *Haager Recht* bezeichnet.

1107 Siehe Art. 52, Abs. 2, *Zusatzprotokoll I* (Fn.16).

1108 Schäden an Personen und Objekten, die keine militärischen Ziele sind, wie Zivilisten und zivile Objekte.

1109 Art. 51, Abs. 5, *Zusatzprotokoll I* (Fn.16).

1110 Siehe gemeinsamer Artikel 3 der *Genfer Abkommen I-IV* (Fn.15).

1111 Siehe Art. 1, Abs. 2, *Zusatzprotokoll II* (Fn.16).

abstellte.[1112] Entscheidend für die Klassifizierung eines Konflikts waren die tatsächlichen Umstände, womit auch begrifflich das *„Kriegsrecht“* in das *„Recht der bewaffneten Konflikte“* übergeleitet wurde.

Somit ergibt sich heute im humanitären Völkerrecht eine Zweiteilung in internationale bewaffnete Konflikte (bewaffnete Konflikte zwischen Staaten) und nicht-internationale bewaffnete Konflikte (bewaffnete Konflikte zwischen einem Staat und einer nicht-staatlichen bewaffneten Gruppe oder zwischen nicht-staatlichen bewaffneten Gruppen untereinander).[1113] Auch wenn völkervertragsrechtlich klar zwischen diesen zwei Konflikttypen unterschieden wird, so hat sich doch völkergewohnheitsrechtlich hinsichtlich der erlaubten, beschränkten oder verbotenen Mittel und Methoden der Kriegführung eine große Annäherung ergeben. Ein bedeutender Unterschied ist jedoch verblieben: Die Angehörigen nicht-staatlicher bewaffneter Gruppen in einem nicht-internationalen bewaffneten Konflikt haben keinen Kombattantenstatus. Sie sind nicht zur Teilnahme an Feindseligkeiten berechtigt und können folglich innerstaatlich für die bloße Teilnahme an Kampfhandlungen – auch wenn diese entsprechend dem humanitären Völkerrecht geplant und durchgeführt wurden – strafrechtlich belangt werden.[1114]

Wesentlich bedeutender als der Unterschied zwischen internationalen und nicht-internationalen bewaffneten Konflikten ist die Schwelle zwischen internen Unruhen einerseits und bewaffneten Konflikten andererseits. Es geht dabei um das Verhältnis des humanitären Völkerrechts zu den Menschenrechten. Ist das humanitäre Völkerrecht nur in bewaffneten Konflikten anwendbar, reicht der Anwendungsbereich der Menschenrechte erheblich weiter. Neben der exterritorialen Geltung der Menschenrechte[1115] finden diese auch in bewaffneten Konflikten Anwendung, soweit widersprechendes humanitäres Völkerrecht in der jeweiligen Situation nicht *lex specialis* ist.[1116]

Während die Menschenrechte als Abwehrrechte gegenüber dem Staat konzipiert wurden, stellt das humanitäre Völkerrecht einen Kompromiss zwischen der militärischen Notwendigkeit und den Geboten der Menschlichkeit dar. Folglich erlaubt das humanitäre Völkerrecht aus militärischen Rücksichten auch Mittel

---

1112 Somit wurde die Kriegserklärung gemäß dem Haager *Abkommen über den Beginn von Feindseligkeiten* (III. Haager Abkommen) vom 18. Oktober 1907 (Fn. 97) obsolet.

1113 Siehe Kapitel *4 Dichotomie bewaffneter Konflikte.*

1114 Völkerrechtlich sind sie jedoch nur für Verletzungen des Rechts der bewaffneten Konflikte verantwortlich.

1115 Siehe Kapitel *5.2 Die exterritoriale Geltung der Menschenrechte.*

1116 Siehe Kapitel *5.1 Alternativer und kumulativer Ansatz.*

und Methoden, die außerhalb des Anwendungsbereichs des Rechts der bewaffneten Konflikte strafbare Handlungen darstellen würden.

Somit ist die Kenntnis der Konflikttypen nach dem Völkerrecht für den politischen wie den militärischen Entscheidungsträger gleich bedeutsam. Ihnen obliegt es, einen Konflikt anhand der völkerrechtlichen Vorgaben zu klassifizieren und daraus Rechte und Pflichten sowie die Zulässigkeit der Mittel und Methoden der Kriegführung abzuleiten. Der politische Entscheidungsträger, der den Streitkräfteeinsatz mandatiert, trägt auch die politische Verantwortung für die gemäß dem humanitären Völkerrecht zulässigen Gewalthandlungen. Ähnliches gilt für den militärischen Kommandanten: Sein Recht zur Wahl der Mittel und Methoden[1117] bei Planung und Durchführung militärischer Operationen ergibt sich aus dem humanitären Völkerrecht und ist zuallererst vom Konflikttypus abhängig.

Da die Klassifizierung der bewaffneten Konflikte nicht von Erklärungen der Konfliktparteien abhängt, sondern auf tatsächliche Geschehnisse abstellt, kann sich ein Konflikt auch entgegen den Interessen einer Konfliktpartei „rechtlich entwickeln". Eine derartige Entwicklung muss sowohl von politischen als auch von militärischen Entscheidungsträgern rechtzeitig erkannt werden. Der politische Entscheidungsträger hat für die aufgrund der neuen Konfliktlage zulässigen Gewalthandlungen die politische Verantwortung zu übernehmen und gegebenenfalls den Befugnissrahmen für die Streitkräfte anzupassen.[1118] Für den militärischen Führer ergibt sich bei geänderter Konfliktlage ein neuer Rechtsrahmen, den er bei Planung und Durchführung militärischer Operationen zu berücksichtigen hat. Unzulässig ist es jedenfalls, einen Konflikttypus entgegen den tatsächlichen Gegebenheiten anzunehmen und dadurch den Rechtsrahmen entsprechend der eigenen Interessenslage zu bestimmen.

Streitkräfte werden immer häufiger in Situationen eingesetzt, wo die völkerrechtliche Klassifizierung eine besondere Herausforderung darstellt. Es sind dies einerseits der breite Bereich der internationalen Krisenbewältigungseinsätze[1119], die meist von internationalen Organisationen mandatiert werden, und andererseits der Kampf gegen Terrorismus und internationale Kriminalität. Diese Einsätze können das Ausmaß eines bewaffneten Konflikts annehmen, bisweilen ist jedoch das eine oder andere Kriterium eines klassischen Konflikttyps nicht gegeben. Vor

---

1117 Siehe Art. 35, Abs. 1, *Zusatzprotokoll I* (Fn. 16): *„In einem bewaffneten Konflikt haben die am Konflikt beteiligten Parteien kein unbeschränktes Recht in der Wahl der Methoden und Mittel der Kriegführung."*

1118 Dies geschieht meistens mit einem neuen Mandat (einer neuen Einsatzverfügung) oder geänderten Einsatzrichtlinien (Rules of Engagement).

1119 Siehe Kapitel *7.1 Humanitäres Völkerrecht und Einsätze der Vereinten Nationen.*

die Herausforderung gestellt, sich für einen völkerrechtlich geregelten Konflikttypus zu entscheiden und den davon abgeleiteten Rechtsrahmen zu akzeptieren, sind politische Entscheidungsträger bisweilen verleitet, einen Konflikt *sui generis* anzunehmen.[1120] Die dahinterstehende Absicht, den Rechtsrahmen für militärische Operationen selbst zu gestalten, geht meist zulasten der Opfer bewaffneter Konflikte und führt nicht selten zu schwerwiegenden Menschenrechtsverletzungen.

Der Ruf nach völkervertragsrechtlicher Regelung dieser Sonderformen der bewaffneten Konflikte ist zwar zulässig, jedoch erscheint ein Erfolg kurz und mittelfristig nicht sehr wahrscheinlich. In der Zwischenzeit einen völkerrechtlich nicht geregelten Zustand anzunehmen, ist genauso rechtsmissbräuchlich, wie das Vorliegen eines bewaffneten Konflikts zu behaupten, um damit den Menschenrechtsschutz weitgehend auszuschalten.[1121] Bis zu einer völkerrechtlichen Regelung ist hinsichtlich atypischer Konfliktformen mit den derzeit verfügbaren Bestimmungen für bewaffnete Konflikte das Auslangen zu finden und es sind diese *mutatis mutandi* anzuwenden. Dies wäre auch im Sinne der Martens'schen Klausel, die sich in der Präambel zu den Gesetzen und Gebräuchen des Landkrieges vom 18. Oktober 1907 findet[1122] und die Teil des Völkergewohnheitsrechts darstellt:

> *„Es war indessen nicht möglich,* ***sich schon jetzt über Bestimmungen zu einigen, die sich auf alle in der Praxis vorkommenden Fälle erstrecken****.*
>
> *Andererseits konnte es nicht in der Absicht der hohen vertragschließenden Teile liegen, dass die nicht vorgesehenen Fälle,* ***in Ermangelung eines schriftlichen Übereinkommens****, der* ***willkürlichen Beurteilung der militärischen Befehlshaber*** *überlassen bleiben.*
>
> *In der Hoffnung, dass es später gelingen wird, ein vollständigeres Kriegsgesetzbuch zu erlassen, halten es die hohen vertragschließenden Teile für zweckmäßig, festzusetzen, dass in den Fällen, die in den von ihnen angenommenen Bestimmungen nicht vorgesehen sind,* ***die Bevölkerungen und Kriegführenden unter dem Schutze und den herrschenden Grundsätzen des Völkerrechts*** *bleiben, wie sie sich aus den unter gesitteten Staaten geltenden Gebräuchen, aus den* ***Gesetzen der Menschlichkeit*** *und aus den* ***Forderungen des öffentlichen Gewissens*** *herausgebildet haben."*[1123]

1120 Siehe Kapitel *5.3 Die US-Position vor und nach dem 11. September 2001* und Kapitel *7.2 Humanitäres Völkerrecht und Kampf gegen den Terrorismus.*

1121 Der Vorwurf des Rechtsmissbrauchs wiegt umso schwerer, wenn dem Gegner in dem behaupteten bewaffneten Konflikt mangels Erfüllung völkerrechtlicher Voraussetzungen auch der humanitätsrechtliche Schutz verwehrt wird (siehe Fn. 927).

1122 Die Martens'sche Klausel (Fn. 8) findet sich auch im *Zusatzprotokoll I von 1977 zu den Genfer Abkommen* (Fn. 16) sowie im *Rahmenvertrag des VN-Waffenübereinkommens von 1980* (Fn. 54).

1123 *Haager Landkriegsordnung* (Fn. 14), Präambel (Hervorhebung durch Verfasser).

11. Abstract

International humanitarian law (IHL) is part of international law and governs relations between states in times of armed conflicts (*ius in bello*)[1124]. International humanitarian law seeks to protect people who are not or are no longer taking part in hostilities[1125] and contains rules which restrict methods and means of warfare[1126]. Many cultures have sought to limit the suffering that war can cause. Many rules which imposed restrictions on the conduct of war, the means of warfare and their application can be traced back to ancient civilizations and religions. Wars have always been subject to certain principles and customs: they started most often with a declaration of war, the conduct of hostilities was determined by specific rules and customs and the war ended with an agreement on the subsequent relationship between the parties to the conflict.

However it should not be ignored that belligerents always distinguished between different types of war. This distinction had an impact on the applicable rules in the conflict and especially on the legal status of persons involved in the conflict.

For example many of the rules of ancient Greek practice of war (such as the interruption of hostilities during the Olympic Games or the release of prisoners for ransom) applied only in wars between Greek city-states and were not applicable in wars with non-Greek states.

Christianity also distinguished between external and internal wars. External wars were conflicts, where Christians fought against infidels, whereas internal wars have been fights between Christians themselves. One idea behind the classification was to ensure that heretics and heathens do not benefit the same treatment, which Christians are entitled to.

Islamic scholars also distinguish between wars against unbelievers on the one hand and against fellow Muslims on the other hand. And even wars against Muslims were in turn divided into wars against apostates (*ahl al ridda*), and wars against rebels (*ahl al baghi*) and furthermore wars against those who had renounced the authority of the spiritual leader (*al muharabin*). Each type of war

---

1124 *Ius ad bellum*, by contrast, is the branch of law, that defines the legitimate reasons for states to wage war. It derives mainly from the Charter of the United Nations.

1125 According to *Geneva Conventions I-IV* (supra note 15) the victims of armed conflicts are the wounded, sick and shipwrecked, prisoners of war and civilians.

1126 Rules dealing with the conduct of operations are also called *Hague Law*.

was supposed to be waged by different methods and carried a different set of obligations towards the enemy.

For a long time religious ideas mainly influenced the classification of wars and the rules applicable in the respective types. After the Peace of Westphalia 1648 the influence of religious ideas declined and the newly incepted sovereign nation-states determined largely the relation between entities, including the conflicts between them.

The most famous writers after Westphalia, such as Samuel von Pufendorf, Hugo Grotius and Emmerich de Vattel made a distinction between wars fought between nations and those fought against private citizens. Only States as sovereign powers were proper enemies and if a conflict between these powers was accompanied with certain formalities, such as a declaration of war, it was a real war. Only real wars were regulated by International Law, simply because of the fact that International Law as a whole was only concerned with relations between States[1127].

Conflicts between armed groups or civil wars were not considered to be real wars in the strict sense of the term in International Law. However, there have been internal armed conflicts, which have been treated like international armed conflicts. The de facto ability of insurgents to wage war made it necessary for States to define their relation to this armed groups. According to Oppenheim insurgents may be recognized as a belligerent power, if the following criteria are met:

1. *The insurgents have taken possession of part of the territory of the legitimate government;*
2. *The insurgents have established a government of their own; and*
3. *The insurgents fight in accordance with the law.*

In the American Civil War (1861–1865), an armed conflict that was fundamentally non-international in nature, the army of the Confederate States was implied recognized as belligerents. As a consequence of the recognition of belligerency both parties were bound to respect the laws of war and captured soldiers were entitled to POW-status. However it is important to emphasize that International Law still only governed wars between States and just made applicable this body of law also to civil wars under specific circumstances.

The situation changed decisively after the Second World War. The adoption of the 1949 Geneva Conventions brought two fundamental changes.

1127 See Lassa Oppenheim, *International Law: A Treatise, Vol. II, War and Neutrality* (supra note 83), p. 56.

Firstly the term *"war"* was replaced by the term *"armed conflict"*, which was – according to the Commentary – *"deliberate"*. The formal declaration of war was not considered constitutional any more[1128]. By introducing the concept of armed conflict the applicability of International Humanitarian Law should be unrelated to the will of the governments. IHL applies to any armed conflict which may arise on the ground, *"even if one of the Parties denies the existence of the state of war"*. Thus humanitarian law became applicable on the basis of material aspects of a conflict and as a consequence the traditional notion of "*law of war*" was replaced by the notion of "*law of armed conflict*"[1129].

However the documents do not contain a definition of the expression *"armed conflict"*. Pictet in his Commentary explains that *"any difference arising between States and leading to the intervention of members of the armed forces is an armed conflict"*. Additionally the Commentary states that *"it makes no difference how long the conflict lasts and how much slaughter takes place"*. Consequently at least in 1949 the intensity of the hostilities between High Contracting Parties was not a requirement for the existence of an armed conflict.

The second development of International Humanitarian Law after the Second World War was the extension of this body of law to internal armed conflicts. However, the idea of the ICRC, recommended in a report in 1948, to extend the Conventions in their entirety to internal armed conflicts was rejected by most States.

But it was agreed instead to incorporate a single provision into the four Geneva Conventions, which would be applicable *"in the case of armed conflict not of an international character occurring in the territory of one of the High Contracting Parties"*. This Article 3, common to the four Geneva Conventions did not create a new type of conflict as international and non-international armed conflicts already existed long before 1949. But for the first time, international law codified minimal guarantees to be respected during non-international armed conflicts.

Unfortunately, Article 3 does not specify precisely its scope of application. The International Criminal Tribunal for the former Yugoslavia (ICTY) established in its *Tadić* decision that *"protracted armed violence between governmental authorities and organized armed groups or between such groups within a State"* is to be considered an armed conflict. Consequently the existence of an armed conflict

1128 Thus, the declaration of war in accordance with the Hague Convention on Opening of Hostilities (Hague Convention III) became obsolete.

1129 Jean Pictet, *Commentary on the Geneva Convention I* (supra note 29), p. 32.

not of an international character requires – contrary to international armed conflicts – fighting of a certain degree of intensity.

There is wide consensus that the threshold of violence that is required for the application of IHL in non-international armed conflicts is higher than in international armed conflicts. However the meaning of *"protracted"* and the question whether this term relates to the duration or intensity of the fighting is not so clear-cut.

From 1974 to 1977 the Swiss Federal Council convened a *Diplomatic Conference on the Reaffirmation and Development of International Humanitarian Law Applicable in Armed Conflicts.* This conference drew up two additional Protocols to the Geneva Conventions of 1949, which had great influence on the scope of applicability of International Humanitarian Law.

Additional Protocol I applies to all situations of declared war and to armed conflicts between High Contracting Parties. Furthermore the protocol determines that it also shall apply in *"armed conflicts which peoples are fighting against colonial domination and alien occupation and against racist regimes in the exercise of their right of self-determination, as enshrined in the Charter of the United Nations and the Declaration on Principles of International Law concerning Friendly Relations and Co-operation among States in accordance with the Charter of the United Nations".*

This provision expanded the field of application of the law of international armed conflicts. Consequently armed conflicts, which are *de facto* non-international armed conflicts taking place in the territory of one Party to the Protocol are under specific circumstances to be treated like international armed conflicts.

What the ICRC did not achieve in 1949, namely to extend the body of law applicable in international armed conflicts in its entirety to non-international armed conflicts, was now accepted with regard to national liberation movements. The most significant consequence of extending the body of law applicable to international armed conflicts to wars of national liberation is, that liberation fighters gain combatant status and therefore cannot be prosecuted for mere participation in hostilities.

However, as many states faced with struggles against liberation movements have not ratified Additional Protocol I the protection offered by the instrument renders useless for many liberation movements. In the end this provision, establishing the so-called *National Liberation Conflicts* has never been applied in any of these situations.

The Additional Protocol II from 1977, which supplements and further develops common Article 3 of the Geneva Conventions also amended the scope of application by introducing a new threshold for non-international armed conflicts. Whereas common Article 3 applies in all situations of armed conflicts not of an international character, Additional Protocol II only applies to armed conflicts between regular armed forces and *"dissident armed forces or other organized armed groups which, under responsible command, exercise such control over a part of the territory as to enable them to carry out sustained and concerted military operations and to implement this Protocol"*.

Parties to the Additional Protocol II accepted restrictions to be respected in non-international armed conflicts but at the same time limited the application of these rules by implementing criteria, which are quite challenging to achieve for organized armed groups. The effect of the different thresholds for the application of IHL is that there are different types of non-international armed conflicts with different responsibilities for the Parties. And again, the borderlines between the types of armed conflicts are not clear-cut. In many cases, the actual type of conflict can only be determined in retrospect of the military operation, whereas commanders have to know the applicable rules already when planning the operation.

Today international humanitarian law refers to two different types of armed conflicts: international armed conflicts (armed conflicts between states) and non-international armed conflicts (armed conflicts between a state and a non-state armed group or between non-state armed groups)[1130]. This dichotomy between international and non-international armed conflicts has been widely criticized[1131], but the distinction still exists in international humanitarian law. Although international treaty law draws a clear line between these two types of conflicts, more and more provisions applicable in international armed conflicts has become customary law in non-international armed conflicts[1132]. A significant difference however remained: the members of non-state armed groups in non-international armed conflicts are not entitled to combatant status. Members of non-state armed groups taking direct part in hostilities do not enjoy the protection against attack accorded to civilians. They are subject to national law and in case of capture they may be prosecuted and sentenced according to national penal law for mere participation in hostilities[1133].

Even more significant than the difference between international and non-international armed conflict is the threshold between internal disturbances and

1130 See Chapter 3.3 *Dichotomie bewaffneter Konflikte.*

1131 See James Stewart, *Towards a single definition of armed conflict in international law: a critique of internationalized armed conflict* (supra note 351), p. 313.

1132 See Chapter 3.4 *Humanitäres Völkergewohnheitsrecht.*

1133 Under international law, they are only responsible for violations of the law of armed conflict.

tensions on the one hand and armed conflicts on the other. Whereas international humanitarian law is only applicable in armed conflicts, the scope of applicability of human rights law goes much further. In addition to the extraterritorial application of human rights[1134], human rights law remains applicable in armed conflicts, unless in a specific situation humanitarian law provisions constitute *lex specialis*[1135].

While human rights were conceived to reflect relations between civil society and the state, international humanitarian law provides a compromise between military necessity and the dictates of humanity. Consequently international humanitarian law allows means and methods which in the absence of an armed conflict would constitute criminal offences.

Thus, the knowledge of the different types of armed conflicts under international humanitarian law is equally important for political and military decision-makers. It is their responsibility to classify a conflict on the basis of international humanitarian law and to identify rights and obligations as well as the admissibility of means and methods of warfare. The policy-makers, who mandate the deployment of armed forces bear the political responsibility for the use of force and have to delineate the circumstances and limitations under which armed forces may initiate or continue combat engagement. The same applies to military commanders when planning and conducting military operations: their discretion to use means and methods of warfare[1136] often depends on the classification of the conflict according to international humanitarian law.

Since the classification of armed conflicts does not depend on explanations of the parties to the conflict, but results from the actual situation on the ground, a conflict may well "develop legally" contrary to the interests of a party to the conflict. Such development must be recognized in time by both political and military decision-makers. Policy-makers have to take political responsibility for the authorization of the use of force in the new situation and to adjust the mandate given to the armed forces. Military leaders must be aware of the different legal framework applicable in the new situation, when planning and conducting military operations. It is in no case acceptable to define a type of conflict contrary to the actual circumstances on the ground in order to determine the legal framework according to one's own interests.

Armed Forces are increasingly deployed in situations which cannot easily be classified according to international humanitarian law. There is on the one hand

1134 See Chapter 3.5.2 *Die exterritoriale Geltung der Menschenrechte*.

1135 See Chapter 3.5.1 *Alternativer und kumulativer Ansatz*.

1136 See Art. 35, para. 1, *Additional Protocol I* (supra note 16): *"In any armed conflict, the right of the Parties to the conflict to choose methods or means of warfare is not unlimited."*

the wide range of international crisis management operations[1137], which are usually mandated by international organizations, and on the other hand the fight against terrorism[1138] and transnational crimes. These situations may amount to armed conflicts, but sometimes none of the classic criteria defining either international or non-international armed conflict apply. Faced with the challenge of opting for a type of conflict and merely accepting the consequent legal framework, policy-makers are sometimes tempted to assume a conflict *sui generis*[1139]. The inclination to construct a unique legal framework for novel crises risks serious consequences for victims, including fundamental human rights violations.

The call for codification of the rules applicable in these special forms of armed conflicts is legitimate, but success appears unlikely. To adopt a situation which is not regulated by international law is just an abuse of rights, such as to assert the existence of an armed conflict in order largely to eliminate the protection of human beings. Until the international community agrees on specific rules applicable in these situations, the existing rules of international humanitarian law must be applied *mutatis mutandis*. This would also be in accordance with the Martens Clause, which is part of the preamble to the laws and customs of war on land of October 18, 1907[1140] and represents customary international law:

> *"It has not, however, been found possible* ***at present to concert regulations covering all the circumstances which arise in practice****;*
>
> *On the other hand, the High Contracting Parties clearly do not intend that unforeseen cases should,* ***in the absence of a written undertaking, be left to the arbitrary judgment of military commanders****.*
>
> *Until a more complete code of the laws of war has been issued, the High Contracting Parties deem it expedient to declare that, in cases not included in the Regulations adopted by them,* ***the inhabitants and the belligerents remain under the protection and the rule of the principles of the law of nations****, as they result from the* ***usages established among civilized peoples, from the laws of humanity, and the dictates of the public conscience.****"*[1141]

1137 See Chapter 5.1 *Humanitäres Völkerrecht und Einsätze der Vereinten Nationen.*

1138 See Chapter 5.2 *Humanitäres Völkerrecht und Kampf gegen den Terrorismus.*

1139 See Chapter 3.5.3 *Die US-Position vor und nach dem 11. September 2001* und Chapter 5.2 *Humanitäres Völkerrecht und Kampf gegen den Terrorismus.*

1140 The Martens Clause (supra note 8) is also included in the *Additional Protocol I* (supra note 16) and in the *Convention on Prohibitions or Restrictions on the Use of Certain Conventional Weapons Which May be Deemed to be Excessively Injurious or to Have Indiscriminate Effects* (supra note 54).

1141 Preamble, *Hague Convention IV, Rules and Customs of War on Land* (supra note 14).

12. Literaturverzeichnis

Selbständige Bücher und Schriften

Abi-Saab, Georges: *Non-international Armed Conflicts* in Henry Dunant Institute, *International Dimensions of Humanitarian Law*, Martinus Nijhoff Publishers, Dordrecht/Boston/London, 1988.

Abi-Saad, Georges: *Wars of National Liberation and the Development of Humanitarian Law* in Akkerman, Van Krieken & Pannenborg (Hrsg), *Declarations on Principles. A Quest for Universal Peace*, A.W. Sijthoff, Leiden, 1977.

Akande, Dapo: *Afghanistan accedes to Additional Protocols to Geneva Conventions: Will AP II govern the conflict in Afghanistan?* European Journal of International Law: Talk (30 June 2009), Akande, *AP II and the Afghan Conflict*; http://www.ejiltalk.org/afghanistan-accedes-to-additional-protocols/.

Aldrich, George H.: *The Taliban, al Queda, and the Determination of Illegal Combatants*, Humanitäres Völkerrecht – Informations-schriften, Jahrgang 15, Heft 4 (2002); http://www.mkkk.org/eng/assets/files/other/george_aldrich_3_final.pdf.

Aldrich, Georg H.: *Prospects for United States Ratification of Additional Protocol I to the Geneva Conventions* in *American Journal of International Law*, Volume 65, 1991.

Arnauld, Andreas von: *Recht des bewaffneten Konflikts – Humanitäres Völkerrecht*, Skript zur Vorlesung, Universität der Bundeswehr Hamburg, Wintertrimester 2010.

Bartels, Rogier: *Timelines, borderlines and conflicts – The historical evolution of the legal divide between international and non-international armed conflicts*, International Review of the Red Cross, No. 873, 2009; http://www.icrc.org/eng/assets/files/other/irrc-873-bartels.pdf.

Bassiouni, Cherif M.: *Crimes Against Humanity – Historical Evolution and Contemporary Application*, Cambridge University Press 2011.

Bassiouni, Cherif M.: *Self-determination and the Palestinians* in *Annual Survey of International and Comparative Law*, Volume 65, 1971.

Baxter, Richard R.: *Some Existing Problems of Humanitarian Law*, Military Law and the Law of War Review (1975).

Beck, Martin: *Die Debatte über den Sommerkrieg 2006 im Nahen Osten*, German Institute of Global and Area Studies, Nr. 12, 2006.

Beittel, June S.: *Mexico's Drug Trafficking Organizations: Source and Scope of Rising Violence*, Congressional Research Service 7-5700, R41576, http://www.fas.org/sgp/crs/row/R41576.pdf.

Benvenuti, Paolo: *The Implementation of International Humanitarian Law in the Framework of UN Peace-Keeping*, Law in Humanitarian Crises (Luxembourg: Office for Official Publications of the European Communities, 1995) Vol. 1, 83–119.

Bergal, Carina: *The Mexican Drug War: The Case for a Non-International Armed Conflict Classification*, Fordham International Law Journal, Vol. 34, 2011; http://papers.ssrn.com/sol3/papers.cfm?abstract_id=1846066.

Bindschedler, Rudolf L.: *Die Neutralität im modernen Völkerrecht*, Zeitschrift für ausländisches öffentliches Recht und Völkerrecht, Heidelberg Journal of International Law (HJIL), Band 17/1.

Bluntschli, Johan Caspar: *Das moderne Völkerrecht der civilisierten Staaten* (1. Auflage 1868).

Bodin, Jean: *Les six livres de la Républiqe*, Paris, 1576.

Bredendiek, Markus: *Die Haager Friedenskonferenzen von 1899 und 1907*, http://www.hans-otto-bredendiek.org/Markus/Haager_Friedenskonferenzen.html.

Brooks, Richard: *Solferino 1859. The battle for Italy's freedom* (Osprey Campaign Series 207), Osprey Publishing Ltd, Oxford 2009.

Bruha, Thomas: *Neuer Internationaler Terrorismus: Völkerrecht im Wandel*, in Hans-Joachim Koch (Hrsg.), *Terrorismus - Rechtsfragen der äußeren und inneren Sicherheit*, Baden-Baden 2002.

Buchheit, Eva: *Der Kellogg-Briand Pakt von 1928 - Machtpolitik oder Friedensstreben?* Studien zur Friedensforschung, Münster 1998.

Bugnion, François: *The origins and development of the legal protection of cultural property in the event of armed conflict*, ICRC Resource Centre, 14 November 2004, http://www.icrc.org/eng/resources/documents/article/other/65shtj.htm.

Carswell, Andrew J.: *Classifying the conflict: a soldier's dilemma* in International Review of the Red Cross, Volume 91, No. 873 (2003).

Cassese, Antonio: *The Spanish Civil War and the Development of Customary Law Concerning Internal Armed Conflicts*, in *Selected Papers of A. Cassese* (2008).

Cassese, Antonio: *Wars of national liberation and humanitarian law* in Swinarski (Hrsg.), *Etudes et essais sur le droit international humanitaire et sur les principes de la Croix-Rouge - en honneur de Jean Pictet*, Martinus Nijhoff Publishers, The Netherlands, 1984.

Castellino, Joshua: *International Law and Self-Determination*, Martinus Nijhoff Publishers, The Hague/Boston/London, 2000.

Clemons, Elgin: *No Peace to Keep: Six and Three-Quarters Peacekeepers*, 26 New York University Journal of International Law and Politics (1993–1994).

Cote-Muñoz, Natalia: *Mexico's Drug War: Not Another Colombia*, Council on Hemispheric Affairs, 17 January 2012, http://www.coha.org/mexicos-drug-war-not-another-colombia/.

Creveld, Martin van: *The Transformation of War*, Free Press, New York, 1991.

Cullen, Anthony: *Key Developments Affecting the Scope of Internal Armed Conflict in International Humanitarian Law*, Military Law Review, Vol. 183, 2005.

Dennis, Michael J.: *Application of Human Rights Treaties Extraterritorially in Times of Armed Conflict and Military Occupation*, American Journal of International Law, Vol. 99 (2005).

Draper, Gerald Irving/Anthony Dare: *Humanitarian Law and Internal Armed Conflicts*, Georgia Journal of International and Comparative Law (1983).

Dinstein, Yoram: *War, Aggression and Self-Defence*, Cambridge University Press, 2011.

Droege, Cordula: *The Interplay between International Humanitarian Law and International Human Rights Law in Situations of Armed Conflict*; Vol. 40, No. 2, Israel Law Review, (2007) http://www.icrc.org/eng/assets/files/other/interplay-article-droege.pdf.

Dunant, Jean Henry: *Un souvenir de Solferino*, J. G. Fick, Genève, 1863. *Eine Erinnerung an Solferino*, deutsche, vom Verfasser autorisierte Ausgabe, Verlag H. Georg, Basel 1863.

Falk, Richard: *Janus tormented: The International Law of Internal War*, in James N. Rosenau (Hrsg), *International Aspects of Civil Strife*, Princeton University Press, Princeton, 1964.

Frowein, Jochen A.: *Der Terrorismus als Herausforderung für das Völkerrecht*, Zeitschrift für ausländisches öffentliches Recht und Völkerrecht (ZaöRV), Vol 62, 2002; http://www.zaoerv.de/62_2002/62_2002_1_a_879_906.pdf.

Gasser, Hans-Peter: *International Humanitarian Law: an Introduction*, in *Humanity for All: the International Red Cross and Red Crescent Movement*, H. Haug (Hrsg.), Paul Haupt Publishers, Bern (1993).

Gasser, Hans-Peter: *Protection of the Civilian Population*, in D. Fleck, *Handbook of Humanitarian Law in Armed Conflicts*, Oxford University Press, Oxford, 1985.

Gazit Nir, Robert J Brym: *State-directed political assassination in Israel: A political hypothesis*, International Sociology 26(6) (2011); http://projects.chass.utoronto.ca/brym/GazitBrym.pdf.

Glahn, Gerhard von: *The Occupation of Enemy Territory, a Commentary on the Law and Practice of Belligerent Occupation*, University of Minnesota Press, Minneapolis, 1957.

Grabner, Doris Appel: *The Development of the Law of Belligerent Occupation 1863–1914: A Historical Survey*, New York, Columbia University Press, 1949.

Greenwood, Christopher: *Terrorism and Humanitarian Law – The Debate Over Additional Protocol I* in *Israel Yearbook of Human Rights*, Volume 19, 1989.

Greenwood, Christopher: *International Humanitarian Law and UN Military Operations*, Yearbook of International Humanitarian Law 11/1998.

Greenwood, Christopher: *A Critique of the Additional Protocols to the Geneva Conventions of 1949* in Durham & McCormack (Hrsg) *The Changing Face of Conflict and the Efficacy of International Humanitarian Law*, Martinus Nijhoff Publishers, The Hague/Boston, 1999.

Greenwood, Christopher: *Historical Development and Legal Basis* in D. Fleck (Hrsg.), *Handbook of International Humanitarian Law*, 2008.

Greenwood, Christopher: *Scope of Application of International Humanitarian Law* in D. Fleck (Hrsg.), *Handbook of International Humanitarian Law*, 2008.

Grossman, Dave: *On Killing: The Psychological Cost of Learning to Kill in War and Society*, New York, Back Bay Books, 1996.

Grotius, Hugo: *De jure belli ac pacis* (Über das Recht des Kriegs und des Friedens), Paris, 1625 (2. Aufl. Amsterdam 1631).

Gutteridge, Harold Cooke: *The Geneva Convention of 1949*, 26 British Journal of International Law (1949).

Hartmann, U., A. Schubert: *Rules of Engagement und die Taschenkarten der Bundeswehr*, Ausarbeitung der Wissenschaftlichen Dienste des Deutschen Bundestages, Nr. 100/09 (19. November 2009); http://www.bundestag.de/dokumente/analysen/2009/rules_of_engagement.pdf.

Henckaerts, Jean-Marie and Louise Doswald-Beck: *Customary International Humanitarian Law, Volume I: Rules*, Cambridge University Press, 2005.

Heidenkamp, Henrik: *Der Entwicklungsprozess der Bundeswehr zu Beginn des 21. Jahrhunderts*, Peter Lang GmbH, Frankfurt am Main 2010.

Higgins, Noelle: *The Application of International Humanitarian Law to Wars of National Liberation*, The Journal of Humanitarian Assistance, April 2004.

Hinz, Joachim / Elmar Rauch: *Kriegsvölkerrecht, Textsammlung mit Erläuterungen*, Carl Heymanns Verlag KG, Köln/Berlin/Bonn/München, 1984.

Henricus de Segusio (genannt *Hostiensis): A typology of internal and external war*, in Gregory M. Reichberg, Henrik Syse and Endre Begby (Hrsg.), *The Ethics of War: Classic and Contemporary Readings*, Blackwell Publishing Oxford, 2006.

Hupkes, Sander D. Dikker: *What Constitutes Occupation? Israel as the occupying power in the Gaza Strip after the Disengagement*, Leiden, Jongbloed 2008.

Krieger, Heike: *Die Verantwortlichkeit Deutschlands nach der EMRK für seine Streitkräfte im Auslandseinsatz*, Max-Planck-Institut für ausländisches öffentliches Recht und Völkerrecht, 2002; http://www.zaoerv.de/62_2002/62_2002_1_a_669_702.pdf.

Kotzsch, Lothar: *The Concept of War in Contemporary History and International Law*, Thesis No. 105, University of Geneva, E. Droz, 1956.

Krajewski, Markus: *Selbstverteidigung gegen bewaffnete Angriffe nicht-staatlicher Organisationen – Der 11. September 2001 und seine Folgen*, Archiv des Völkerrechts (AVR) 2002.

Krause, Ulf von: *Die Afghanistaneinsätze der Bundeswehr, Politischer Entscheidungsprozess mit Eskalationsdynamik*, Globale Gesellschaft und Internationale Beziehungen, Verlag für Sozialwissenschaften, 2011.

Lauterpacht, Hersch: *Recognition in International Law*, Cambridge University Press, 1948.

Lawson, Rick: *Life After Bankovic: On the Extraterritorial Application of the European Convention on Human Rights*, Coomans/Kamminga (Intersentia 2004). https://openaccess.leidenuniv.nl/handle/1887/12281.

Martinetz, Dieter: *Der Gaskrieg 1914–1918 – Entwicklung, Herstellung und Einsatz chemischer Kampfstoffe*, **Bernard & Graefe**, Bonn, 1996.

McDonald, Avril: *Terrorism, Counter-Terrorism and the Ius in Bello*, in *Terrorism and International Law: Challenges and Responses*, Publication of the International Institute of Humanitarian Law, May 2002; http://www.iihl.org/iihl/Documents/Terrorism%20and%20IHL.pdf.

Melčić, Dunja (Hrsg.): *Der Jugoslawien-Krieg. Handbuch zu Vorgeschichte, Verlauf und Konsequenzen*. Westdeutscher Verlag, Opladen/Wiesbaden 1999, 2. aktualisierte und erweiterte Auflage, VS Verlag für Sozialwissenschaften, 2007.

Melzer, Nils: *Interpretive Guidance on the Notion of Direct Participation in Hostilities under International Humanitarian Law*, ICRC, May 2009; http://www.icrc.org/eng/assets/files/other/icrc-002-0990.pdf.

Menon, P. K.: *The Law of Recognition in International Law: Basic Principles*, The Edwin Mellen Press, Lewiston/Queenston/Lampeter, 1994.

Milanovic, Marko: *Norm Conflicts, International Humanitarian Law and Human Rights Law* (January 5, 2010). Human Rights and International Humanitarian

Law, Collected Courses of the Academy of European Law, Vol. XIX/1, Orna Ben-Naftali ed., Oxford University Press, 2010; http://papers.ssrn.com/sol3/papers.cfm?abstract_id=1531596.

Moir, Lindsay: *The Law of Internal Armed Conflict*, Cambridge University Press, 2004.

Nahlik, Stanislaw-Edward: *Protection of cultural property*, in *International Dimensions of Humanitarian Law*, Henry Dunant Institute, Geneva, UNESCO, Paris, Martinus Nijhoff Publishers, Dordrecht, 1988.

O'Connell, Mary Ellen: *Adhering To Law and Values Against Terrorism*, Notre Dame Journal of International & Comparative Law, 2012; http://www3.nd.edu/~ndjicl/V2I2/Oconnell.pdf.

O'Connell, Mary Ellen: *Defining Armed Conflict*, Notre Dame Law School, Legal Studies Research Paper No. 09–09; http://ssrn.com/abstract=1392211.

O'Connell, Mary Ellen: *Sedutive Drones: Learning from a Decade of Lethal Operations*, Notre Dame Law School, Legal Studies Research Paper No. 11–35; http://papers.ssrn.com/sol3/papers.cfm?abstract_id=1912635.

Oppenheim, Lassa: *International Law: A Treatise, Vol. II, War and Neutrality*, Longman, Greens and Co, London 1906.

Oppenheim, Lassa & Hersch Lauterpacht: *Oppenheim's International Law, A Treatise, Volume II: Disputes, War and Neutrality.* Green and Co., London 1952.

Paulus, Andreas: *Non International Armed Conflict under Common Article 3*, Vortrag am 10th Bruges Colloquium *Armed Conflicts and Parties to Armed Conflict under IHL*, 22–23 October 2009; http://www.coleurope.eu/content/publications/pdf/Collegium40.pdf.

Peach, Norman: *Epochenwechsel im Völkerrecht?* Aus Politik und Zeitgeschichte Nr. B43, 2004.

Pejić, Jelena: *Status of Armed Conflicts* in Elizabeth Wilmshurst and Susan Breau (Hrsg), *Perspectives on the ICRC Study on Customary International Humanitarian Law* (2007).

Pictet, Jean: *The New Geneva Conventions for the Protection of War Victims*, American Journal of International Law (1951).

Pictet, Jean: *Commentary on the Geneva Convention for the Amelioration of the Condition of the Wounded and Sick in the Armed Forces in the Field*, ICRC, Geneva 1952.

Pictet, Jean: *Geneva Convention IV Relative to the Protection of Civilian Persons in Time of War: Commentary*, ICRC, 1958.

Pictet, Jean: *Geneva Convention III Relative to the Treatment of Prisoners of War: Commentary*, ICRC, 1960.

Pictet, Jean: *Development and Principles of International Law*, Martinus Nijhoff Publishers, Dortrecht, and Henry Dunant Institute Geneva (1985).

Prud'homme, Nancie: *Lex Specialis: Oversimplifying a More Complex and Multi-faceted Relationship*, Vol. 40, No. 2, Israel Law Review 356 (2007).

Reisman, William Michael and James Silk: *Which law applies to the Afghan conflict?* American Journal of International Law, Vol. 82, 1988; http://digitalcommons.law.yale.edu/fss_papers/752/.

Roberts, Adam: *What is a Military Occupation?* in British Year Book of International Law, Vol. 55, No. 1, 1984.

Rona, Gabor: *Legal Frameworks to Combat Terrorism: an Abundant Inventory of Existing Tools*, Chicago Journal of International Law, Vol. 5, No. 2, 2007.

Rousseau, Jean-Jacques: *Vom Gesellschaftsvertrag* (1762), I. Buch (Übersetzung von H. Denhardt, 1880).

Rupprecht, Katrin: *Der deutsch-isländische Fischereizonenstreit 1972–1976. Krisenfall für die NATO?* Peter Lang, Frankfurt a. M. 2011.

Ryngaert, Cedric: *Jurisdiction in International Law*, Oxford University Press, 2008.

Samson, Elizabeth: *Is Gaza Occupied? Redefining the Legal Status of Gaza*, The Begin-Sadat Center for Strategic Studies, January 2010; http://www.biu.ac.il/Besa/MSPS83.pdf.

Sánchez, Andrea Nill: *Mexico's Drug "War": Drawing a Line Between Rhetoric and Reality*, Yale Journal of International Law, Volume 38, Issue 2; http://www.yjil.org/print/volume-38-issue-2/mexicos-drug-war-drawing-a-line-between-rhetoric-and-reality.

Sandoz, Yves, Christophe Swinarski / Bruno Zimmermann (eds.): *Commentary on the Additional Protocols of 8 June 1977 to the Geneva Conventions of 12 August 1949*, International Committee of the Red Cross, Martinus Nijhoff Publishers, Geneva.

Sassòli, Marco: *Transnational Armed Groups and International Humanitarian Law*, Program on Humanitarian Policy and Conflict Research (HPCR), Harvard University, Winter 2006; http://www.hpcrresearch.org/sites/default/files/publications/OccasionalPaper6.pdf.

Schäfer, Bernhard: *Zum Verhältnis Menschenrechte und humanitäres Völkerrecht*, Menschenrechtszentrum der Universität Potsdam, 2006, Studien zu Grund- und Menschenrechten; http://opus.kobv.de/ubp/volltexte/2009/2973/pdf/sgm13.pdf.

Schaller, Christian: *Humanitäres Völkerrecht und nichtstaatliche Gewaltakteure*, SWP-Studie, Deutsches Institut für Internationale Politik und Sicherheit,

Dezember 2007, Berlin; http://www.swp-berlin.org/fileadmin/contents/products/studien/2007_S34_slr_ks.pdf.

Schindler, Dietrich: *International humanitarian law and internationalized internal armed conflicts*, International Review of the Red Cross, No. 230, 1982; http://www.loc.gov/rr/frd/Military_Law/pdf/RC_Sep-Oct-1982.pdf.

Schindler, Dietrich: *The Different Types of Armed Conflict According to the Geneva Conventions and Protocols* in Recueil des Cours, Volume 163, 1979.

Schmitt, Michael: *Deconstructing October 7th: A Case Study in the Lawfulness of Counterterrorist Military Operations*, in *Terrorism and International Law: Challenges and Responses*, Publication of the International Institute of Humanitarian Law, May 2002.

Schmitt, Michael: *Status of Opposition Fighters in a Non-International Armed Conflict*, Naval War College, Newport Rhode Island; International Law Studies, Volume 88/2012, (Kenneth Watkin & Andrew Norris eds., 2012) http://papers.ssrn.com/sol3/papers.cfm?abstract_id=2184860.

Schmitt, Michael / Charles Garraway / Yoram Dinstein: *The Manual on the Law of Non-international Armed Conflict*, International Institute of Humanitarian Law, Sanremo, 2006, Martinus Nijhoff Publishers, Leiden/Boston; http://www.iihl.org/iihl/Documents/The%20Manual%20on%20the%20Law%20of%20NIAC.pdf.

Seyersted, Finn: *United Nations Forces in the Law of Peace and War*, Leyden, A.W. Sijthoff, 1966.

Stewart, James: *Towards a single definition of armed conflict in international law: a critique of internationalized armed conflict*, International Review of the Red Cross, Vol 85, 2003, No. 850.

Suter, Keith: *An International Law of Guerrilla Warfare: The Global Politics of Law-Making*, Francis Pinter (Publishers), London, 1984.

Tomuschat, Christian: *Der 11. September 2001 und seine rechtlichen Konsequenzen*, Europäische Grundrechtezeitung (EuGRZ), 2001.

Vattel, Emer de: *Le Droit des gens ou principes de la loi naturelle appliqués à la conduite et aux affaires des nations et des souverains* (Leiden, 1758).

Verdross, Alfred: *Völkerrecht*, 5. Auflage, Wien, 1964.

Vité, Sylvain: *Typology of Armed Conflicts in International Humanitarian Law: Legal Concepts and Actual Situations* (2009), International Review of the Red Cross, Volume 91, No. 873 (2009); http://www.icrc.org/eng/assets/files/other/irrc-873-vite.pdf.

Wagner, Jürgen: *Der NATO-Krieg in Afghanistan: Prototyp für Neoliberales Nation Building und zivil-militärische Aufstandsbekämpfung*; http://www.imi-online.de/download/JW-NATO-Afghanistan.pdf.

Weisburd, Arthur Mark: *Use of Force: The Practice of States Since World War II*; University Park, PA; Pennsylvania State University Press, 1997.

Wilmshurst, Elizabeth: *Principles of International Law on the Use of Force by States on Self-Defence*, Chatham House, October 2005; http://www.chathamhouse.org/publications/papers/view/108106.

Wilson, Heather A.: *International Law and the Use of Force by National Liberation Movements*, Clarendon Press, Oxford, 1988.

Wolf, Udo: *Prisoner-of-war status and the national liberation struggles* in *International Review of Contemporary Law*, Volume 1, 1984.

Zimmermann, Andreas: *Schriftliche Stellungnahme für die Öffentliche Anhörung des Bundestagsausschusses für Menschenrechte und Humanitäre Hilfe*, Menschenrechtszentrum der Universität Potsdam, 27. Februar 2013, Ausschussdrucksache 17(17)176; http://www.tom-koenigs.de/fileadmin/media/MdB/tomkoenigs_de/home/termine/2012-02-27_OEA_Ausschuss_MR_-_MR_Schutz/ADrs._176__oeA_Prof._Dr._Andreas_Zimmermann_Stellungnahme.pdf.

Internationale Verträge und Dokumente

(in chronologischer Reihenfolge)

Instructions for the Government of Armies of the United States in the Field, 24 April 1863 (*Lieber Code*). D. Schindler and J. Toman, *The Laws of Armed Conflicts*, Martinus Nihjoff Publisher, 1988, Seite 3–23.

Convention for the Amelioration of the Condition of the Wounded in Armies in the Field, Geneva, 22 August 1864. D. Schindler and J. Toman, *The Laws of Armed Conflicts*, Martinus Nihjoff Publisher, 1988, Seite 280–281.

Declaration Renouncing the Use, in Time of War, of Explosive Projectiles Under 400 Grammes Weight, Saint Petersburg, 11 December 1868. D. Schindler and J. Toman, *The Laws of Armed Conflicts*, Martinus Nihjoff Publisher, 1988, Seite 102.

Project of an International Declaration concerning the Laws and Customs of War, Brussels, 27 August 1874. D. Schindler and J. Toman, *The Laws of Armed Conflicts*, Martinus Nihjoff Publisher, 1988, Seite 22–34.

The Laws of War on Land, Oxford, 9 September 1880. D. Schindler and J. Toman, *The Laws of Armed Conflicts*, Martinus Nihjoff Publisher, 1988, Seite 36–48.

Convention for the Amelioration of the Condition of the Wounded and Sick in Armies in the Field. Geneva, 6 July 1906. D. Schindler and J. Toman, *The Laws of Armed Conflicts*, Martinus Nihjoff Publisher, 1988, Seite 301–310.

Convention (II) with Respect to the Laws and Customs of War on Land and its annex: Regulations concerning the Laws and Customs of War on Land, The Hague, 29 July 1899. D. Schindler and J. Toman, *The Laws of Armed Conflicts*, Martinus Nihjoff Publisher, 1988, Seite 69–93.

Declaration (IV,1) to Prohibit, for the Term of Five Years, the Launching of Projectiles and Explosives from Balloons, and Other Methods of Similar Nature, The Hague, 29 July 1899. D. Schindler and J. Toman, *The Laws of Armed Conflicts*, Martinus Nihjoff Publisher, 1988, Seite 202–204.

Declaration (IV,2) concerning Asphyxiating Gases, The Hague, 29 July 1899. D. Schindler and J. Toman, *The Laws of Armed Conflicts*, Martinus Nihjoff Publisher, 1988, Seite 105–106.

Declaration (IV,3) concerning Expanding Bullets, The Hague, 29 July 1899. D. Schindler and J. Toman, *The Laws of Armed Conflicts*, Martinus Nihjoff Publisher, 1988, Seite 109–110.

Convention (III) relative to the Opening of Hostilities, The Hague, 18 October 1907. D. Schindler and J. Toman, *The Laws of Armed Conflicts*, Martinus Nihjoff Publisher, 1988, Seite 57–59.

Convention (IV) respecting the Laws and Customs of War on Land and its annex: Regulations concerning the Laws and Customs of War on Land, The Hague, 18 October 1907. D. Schindler and J. Toman, *The Laws of Armed Conflicts*, Martinus Nihjoff Publisher, 1988, Seite 69–93.

Convention (V) respecting the Rights and Duties of Neutral Powers and Persons in Case of War on Land, The Hague, 18 October 1907. D. Schindler and J. Toman, *The Laws of Armed Conflicts*, Martinus Nihjoff Publisher, 1988, Seite 942–947.

Convention (XIII) concerning the Rights and Duties of Neutral Powers in Naval War, The Hague, 18 October 1907. D. Schindler and J. Toman, *The Laws of Armed Conflicts*, Martinus Nihjoff Publisher, 1988, Seite 951–957.

Rules concerning the Control of Wireless Telegraphy in Time of War and Air Warfare, drafted by a Commission of Jurists at The Hague, December 1922 – February 1923.

Protocol for the Prohibition of the Use of Asphyxiating, Poisonous or Other Gases, and of Bacteriological Methods of Warfare, Geneva, 17 June 1925. D. Schindler and J. Toman, *The Laws of Armed Conflicts*, Martinus Nihjoff Publisher, 1988, Seite 116.

Convention for the Amelioration of the Condition of the Wounded and Sick in Armies in the Field, Geneva, 27 July 1929. D. Schindler and J. Toman, *The Laws of Armed Conflicts*, Martinus Nihjoff Publisher, 1988, Seite 326–334.

Convention for the Prevention and Punishment of Terrorism, League of Nations Doc. C546 (I).M383 (I).1937.V. 1938 (16 November 1937).

Satzung der Vereinten Nationen vom 26. Juni 1945 in geänderter Fassung, UNTS Bd. 557, Seite 143; BGBl. Nr. 120/1956 (NR: GP VI RV 602 AB 614 S. 94. BR: S. 76.).

Convention on the Privileges and Immunities of the United Nations, 3 February 1946, *UNTS*, vol. 1, p. 15 and vol. 90, p. 327 (corrigendum to vol. 1).

Universal Declaration of Human Rights (UDHR), UN General Assembly, 10 December 1948, G.A. res. 217A (III), U.N. Doc A/810 at 71 (1948).

Genfer Abkommen zur Verbesserung des Loses der Verwundeten und Kranken der bewaffneten Kräfte im Felde (I. Genfer Abkommen), Genf, 12. August 1949, UNTS Bd. 75, Seite 31.

Genfer Abkommen zur Verbesserung des Loses der Verwundeten, Kranken und Schiffbrüchigen der bewaffneten Kräfte zur See (II. Genfer Abkommen), Genf, 12. August 1949, UNTS Bd. 75, Seite 85.

Genfer Abkommen über die Behandlung der Kriegsgefangenen (III. Genfer Abkommen), Genf, 12. August 1949, UNTS Bd. 75, Seite 135.

Genfer Abkommen über den Schutz von Zivilpersonen in Kriegszeiten (IV. Genfer Abkommen), Genf, 12. August 1949, UNTS Bd. 75, Seite 287.

European Convention for the Protection of Human Rights and Fundamental Freedoms, as amended by Protocols Nos. 11 and 14, 4 November 1950, ETS 5 (Europäische Menschenrechtskonvention – EMRK, BGBl. Nr. 210/1958; NR: GP VIII RV 459 AB 509 S. 63, BR: S. 137).

Convention for the Protection of Cultural Property in the Event of Armed Conflict, The Hague, 14 May 1954. D. Schindler and J. Toman, *The Laws of Armed Conflicts*, Martinus Nihjoff Publisher, 1988, Seite 747–768.

Protocol for the Protection of Cultural Property in the Event of Armed Conflict, The Hague, 14 May 1954. D. Schindler and J. Toman, *The Laws of Armed Conflicts*, Martinus Nihjoff Publisher, 1988, Seite 777–780.

Römisches Statut des Internationalen Strafgerichtshofs, Rom am 17. Juli 1998 (BGBl. III Nr. 180/2002).

International Convention on the Elimination of All Forms of Racial Discrimination, G.A. res. 2106 (XX), Annex, 20 U.N. GAOR Supp. (No.14) at 47, U.N. Doc. A/6014 (1966), 660 U.N.T.S. 195 (VN Übereinkommen über die Beseitigung aller Formen rassischer Diskriminierung – ICERD).

International Covenant on Civil and Political Rights, G.A. res. 2200A (XXI), December 16, 1966, 21 U.N. GAOR Supp. (No.16) at 52, U.N. Doc. A/6316 (1966), 999 U.N.T.S. 171 (VN Pakt über Bürgerliche und Politische Rechte – Zivilpakt, ICCPR).

Optional Protocol to the International Covenant on Civil and Political Rights, G.A. res. 2200A (XXI), December 16, 1966, 21 U.N. GAOR Supp. (No. 16) at 59, U.N. Doc. A/6316 (1966), 999 U.N.T.S. 302 (Zusatzprotokoll zum Zivilpakt betreffend die Individualbeschwerde).

International Covenant on Economic, Social and Cultural Rights, G.A. res. 2200A (XXI), 21 U.N. GAOR Supp. (No. 16) at 49, U.N. Doc. A/6316 (1966), 993 U.N.T.S. 3 (VN Pakt über Wirtschaftliche, Soziale und Kulturelle Rechte – Sozialpakt, ICESCR).

Declaration on Principles of International Law concerning Friendly Relations and Cooperation among States in accordance with the Charter of the United Nations, UN General Assembly, 24 October 1970, A/RES/2625(XXV).

Convention on the Prohibition of the Development, Production and Stockpiling of Bacteriological (Biological) and Toxin Weapons and on their Destruction, New York, 10 April 1972. D. Schindler and J. Toman, *The Laws of Armed Conflicts*, Martinus Nihjoff Publisher, 1988, Seite 137–142.

Convention on the prohibition of military or any hostile use of environmental modification techniques, New York, 10 December 1976. D. Schindler and J. Toman, *The Laws of Armed Conflicts*, Martinus Nihjoff Publisher, 1988, Seite 164–169.

Zusatzprotokoll vom 8. Juni 1977 zu den Genfer Abkommen vom 12. August 1949 über den Schutz der Opfer internationaler bewaffneter Konflikte (Protokoll I), UNTS Bd. 1125, Seite 3.

Zusatzprotokoll vom 8. Juni 1977 zu den Genfer Abkommen vom 12. August 1949 über den Schutz der Opfer nicht-internationaler bewaffneter Konflikte (Protokoll II), UNTS Bd. 1125, Seite 609.

Convention on the Elimination of All Forms of Discrimination Against Women, G.A. res. 34/180, 34 U.N. GAOR Supp. (No. 46) at 193, U.N. Doc. A/34/46 (1979), 1249 U.N.T.S. 13 (VN Konvention zur Beseitigung jeder Form von Diskriminierung der Frauen – CEDAW).

Convention on Prohibitions or Restrictions on the Use of Certain Conventional Weapons Which May be Deemed to be Excessively Injurious or to Have Indiscriminate Effects, Geneva, 10 October 1980. D. Schindler and J. Toman, *The Laws of Armed Conflicts*, Martinus Nihjoff Publisher, 1988, Seite 179–184.

- *Protocol on Non-Detectable Fragments* (Protocol I), Geneva, 10 October 1980. D. Schindler and J. Toman, *The Laws of Armed Conflicts*, Martinus Nihjoff Publisher, 1988, Seite 185.
- *Protocol on Prohibitions or Restrictions on the Use of Mines, Booby-Traps and Other Devices* (Protocol II), Geneva, 10 October 1980. D. Schindler and J. Toman, *The Laws of Armed Conflicts*, Martinus Nihjoff Publisher, 1988, Seite 185–189.
- *Protocol on Prohibitions or Restrictions on the Use of Mines, Booby-Traps and Other Devices as amended on 3 May 1996* (Protocol II to the 1980 Convention as amended on 3 May 1996). United Nations CCW/CONF.I/16.
- *Protocol on Prohibitions or Restrictions on the Use of Incendiary Weapons* (Protocol III), Geneva, 10 October 1980. D. Schindler and J. Toman, *The Laws of Armed Conflicts*, Martinus Nihjoff Publisher, 1988, Seite 190–191.
- *Protocol on Blinding Laser Weapons* (Protocol IV), 13 October 1995. United Nations CCW/CONF.I /7.
- *Protocol on Explosive Remnants of War* (Protocol V), 28 November 2003. CCW/MSP/2003/2.

Convention Against Torture and Other Cruel, Inhuman or Degrading Treatment or Punishment, G.A. res. 39/46, Annex, 39 U.N. GAOR Supp. (No. 51) at 197, U.N. Doc. A/39/51 (1984) (VN Übereinkommen gegen Folter und andere grausame, unmenschliche oder erniedrigende Behandlung oder Strafe – CAT).

Convention on the Rights of the Child, G.A. res. 44/25, Annex, 44 U.N. GAOR Supp. (No. 49) at 167, U.N. Doc. A/44/49 (1989) (VN Konvention über die Rechte des Kindes – CRC).

Second Optional Protocol to the International Covenant on Civil and Political Rights Aiming at the Abolition of the Death Penalty, G.A. res. 44/128, Annex, 44 U.N. GAOR Supp. (No. 49) at 207, U.N. Doc. A/44/49 (1989) (Zusatzprotokoll zum Zivilpakt betreffend die Abschaffung der Todesstrafe).

Convention on the prohibition of the development, production, stockpiling and use of chemical weapons and their destruction, Paris, 13 January 1993. Doc. CD/CW/WP.400/Rev. 1.

Convention on the Safety of United Nations and Associated Personnel, 9 December 1994, *UNTS*, vol. 2051, pp 363.

Convention on the Prohibition of the Use, Stockpiling, Production and Transfer of Anti-Personnel Mines and on their Destruction, Oslo, 18 September 1997.

Second Protocol to the Hague Convention for the Protection of Cultural Property in the Event of Armed Conflict, The Hague, 26 March 1999. UNESCO Doc. HC/1999/7.

UN Secretary-General (UNSG), *Secretary-General's Bulletin: Observance by United Nations Forces of International Humanitarian Law*, 6 August 1999, ST/SGB/1999/13.

Optional Protocol to the Convention on the Elimination of All Forms of Discrimination against Women, G.A. res. 54/4, annex, 54 U.N. GAOR Supp. (No. 49) at 5, U.N. Doc. A/54/49 (Vol. I) (2000) (Zusatzprotokoll zum Abkommen gegen Diskriminierung der Frau betreffend die Individualbeschwerde).

Optional Protocol to the Convention on the Rights of the Child on the sale of children, child prostitution and child pornography, G.A. Res. 54/263, Annex II, 54 U.N. GAOR Supp. (No. 49) at 6, U.N. Doc. A/54/49, Vol. III (2000) (Fakultativprotokoll zur Kinderrechtskonvention betreffend Verkauf von Kindern, Kinderprostitution und Kinderpornographie - CRC-OP-SC).

Optional Protocol to the Convention on the Rights of the Child on the involvement of children in armed conflicts, G.A. Res. 54/263, Annex I, 54 U.N. GAOR Supp. (No. 49) at 7, U.N. Doc. A/54/49, Vol. III (2000) (Fakultativprotokoll zur Kinderrechtskonvention betreffend Kinder in bewaffneten Konflikten - CRC-OP-AC).

Römisches Statut des Internationalen Strafgerichtshofs, Rom am 17. Juli 1998 (BGBl. III Nr. 180/2002).

Optional Protocol to the Convention Against Torture and Other Cruel, Inhuman or Degrading Treatment or Punishment, G.A. res. A/RES/57/199 (Zusatzprotokoll zum Abkommen gegen Folter).

International Convention on the Protection and Promotion of the Rights and Dignity of Persons with Disabilities, G.A. Res. 61/106, Annex I, U.N. GAOR, 61st Sess., Supp. No. 49, at 65, U.N. Doc. A/61/49 (2006) and its *First Optional Pro-*

tocol (VN Übereinkommen über die Rechte von Menschen mit Behinderungen – CRPD mit Fakultativprotokoll).

Zusatzprotokoll vom 8. Dezember 2005 zu den Genfer Abkommen vom 12. August 1949 über die Annahme eines zusätzlichen Schutzzeichens (Protokoll III).

Convention on Cluster Munitions, Dublin, 30 May 2008, United Nations, *Treaty Series*, vol. 2688 Depositary notification C.N.776.2008 of 10 Nov 2008.

UN-Resolutionen und sonstige UN-Dokumente

An Agenda for Peace: Preventive diplomacy, peacemaking and peace-keeping, Report of the Secretary-General pursuant to the statement adopted by the Summit Meeting of the Security Council on 31 January 1992, 17 June 1992, A/47/277-S/24111; http://www.unrol.org/files/A_47_277.pdf.

Comprehensive review of the whole question of peace-keeping operations in all their aspects, Resolution A/Res/44/49 of the United Nations General Assembly, 8 December 1989; http://www.un.org/documents/ga/res/44/a44r049.htm.

Comprehensive review of the whole question of peace-keeping operations in all their aspects – Model status-of-forces agreement for peacekeeping operations, Report of the Secretary General, A/45/594, 9 October 1990; http://daccess-dds-ny.un.org/doc/UNDOC/GEN/N90/254/55/IMG/N9025455.pdf?OpenElement; Deutsche Fassung: http://www.un.org/depts/german/gv-sonst/a-45-594.pdf.

Comprehensive review of the whole question of peace-keeping operations in all their aspects – Model Agreement between the United Nations and Member States Contributing Personnel and Equipment to United Nations Peacekeeping Operations, Report of the Secretary General, UN Doc. A/46/185, 23 May 1991; http://www.amicc.org/docs/UNContributionAgrmnt.pdf.

General Assembly Resolution 2675 (XXV), U.N. GAOR, 25th Sess., U.N. Doc. A/RES/2675, at 76 (Dec. 9, 1970) *Basic Principles for the Protection of Civilian Populations in Armed Conflicts.*

General Assembly Resolution 2676 (XXV), U.N. GAOR, 25th Sess., U.N. Doc. A/RES/2676, at 77 (Dec. 9, 1970) *Respect for Human Rights in Armed Conflicts.*

Official Records on the International Covenants on Human Rights, Tenth Session, Doc. A/2929; http://www2.ohchr.org/english/issues/opinion/articles1920_iccpr/docs/A-2929.pdf.

Renewing the United Nations: a programme for reform, Resolution A/Res/52/12 B of the United Nations General Assembly, 9 January 1989; http://www.preventionweb.net/files/resolutions/N9876111.pdf.

Report of the Working Group on a Draft Convention Against Torture and Other Cruel, Inhuman or Degrading Treatment of Punishment, U.N. Doc. E/CN.4/1984/72.

Resolution adopted on the Report of the Ad-Hoc Committee of the Palestinian Question, 181 (II), Future Government of Palestine, 29 November 1947; http://www.un.org/en/ga/search/view_doc.asp?symbol=A/RES/181%28II%29&Lang=E&Area=RESOLUTION.

Restatement of the Law, Third, Foreign Relations Law of the United States, The American Law Institute, 1987.

UN Commission on Human Rights, *Situation of Detainees at Guantánamo Bay*, 27 February 2006, E/CN.4/2006/120, http://www.refworld.org/docid/45377b0b0.html.

UN Human Rights Committee (HRC), *Concluding Observations of the Human Rights Committee: Belgium*; 19.11.1998, CCPR/C/79/add.99; http://www.unhchr.ch/tbs/doc.nsf/0/aefe89f17ef67f93802566cd00544de7?Opendocument

UN Human Rights Committee (HRC), *UN Human Rights Committee: Concluding Observations: Cyprus*, 6 April 1998, CCPR/C/79/add.88; http://www.refworld.org/docid/3df379864.html.

UN Human Rights Committee (HRC), *Concluding Observations of the Human Rights Committee: Netherlands*; 27.08.2001, CCPR/CO/72/NET; http://www.unhchr.ch/tbs/doc.nsf/0/dbab71d01e02db11c1256a950041d732.

UN Security Council, *Resolution 678 (1990) Adopted by the Security Council at its 2963rd meeting, on 29 November 1990*, 29 November 1990, S/RES/678 (1990); http://www.refworld.org/docid/3b00f16760.html.

UN Security Council, *Resolution 794 (1992) Adopted by the Security Council at its 3145th meeting, on 3 December 1992*, 3 December 1992, S/RES/794 (1992); http://www.refworld.org/docid/3b00f21137.html.

UN Security Council, *Security Council Resolution 1327 (2000) on the implementation of the report of the Panel on United Nations Peace Operations (S/2000/809)*, 13 November 2000, S/RES/1327 (2000); http://www.refworld.org/docid/3b00f47a20.html.

UN Security Council, *Security Council Resolution 1368 (2001) Threats to international peace and security caused by terrorist acts*, 12 September 2001, S/RES/1368 (2001); http://www.refworld.org/docid/3c4e94557.html.

UN Security Council, *Security Council Resolution 1386 (2001) on the situation in Afghanistan*, 20 December 2001, S/RES/1386 (2001), http://www.refworld.org/docid/3c4e94571c.html.

UN Security Council, *Security Council Resolution 1973 (2011) on the situation in the Libyan Arab Jamahiriya*, 17 March 2011, S/RES/1973(2011); http://www.refworld.org/docid/4d885fc42.html.

Nationale Rechtsvorschriften und Dokumente

Bundesverfassungsgesetz über Kooperation und Solidarität bei der Entsendung von Einheiten und Einzelpersonen in das Ausland (KSE-BVG), BGBl. I Nr. 38/1997.

Bundesgesetz über die Entsendung von Soldaten zur Hilfeleistung in das Ausland (Auslandseinsatzgesetz 2001 – AuslEG 2001), BGBl. I Nr. 55/2001.

Völkerstrafgesetzbuch (VStGB) vom 26. Juni 2002 (BGBl. I S. 2254).

Gesetz über die parlamentarische Beteiligung bei der Entscheidung über den Einsatz bewaffneter Streitkräfte im Ausland (Parlamentsbeteiligungsgesetz – ParlBG), vom 18. März 2005 (BGBl. I S. 775)

Deutscher Bundestag, *Entschließungsantrag der Fraktionen SPD und BÜNDNIS 90/DIE GRÜNEN, Einsatz bewaffneter deutscher Streitkräfte bei der Unterstützung der gemeinsamen Reaktion auf terroristische Angriffe gegen die USA*, Drucksache 14/7513 vom 16. 11. 2001.

Deutscher Bundestag, *Antrag der Bundesregierung, Beteiligung bewaffneter deutscher Streitkräfte an dem Einsatz einer internationalen Sicherheitsunterstützungstruppe in Afghanistan*, Drucksache 14/7930 vom 21. 12. 2001.

Deutscher Bundestag, *Antrag der Bundesregierung, Beteiligung bewaffneter deutscher Streitkräfte an dem Einsatz einer internationalen Sicherheitsunterstützungstruppe in Afghanistan*, Drucksache 16/6460 vom 19. 09. 2007.

Deutscher Bundestag, *Bericht des Verteidigungsausschusses als 1. Untersuchungsausschuss gemäß Artikel 45a Absatz 2 des Grundgesetzes*, Drucksache 17/7400 vom 25. 10. 2011.

Gerichtsentscheidungen

Decision as to the admissibility of Application no. 52207/99 of 12 December 2001 (Grand Chamber) in the case Bankovic and Others v. Belgium and 16 Other Contracting States; http://hudoc.echr.coe.int/sites/eng/pages/search.aspx?i=001-22099.

Der Prozess gegen die Hauptkriegsverbrecher vor dem Internationalen Gerichtshof Nürnberg, Nürnberg 1947; http://www.zeno.org/nid/2000275634X.

ECHR, Loizidou v. Turkey, European Court of Human Rights, Preliminary Objections, 23. March 1995; http://hudoc.echr.coe.int/sites/eng/pages/search.aspx?i=001-57920.

ECHR, *Ergi v. Turkey*, 40/1993/435/514, Council of Europe; European Court of Human Rights, 28 July 1998: http://www.refworld.org/docid/3ae6b6291c.html.

ECHR, *Cyprus v. Turkey*, 25781/94, Council of Europe; European Court of Human Rights, 10 May 2001: http://www.refworld.org/docid/43de0e7a4.html.

ECHR, *Isayeva, Yusupova and Bazayeva v. Russia*, 57947/00; 57948/00; 57949/00, Council of Europe; European Court of Human Rights, 19 December 2002; http://www.refworld.org/docid/3e4bcdb14.html.

ECHR, *Ilascu and Others v. Moldova and Russia*, 48787/99, Council of Europe: European Court of Human Rights, 8 July 2004; http://www.refworld.org/docid/414d9df64.html.

ECHR, *Al-Skeini and Others v. The United Kingdom*, 55721/07, Council of Europe: European Court of Human Rights, 7. Juli 2011; http://hudoc.echr.coe.int/sites/eng/pages/search.aspx?i=001-105606.

Einstellungsvermerk vom 16. April 2010: „offene Version" des Vermerks des Generalbundesanwalts beim Bundesgerichtshof in Karlsruhe vom 16. April 2010 (3 B Js 6/10-4); http://www.generalbundesanwalt.de/docs/einstellungsvermerk20100416offen.pdf.

Entscheidung des Verfassungsgerichtshofes der Russischen Föderation über die Verfassungsmäßigkeit verschiedener Präsidentendekrete; *Sobraniye Zakonadateselstva Rossiyskoy Federatsii,* 1995, No. 33, Art 3424; teilweise wiedergegeben auf der Webseite der IKRK; http://www.icrc.org/ihl-nat.nsf/46707c419d6bdfa24125673e00508145/ac8db8b32b8a2a5d432564dc0048bda4!OpenDocument.

ICJ Reports 1949, *Advisory Opinion on Reparation for Injuries Suffered in the Service of the United Nations*, 11 April 1949; http://www.icj-cij.org/docket/files/4/1835.pdf.

ICJ Reports 1950; *Asylum Case (Columbia v. Peru)*, Judgement of 20 November 1950 http://www.icj-cij.org/docket/files/7/1849.pdf.

ICJ Reports 1969; *North Sea Continental Shelf Case,* Judgement of 20 February 1969 http://www.icj-cij.org/docket/files/51/5535.pdf.

ICJ Reports 1986, *Case concerning Military and Paramilitary Activities against Nicaragua (Nicaragua v United States),* Merits, Judgement, 27 June 1986. http://www.icj-cij.org/docket/files/70/6503.pdf.

ICJ Reports 1996, *Advisory Opinion on the Legality of the Threat of Use of Nuclear Weapons*, 8 July 1996; http://www.icj-cij.org/docket/files/95/7495.pdf.

ICJ Reports 2004, *Advisory Opinion Concerning Legal Consequences of the Construction of a Wall in the Occupied Palestinian Territory*, 9 July 2004; http://www.icj-cij.org/docket/files/131/1671.pdf.

ICTY, *Prosecutor v Fatmir Limaj, Case No. IT-03-66-T*, Judgement (Trial Chamber II), 30 November 2005.

ICTY, *Prosecutor v. Hadzihasanovic and Kubura, Case No.* IT-01-47, Decision on Joint Defence Interlocutory Appeal of Trial Chamber Decision on Rule 98bis Motions for Acquittal, 11 March 2005.

ICTY, *Prosecutor v Kordić & Čerkez*, Case No. IT-95-14/2 *"Lašva Valley"*, Judgement (Trial Chamber), 26 February 2001.

ICTY, *Prosecutor v Mucić et al, Case No. IT-96-21-T*, Judgement (Trial Chamber), 16 November 1998.

ICTY, *Prosecutor v Ramush Haradinaj, Case No. IT-04-84-T*, Judgement (Trial Chamber I), 3 April 1998.

ICTY, *Prosecutor v. Tadic, Case No. IT-94-1*, Decision on the Defence Motion for Interlocutory Appeal on Jurisdiction, 2 October 1995.

International Law Reports 1962, *Report of the Commission of Inquiry into the Red Crusader Incident*, Vol. 35 (1962).

International Military Tribunal for the Far East (Tokyo), 1948, Annual Digest and Reports of Public International Law Cases.

International Military Tribunal (Nuremberg), Judgment and Sentences, 1946, 41 American Journal of International Law 172 (1947).

Nuremberg Trials Project: A Digital Document Collection, Harvard Law School Library *http://nuremberg.law.harvard.edu/php/docs_swi.php?DI=1&text=overview*.

Queen's Bench Division (Divisional Court), Lord Justice Rix, Justice Forbes, First Instance application for judicial review , 14 December 2004, Judgement; http://www.asser.nl/upload/documents/DomCLIC/Docs/NLP/UK/Al-Skeini_QueensBench_Judgment_14-12-2004.pdf.

Ruling of the Court of Appeal in The Hague, Civil Law Section, Case number: 200.020.174/01, 5 July 2011, in the case of *Hasan Nuhanovic*; http://uitspraken.rechtspraak.nl/inziendocument?id=ECLI:NL:GHSGR:2011:BR5388.

Supreme Court of the United States, *Hamdan v. Rumsfeld*, 548 U.S. 557 (2006), http://www.supremecourt.gov/opinions/05pdf/05-184.pdf.

Militärische Vorschriften, Handbücher und Ausbildungsunterlagen

Allied Joint Doctrine for Non-Article 5 Crisis Response Operations, AJP-3.4(A), *www.kam.lt/download/14142/*.

Bundeskanzleramt, Österreichische Sicherheitsstrategie, Wien, März 2013, http://www.bka.gv.at/DocView.axd?CobId=52099.

Bundesministerium für Landesverteidigung und Sport, Dienstvorschrift für das Bundesheer, *Operative Führung*, Wien, Februar 2009.

Bundesministerium für Landesverteidigung und Sport, Dienstvorschrift für das Bundesheer, *Taktischer Führungsprozess*, Wien, Dezember 2009.

Bundesministerium für Landesverteidigung und Sport, Dienstvorschrift für das Bundesheer, *Taktisches Führungsverfahren*, Wien, März 2012.

Bundesministerium für Landesverteidigung und Sport, Dienstvorschrift für das Bundesheer, *Truppenführung*, Wien, August 2004.

Department of Defence, Dictionary of Military and Associated Terms, Joint Publication 102. 8 November 2010, http://www.dtic.mil/doctrine/new_pubs/jp1_02.pdf [07.04.2014].

Heeresamt, Ausbildung und Erziehung, Bundesminister der Verteidigung, HDv 100/100, Truppenführung (TF), Bonn 2000.

IKRK, *Das Humanitäre Völkerrecht: Fragen und Antworten*, (Genf) Deutsches Rotes Kreuz, 08/1999; http://alt.drk.de/alt/voelkerrecht/pdf/Das_humanitaere_Voelkerrecht-Antworten_auf_Ihre_Fragen.pdf.

Joint Publication 3–60: *Joint Doctrine for Targeting*, 2002; http://www.aclu.org/files/dronefoia/dod/drone_dod_jp3_60.pdf.

NATO Glossary of Terms and Definitions, AAP-6 2013, NATO Standardization Agency (NSA); http://nsa.nato.int/nsa/zPublic/ap/aap6/AAP-6.pdf.

Naval Warfare Publication, *The Commander's Handbook on the Law of Naval Operations*, NWP 1-14M (Formerly NWP 9) FMFM 1–10 COMDTPUB P5800.7; http://lawofwar.org/naval_warfare_publication_n-114m.htm.

Operational Law Handbook 2012, International and Operational Law Department, The Judge Advocate General & Legal School, U.S. Army, Charlottesville, Virginia; http://www.loc.gov/rr/frd/Military_Law/pdf/operational-law-handbook_2012.pdf.

Peace Support Operations Doctrine - November 2006, African Standby Force, African Union; http://consilium.europa.eu/media/1308809/00_asf_pso_doctrine.pdf.

Peace Operations, Joint Publication 3-07.3, 1. August 2012; http://www.fas.org/irp/doddir/dod/jp3-07-3.pdf.

Principles of Peacekeeping: Non-Use of Force except in Self-Defence or Defence of the Mandate; http://www.un.org/en/peacekeeping/operations/principles.shtml.

Protect cultural property in the event of armed conflict. UNESCO-Informationskit, Mai 2004; http://unesdoc.unesco.org/images/0013/001386/138645E.pdf.

Rules of Engagement Handbook, International Institute of Humanitarian Law, Sanremo, 2009; http://lgdata.s3-website-us-east-1.amazonaws.com/docs/905/473836/San-Remo-ROE-Handbook.pdf.

Schweizer Armee, Reglement 52.055 d, *Begriffe Führungsreglemente der Armee,* http://www.vtg.admin.ch/internet/vtg/de/home/dokumentation/fuhrungsreglemente/begriffe.parsys.0001.downloadList.23839.DownloadFile.tmp/52055d.pdf.

United States Army and Marine Corps, Field Manual "Counterinsurgency", FM 3–24, MCWP 3-33.5, 15 December 2006; http://www.fas.org/irp/doddir/army/fm3-24.pdf.

United States Army, *Field Manual 100-23, Peace Operations*; http://www.bits.de/NRANEU/others/amd-us-archive/fm100-23%2894%29.pdf.

Wider Peacekeeping, Army Field Manual Volume 5, Operations Other Than War, Prepared under the Direction of the Director General Land Warfare on Behalf of the Chief of the General Staff, London, 1995.

Zeitungen und sonstige Medien

Anderson, Kenneth: *John Brennan National Security Speech at Harvard Law School*, 16 September 2011, Washington Post Law Blog; http://www.volokh.com/2011/09/16/john-brennan-national-security-speech-at-harvard-law-school/.

Bengali, Shashank: *Lebanese army saddled with several handicaps*, Pittsburgh Post-Gazette, 9 August 2006; http://www.post-gazette.com/news/world/2006/08/09/Lebanese-army-saddled-with-several-handicaps/stories/200608090140.

Brössler, D., Leyendecker, H.: *Mit Mardern und Mörsern*, Süddeutsche Zeitung vom 23. Juli 2009; http://www.sueddeutsche.de/politik/afghanistan-mit-mardern-und-moersern-1.165363.

Bumiller, Elisabeth: *President rejects offer by Taliban for negotiations*, New York Times, 15 October 2001, http://www.nytimes.com/2001/10/15/world/nation-challenged-president-president-rejects-offer-taliban-for-negotiations.html.

Carroll, Rory: *Hillary Clinton: Mexican drugs war is Colombia-style insurgency*, The Guardian, 9 September 2010; http://www.theguardian.com/world/2010/sep/09/hillary-clinton-mexican-drug-war-insurgency.

Carter, Sara A.: *100,000 Foot Soldiers in Mexican Cartels*, Washington Times, 3 March 2009; http://www.washingtontimes.com/news/2009/mar/03/100000-foot-soldiers-in-cartels/?page=all.

Collier, Robert: *Looters shake Iraqi cities / CHAOS: Troops watch as Baghdad is ransacked*, The San Francisco Chronicle, 12 April 2003, http://www.sfgate.com/news/article/Looters-shake-Iraqi-cities-CHAOS-Troops-watch-2655886.php.

Ellingwood, Ken: *Mexico fires 3,200 federal police officers*, Los Angeles Times, 31 August 2010; http://articles.latimes.com/2010/aug/31/world/la-fg-mexico-police-fired-20100831.

Fischer, Sebastian und Matthias Gebauer: *Bundeswehreinsatz: Westerwelle wagt sich an die Wahrheit über Afghanistan*, Spiegel Online Politik vom 10.02.2010; http://www.spiegel.de/politik/ausland/bundeswehreinsatz-westerwelle-wagt-sich-an-die-wahrheit-ueber-afghanistan-a-677063.html.

Gebauer, Matthias: *Luftangriff auf Tanklaster: Protokoll der Alptraumnacht von Kunduz*, Spiegel ONLINE vom 26. November 2009; http://www.spiegel.de/politik/ausland/luftangriff-auf-tanklaster-protokoll-der-alptraumnacht-von-kunduz-a-663681.html.

Hebestreit, Steffen: *Die Todesnacht von Kundus*, Berliner Zeitung vom 23. Dezember 2009; http://www.berliner-zeitung.de/archiv/das-geheime-protokoll-von-isaf-kommandeur-mcchrystal-deckt-weitere-widersprueche-des-verheerenden-luftangriffs-auf-die-todesnacht-von-kundus,10810590,10688114.html.

Housely, Adam: *Mexico's Powerful Drug Cartels May Be Joining Forces*, FOX NEWS, 12 March 2009; http://www.foxnews.com/story/2009/03/12/mexico-powerful-drug-cartels-may-be-joining-forces/.

Johnson, Tim: *Is Mexico at War? Conflict Prompts Linguistic Debate*, McClatchy News, 3 February 2011; http://www.mcclatchydc.com/2011/02/03/108056/is-mexico-at-war-conflict-prompts.html.

Kreye, Andrian: *Bushs Kriegsrhetorik hat ausgedient'* in Süddeutsche.de vom 17.05.2010; http://www.sueddeutsche.de/politik/usa-bushs-kriegsrhetorik-hat-ausgedient-1.392897.

Kreye, Andrian: *Im Interview: Rechtswissenschaftler Michael Bothe „Als Rechtsbegriff hat der ‚Krieg' ausgedient"*, Süddeutsche vom 17. Mai 2010; http://www.sueddeutsche.de/kultur/im-interview-rechtswissenschaftler-michael-bothe-als-rechtsbegriff-hat-der-krieg-ausgedient-1.423225.

Lacey, Marc: *In Drug War, Mexico Fights Cartels and Itself*, New York Times, 30 March 2009;

http://www.nytimes.com/2009/03/30/world/americas/30mexico.html?pagewanted=all&_r=0.

Martinsen, Kaare Dahl: *Totgeschwiegen? Deutschland und die Gefallenen des Afghanistan-Einsatzes*, Bundeszentrale für Politische Bildung, http://www.bpb.de/apuz/170806/deutschland-und-die-gefallenen-des-afghanistan-einsatzes?p=all.

Müller, Reinhard: *Was in Afghanistan herrscht*, Frankfurter Allgemeine vom 3. November 2009; http://www.faz.net/aktuell/politik/bundeswehreinsatz-was-in-afghanistan-herrscht-1879774.html.

Myre, Greg / Steven Erlanger: *Israelis enter Lebanon after attacks*, The New York Times, 13 July 2006; http://www.nytimes.com/2006/07/13/world/middleeast/13mideast.html?hp&ex=1152849600&en=7c501785edb16cc8&ei=5094&partner=homepage&_r=0.

Otis, John: *Colombian leader: Hostage rescuer used Red Cross logo*, Houston Chronicle, 17 July 2008, http://www.chron.com/news/nation-world/article/Colombian-leader-Hostage-rescuer-used-Red-Cross-1764047.php.

Qawas, Nafez: *Simiora's Cabinet makes clear it had nothing to do with 'what happened'*, The Daily Star Lebanon News, 13 July 2006, http://www.dailystar.com.lb/News/Lebanon-News/2006/Jul-13/41626-simioras-cabinet-makes-clear-it-had-nothing-to-do-with-what-happened.ashx#axzz2tKN3a2bu.

Sarkis, Mona: *Die „Libanonisierung" der Hisbollah*, Telepolis vom 29. August 2006, Heise Zeitschriften Verlag GmbH & Co KG; http://www.heise.de/tp/artikel/23/23396/1.html.

Schuler Katharina: *Guttenbergs kommunikative Wende*, Die Zeit Online vom 3. November 2009; http://www.zeit.de/politik/ausland/2009-11/guttenberg-afghanistan-krieg.

Sifton, John: *Obama Rejects Perpetual War, But Questions Remain About Targeted Killings*, The Nation, May 23, 2013; http://www.thenation.com/article/174522/obama-rejects-perpetual-war-questions-remain-about-targeted-killings#axzz2cKWtAaMb.

Stannard, Matthew B.: *What law did Teheran break? Capture of British sailors a grey area in application of Geneva Conventions*, San Francisco Chronicle, Sunday, April 1, 2007; http://www.militaryphotos.net/forums/archive/index.php/t-108782.html.

Stewart, Phil, Robert Birsel: *Under Obama, Drone Attacks on the Rise in Pakistan*, Reuters 12 October 2009; http://www.reuters.com/article/2009/10/12/us-usa-pakistan-drones-analysis-idUSTRE59B4I120091012.

Sonstige Quellen

Blair, Tony, Stellungnahme am 15. Oktober 2002 im House of Commons nach einem Bombenanschlag in Bali; www.theyworkforyou.com/debates/?id=2002-10-15.177.0.

Brief des griechischen Außenministers und stellvertretenden Ministerpräsidenten Konstantinos Tsaldaris an den IKRK Delegierten in Griechenland vom 8. März 1947, ICRC Archives G44/53c-236.

Bush, George W: *Status of Detainees at Guantanamo*, Fact Sheet, White House, Washington DC February 7, 2002; online by Gerhard Peters and John T. Woolley, The American Presidency Project; http://www.presidency.ucsb.edu/ws/?pid=79402.

Cabinet Communique of 16 July 2006, Israeli Ministry of Foreign Affairs; http://www.mfa.gov.il/mfa/pressroom/2006/pages/cabinet%20communique%2016-jul-2006.aspx.

Deutsche Welle, *Bundeswehr schickt erstmals Kampfverband nach Afghanistan*, 04. 06. 2008; http://www.dw.de/bundeswehr-schickt-erstmals-kampfverband-nach-afghanistan/a-3383504.

Diplomatic Conference on the Reaffirmation and Development of International Humanitarian Law Applicable in Armed Conflicts, Official Records, Summary Record, Vol. 5, 1978, (CDDH/SR.10); http://www.loc.gov/rr/frd/Military_Law/RC-dipl-conference-records.html.

Frankfurter Allgemeine Zeitung, *Offensivere Regeln für Afghanistan-Einsatz, Die neue Taschenkarte der Bundeswehr*, 27. Juli 2009; http://www.faz.net/aktuell/politik/offensivere-regeln-fuer-afghanistan-einsatz-1824702.html.

ICRC, *How is the Term 'Armed Conflict' Defined in International Humanitarian Law? Opinion Paper* 5 (2008); http://www.icrc.org/eng/assets/files/other/opinion-paper-armed-conflict.pdf.

International Conference of the Red Cross and Red Crescent, Geneva, 3–7 December 1995, Resolution 1, *International humanitarian law: From law to action*; Report on the follow-up to the International Conference for the Protection of War Victims, *International Review of the Red Cross*, No. 310, 1996; http://www.icrc.org/eng/resources/documents/article/other/57jmvm.htm.

Jean-Marie Henckaerts, *Customary International Humanitarian Law: a response to US comments, International Review of the Red Cross*, Volume 89, No. 866 (2007), Seite 473488.

John B. Bellinger III and William J. Haynes II, *A US government response to the International Committee of the Red Cross study Customary International Humanitarian Law, International Review of the Red Cross*, Volume 89, No. 866 (2007), Seite 443–471.

Joint letter from John Bellinger and William Haynes to Jakob Kellenberger on Customary International Law Study, in *International Legal Materials*, 46 ILM 514 (2007).

Koh, Harold Hongju, Rede vor der American Society of International Law am 25. März 2010; http://www.state.gov/s/l/releases/remarks/139119.htm.

International Committee of the Red Cross, *Report on the Work of the Conference of Government Experts*, Geneva, 1971; http://www.loc.gov/rr/frd/Military_Law/pdf/RC-Report-conf-of-gov-experts-1971.pdf.

Memorandum from Jay S. Bybee, Assistant Attorney General, to Alberto R. Gonzales, White House counsel, regarding standards of conduct for interrogation under 18 U.S.C. §§ 2340–2340A, 1 August 2002; http://news.findlaw.com/hdocs/docs/doj/bybee80102ltr6.html.

Nagl, John, *The Evolution and Importance of Army/Marine Corps Field Manual 3–24, Counterinsurgency*, SWJ Blog Post, June 27, 2007 – 7:35pm; http://smallwarsjournal.com/blog/the-evolution-and-importance-of-armymarine-corps-field-manual-3-24-counterinsurgency.

NATO Press Release No. 124, Statement by the North Atlantic Council of 12 September 2001; http://www.nato.int/docu/pr/2001/p01-124e.htm.

Official Records of the Diplomatic Conference on the Reaffirmation and Development of International Humanitarian Law applicable in Armed Conflicts, Geneva (1974 -1977), Volume 4; http://www.loc.gov/rr/frd/Military_Law/pdf/RC-records_Vol-4.pdf.

Prosper, Pierre-Richard, Remarks at Chatham House, London, United Kingdom, 20 February 2002; http://2001-2009.state.gov/s/wci/us_releases/rm/2002/8491.htm.

Rainbow Warrior (New Zealand v France); Reports of International Arbitral Awards, Vol XX (1990); http://untreaty.un.org/cod/riaa/cases/vol_XX/215-284.pdf.

Reply of the Government of the United States of America to the Report of the Five UNCHR Special Rapporteurs on Detainees in Guantánamo Bay, Cuba, March 10, 2006; http://www.state.gov/documents/organization/87347.pdf.

Report on the Work of the Conference of Government Experts for the Study of the Conventions for the Protection of War Victims; (Geneva, 14-26 April 1947), Geneva, 1947.

Report on the Work of the Preliminary Conference of National Red Cross Societies for the Study of the Conventions and of various Problems relative to the Red Cross; (Geneva, 26 July–3 August 1946), Geneva, 1947.

Review Conference of the Rome Statute of the International Criminal Court, Kampala, Uganda, May 31-June 11, 2010, Amendments to Article 8 of the Rome Statute; http://www.icc-cpi.int/iccdocs/asp_docs/Resolutions/RC-Res.5-ENG.pdf.

Spiegel ONLINE Politik, *Bombardement bei Kunduz: US-Kampfpiloten warnten schärfer vor Luftangriff als bisher bekannt*, 05. 12. 2009; http://www.spiegel.

de/politik/ausland/bombardement-bei-kunduz-us-kampfpiloten-warnten-schaerfer-vor-luftangriff-als-bisher-bekannt-a-665331.html.

Das Statistikportal, Statista GmbH; *http://de.statista.com/statistik/daten/studie/2006/umfrage/gefallene-oder-verunglueckte-soldaten-der-westlichen-koalition-in-afghanistan/.*

The Naval Clash on the Yellow Sea on 29 June 2002 between South and North Korea, http://www.globalsecurity.org/wmd/library/news/dprk/2002/dprk-020701-1.htm.

The White House, *Memorandum of February 7th* 2002, Appendix C to the *Final Report of the Independent Panel to Review DoD Detention Operations* (Chairman James R. Schlesinger); http://dspace.wrlc.org/doc/get/2041/70989/02578_040824_001text.txt.

Transcript of President Bush's address to a joint session of Congress on Thursday night, September 20, 2001 http://edition.cnn.com/2001/US/09/20/gen.bush.transcript/.

Weather Modification: Hearings before the Subcommittee on Oceans and International Environment of the Committee on Foreign Relations, United States Senate, 1974, Folder 01, Box 06, Douglas Pike Collection: Unit 11 – Monographs, The Vietnam Center and Archive, Texas Tech University; http://www.vietnam.ttu.edu/virtualarchive/items.php?item=2390601002.

(Stand der Internetabfragen: Oktober 2012 bis Juli 2014)

Völkerrecht, Europarecht und Internationales Wirtschaftsrecht

Herausgegeben von Peter Hilpold und August Reinisch

Band 1 Florian Razesberger: The International Criminal Court. The Principle of Complementarity. 2006.

Band 2 Christian Wimpissinger: Steuerliche Verlustverrechnung nach EG-Recht. 2006.

Band 3 Christina Knahr: Participation of Non-State Actors in the Dispute Settlement System of the WTO: Benefit or Burden? 2007.

Band 4 Daniela Kröll: Toward Multilateral Competition Law? After Cancún: Reevaluating the Case for Additional International Competition Rules Under Special Consideration of the WTO Agreement. 2007.

Band 5 Georg Nolte / Peter Hilpold (Hrsg.): Auslandsinvestitionen – Entwicklung großer Kodifikationen – Fragmentierung des Völkerrechts – Status des Kosovo. Beiträge zum 31. Österreichischen Völkerrechtstag 2006 in München. 2008.

Band 6 Irmgard Marboe: Die Berechnung von Entschädigung und Schadenersatz in der internationalen Rechtsprechung. 2009.

Band 7 Peter Neumann: United Nations Procurement Regime. Description and Evaluation of the Legal Framework in the Light of International Standards and of Findings of an Inquiry into Procurement for the Iraq Oil-for-Food Programme. 2008.

Band 8 Kirsten Schmalenbach / Wolfgang Benedek (Hrsg.): Von Terrorismusbekämpfung bis Klimaschutz. Beiträge zum 32. Österreichischen Völkerrechtstag 2007 in Altaussee. 2008.

Band 9 Stephan Wittich / August Reinisch / Andrea Gattini (Hrsg.): Kosovo – Staatsschulden – Notstand – EU-Reformvertrag – Humanitätsrecht. Beiträge zum 33. Österreichischen Völkerrechtstag 2008 in Conegliano. 2009.

Band 10 Peter Hilpold (Hrsg.): Das Selbstbestimmungsrecht der Völker. Vom umstrittenen Prinzip zum vieldeutigen Recht? 2009.

Band 11 Peter Hilpold / Christoph Perathoner (Hrsg.): Immigration und Integration. Völkerrechtliche und europarechtliche Antworten auf eine zentrale Herausforderung der Zeit. 2010.

Band 12 Claudia Alfons: Recognition and Enforcement of Annulled Foreign Arbitral Awards. An Analysis of the Legal Framework and its Interpretation in Case Law and Literature. 2010.

Band 13 Peter Hilpold / Walter Steinmair / Christoph Perathoner (Hrsg.): Rechtsvergleichung an der Sprachgrenze. 2011.

Band 14 Werner Schroeder / Jelka Mayr-Singer (Hrsg.): Völkerstrafrecht, Rechtsschutz und Rule of Law. Das Individuum als Herausforderung für das Völkerrecht. Beiträge zum 34. Österreichischen Völkerrechtstag 2009 in Tramin/Südtirol. 2011.

Band 15 Werner Petritz: Vor dem Aus? Der Vertrag über die Nichtweiterverbreitung von Kernwaffen. Funktion und Relevanz anhand zweier Beispiele. 2012.

Band 16 Kirsten Schmalenbach (Hrsg.): Aktuelle Herausforderungen des Völkerrechts. Beiträge zum 36. Österreichischen Völkerrechtstag 2011. Unter Mitarbeit von Lando Kirchmair. 2012.

Band 17 Ruth Steger: Staatenimmunität und Kriegsverbrechen. Das IGH-Urteil im Verfahren Deutschland gegen Italien vom 03.02.2012. 2013.

Band 18 Christoph Vedder (Hrsg.): Völkerrecht 2012. Richterliche Praxis und politische Realität. Beiträge zum 37. Österreichischen Völkerrechtstag 2012. Unter Mitarbeit von Manuel Indlekofer. 2013.

Band 19 Wolfgang Benedek / Hans-Peter Folz / Hubert Isak / Matthias C. Kettemann / Renate Kicker (Hrsg.): Bestand und Wandel des Völkerrechts. Beiträge zum 38. Österreichischen Völkerrechtstag 2013 in Stadtschlaining. 2014.

Band 20 Andrea Bockley / Ursula Kriebaum / August Reinisch (Hrsg.): Nichtstaatliche Akteure und Interventionsverbot. Beiträge zum 39. Österreichischen Völkerrechtstag 2014 in Klosterneuburg. 2015.

Band 21 Caroline U. Amann: The EU Education Policy in the Post-Lisbon Era. A Comprehensive Approach. 2015.

Band 22 Karl Edlinger: Die völkerrechtliche Klassifizierung bewaffneter Konflikte. Konflikttypen, Abgrenzungen sowie Rechtsfolgen und deren Auswirkungen auf die Planung und Durchführung militärischer Operationen. 2016.

www.peterlang.com